FAIT ETHNIQUE, DROIT PUBLIC ET GOUVERNANCE DE L'ÉTAT
EN AFRIQUE SUBSAHARIENNE FRANCOPHONE

Gouvernance et société

Dirigée par Emmanuel Okamba

Cette collection s'intéresse à l'analyse des processus, des dynamiques de changement liée aux réflexions, aux idées, aux débats théoriques et aux actions pratiques sur l'organisation et le pilotage de la performance des systèmes de gouvernance de la cité et des organisations dans un contexte de diversité culturelle. Elle épouse une démarche transversale des sciences sociales et humaines.

Déjà parus

François TSIMBA, *Territoire et développement : Construisons Abala*, 2021

Lagui MOYEN, *Éducation et Gouvernance universitaire au Congo-Brazzaville (1960-2019),* 2020

Michel Innocent PEYA, *L'unité de commandement dans les organisations modernes au Congo-Brazzaville*, 2015.

Molka ERNEZ MRABET, *Innovation dans la sous-traitance du textile-habillement en Tunisie*, 2014.

Richard DELAYE, *Régulation et management des organisations*, 2013.

Emmanuel OKAMBA, *La gouvernance, une affaire de société*, 2010.

Ben Luther Touere Elenga

FAIT ETHNIQUE, DROIT PUBLIC ET GOUVERNANCE DE L'ÉTAT
EN AFRIQUE SUBSAHARIENNE FRANCOPHONE

Contribution à la théorie de l'État africain

Préface d'Éric Desmons

L'Harmattan

***

5-7, rue de l'École-Polytechnique – 75005 Paris
www.editions-harmattan.fr
ISBN : 978-2-343-23085-6
EAN : 9782343230856

À mon Papa, Georges Toueré Elenga

Sigles et abréviations

ACA	Au cœur de l'Afrique
AIDC	Association internationale du droit constitutionnel
ANATC	Alliance nationale des autorités traditionnelles du Congo
ANC	Congrès national africain
AOF	Afrique occidentale française
APAD	Association pour l'anthropologie du changement social et du développement
ARGA	Alliance pour refonder la gouvernance en Afrique
ASA	Analyse sociétale africaine
CADHP	Cour africaine des droits de l'homme et des peuples
CAMES	Conseil africain et malgache pour l'enseignement supérieur
CC	Conseil constitutionnel
CDVR	Commission dialogue, vérité et réconciliation
CED	Centre pour l'environnement et le développement
CEDEAO	Communauté économique des États de l'Afrique de l'Ouest
CEPS	Centre d'études de populations, de pauvreté et de politiques socio-économiques
CERI	Centre de recherche international
CIJ	Cour internationale de justice
CIREPE	Centre interafricain de recherches pluridisciplinaire sur l'ethnicité
CNFP	Comité national des femmes pour la paix
CNS	Conférence nationale souveraine
CODESRIA	Conseil pour le développement de la recherche en science sociales en Afrique
COSIBA	Conseil supérieur des intérêts Bamiléké
CPJI	Cour permanente de justice internationale
CVD	Conseil villageois de développement
CVJR	Commission vérité, justice et réconciliation
CVR	Commissions vérité et réconciliation
CVU	Collectif pour la vérité des urnes

DDHC	Déclaration des droits de l'homme et du citoyen
DUDH	Déclaration universelle des droits de l'homme
EHESS	École des hautes études en sciences sociales
EJCG	Éditions Jean Claude Gawsewitch
ENAM	École nationale d'administration et de magistrature
EPEL	Éditions et publications de l'école lacanienne
FEPADE	Fédération des femmes pour la paix et le développement
FFRP	Forum des femmes rwandaises parlementaires
FRFAP	Fédération des réseaux des femmes africaines pour la paix
GENOVICO	Gestion non violente des conflits
HCRI	Haut comité des réformes institutionnelles
IFRI	Institut français des relations internationales
INSAE	Institut national de la statistique et de l'analyse économique
IRG	Institut de recherche et débat sur gouvernance
JO	Journal officiel
LGDJ	Librairie générale de droit et de jurisprudence
MFDC	Mouvement des forces démocratiques de Casamance
MFUA	Mouvements fronts unifiés de l'Azawad
MICOPACO	Mission de consolidation de la paix du Congo
MNC	Mouvement national congolais
MONUSCO	Mission de l'Organisation des Nations-Unies pour la stabilité du Congo
MPR	Mouvement populaire de la révolution
MPS	Mouvement patriotique du salut
MRND	Mouvement révolutionnaire national pour le développement
NDR	Note de recherche
OBS	Observation
OIM	Organisation internationale pour les migrations
OIT	Organisation internationale du travail
ONG	Organisation non-gouvernementale
ONU	Organisation des Nations-Unies
ORFED	Organisation pour la réflexion, la formation et l'éducation à la démocratie et au développement
ORSTOM	Office de la recherche scientifique et technique Outre-mer
OUA	Organisation de l'unité africaine
PBD	Parti bourgeois démocrate
PCT	Parti congolais du travail

PLR	Parti libéral-radical
PNUD	Programme des Nations-Unies pour le développement
PS	Parti socialiste
PUF	Presse universitaire de France
PUL	Presse universitaire de Laval
PUN	Presse universitaire de Nancy
RACOPY	Réseau Recherches Actions Concertées Pygmées
RADIC	Revue africaine de droit international et comparé
RCA	République centrafricaine
RCADI	Recueil des cours de l'Académie de droit international
RDC	République démocratique du Congo
RDPC	Rassemblement démocratique du peuple camerounais
RFI	Radio France internationale
RJPIC	Revue juridique, politique, indépendance et coopération
SDF	Social democratic front
TPIR	Tribunal pénal international pour le Rwanda
UDC	Union démocratique du centre
UNC	Union nationale camerounaise
UNESCO	Organisation des Nations-Unies pour l'éducation, la science et la culture
UPRONA	Union pour le progrès national

Préface

« *Des querelles ne peuvent casser un village qui s'appelle village d'entente* », dit un proverbe Dioula de Côte d'Ivoire que nous rappelle monsieur Ben Luther Toueré Elenga. Il pourrait résumer l'esprit de son ouvrage, où il est question du statut juridique - et partant du rôle politique - des entités sub-nationales ou des groupes infra-étatiques dans les États francophones d'Afrique subsaharienne.

Cette problématique des identités au sein des nations n'est certes pas propre au continent africain (c'est pour cela que ce livre, tiré d'une thèse de doctorat en droit public soutenue à l'Université Sorbonne Paris Nord en 2020, apportera une très utile contribution à la réflexion sur les enjeux contemporains du droit constitutionnel). Mais comme le montre monsieur Toueré Elenga, le cas des particularismes ethniques a pris en Afrique francophone subsaharienne un tour particulier, lié en grande partie à l'histoire de la décolonisation et de ses suites. Car l'exigence d'une cohérence ethnico-culturelle, d'une gestion politico-juridique harmonieuse de la diversité des peuples composant les nations naissantes au début des années 1960, a été volontairement éludée par les constituants. Au mieux, elle a été posée comme une question que, dans bien des pays étudiés ici, le système du parti unique était censé régler d'une manière radicale, sur le mode de l'unification politique par le truchement d'une nouvelle citoyenneté.

Monsieur Toueré Elenga rappelle les causes particulières de cette stratégie qui, dans la construction des nations africaines au lendemain des indépendances, a abouti à mettre de côté les peuples ou les ethnies les composant. D'abord l'héritage de frontières nées de la colonisation, dessinées au gré des luttes d'influence entre les empires (ceux-ci ayant joué éventuellement des rivalités tribales pour mieux assoir leur autorité) et politiquement intangibles, notamment pour cause de guerre froide, sauf à encourager un mouvement des nationalités préjudiciable à la stabilité de ces pays neufs, avec des conséquences possiblement délétères pour l'ensemble du continent noir. Ensuite l'héritage d'institutions administratives léguées par le colon, qui pouvaient fonctionner grâce à une élite locale déjà formée : il n'est en effet pas absurde de penser que l'urgence et le souci d'efficacité aient fait prendre le parti d'utiliser des structures existantes, immédiatement opérationnelles en matière d'organisation territoriale. Enfin le choix d'un modèle constitutionnel – celui de la Ve République, choix encouragé à l'époque par la perspective d'une possible intégration dans la Communauté française - qui consacre un État unitaire, de tradition jacobine, et peu propice à la reconnaissance d'entités infra-étatiques ou sub-nationales[1].

Tous ces facteurs ont lourdement contribué à mettre sous le boisseau une réalité politique ou sociologique - celle de la diversité ethnique - pourtant bien présente dès l'origine. Mais la fin du XXe siècle a vu le retour du refoulé et un réveil, parfois brutal, des identités. Les exigences de l'État de droit – le nouveau venu dans le paysage constitutionnel en Afrique comme ailleurs -, mais aussi celles de la Charte africaine des droits de l'Homme et des peuples, entrée en vigueur en 1986, posant que les droits nationaux devaient prendre en compte les groupes tout autant que les individus, ont certainement eu un rôle considérable dans ce mouvement. À partir des années 1990, la multiplication des blocages politiques ou des conflits liés à des antagonismes ou à des revendications ethniques a ainsi obligé les constituants africains, comme la doctrine, à réfléchir aux modalités d'une réponse juridique adaptée à ces nouveaux défis : des révisions constitutionnelles mettant en place des conférences nationales à l'intégration du pouvoir coutumier ou aux alliances inter-ethniques, en passant par la lutte contre les discriminations ou la réflexion de la doctrine sur des modes alternatifs d'agencements constitutionnels (régionalisme, fédéralisme ou « démocratie consociative »), c'est le spectacle d'un droit public en ébullition, prospectif, transitoire, que nous offrent depuis une vingtaine d'années les États d'Afrique francophone subsaharienne. Peut-être même verrons-nous à terme un renversement des rôles dans le jeu du mimétisme, et l'Afrique contribuer au renouvellement des catégories du droit constitutionnel.

C'est à l'analyse raisonnée de ce nouveau droit public africain aux influences multiples (un droit « mondialisé » ?), détaché du mimétisme initial, que monsieur Toueré Elenga nous invite. On appréciera que cette étude – écrite dans un style rigoureux et clair qui ne pourra que ravir le lecteur - soit dépassionnée, car la question est trop souvent polluée par des partis pris idéologiques. L'on comprendra ainsi que le droit public africain des origines ne saurait se résumer qu'à un paradigme néo-colonial, mais qu'il a été aussi un choix guidé par un certain nombre de nécessités politiques propres aux

---

[1] Au moment où paraît l'ouvrage de monsieur Toueré Elenga, on signalera, sur ces questions, la publication de l'article du professeur Christophe Boutin, Quelle influence constitutionnelle de la France en Afrique ?, *in Spicilegium Juris Politici. Mélanges offerts à Philippe Lauvaux*, Éditions Panthéon-Assas, 2020, pp. 169-184.

circonstances de l'époque. Cette mise en perspective est aussi une manière subtile d'apprécier les attendus de la nouvelle doctrine constitutionnelle africaniste, dont monsieur Toueré Elenga nous offre par ailleurs un bon panorama.

Éric DESMONS
Professeur agrégé de droit public à l'université Sorbonne Paris Nord.

Introduction

Depuis les indépendances dans les années 1960, la question de la place qui doit être faite aux groupes ethniques dans la formation et la gouvernance de l'État en Afrique francophone se pose encore avec acuité, elle s'impose dans le débat politique et démocratique, même si dans certains pays elle semble déjà être réglée par le droit. En cause, au sortir des indépendances dans les années 1960 jusqu'en 1990, les constituants africains ignorent le fait ethnique par mimétisme juridique, car les outils juridiques adoptés, notamment les dispositions constitutionnelles, et autres instruments juridiques sont calqués sur le système occidental. Cette méconnaissance du fait ethnique a entraîné les États francophones d'Afrique dans de nombreuses crises ethnopolitiques, tirant souvent leur origine des revendications des groupes ethniques (M. Tshiyembé, 2009)[2], qui réclament chacun « la meilleure représentation possible au sommet de l'État » (G. Rossatanga-Rignault, 2010)[3]. En témoignent les crises sociopolitiques enregistrées depuis les indépendances en République démocratique du Congo (RDC), notamment le séparatisme katangais intervenu deux semaines après l'accession du pays à la souveraineté internationale en 1960, orchestré par Moïse Tshombé qui, en mettant en place un parti politique sur des bases ethniques, va procéder à l'autodétermination de la province du Katanga[4]. Les mêmes tensions ethnopolitiques ont également conduit les dirigeants locaux de la région du Kasaï, située au centre de la RDC, à proclamer son indépendance en août 1960 sous l'égide de Albert Kalonji[5]. D'autres conflits ethnopolitiques plus récents, toujours meurtrières, observées entre Hutu et Tutsi au Rwanda, ayant conduit à la fois à l'assassinat du Président Juvénal Habyarimana et au génocide des Tutsi dont le bilan s'élève à près d'un million de morts entre avril et juillet 1994[6], la guerre civile

---

* Ce livre est tiré d'une thèse de doctorat en droit public soutenue à l'Université Sorbonne Paris Nord en 2020 sous le thème : « *Fait ethnique et droit public en Afrique subsaharienne francophone* ».

[2] TSHIYEMBE (Mwayila)., « Conflits ethniques ou lutte pour le pouvoir », *Le Monde diplomatique*, 2009, pp. 190-191 : « L'africanisme a longtemps professé que l'ethnicité constituait l'alpha et l'oméga des conflits sur le continent dont l'enjeu demeure politique, c'est-à-dire le pouvoir de l'État ».

[3] ROSSATANGA-RIGNAULT (Guy), « À propos d'un transfert de technologie juridico-politique : réalités et risques de la démocratie en Afrique », *in* Placide MABAKA (sous dir.), *Constitution et risque (s)*, Paris, L'Harmattan, Coll. « Droit, Société et Risque », 2010, p. 320.

[4] Voir la sécession katangaise (1960-1963). http://dmcarc.com/outre-congo-la-secessionkatangaise1960-1963/, consulté en septembre 2018.

[5] KALONJI MULOPWE (Albert)., *CONGO 1960 : la sécession du Sud-Kasaï. La vérité du Mulopwe*, L'Harmattan, 2005, 350 p.

[6] N'DIMINA-MOUGALA (Antoine-Denis)., « Les Conflits africains au XXe siècle. Essai de typologie », *Guerres mondiales et conflits contemporains*, 2007/1 (n° 225), pp. 121-131.

du Burundi de 1993 qui coïncide avec l'assassinat du président Melchior Ndadaye[7], la crise camerounaise, opposant systématiquement les fractions du nord et du sud du pays, ainsi que la guerre civile de 1997 ou les rebellions ethnique au Congo-Brazzaville[8], pour ne citer que ceux-là, montrent bien la difficulté que soulève la question de la gestion du fait ethnique dans la gouvernance de l'État et freinent la construction de l'État nation en Afrique francophone.

Dès lors, à l'heure du grand questionnement sur les rapports entre fait ethnique, droit public et gouvernance de l'État en Afrique francophone, il est indispensable de marquer un temps d'arrêt sur les notions de fait ethnique et de droit public pour mieux saisir les contours de cette étude. Ainsi, cette étude n'entend pas s'attarder sur les différentes approches de la notion d'ethnie, qui renvoie souvent à une communauté d'individus descendant d'un ancêtre commun, caractérisés par une homogénéité culturelle et rattachés à un territoire donné, qui constitue le socle de leur identité. Elle appréhende le fait ethnique comme la revendication identitaire par une ethnie, ayant souvent un caractère politique, à être reconnue comme telle dans la formation et la gestion de l'État. Cette revendication est souvent l'objet de conflits, de guerres civiles et dans une moindre mesure des coups d'État, surtout lorsqu'elle est instrumentalisée par des dirigeants politiques. À tel point que le fait ethnique peut dans une certaine mesure conduire à la reconnaissance de la personnalité juridique à une ethnie, notamment lorsque l'ethnie devient le critère ou l'élément structurant de l'organisation constitutionnelle et administrative de l'État, comme en Éthiopie[9].

En outre, si le droit public peut s'entendre comme le « droit de la chose publique »[10] ou de l'État[11], c'est-à-dire l'ensemble des règles relatives à l'organisation, au fonctionnement et à la gestion de l'État, de l'administration et des collectivités locales[12], sa présentation dans le cadre de cette étude nécessite d'opérer des choix. Autrement dit, cette étude s'intéresse au droit public africain essentiellement dans sa dimension constitutionnelle et administrative. Il s'agit là d'une approche, certes, réductrice du droit public, mais qui mérite d'être clarifiée sous deux aspects. Tout d'abord, cette étude

---

[7] MBODO (Olivier)., « Violences ethniques en Afrique », *Relations*, n° 715, 2007, consulté en octobre 2017.Disponible sur : http://cjf.qc.ca/revue-relations/publication/article/violences-ethniques-en-afrique/.

[8] OKAMBA (Emmanuel)., *Gouvernance de l'État et rebellions ethniques au Congo*, Paris, L'Harmattan, 2019, 237 p.

[9] Voir le Rapport de groupe interparlementaire d'amitié n° 132 - 1er avril 2016. Disponible ici : https://www.senat.fr/ga/ga132/ga132.html

[10] ZOLLER (Élisabeth)., *Introduction au droit public*, Paris, Dalloz, 2006, p. 2.

[11] TRUCHET (Didier)., *Le droit public*, Paris, PUF, 2003, p. 7.

[12] PRÉLOT (Marcel)., *Précis de droit constitutionnel*, Paris, Dalloz, 1952, p. 32.

invite à situer le droit public sous l'angle de la théorie générale de l'État, pour analyser les rapports entre le fait ethnique et les structures de l'État africain. Ensuite, elle entend envisager le droit public en Afrique francophone sous l'angle de sa technicité, notamment à travers des dispositions constitutionnelles, administratives, ainsi que des mécanismes juridiques originaux qui font la particularité du droit public africain.

Cependant, s'il est clairement établi qu'en Afrique l'ethnicité, en tant que phénomène social, est une réalité vivante, qui « fait et défait » le pouvoir politique, une analyse du droit public et de la gouvernance de l'État africain serait donc vouée à l'échec si elle n'intégrait pas les composantes socioculturelles des pays africains. Ainsi, cet ouvrage vise, dans un cadre étatique fortement diversifié, à mettre en évidence les moyens par lesquels le droit public, dans ses dimensions constitutionnelles et administratives, encadre une réalité sociologique (le fait ethnique) et détermine les règles de partage du pouvoir pour une gestion optimale de l'État, afin de prévenir ou de résoudre les conflits. Ainsi, s'il est clairement établi que dans certains pays tels que la Belgique, Kosovo, ou encore le Liban, la question de la gestion de la diversité des identités est réglée par le droit, notamment les textes fondamentaux de ces pays[13], en Afrique, comme déjà indiqué, cette question a été ignorée par les constituants de 1960 à 1990, elle est restée à tous les points de vue une réalité vivante durant cette période. Cette situation résulte de l'échec de la formation de l'État-nation africain, qui ignore les réalités sociales africaines, notamment le fait ethnique, car construit à partir d'un modèle importé[14].

Dans le discours politique, le fait ethnique apparait à travers les notions qui, soit le rejettent comme « abas le tribalisme ! abas le régionalisme ! », ou soit l'instrumentalisent comme au Congo avec l'apparition dans les années 1960 du « socialisme bantou »[15], qui a finalement abouti sur l'idée selon laquelle l'ethnie majoritaire doit gouverner. On le voit, le fait ethnique est compris dans sa dimension politique, mais manque de cadre légal. Ce qui a conduit à son instrumentalisation politique et à l'ethnocentrisme dans la gestion des affaires publiques, donc des conflits ethnopolitiques comme l'écrivait Olivier Mbodo (2007)[16] : « *Les confrontations sanglantes qui se*

---

[13] Voir la Constitution belge du 17 février 1994, art. 43, 67 et 99 ; Constitution du Kosovo du 15 juin 2008, art. 64 ; Constitution libanaise de 1926, art. 24.

[14] BADIE (Bertrand)., *L'État importé : Essai sur l'occidentalisation de l'ordre politique*, Paris, Fayard, 1992, 334 p.

[15] Doctrine prônée par le Président Massamba Débat de 1963 à 1968 qui visait à faire prévaloir l'unité nationale sur les intérêts liés au particularisme ethnique. Cela a abouti à l'instauration d'un régime du parti unique : Mouvement national de la révolution.

[16] MBODO (Olivier)., « Violences ethniques en Afrique », *Relations*, n° 715, 2007, *op. cit*, consulté en octobre 2017.

déroulent en sol africain sont souvent les conséquences de l'instrumentalisation du fait ethnique par le pouvoir colonial et par l'État postcolonial africain », en ce sens que, poursuit-il, « *la pratique qui consiste à transformer des identités ethniques en moyens administratifs ou politiques est productrice de violence et de mort* »[17].

La situation prend une autre tournure au début des années 1990, qui marquent la transition politique du monopartisme vers le multipartisme, avec l'organisation dans certains pays des conférences nationales, sortes de palabres constituantes, et concourent progressivement à l'encadrement juridique du fait ethnique, surtout à partir du génocide rwandais de 1994 pour corriger les errements du passé, en conciliant le système importé avec les réalités en action.

Cette prise de conscience juridique du fait ethnique en Afrique francophone, engage le droit public en général et les constituants en particulier dans l'innovation juridique, notamment par la création des nouveaux outils, voire la prise en compte des mécanismes traditionnels, pour intégrer la dynamique du fait ethnique dans le corpus juridique. Dans les cas du Rwanda et du Burundi par exemple, cette innovation a commencé dès les Accords d'Arusha (Rwanda 1993 et Burundi 2000) qui concilient les belligérants, en partageant le pouvoir entre Hutu et Tutsi, durant toute la période transitoire, jusqu'à la constitutionnalisation du fait ethnique par le constituant qui va lui donner un statut juridique. On trouve par exemple dans la Constitution burundaise de 2005 une répartition du pouvoir à raison de 60 % de Hutu et 40 % de Tutsi dans la plupart des structures de l'État. Ainsi, l'article 129 dispose que « le Gouvernement est ouvert à toutes les composantes ethniques. Il comprend au plus 60 % de ministres Hutu et au plus 40 % de ministres Tutsi…»[18]. Pareillement, l'article 164 précise que l'Assemblée nationale burundaise compte cent députés dont 60 % sont des Hutu et 40 % des Tutsi[19]. Le Sénat quant à lui est constitué, selon l'article 180, de deux délégués de chaque province, issus des groupes ethniques différents ; il doit aussi comporter trois personnes issues de l'ethnie Twa[20]. L'article 143 prévoit la répartition des postes à raison de 60% au plus pour les Hutu et 40% au plus pour les Tutsi dans les administrations et entreprises publiques[21]. On peut également mentionner le cas de la RDC, où la composition du gouvernement, selon la Constitution du 18 février 2006, doit tenir compte de la représentativité nationale, tout en reconnaissant l'autorité coutumière[22]. La

[17] *Ibidem.*
[18] Constitution burundaise de 2005, art. 129.
[19] *Ibidem*, art. 164.
[20] *Ibidem*, art. 180.
[21] *Ibidem*, art. 143.
[22] Constitution de la RDC de 2006, art. 90 et 207.

constitutionnalisation des chefferies traditionnelles au Niger ou au Congo-Brazzaville[23]. De même, le préambule de la Constitution de Côte d'Ivoire de 2016 affirme que le peuple ivoirien tient compte de sa diversité ethnique, culturelle et religieuse, et est résolu à construire une nation pluriethnique et pluriraciale[24].

Il sera donc ici question d'analyser les différents textes juridiques, en particulier les Constitutions, les lois, les textes réglementaires, qui régissent les pays francophones d'Afrique, afin de relever la prise en compte ou non du fait ethnique. C'est pourquoi nous nous proposons, pour saisir les rapports entre fait ethnique, droit public et gouvernance de l'État en Afrique francophone, de rendre compte, dans la première partie de cet ouvrage, du mimétisme « absolu » ayant été à l'origine d'une ethnopolitique. La deuxième partie, quant à elle, sera consacrée au mimétisme relatif des années 1990, qui marquent la naissance d'une « rupture » avec le système ancien. Enfin, la troisième partie s'intéressera aux innovations juridiques nées de la dynamique de ces deux mimétismes pour prendre en compte le fait ethnique dans la gestion des affaires publiques.

---

[23] Voir la Constitution nigérienne de 2010, art. 167 ; Constitution congolaise de 2015, art. 230.

[24] Voir le préambule de la Constitution ivoirienne du 28 novembre 2016.

Première partie :

Du mimétisme « absolu » à l'instrumentalisation politique du fait ethnique

Chapitre 1 :

Le mimétisme institutionnel et juridique postcolonial : une cause de méconnaissance

Selon Vincent Negri et Isabelle Schulte-Tenckhoff (2015)[25] : « *Le terme mimétisme comporte des origines et des significations multiples et fait intervenir différentes disciplines des sciences sociales.* » Il fait alors l'objet d'une réflexion plus générale sur les règles qui fondent et organisent la société[26]. En Afrique francophone, la doctrine mimétique, née après la décolonisation, désigne le mimétisme comme un processus d'élaboration des normes juridiques essentiellement basé sur l'importation des modèles juridiques occidentaux[27]. Plus concrètement, le mimétisme juridique a été un moyen d'analyse de la nature de la vie politique et institutionnelle des États africains après les indépendances et dans les années 1990, qui marquent la démocratisation de l'Afrique francophone[28]. Il s'agit en réalité d'une situation coloniale, pour reprendre les mots de Georges Balandier, qui a engendré une interférence du colonisateur dans l'organisation et le fonctionnement de la colonie, de sorte à déstabiliser les rapports de pouvoir[29]. C'est dire que l'enjeu pour la puissance colonisatrice est de « *façonner le sujet colonisé à son image*

---

[25] NEGRI (Vincent), SCHULTE-TENCKHOFF (Isabelle)., « Réflexions autour de la construction mimétique du droit : jalons pour une recherche », *Revue en ligne Droit cri-TIC*, janvier 2015. Disponible sur : https://koubi.fr/spip.php?article915, consulté en septembre 2017.

[26] *Ibidem.*

[27] BUGNICOURT (Jacques)., « Le mimétisme administratif en Afrique : obstacle majeur au développement », *Revue française de science politique*, 23e année, n°6, 1973, pp. 1239-1267 ; DU BOIS DE GAUDUSSON (Jean)., « Le mimétisme postcolonial, et après », *Pouvoirs,* 2009/2, n°129, *op. cit.*, pp. 45-55 ; MÉNY (Yves) (sous dir.), *Les Politiques du mimétisme institutionnel. La greffe et le rejet*, Paris, L'Harmattan, 1993, 286 p ; RIVERO (Jean)., « Les phénomènes d'imitation des modèles étrangers en droit administratif », *in* DE LAUBADÈRE (André), MATHIOT (André), RIVERO (Jean), VEDEL (Georges)., *L'administration et le droit, Regards sur la société internationale*, Paris, 1981, t. 2, pp. 459-473.

[28] DU BOIS DE GAUDUSSON (Jean)., « Le mimétisme postcolonial, et après », *Pouvoirs,* 2009/2, n°129, *op. cit.*, pp. 45-55.

[29] BALANDIER (Georges), « La situation coloniale : approche théorique », *Cahiers internationaux de sociologie,* 2001/1, n° 110, pp. 9-29.

tout en le maintenant à distance, dans la différence »[30]. En tout état de cause, le mimétisme consiste donc en un processus de reproduction plus ou moins conscient des comportements, tel que démontré par Georges Langrod (1973)[31] : « *Le mimétisme préfère se contenter de ce qui a déjà fait ses preuves et qu'on pense pouvoir améliorer en le modifiant, "africanisant", modernisant et orientant vers les objectifs dérivés. Personne au monde ne peut se passer de l'expérience d'autrui. Il est aussi vrai que l'expérience d'autrui est peut-être communicable mais jamais transmissible. L'expérience d'autrui ne peut être maîtrisable par autrui* ». Par ces mots, Georges Langrod illustre parfaitement l'inapplicabilité des systèmes d'autrui. De ce fait, on peut se demander si les constituants africains francophones pouvaient copier le modèle occidental tout en ayant une prise en compte du fait ethnique. Pour répondre à cette question, il convient de s'appuyer sur la réflexion de certains auteurs qui pensent que la construction de l'État-nation en Afrique francophone a été fortement influencée par le modèle occidental (**Section 1**). D'autres encore s'inscrivent sur la même lancée pour dire que les Constitutions africaines ont été calquées sur le modèle du colonisateur (**Section 2**). Ce mimétisme, nous montrent-ils, a été un échec sur le plan constitutionnel.

Section 1 : L'État-nation postcolonial : entre influence coloniale et réalités identitaires

À la question : « Qu'est-ce qu'un État-nation en Afrique ? », plusieurs auteurs répondent que c'est une forme d'organisation en crise d'identité, en ce sens qu'il a été construit sur des données qui lui sont complètement étrangères[32], notamment le modèle occidental. Ils pensent que l'influence de la colonisation reste l'un des facteurs majeurs pouvant justifier la crise actuelle de l'État-nation africain, dans la mesure où, au sortir de la décolonisation, on a pu souligner l'extension du modèle occidental de l'État-nation, qui prétend

---

30 NÉGRI (Vincent), SCHULTE-TENCKHOFF (Isabelle), « Réflexions autour de la construction mimétique du droit : jalons pour une recherche, *Revue en ligne Droit cri-TIC*, janvier 2015, *op. cit.* Disponible sur : https://koubi.fr/spip.php?article915, consulté en septembre 2017.

31 LANGROD (Georges), « Genèse et conséquence du mimétisme administratif en Afrique », *Revue internationale des sciences administratives*, n° 2, 1973, pp. 199-131 ; PAMBOU TCHIVOUNDA (Guillaume)., *Essai sur l'État africain postcolonial*, Paris, LGDJ, 1982, p. 45.

32 TSHIYEMBE (Mwayila)., « L'État en Afrique : crise du modèle importé et retour aux réalités. Essai sur la théorie de l'État multinational », *in État, société et pouvoir à l'aube du XXIe siècle, Mél. François Borella*, PUN, 1999, *op. cit.*, pp. 485-518 ; TSHIYEMBE (Mwayila)., *L'État postcolonial : facteur d'insécurité en Afrique*, Paris, Présence africaine, 1990, p. 11 ; BAYART (Jean-François)., « L'historicité de l'État importé », *Cahiers du CERI*, 1996, *op. cit.*, pp. 1-44.

être le cadre global d'un marché[33]. L'État-nation africain est le fruit de l'expansion du processus de mondialisation ou de globalisation[34]. Cette affirmation doit être nuancée. Il va de soi que l'adoption d'une telle organisation a plongé l'État africain dans une crise d'identité en ce qu'elle ignore les réalités sociales. La crise de l'État-nation africain est à rechercher dans ses origines **(§1)**, et elle a par ailleurs fait de l'État-nation postcolonial un échec **(§2)**.

§1 - Les origines de l'État-nation africain

En Afrique, le constitutionnalisme de la première génération, qui correspond à l'époque postcoloniale, se traduit, du point de vue juridique, par la personnification ou la personnalisation de la nation[35]. De ce fait, les Constitutions africaines de la première génération sont en total déphasage avec les valeurs sociales, préférant personnifier la nation[36]. On peut le voir avec ce syllogisme construit (M. Kamto, 1987) [37]: « *Le chef de l'État incarne la nation (majeure). Or, la nation se confond à l'État, c'est "l'État-nation" (mineure). Donc le chef de l'État incarne l'État (conclusion).* » Ceci fait partie de la formule selon laquelle le chef de l'État est le père de la nation[38]. Cela est d'autant plus vrai que sous l'empire de Bokassa Ier en République centrafricaine (RCA), l'article 2 de la Constitution du 4 décembre 1976 énonce que « *la souveraineté appartient à la nation incarnée par l'Empereur* »[39]. Aussi, après les indépendances, l'article 6 de la Constitution gabonaise et l'article 8 de la Constitution ivoirienne prévoient que le président de la République « incarne l'unité nationale »[40]. Ainsi, si l'État est la

---

[33] PERSON (Yves)., « L'État-Nation et l'Afrique », *Revue française d'histoire d'outre-mer*, tome 68, 1981, pp. 274-282 ; voir aussi TSHIYEMBE (Mwayila)., « L'État en Afrique : crise du modèle importé et retour aux réalités. Essai sur la théorie de l'État multinational », *in État, société et pouvoir à l'aube du XXIe siècle, Mél. François Borella*, PUN, 1999, *op. cit.*, pp. 485-518.

[34] BAYART (Jean-François)., « L'historicité de l'État importé », *Cahiers du CERI*, 1996, *op. cit.*, pp.1-44.

[35] KAMTO (Maurice) (sous dir.), *Pouvoir et droit en Afrique noire, Essai sur les fondements du constitutionnalisme dans les États d'Afrique noire francophone*, Paris, LGDJ, 1987, p. 430 et *sq* ; voir aussi NGANDO SANDJE (Rodrigue)., *État et nation dans le constitutionnalisme africain. Étude thématique*, Thèse, Droit public, Université de Bourgogne, 2013, *op. cit.*, p. 28.

[36] CONAC (Gérard)., « Portrait du Chef d'État », *Pouvoirs*, n°25, Les pouvoirs africains, avril 1983, pp. 121-130.

[37] KAMTO (Maurice) (sous dir.), *Pouvoir et droit en Afrique noire, Essai sur les fondements du constitutionnalisme dans les États d'Afrique noire francophone*, Paris, LGDJ, 1987, *op. cit.*, p. 432.

[38] NGANDO SANDJE (Rodrigue)., *État et nation dans le constitutionnalisme africain. Étude thématique*, Thèse, Droit public, Université de Bourgogne, 2013, *op. cit.*, p. 31.

[39] *Ibidem*, *op. cit.*, p. 31.

[40] KAMTO (Maurice) (sous dir.), *Pouvoir et droit en Afrique noire, Essai sur les fondements du constitutionnalisme dans les États d'Afrique noire francophone*, Paris, LGDJ, 1987, *op. cit.*, p. 432.

personnification juridique de la nation[41], les deux sont liés et forment un ensemble organique institué[42]. C'est cette unité institutionnelle que Maurice Hauriou (N. Foulquier, 2009)[43] divise en deux catégories de règles : d'un côté, la Constitution politique, celle qui organise les pouvoirs publics, et de l'autre côté, la Constitution sociale, celle qui détermine les principes d'organisation de l'ordre social, notamment les droits et libertés du citoyen. Ceci reflète l'idée de Constitution nationale[44], c'est-à-dire celle qui est établie au nom de la nation, et donc porteuse des valeurs sociales[45]. Appliquée au contexte de l'État-nation africain considéré comme un modèle importé, la question de la réception de la Constitution sociale peut se poser en ces termes : si chaque État-nation se fonde sur ses propres valeurs, notamment la langue, la culture, l'histoire, et sur les spécificités propres à ses habitants, son importation ne serait-elle pas un chemin sans issue ? Pour y répondre, il convient d'abord d'examiner la question de l'apparition de la nation en Afrique **(A)**, avant de relever que l'État-nation postcolonial est un modèle importé **(B)**.

A - La question de l'apparition de la nation en Afrique

Si la nation se définit, à en croire l'Académie française en 1694, comme « *l'ensemble des habitants d'un même État, d'un même pays, vivant sous les mêmes lois et utilisant le même langage* »[46], il n'est donc pas absurde de soutenir que l'idée de nation se rapporte aux spécificités culturelles ou historiques propres à chaque société. Ainsi, au Moyen Âge, le concept de nation est vu comme « *un groupe d'hommes qui ont ou à qui on attribue une origine commune* »[47]. C'est un groupe d'individus unis par les liens du sang, qui partagent la même langue, la même culture et le même territoire[48].

Le concept de nation a pris sa signification moderne en Europe au XVIIIe siècle, notamment après la Révolution française à travers deux conceptions classiques, à savoir, la conception française et la conception allemande. La

---

41 ESMEIN (Adhémar)., *Éléments de droit constitutionnel français et comparé*, Paris, Panthéon-Assas, Coll. « Les introuvables », 2001, p. 1.

42 DUVERGER (Maurice)., *Les constitutions de la France*, Paris, PUF, Coll. « Que sais-je ? », 2004, p. 5.

43 FOULQUIER (Norbert)., « Maurice Hauriou, constitutionnaliste (1856-1929) », *Jus Politicum*, n°2, 2009, *op. cit.*, pp. 1-33.

44 HAURIOU (Maurice)., *Précis de droit constitutionnel*, Paris, Sirey, 2e édition, 1929, pp. 242-243.

45 *Ibidem*, pp. 242-243.

46 TIMBAL (Pierre-Clément), BURDEAU (Georges)., « NATION – L'idée de nation », *Encyclopedia Universalis* [en ligne], consulté le 20 juillet 2017. URL : http://www.universalis.fr/encyclopedie/nation-l-idee-de-nation/.

47 *Ibidem*.

48 RAYNAUD (Philippe), RIALS (Stéphane)., *Dictionnaire de philosophie politique*, Paris, PUF, 2003, p. 479.

conception française est d'abord et avant tout celle du vouloir vivre ensemble[49], déterminée non pas au sens originaire, notamment le lien du sang, l'ethnie, le territoire ou encore la culture, mais par l'adhésion volontaire et libre des peuples aux principes d'une communauté politique[50]. Il s'agit donc de ce que Sieyès[51] qualifiait en 1789 de « *corps d'associés vivant sous une loi commune et représentée par un même législateur* ». À cette conception subjective de la nation s'oppose la conception objective, notamment la thèse allemande, élaborée par Johann Gottlieb Fichte qui place la nation sous le signe du déterminisme. La nation serait donc, à en croire cette thèse, déterminée à partir d'éléments objectifs, particulièrement la langue, la culture et l'histoire[52]. La nation est ainsi une communauté dont les membres partagent les mêmes intérêts[53]. D'où l'idée des « nations autonomes »[54], c'est-à-dire des « nations objectivement déterminées (les communautés ethniques) »[55], où la langue est vue comme le moyen de souder le lien social, de véhiculer « l'héritage commun d'histoire et de culture »[56], et donc qui « cimente l'unité du groupe »[57].

Partant de là, il est nécessaire de s'interroger sur la conception que l'on peut avoir de la nation en Afrique. S'agit-il de la nation au sens du volontarisme français ? Est-ce plutôt la nation au sens du déterminisme allemand[58] ? Concrètement, l'idée de nation en Afrique se rapporte à son sens sociologique ou historique en ce qu'elle est liée aux spécificités historiques communes et aux réalités sociologiques. Plus encore, Papa Ogo Seck (1994)[59] explique que si les « Nations » peuvent être considérées comme le fruit de l'histoire, cette dernière est donc sans doute le résultat « *d'une éducation transmise par le biais de structures sociales traditionnelles propres à chaque*

---

[49] GICQUEL (Jean), GICQUEL (Jean-Éric)., *Droit constitutionnel et institutions politiques*, 33e éd., Paris, LGDJ, 2019, p. 63.
[50] GIRARDET (Raoul)., *Ernest Renan : Qu'est-ce qu'une Nation ? et autres écrits politiques*, Imprimerie nationale, 1996, *op. cit.*, p. 241.
[51] SIEYES (Emmanuel)., *Qu'est-ce que le tiers état ?*, Paris, PUF, 1982, p. 31.
[52] GICQUEL (Jean), GICQUEL (Jean-Éric)., *Droit constitutionnel et institutions politiques*, 33e éd., Paris, LGDJ, 2019, *op. cit.*, p. 63.
[53] RAYNAUD (Philippe), RIALS (Stéphane)., *Dictionnaire de philosophie politique*, Paris, PUF, 2003, *op. cit.*, p. 481.
[54]PIERRÉ-CAPS (Stéphane)., *Nation et peuples dans les constitutions modernes*, Thèse, Droit public, Presse universitaire de Nancy, 1991, *op. cit.*, p. 20 et *sq.*
[55] *Ibidem*, *op. cit.*, p. 20 et *sq.*
[56] ELIOU (Marie)., *La formation de la conscience nationale en République populaire du Congo*, Paris, Anthropos, 1977, p. 16.
[57] *Ibidem*, p. 16.
[58] NGANDO SANDJE (Rodrigue)., *État et nation dans le constitutionnalisme africain. Étude thématique*, Thèse, Droit public, Université de Bourgogne, 2013, *op. cit.*, p. 17.
[59] OGO SECK (Papa)., *L'idée de nation en Afrique,* Thèse de droit public, Université Paris X, 1994. Disponible sur : www.memoireonline.com/09/06/211/m_idee-nation-afrique-noire0.html, consulté en octobre 2017.

"peuple" ou "ethnie", et plus tard, à chaque ensemble pluriethnique qui dans les sociétés modernes se nomment : "Nation"». Cette pensée est l'agencement des deux conceptions de la nation ci-dessus évoquées. D'une part, si l'on considère la nation comme « une formation historique »[60], on peut sans aucun doute affirmer que l'Afrique s'est construite à partir de ses propres valeurs ancestrales, ou encore de ses propres spécificités historiques, car il n'y a pas de « peuple sans histoire, sans mémoire collective »[61]. Ceci révèle sans doute l'idée selon laquelle chaque société développe ses structures, « ses formes de pensée comme d'expression, celles d'organisation sociale, économique, politique et culturelle »[62] dans l'esprit de garantir la cohésion sociale et donc d'éviter les conflits. D'autre part, en suivant cette logique fondamentale, tout porte à croire que la nation est une communauté ethnique, c'est-à-dire un groupement d'individus qui partagent la même histoire et le même territoire[63].

En outre, si ailleurs, notamment selon la conception allemande, la nation préexiste à l'État, en Afrique francophone, c'est l'État qui précède la nation[64]. Autrement dit, en Afrique, l'État est le « point de départ de la nation moderne »[65], sa projection, donc sa personnification juridique[66]. Ainsi, si l'État y est vu comme la matrice de la nation, c'est parce qu'il est le résultat du droit international qui en détermine le cadre politique et juridique, notamment avec la résolution 1514 de l'Assemblée générale des Nations unies sur l'octroi de l'indépendance des peuples colonisés. On évoque d'ailleurs l'idée selon laquelle les nations dites civilisées ont défini le système politique et juridique des nations non civilisées[67]. Ces dernières, étant le produit du droit international, apparaissent donc après l'État en Afrique[68].

Toutefois, l'idée de nation en Afrique peut être recherchée dans les tendances nationalistes qui ont précédé la décolonisation. C'est d'ailleurs dans une analyse plus démonstrative que certains auteurs comme Marie Eliou

---

60 GICQUEL (Jean) et GICQUEL (Jean-Éric)., *Droit constitutionnel et institutions politiques*, 29e éd., Paris, LGDJ, 2015, *op. cit.*, p. 63.

61 OGO SECK (Papa)., *L'idée de nation en Afrique,* Thèse de droit public, Université Paris X, 1994, *op. cit.* Disponible sur : www.memoireonline.com/09/06/211/m_idee-nation-afrique-noire0.html, consulté en octobre 2017.

62 *Ibidem, op. cit.*

63 *Ibidem, op. cit.*

64 PIERRÉ-CAPS (Stéphane)., *Nation et peuples dans les constitutions modernes*, Thèse, Droit public, Presse universitaire de Nancy, 1991, p. 188.

65 OGO SECK (Papa)., *L'idée de nation en Afrique,* Thèse de droit public, Université Paris X, 1994, *op. cit.* Disponible sur : www.memoireonline.com/09/06/211/m_idee-nation-afrique-noire0.html, consulté en octobre 2017.

66 ESMEIN (Adhémar)., *Éléments de droit constitutionnel français et comparé*, Paris, Panthéon-Assas, Coll. « Les introuvables », 2001, *op. cit.*, p. 1.

67 NGANDO SANDJE (Rodrigue)., *État et nation dans le constitutionnalisme africain. Étude thématique*, Thèse, Droit public, Université de Bourgogne, 2013, *op. cit.*, p. 19.

68 *Ibidem, op. cit.*, p. 19.

(1977), Basil Davidson (1980) ou Jean Copans (1980) expliquent qu'en soumettant les populations colonisées à un certain nombre de contraintes, le régime colonial a permis l'émergence de la conscience nationale et a contribué au renforcement des cohésions[69]. À titre d'exemple, des personnalités comme Mani Kongo, roi du royaume du Kongo, Makoko, roi de Batéké au Congo-Brazzaville, Nyimi, roi de Kuba en RDC, Soundiata Keita, empereur de l'empire du Mali, Kimpa Vita pour le Congo, Nyonda Makita pour le Gabon (ethnie Punu), sont des nationalistes qui ont tenté de résister aux actions coloniales pour préserver l'intégrité de leur territoire et leurs richesses. Ils sont aussi, selon Rodrigue Ngando Sandjè (2013)[70] : « *porteurs, au même titre que Philippe Auguste, Jeanne d'Arc et autres, de l'idée nationale – au sens historique – dans le contexte africain bien avant l'avènement de l'ordre juridique* » moderne en Afrique. L'idée de nation serait donc née en réaction à la domination coloniale.

Au demeurant, le mode africain du nationalisme se distingue des théories classiques de la nation, en ce qu'il ne découle ni de la conception volontariste, ni des considérations objectives, notamment la langue, le territoire, la culture. Le nationalisme africain est au contraire le résultat d'une philosophie née de la contestation de la politique coloniale. Mais, au sortir de la décolonisation, les dirigeants africains francophones ont décidé chacun de construire un État-nation selon le modèle occidental.

B - L'État-nation postcolonial, un modèle importé

L'histoire de la construction de l'État-nation postcolonial en Afrique a longtemps été présentée comme celle d'un modèle venu d'ailleurs. Cette position est généralement justifiée par la méconnaissance de la réalité historique propre à l'Afrique dans le processus de la formation et de la gestion de l'État-nation. En effet, « la plupart des analyses contemporaines concernant "les constructions nationales" »[71], notamment dans les pays africains, « se basent sur un modèle centré sur le rôle fondateur quasi exclusif de l'État hérité du pouvoir colonial »[72], dont la mission consisterait à faire table rase des réalités ethniques. Cette affirmation laisse entendre que l'État-nation africain est, dès le départ, considéré comme un pâle reflet du modèle occidental qui

---

[69] ELIOU (Marie)., *La formation de la conscience nationale en République populaire du Congo*, Paris, Anthropos, 1977, *op. cit.*, p. 17 ; DAVIDSON (Basil)., *L'Afrique au XXe siècle : l'éveil et les combats du nationalisme africain*, Paris, Ed. J.A., Coll. « Le sens de l'histoire », 1980, 446 p ; COPANS (Jean)., « Histoire, politique et nationalisme en Afrique noire », *Le Monde diplomatique*, 1980, p. 11.
[70] NGANDO SANDJE (Rodrigue)., *État et nation dans le constitutionnalisme africain. Étude thématique*, Thèse, Droit public, Université de Bourgogne, 2013, *op. cit.*, p. 17.
[71] NICOLAS (Guy)., « Le Nigeria : dynamique agonistique d'une Nation à polarisation variable », *Cultures & Conflits*, n°1, 1990, pp. 114-150.
[72] *Ibidem*, pp. 114-150.

s'est imposé par le biais de la colonisation[73], sans prendre en compte la question de la diversité nationale.

On le sait, en Afrique francophone comme ailleurs, la décolonisation, en tant que phénomène politique, a permis l'extension du système politique et institutionnel de l'ex-puissance coloniale à l'ensemble des pays francophones d'Afrique[74]. Au fond, l'indépendance des États africains dans les années 1960 est présentée comme le moment des importations des traditions occidentales. On le voit par exemple dans le discours du président camerounais adressé à la nation camerounaise en 2010[75] : « *L'héritage politique des indépendances était la construction d'une intégration à partir des groupes humains dont les divergences étaient plus importantes que les convergences.* »

En d'autres termes, vu comme un modèle importé[76], l'État-nation postcolonial africain est inadapté aux réalités endogènes, particulièrement le fait ethnique. Or, l'ethnie peut être vue comme l'expression de la nation en Afrique[77]. Elle est la formation sociale d'une nation[78], parce qu'elle est construite sur les mêmes fondements que la nation, c'est-à-dire la langue, l'histoire, la culture et le sentiment d'appartenir à la même communauté[79]. Il est dès lors évident qu'ignorer le fait ethnique dans le processus de formation de l'État reviendrait à créer un « État sans la nation »[80]. En clair, il faut préciser qu'en excluant les identités ethno-régionales concurrentes, en choisissant le parti unique comme seul mode de gouvernement susceptible de

---

[73] http://ethiopiques.refer.sn/spip.php?article1560, consulté en janvier 2018.

[74] PERSON (Yves)., « L'État-Nation et l'Afrique », *Revue française d'histoire d'outre-mer,* tome 68, 1981, *op. cit.*, pp. 274-282.

[75] Voir : https://www.prc.cm/fr/actualites/discours/510-message-du-chef-de-l-etat-a-la-nation-a-l-occasion-de-la-celebration-des-cinquantenaires-de-l-independance-et-de-la-reunification-du-cameroun ; NGANDO SANDJE (Rodrigue)., *État et nation dans le constitutionnalisme africain. Étude thématique*, Thèse, Droit public, Université de Bourgogne, 2013, *op. cit.*, p. 11.

[76] TSHIYEMBE (Mwayila)., « L'État en Afrique : crise du modèle importé et retour aux réalités. Essai sur la théorie de l'État multinational », *in État, société et pouvoir à l'aube du XXIe siècle, Mél. François Borella*, PUN, 1999, *op. cit.*, pp. 485-518 ; BADIE (Bertrand)., *L'État importé : Essai sur l'occidentalisation de l'ordre politique*, Paris, Fayard, 1992, *op.cit.*, 334 p.

[77] OGO SECK (Papa)., *L'idée de nation en Afrique,* Thèse de droit public, Université Paris X, 1994, *op. cit.* Disponible sur : www.memoireonline.com/09/06/211/m_idee-nation-afrique-noire0.html, consulté en octobre 2017.

[78] ELIOU (Marie)., *La formation de la conscience nationale en République populaire du Congo*, Paris, Anthropos, 1977, *op. cit.*, p. 14.

[79] NGANDO SANDJE (Rodrigue)., *État et nation dans le constitutionnalisme africain. Étude thématique*, Thèse, Droit public, Université de Bourgogne, 2013, *op. cit.*, p. 12 ; ELIOU (Marie)., *La formation de la conscience nationale en République populaire du Congo*, Paris, Anthropos, 1977, *op. cit.*, p. 19.

[80] *Ibidem*, *op. cit.*, p. 12.

garantir l'unité nationale[81], les acteurs politiques africains ont fait de l'appartenance ethnique un véritable ennemi de l'État qu'il faut combattre[82], c'est-à-dire un facteur de « désunion nationale »[83].

Pourtant, la doctrine de l'État-nation au lendemain de la décolonisation considérait que les États africains n'étaient composés que d'ethnies ayant chacune une histoire[84]. En réalité, en éliminant le droit à la différence, comme en France, les constituants d'Afrique francophone n'ont voulu accorder aucune reconnaissance juridique aux communautés ethniques considérées comme n'étant pas en adéquation avec le principe d'unité nationale. C'est dire que l'État importé (fondé sur l'idéal jacobin) a favorisé l'hégémonie d'un groupe ethnique sur les autres communautés nationales[85]. Dès lors, on comprend mieux ces mots de Norbert Roland (1986)[86] : « *en Afrique noire et dans l'océan Indien, les nouveaux États ont souvent adopté les conceptions unitaires du droit léguées par l'ex-colonisateur, avec d'autant plus de vigueur que leurs dirigeants redoutent que l'unité nationale soit mise en péril par la reconnaissance des identités ethniques et culturelles* ». L'héritage colonial reste un des faits marquants de l'échec de la construction de l'État-nation en Afrique. En effet, par leur schéma mimétique, les élites africaines postcoloniales ont adopté des modèles institutionnels dont la compatibilité avec les réalités sociologiques de leurs pays entretient le doute. C'est d'ailleurs à ce propos que certains auteurs persistent à affirmer que l'État-nation, tel que transposé en Afrique, est un facteur d'insécurité, en ce sens que par « *mimétisme institutionnel, il emprunte le décor typique aux États occidentaux sans pour autant en épouser l'esprit qui leur donne corps et signification* » (M. Tshiyembé, 1990)[87]. En se référant à cette idée, on peut déduire que seules les réalités propres à l'Afrique, notamment les réalités ethniques, peuvent donner corps et vie à ce que pourrait être l'État-nation africain, donc sa véritable signification.

---

[81] OTAYEK (René)., « L'Afrique au prisme de l'ethnicité : perception française et actualité du débat », *Revue internationale et stratégique,* 2001/3, n° 43, pp. 129-142.

[82] NTUMBA LUABA (Alphonse)., « Ethnicité et gouvernementalité dans le contexte du renouveau constitutionnaliste africain », *Revue africaine des sciences sociales et humaines,* n°2, juillet 2002, *op. cit.*, pp. 43-60.

[83] *Ibidem*, *op. cit.*, pp. 43-60.

[84] Pour reprendre l'intitulé de l'ouvrage de CHRÉTIEN (Jean-Pierre), PRUNIER (Gérard) (sous dir.), *Les ethnies ont une histoire*, Paris, Karthala, 2003, *op. cit.*, 438 p.

[85] OTAYEK (René)., « L'Afrique au prisme de l'ethnicité : perception française et actualité du débat », *Revue internationale et stratégique,* 2001/, n° 43, *op. cit.*, pp. 129-142 ; voir aussi OGO SECK (Papa)., *L'idée de nation en Afrique,* Thèse de droit public, Université Paris X, 1994, *op. cit.* Disponible sur : www.memoireonline.com/09/06/211/m_idee-nation-afrique-noire0.html, consulté en octobre 2017.

[86] ROLAND (Norbert)., *L'Anthropologie juridique*, Coll., « Que sais-je ? », 1990, p. 43.

[87] TSHIYEMBE (Mwayila)., *L'État postcolonial : facteur d'insécurité en Afrique*, Paris, Présence africaine, 1990, *op. cit.*, p. 11.

Cette observation montre l'échec de la prise en compte du fait ethnique dans la construction de l'État-nation postcolonial en Afrique francophone, largement calqué sur le modèle occidental, estimé comme le seul qui vaille, en occultant les réalités proprement africaines.

§2 - L'échec de l'État-nation postcolonial

Dans un article intitulé « L'Afrique au prisme de l'ethnicité : perception française et actualité du débat », René Otayek (2001)[88] souligne que : « *Par opposition, l'État moderne, colonial puis postcolonial, s'affirme d'emblée comme un entrepreneur identitaire hégémonique, son projet ultime consistant à imposer, fût-ce par la violence physique ou symbolique, l'identité nationale. Se voulant universaliste et porteur exclusif de l'idée de progrès, il va donc travailler opiniâtrement les identités particulières afin de susciter le sentiment d'appartenance nationale.* » En réalité, plus d'un demi-siècle après les indépendances, l'État-nation postcolonial est « *probablement l'organisation politique de la société globale la plus fantomatique de l'histoire de cette seconde moitié du XXe siècle* » (M. Tshiyembé, 1990)[89]. Ainsi, l'insécurité est la conséquence directe de cette organisation politique, en ce sens que dans l'État-nation postcolonial, seul le groupe ethnique le plus influent détient le monopole du pouvoir au détriment des autres groupes ethniques. Dès lors, nul ne doute que l'État-nation africain est devenu plus qu'un facteur d'insécurité : c'est un modèle en crise d'identité **(A)**. De plus, il est également admis que l'unité supposée être le fondement de l'État-nation n'a été qu'un moyen au service du pouvoir politique **(B)**.

A - L'État-nation africain, un modèle en crise d'identité

Au lendemain des indépendances, la question relative à la construction de l'État-nation en Afrique est sur la sellette. En effet, les multiples contestations, notamment ethniques, au sortir des indépendances justifient la crise de l'État-nation africain, à cause de son inadaptation aux réalités de la société africaine, qui remettent en cause la crédibilité de ses structures. Certains y voient même un modèle qui souffre d'un mal profond, sinon congénital. Ainsi, militant pour la nécessité de repenser l'État-nation en Afrique, Hermann Yaméogo (2013)[90],

---

[88] OTAYEK (René)., « L'Afrique au prisme de l'ethnicité : perception française et actualité du débat », *Revue internationale et stratégique*, 2001/3, n° 43, *op. cit.*, pp. 129-142.
[89] TSHIYEMBE (Mwayila)., *L'État postcolonial : facteur d'insécurité en Afrique*, Paris, Présence africaine, 1990, *op. cit.*, p. 11.
[90] YAMÉOGO (Hermann)., *Repenser l'État africain : ses dimensions et prérogatives*, Paris, L'Harmattan, 2013, p. 92 ; voir aussi JAMFA CHIADJEU (Moïse-Léonard)., *Comment comprendre la « crise » de l'État postcolonial en Afrique ? Un essai d'explication structurelle à partir des cas de l'Angola, du Congo-Brazzaville, du Congo-Kinshasa, du Liberia et du Rwanda*, Peter Lang, 2005, *op. cit.*, p. 29.

s'interrogeant sur l'origine de la crise de l'État africain, a abouti au constat selon lequel la définition de l'État telle que conçue par les constitutionnalistes demeure insuffisante, en ce sens qu'elle élude une condition essentielle, c'est-à-dire une « *potentialité à survivre, sinon à vivre [car], lorsqu'on observe l'évolution de l'État-nation en Afrique, on s'aperçoit qu'il ne suffit pas d'avoir un territoire, une population, un pouvoir politique, pour avoir un État ; il faut que cette entité aspirant aux prérogatives de l'État ait les possibilités naturelles, économiques non seulement de faire vivre la population, mais de lui donner le sentiment d'un devenir collectif* ». Au fond, on peut considérer qu'il s'agit là d'une dimension qui manque dans le processus de formation de l'État-nation africain. Comment alors comprendre la crise de l'État-nation postcolonial ?

Tout d'abord, la crise de l'État-nation postcolonial est le résultat de la période coloniale. En effet, avant la colonisation, les sociétés africaines étaient des entités quasi homogènes, avec des modes d'organisation atypiques basés sur les valeurs traditionnelles. À en croire les travaux de Cheikh Anta Diop (1960)[91], les chefferies d'Afrique noire, avant l'arrivée du colon, étaient caractérisées par un certain nombre de principes de gouvernance de leurs sociétés[92]. Selon lui, l'Afrique au sud du Sahara « *présentait dans le fond une même structure sociale et un même mode de production et d'échange au plan économique, et essentiellement caractérisés par le principe de l'oralité et l'absence d'une culture de bureaucratie au sens occidental du terme ; le principe de communauté des biens (et donc l'absence de la propriété au sens du droit romain) ; la redistribution obligatoire des surplus et le devoir d'assistance mutuelle...* » (C.-A. Diop, 1960)[93]. En réalité, c'est la rencontre avec le colon qui a profondément bouleversé le fonctionnement, voire l'organisation des sociétés traditionnelles africaines[94], même si cette affirmation mérite d'être relativisée. C'est donc occidentalisation des valeurs africaines qui a entraîné les peuples (les communautés ethniques) dans un climat de confusion jusqu'au lendemain de la décolonisation[95]. Comme le

---

[91] DIOP (Cheikh-Anta)., *L'Afrique noire précoloniale : Étude comparée des systèmes politiques et sociaux de l'Europe et de l'Afrique noire, de l'Antiquité à la formation des États modernes*, Paris, Présence africaine, 1960, p. 12.

[92] *Ibidem*, p. 12.

[93] *Ibidem*, p. 12.

[94] JAMFA CHIADJEU (Moïse-Léonard)., *Comment comprendre la « crise » de l'État postcolonial en Afrique ? Un essai d'explication structurelle à partir des cas de l'Angola, du Congo-Brazzaville, du Congo-Kinshasa, du Liberia et du Rwanda*, Peter Lang, 2005, *op. cit.*, p. 27.

[95] MOUDOUDOU (Placide)., « L'État africain : entre constitutionnalisme libéral et constitutionnalisme identitaire », *Revue CAMES/SJP*, n°002/2015, *op. cit.*, pp. 113-140 ; voir aussi DU BOIS DE GAUDUSSON (Jean)., « Le mimétisme postcolonial, et après », *Pouvoirs*, 2009/2, n°129, *op. cit.*, pp. 45-55.

constate Mwayila Tshiyembé (1990)[96] : « *au sortir des indépendances dans les années 1960, l'État-nation africain paraît ressembler à quelque chose d'autre, son organisation politique est probablement la plus fantomatique de l'histoire de cette seconde moitié du XXe siècle, puisque tout le monde en parle mais personne ne sait finalement de quoi il s'agit, et quel est son projet de société* ».

Ensuite, l'organisation institutionnelle ou politique actuelle de l'État-nation en Afrique noire francophone rend témoignage du bilan mitigé du processus de formation de l'État postcolonial. Ce bilan présente les signes d'un échec caractérisé par les mouvements de contestation ou de revendication observés partout en Afrique au lendemain des indépendances. Ces mouvements d'extrême violence ont généralement débouché sur des irrédentismes ethno-régionalistes. C'est le cas de la RDC avec le mouvement indépendantiste Katangais du 11 juillet 1960[97], ou encore de la problématique de la région de Casamance au sud du Sénégal, opposant, pendant près de vingt ans, le gouvernement national au mouvement séparatiste des forces démocratiques de la région[98]. C'est le même problème au Congo-Brazzaville, où la structure sociale est marquée depuis les indépendances par les affrontements ethniques entre le nord et le sud du pays. De même, au Rwanda, tout comme au Burundi, le conflit éternel entre les Hutu et les Tutsi est un cas qui interpelle depuis des décennies la conscience de moult théoriciens de l'État. Dans cette situation de désunion nationale, les institutions tant politiques que sociales de ces pays ont été fortement fragilisées, notamment par un discours politique souvent empreint de divisionnisme[99]. Dans le même esprit, l'Afrique de l'Ouest, avec le conflit touareg, nous offre un véritable cas de contestation territoriale touchant plusieurs pays comme le Niger, le Burkina Faso, le Mali. Ce mouvement touareg tend à déstabiliser la vie institutionnelle de ces pays, et donc empêche la construction d'un État-nation, comme le dit Hermann Yaméogo (2013)[100]. Ce mouvement de contestation

---

[96] TSHIYEMBE (Mwayila)., *L'État postcolonial : facteur d'insécurité en Afrique*, Paris, Présence africaine, 1990, *op. cit.*, p. 11.

[97] Voir sur ce point : http://www.jeuneafrique.com/340009/politique/jour-11-juillet-1960-katanga-prend-independance/, consulté en février 2018.

[98] ROBIN (Nelly)., « Le déracinement des populations en Casamance », *Revue européenne des migrations internationales* [en ligne], vol. 22, n°1 | 2006, mis en ligne le 1er avril 2009, consulté le 27 mai 2018. URL : http://journals.openedition.org/remi/2723.

[99] JAMFA CHIADJEU (Moïse-Léonard)., *Comment comprendre la « crise » de l'État postcolonial en Afrique ? Un essai d'explication structurelle à partir des cas de l'Angola, du Congo-Brazzaville, du Congo-Kinshasa, du Liberia et du Rwanda*, Peter Lang, 2005, *op. cit.*, p. 51 ; voir aussi NYAMITWE (Alain-Aimé)., *Démocratie et ethnicité au Burundi. Essai sur des mots et des acteurs autour d'un enjeu de justice et pouvoir (1962-2005)*, Parole et Silence, 2009, p. 103.

[100] YAMÉOGO (Hermann)., *Repenser l'État africain : ses dimensions et prérogatives*, Paris, L'Harmattan, 2013, *op. cit.*, p. 30.

constitue une véritable épine dans le processus de formation de l'État-nation dans ces pays. Ces contestations, souvent d'origine ethno-régionaliste, conduisent dans une certaine mesure à des coups d'État parfois à caractère ethnique qui traduisent l'intervention de l'armée dans la sphère politique[101]. Il est vrai que les choses sont parfois complexes, mais les coups d'État observés au Rwanda en 1973, puis en 1994 et au Burundi en 1965, puis en 1993, ont été orchestrés sous la bannière ethnique.[102]

Au regard de ces observations, force est de constater que toutes ces contestations ethniques, ces coups d'État, évoquent jusqu'à un certain point le problème de l'incapacité des dirigeants africains francophones à prendre en compte les réalités locales dans les structures étatiques. L'État postcolonial a donc connu ses limites vis-à-vis de la nature pluriethnique de sa société. Une telle situation ne peut que déboucher sur une remise en cause de l'État-nation africain, à qui l'on reproche de ne pas avoir assuré l'intégration des groupes ethniques dans la gestion de l'État. Ainsi, aussi longtemps que les ethnies resteront en marge de la vie publique, ces mouvements de contestation ci-dessus évoqués, qui sont en réalité une remise en question des institutions étatiques héritées du colon, seront loin de se terminer. Ceci laisse entendre que les dirigeants africains, notamment francophones, sont constamment tentés d'adopter les modèles occidentaux. Autrement dit, la doctrine majoritaire, notamment celle de l'anti-occidentalisme constitutionnel déjà évoquée, dénonce l'hypocrisie des dirigeants africains qui, bien qu'utilisant un discours moraliste réprimant les valeurs dites occidentales, s'accommodent malgré tout du modèle occidental dans ce qu'il a d'ostentatoire pour ignorer les réalités sociales[103]. En réalité, si les dirigeants africains ont fait de l'ethnicité l'ennemi à exclure dans la construction et la gestion de l'État, il n'en demeure pas moins qu'ils en ont fait une véritable arme politique pour accéder au pouvoir. Ces dirigeants se servent de l'ethnicité comme prétexte pour affirmer leur autoritarisme et accaparer le pouvoir. En fin de compte, les États africains, en faisant table rase de leurs spécificités dès les indépendances, ont opté pour l'intégration des principes critiques de l'héritage colonial. En outre, même si l'ethnicité peut être hypocritement considérée comme une menace à la cohésion nationale, en Afrique, elle n'est pas « une grande muette,

---

[101] KIPRÉ (Pierre)., « La crise de l'État-nation en Afrique de l'Ouest », *Outre-Terre*, 2005/2, n° 11, pp. 19-32 ; voir aussi BORDESSOULE (Éric)., « L'État-nation en Afrique subsaharienne, un modèle en crise ? », *Géoconfluences*, 15 janvier 2006. http://geoconfluences.ens-lyon.fr/doc/etpays/Afsubsah/AfsubsahScient.htm, consulté en octobre 2019 ; voir aussi DOSSO (Karim)., « Les pratiques constitutionnelles dans les pays d'Afrique noire francophone : cohérences et incohérences », *Revue française de droit constitutionnel*, 2012/2, n° 90, *op. cit.*, pp. 57-85.

[102] https://www.ritimo.org/Chronologie-historique-du-Burundi, consulté en mai 2020.

[103] YAMÉOGO (Hermann)., *Repenser l'État africain : ses dimensions et prérogatives*, Paris, L'Harmattan, 2013, *op. cit.*, p. 13.

mais une bavarde ; c'est elle qui fait et défait les régimes politiques en général »[104]. L'unité nationale nécessaire à la formation de l'État-nation est ainsi devenue un moyen instrumentalisé par les acteurs politiques.

B - L'unité fondant l'État-nation, un moyen au service du pouvoir

La question de l'échec de l'État-nation postcolonial en Afrique se pose encore avec acuité. La répétition des conflits identitaires nés de l'impossibilité de fédérer les différents groupes ethniques, mieux encore, de les réconcilier avec les structures étatiques, montre la crise de l'unité nationale dans certains pays d'Afrique[105]. C'est en cela qu'Assane Mbaye (2010)[106] affirme que « *le mythe de l'État-nation fondant l'unité nationale n'a été qu'un instrument au service de l'unité du pouvoir* ». Cette situation de désunion nationale a plongé l'État postcolonial dans une exacerbation des crises sociopolitiques et est donc la première source des conflits ethniques. Ainsi, la transmission en Afrique francophone des modèles étrangers est devenue un objet d'étude chez les juristes afin de justifier la fragilisation de l'unité nationale, ou encore la crise de l'État-nation. D'ailleurs, Ousmane Famagan Konaté[107] le dit clairement en ces termes : « *Cette unité nationale, si fragile du fait de la multiplicité des cultures, ethnies ou tribus, a su confluer dans un contexte hostile à la colonisation. La chimère ne dure qu'un temps, le projet de construction d'États nationaux était à la fois irréalisable et inefficace. Parce que le particularisme ethnique et culturel était une règle dans la plupart des États mais surtout l'idéologie du développement se substitua à celle de l'État-national.* » C'est dire que si la colonisation peut être vue comme une époque importante de rupture avec les modes traditionnels d'organisation et de fonctionnement des sociétés africaines, la décolonisation a, quant à elle, amplifié l'écart entre les nouveaux États et les réalités sociales sur lesquelles ils avaient vocation à exercer leur domination[108].

Pour mieux appréhender ce démantèlement de l'unité nationale, il importe de se référer aux régimes des partis uniques nés au lendemain des indépendances. Ces régimes de partis uniques, nés de la pratique

---

[104] MOUDOUDOU (Placide)., *La Constitution en Afrique : morceaux choisis*, Paris, L'Harmattan, 2012, *op. cit.*, p. 18.
[105] KONATÉ (Ousmane-Famagan)., « La crise de l'État-nation en Afrique : quelle perspective », https://ousmanefamagan.wordpress.com/, consulté en novembre 2017.
[106]MBAYE(Assane),« Pour une nouvelle ingénierie institutionnelle qui codifie la pluralité des légitimités :des propositions pour refonder l'État »,*Alliance pour refonder la gouvernance en Afrique*, Cahier n°2010-04, p. 15.
[107] KONATÉ (Ousmane-Famagan)., « La crise de l'État-nation en Afrique : quelle perspective », *op. cit.*, https://ousmanefamagan.wordpress.com/, consulté en novembre 2017.
[108] MBAYE (Assane)., « Pour une nouvelle ingénierie institutionnelle qui codifie la pluralité des légitimités : des propositions pour refonder l'État », *Alliance pour refonder la gouvernance en Afrique*, Cahier n° 2010-04, *op.cit.*, p. 15.

constitutionnelle, voire de l'instrumentalisation de la Constitution par les dirigeants africains, ne relèvent nullement de la pratique du mimétisme du système occidental, mais plutôt d'une volonté politique de résorber le particularisme ethnique afin de consolider l'unité nationale. Autrement dit, cette pratique dont l'objectif consistait à éviter de faire de l'ethnie un élément structurant de la vie politique, a finalement abouti sur une logique de captation du pouvoir par un groupe. Elle devenue l'une des causes de dissipation du lien de solidarité nationale, car, en Afrique, les gouvernants s'identifient d'abord à leur appartenance ethnique. Dès lors, le « communautarisme devient roi »[109] et facilite en conséquence la privatisation des États africains par une famille, une tribu ou un groupe ethnique. En effet, les nouveaux dirigeants africains ont pernicieusement ethnicisé l'administration des États d'Afrique francophone et ont donc tout naturellement confondu l'État et leur famille[110]. En tirant les conséquences de cette privatisation du pouvoir étatique, Moussa Konaté (2010)[111] affirme que cette situation enferme les pays africains dans une espèce de « *népotisme, clientélisme, tribalisme, car, en refusant d'aider sa famille, même de façon illégale, un fonctionnaire consciencieux mettrait en cause la sacro-sainte solidarité, donc la volonté supposée de l'ancêtre…* ». Cette situation est le fait de l'existence des partis uniques qui, au nom de l'unité et au lieu de fédérer toutes les unités nationales, n'ont été qu'un pâle reflet de la concentration du pouvoir par un clan ou une ethnie qui a privatisé les administrations publiques. Il en ressort donc qu'une telle pratique apparaît assez dommageable pour l'unité nationale, car l'appartenance à une ethnie est devenue un moyen de dégradation du lien social, et donc un instrument au service du pouvoir.

Ainsi, au lendemain des indépendances dans les années 1960, plusieurs chefs d'État africains francophones, convaincus de l'idée de solidifier l'unité nationale, ont volontairement fait preuve d'une certaine malignité pour asseoir leur pouvoir. Le cas du Cameroun semble constituer un exemple d'école. En effet, dès les indépendances, le président Ahmadou Ahidjo déclarait : « *L'exaltante épreuve de la construction nationale exige une infrastructure solide, mais ayant tout de même une charpente psychologique, je veux dire des hommes dévoués à la cause commune sans lesquels la cohésion recherchée est un mythe sans prise sur la réalité.* »[112] Ainsi, poursuit-il, « *nous avons préconisé le parti unifié et le parti unique pour réaliser l'unité*

[109] KONATÉ (Ousmane-Famagan)., « La crise de l'État-nation en Afrique : quelle perspective », *op. cit.*, https://ousmanefamagan.wordpress.com/, consulté en novembre 2017.
[110] KONATÉ (Moussa)., *L'Afrique noire est-elle maudite ?* Paris, Fayard, 2010, p. 120.
[111] KONATÉ (Moussa)., *L'Afrique noire est-elle maudite ?* Paris, Fayard, 2010, *op.cit.*, p. 120 et *sq*.
[112] MFOULOU (Jean)., « Équilibre régional et désunion nationale au Cameroun : leçons du passé et perspectives d'avenir », *in* D. Simo, *Constructions identitaires en Afrique*, Yaoundé, Clé, 2006, pp. 109-120.

nationale indispensable »[113]. On comprend, à la lumière de cette déclaration, que les ruses utilisées par le président Ahidjo pour la réalisation de l'unité nationale n'avaient pour finalité que la création d'un grand parti unique, en l'occurrence l'Union nationale camerounaise (UNC), visant à fédérer tous les Camerounais, alors même que l'article 3 de la Constitution camerounaise de 1961 établissait le pluralisme politique. Le pays continuait ainsi, à cause de la volonté d'un homme, à vivre sous le régime du parti unique. Pierre-François Gonidec (1976)[114] pense que cette situation pouvait se justifier par des raisons « *d'ordre économique (mobiliser la totalité des énergies de ce pays), d'ordre politique (l'unité nationale est encore à faire), d'ordre social (on ne peut parler de l'existence de différentes classes sociales en Afrique). Ces raisons ne sont pas originales. Tous les dirigeants africains les invoquent pour justifier l'existence du parti unique ou, alternativement, pour interdire tout parti politique* ». Fort de cette vision, le président Paul Biya (actuel président du Cameroun) avait décidé, lui aussi, de marcher sous les auspices de son prédécesseur en instaurant, en mars 1985, un parti unique, le Rassemblement démocratique du peuple camerounais (RDPC)[115]. On notera par ailleurs que d'autres pays d'Afrique francophone ont connu cette pratique de confiscation du pouvoir politique par un parti au nom d'une prétendue unité. Tel est le cas du Parti congolais du travail au Congo-Brazzaville (1969), du Parti démocratique gabonais (1968), du Parti démocratique de Côte d'Ivoire (1960), du Rassemblement démocratique centrafricain en RCA (1987), du Mouvement national pour la révolution culturelle et sociale au Tchad (1973), du Parti de la révolution populaire béninoise (1972), etc.

La situation est pire au Zaïre (actuelle RDC) avec le Mouvement populaire de la révolution (MPR) du président Mobutu, considéré comme un parti-État, et ayant pour thème central : « *Chaque Congolais est dès sa naissance, membre effectif du MPR.* »[116] Ainsi, créé par le président Mobutu après son coup d'État en 1965[117], sous le prétexte de rétablir l'union nationale, le MPR, parti-État, n'était pas l'émanation de la volonté du peuple, mais c'était le « *peuple qui était l'émanation du parti* »[118]. Le préambule de la Constitution du Zaïre (actuelle RDC) du 15 août 1974 l'affirmait clairement en ces termes : « *Nous, peuple zaïrois, réuni au sein du Mouvement populaire de la révolution ; guidé par le mobutisme [...] ; convaincu que seul le Mouvement populaire de la révolution permet au peuple zaïrois de garantir son*

---

113 GONIDEC (Pierre-François), « Cameroun : Seize ans de stabilité. Un régime dominé par la stature du président Ahidjo », *Le Monde diplomatique*, août 1976, p. 21.
114 GONIDEC (Pierre-François), « Cameroun : Seize ans de stabilité. Un régime dominé par la stature du président Ahidjo », *Le Monde diplomatique*, août 1976, *op.cit.*, p. 21.
115 Voir http://www.rdpcpdm.cm/grands-reperes-1985-1991/, consulté en décembre 2017.
116 CHRISTIANE (Ernest)., « Mobutu et le mobutisme - Le parti unique », septembre 2006.
117 Voir https://perspective.usherbrooke.ca/bilan/eve/506.html, consulté en février 2020.
118 *Ibidem.*

indépendance politique, économique, sociale et culturelle. »[119] On notera d'ailleurs les répercussions de cette idéologie dans les administrations publiques où chaque jour, avant de commencer le travail, les administrés devaient s'adonner à un exercice du culte de la personnalité avec des slogans tels que : « *Mobutu... Oyéé* ! », « *MPR... Oyéé* ! »[120]. Il en est de même au Rwanda, où le président Juvénal Habyarimana, une fois arrivé au pouvoir, institue en 1974 le Mouvement révolutionnaire national pour le développement (MRND) comme parti unique. Ainsi déclare-t-il : « *Je sais que le pluralisme a ses partisans, mais, pour ma part, j'ai opté sans hésitation pour le parti unique.* »[121] C'est en cela que l'article 7 de la Constitution rwandaise de 1978 consacre le principe du parti unique en ces termes : « Le peuple rwandais est organisé au sein du Mouvement révolutionnaire national pour le développement, formation politique unique hors du cadre de laquelle nulle activité politique ne peut s'exercer ; le Mouvement révolutionnaire national pour le développement a pour mission d'unir, stimuler et intensifier les efforts du peuple rwandais en vue de la réalisation de son développement dans la paix et l'unité nationale ; tout Rwandais est de plein droit membre du Mouvement révolutionnaire national pour le développement. »[122] De ce fait, comme en RDC, chaque Rwandais est, dès sa naissance, membre du parti.

En somme, on peut dire que l'unité fondant l'État-nation en Afrique a été fortement instrumentalisée par les dirigeants politiques dans la mesure où l'instauration des partis uniques a rendu possible la personnification du pouvoir politique. Comme on peut le constater avec Mwayila Tshiyembé (1990)[123], le pouvoir « s'incarne dans un homme concentrant sur sa personne non seulement tous les instruments de la puissance, mais également toute la justification de l'autorité. À ce titre, sont confondus, dans la personne qui commande, à la fois l'exercice et la propriété du pouvoir ». Dès lors, à défaut de dire « l'État, c'est moi », plusieurs chefs d'État africains, comme indiqué plus haut, préfèrent se retrancher derrière l'expression « père de la nation » ou « unité nationale » pour justifier la personnification du pouvoir. Ainsi, on a pu observer au Zaïre (RDC) les expressions suivantes : « *Mboka Bo... ? Moko* !! » ; « *Parti Bo*... ? *Moko* !! » ; « *Tata Bo*... ? *Moko* !! », ce qui signifie : « Un

---

119 Voir le préambule de la Constitution zaïroise du 15 août 1974, al. 1er, 2, 6.

120 CHRISTIANE (Ernest)., « Mobutu et le mobutisme - Le parti unique », *op. cit.*, septembre 2006, consulté en février 2018. Disponible sur : http://e.a.christiane.over-blog.com/article-3787403.html.

121 Voir : fr.wikipedia.org/.../Mouvement_révolu..._le_développement, consulté en novembre 2017.

122 Voir Constitution rwandaise du 20 décembre 1978, art. 7.

123 TSHIYEMBE (Mwayila)., *L'État postcolonial : facteur d'insécurité en Afrique*, Paris, Présence africaine, 1990, *op. cit.*, p. 27.

pays, Un parti et Un seul père. »[124] En réalité, l'unité nationale prônée par ces chefs d'État n'est qu'un instrument qui « fait écho » à leurs discours politiques, en faisant croire aux populations qu'il n'y a que deux options politiques : soit l'instauration d'un pouvoir autoritaire afin de consolider l'unité nationale, soit le choix du multipartisme qui aurait comme conséquence les conflits interethniques. L'unité en question reste donc un mythe. Cette situation reflète par ailleurs la nature mimétique des Constitutions africaines postcoloniales.

Section 2 : La question du mimétisme constitutionnel en Afrique

À en croire Gerti Hesseling (1996)[125] : « *Lorsque, dans les années 1960, la majorité des pays africains accédèrent à l'indépendance, ils adoptèrent une Constitution calquée en général sur le modèle prévalent dans la métropole. Ainsi, dans les premières Constitutions des anciennes colonies françaises, peut-on trouver une ressemblance profonde avec la Constitution française de 1958 [...]. Cette adoption massive de Constitutions occidentales par les nouveaux États a souvent été qualifiée de mimétisme, imitation ou transplantation...* » Par ces mots, il résume parfaitement le constitutionnalisme d'importation qui a prévalu en Afrique depuis plusieurs décennies. Par ailleurs, les années 1990, qui annoncent l'avènement de la démocratie pluraliste en Afrique francophone, sont également caractérisées par un regain de mimétisme constitutionnel, avec des dispositions plus proches que jamais des systèmes occidentaux[126]. Luc Sindjoun (1995)[127] le dit clairement en ces termes : « *Les nouvelles Constitutions africaines marquent plus ou moins l'existence d'une culture juridico-politique, universelle, transcendant les particularismes et relativisant l'existence d'une irréductibilité africaine.* » Ce choix du mimétisme constitutionnel **(§1),** qui ignore les spécificités africaines s'est, au fil du temps, révélée comme un échec. Par ailleurs, cet échec peut aussi s'expliquer par le phénomène de

---

[124] CHRISTIANE (Ernest)., « Mobutu et le mobutisme - Le parti unique », *op. cit.*, septembre 2006, consulté en février 2018. Disponible sur : http://e.a.christiane.over-blog.com/article-3787403.html.

[125] HESSELING (Gerti)., « La réception du droit constitutionnel en Afrique trente ans après : quoi de neuf ? », *in* C. M. ZOETHOUT, M. E. PIERTERMAAT-KROS et P. W. AKKERMANS (dir.), *Constitutionalism in Africa. A quest for autochtonous principles*, Rotterdam, Sanders Institut, 1996, *op. cit.*, pp. 33-47.

[126] DU BOIS DE GAUDUSSON (Jean)., « Le mimétisme postcolonial, et après », *Pouvoirs*, 2009/2, n°129, *op. cit.*, pp. 45-55.

[127] SINDJOUN (Luc)., « Les nouvelles constitutions africaines et la politique internationale : contribution à une économie internationale des biens politico-constitutionnels », *Études internationales*, Vol. 26, n° 2, 1995, pp. 329-345.

« l'internationalisation du pouvoir constituant »[128] qui peut être vue, dans une moindre mesure comme une cause de méconnaissance des réalités identitaires **(§2)**.

§1 - Le choix du mimétisme constitutionnel

Les Constitutions africaines d'après les indépendances ont été sévèrement critiquées en raison de leur inadaptation avec les réalités sociales proprement africaines. Ainsi, certains auteurs affirment que « *la caractéristique fondamentale du constitutionnalisme des États africains serait d'être sans réel impact ; celui-ci serait affecté d'une crise permanente, due à son inadéquation, à son inapplication et à son ineffectivité* » (P. Moudoudou, 2015 ; J. Du Bois de Gaudusson, 1996 ; J.-M. Breton, 2005)[129]. Il est ainsi reproché, de manière parfois contradictoire, aux constituants africains d'avoir opté pour un réflexe mimétique dans les années 1960 **(A)**. Ce choix du mimétisme a par la suite été instrumentalisé par les dirigeants politiques à des fins de captation du pouvoir **(B)**.

A - Le réflexe mimétique des années 1960

La question de l'importation en Afrique du constitutionnalisme a toujours fait l'objet de nombreuses études des constitutionnalistes spécialistes de l'Afrique. Elle se pose fréquemment en termes de mimétisme ou de réception du droit constitutionnel[130]. Ainsi, réfléchissant sur le mimétisme constitutionnel, Jean-Marie Breton (2005)[131] fait une analyse pertinente du constitutionnalisme en Afrique, basée sur l'évolution des Constitutions des pays d'Afrique francophone. En effet, l'histoire constitutionnelle des pays

---

[128] MAZIAU (Nicolas)., « L'internationalisation du pouvoir constituant. Essai de typologie : le point de vue hétérodoxe du constitutionnaliste », *Revue générale de droit international public*, 2002, pp. 548-579.

[129] MOUDOUDOU (Placide)., « L'État africain : entre constitutionnalisme libéral et constitutionnalisme identitaire », *Revue CAMES/SJP*, n°002/2015, *op. cit.*, pp. 113-140 ; DU BOIS DE GAUDUSSON (Jean)., « Les solutions constitutionnelles des conflits politiques », *Afrique contemporaine*, 1996, *op. cit.*, p. 251 ; BRETON (Jean-Marie)., « Trente ans de constitutionnalisme d'importation dans les pays d'Afrique noire francophone entre mimétisme et réception critique : cohérences et incohérences (1960-1990) », *in Constitutionnalisme : un produit d'exportation*, VIe Congrès français de droit constitutionnel, Atelier 7, Montpellier, 9, 10, 11 juin 2005, *op. cit.*, p. 11.

[130] HESSELING (Gerti)., « La réception du droit constitutionnel en Afrique trente ans après : quoi de neuf ? », *in* C. M. ZOETHOUT, M. E. PIERTERMAAT-KROS et P. W. AKKERMANS (dir.), *Constitutionalism in Africa. A quest for autochtonous principles*, Rotterdam, Sanders Institut, 1996, *op. cit.*, pp. 33-47.

[131] BRETON (Jean-Marie)., « Trente ans de constitutionnalisme d'importation dans les pays d'Afrique noire francophone entre mimétisme et réception critique : cohérences et incohérences (1960-1990) », *in Constitutionnalisme : un produit d'exportation*, VIe Congrès français de droit constitutionnel, Atelier 7, Montpellier, 9, 10, 11 juin 2005, *op. cit.*, p. 11.

africains au lendemain de la décolonisation, estime-t-il, a connu au fil du temps des succès et des revers. C'est en outre, ajoute-t-il, « *dans un paysage social, culturel, économique et politique extrêmement diversifié dans le champ continental, et à travers des séquences temporelles dépourvues de véritable cohérence, que le constitutionnalisme africain a été confronté à la problématique diachronique complexe de son émergence, de son élaboration, de sa structuration, de son expérimentation, de sa réactualisation et de sa légitimation* »[132]. L'on comprendra, à travers cette démonstration, les circonstances d'apparition ainsi que les différentes phases justifiant le choix du mimétisme constitutionnel par les dirigeants africains après les indépendances. C'est dans cette perspective que les Constitutions d'après les indépendances, encore appelées les Constitutions de la première génération en Afrique, c'est-à-dire celles de la période allant des années 1960 jusqu'aux années 1990, sont directement inspirées du système institutionnel occidental, hérité de la période coloniale.

Plusieurs raisons peuvent ainsi justifier ce reflexe mimétique en Afrique. En premier lieu, les processus d'accession à l'indépendance, très divers, ont été influencés par la volonté des puissances colonisatrices, notamment le respect des systèmes « politico-économiques français, britannique, espagnol, portugais, belge ou italien »[133]. Cette dynamique a conduit la plupart des jeunes États africains, dès leur accession à l'autonomie, sur la voie du mimétisme constitutionnel. Ce réflexe mimétique se justifiait semble-t-il par « *des raisons conjuguées de rapidité, de continuité et de simplicité, [car] l'indépendance étant souvent acquise à travers un processus accéléré* »[134], il était donc question de s'inspirer du modèle colonial. C'est d'ailleurs ce qui justifie le constat selon lequel ces jeunes États « *se sont imposés sur la scène internationale au cours de la décennie 1950-1960 et se sont dotés d'institutions très fréquemment et largement calquées sur celles de leur ex-métropole. Ces institutions sont le résultat de l'héritage tant politique qu'intellectuel de la puissance colonisatrice et ont été conçues avec son assistance, lorsque ce n'est pas directement par lui* » (J.-M. Breton, 2005)[135]. Au fond, même si cela reste à nuancer, certains auteurs estiment que la plupart des Constitutions africaines ont été rédigées par le colon avant même la décolonisation. Comme le souligne Dmitri Georges Lavroff (1976)[136]

---

[132] *Ibidem, op. cit.*, p. 11.
[133] BRETON (Jean-Marie)., « Trente ans de constitutionnalisme d'importation dans les pays d'Afrique noire francophone entre mimétisme et réception critique : cohérences et incohérences (1960-1990) », *in Constitutionnalisme : un produit d'exportation*, VIe Congrès français de droit constitutionnel, Atelier 7, Montpellier, 9, 10, 11 juin 2005, *op. cit.*, p. 11.
[134] *Ibidem, op. cit.*, p. 4.
[135] *Ibidem, op. cit.*, p. 11.
[136] LAVROFF (Dmitri Georges)., *Les systèmes constitutionnels en Afrique noire : Les États francophones*, Paris, Pedone, 1976, p. 15.

lorsqu'il écrit : « *L'adoption des textes constitutionnels par les États francophones d'Afrique noire fut, tout d'abord, directement commandée par l'ancienne puissance coloniale.* » En termes plus clairs, Gérard Conac (1979)[137] précise également qu'« *à l'origine la plupart des Constitutions africaines [...] ont été élaborées à une époque où les pays africains n'étaient pas indépendants, c'est-à-dire à une époque où l'influence du colonisateur était encore considérable, où le rôle prédominant [était] joué par les autorités exécutives, coloniales ou nationales* ». C'est le cas de la Haute-Volta, actuel Burkina Faso, où le président de la République, Maurice Yaméogo, « est revenu de Paris en 1959 avec un projet de Constitution que Jacques Foccart avait préparé "sur mesure et à la carte" à l'intention des pays africains »[138].

Concrètement, l'importation des textes constitutionnels par les pays africains francophones a eu une double conséquence. D'un côté, le système d'organisation institutionnelle de ces pays était imposé, pour reprendre les mots de Dmitri Georges Lavroff (1976)[139], par la force des choses, notamment « *l'adoption par les ex-territoires d'outre-mer du projet de Constitution du 4 octobre 1958, malgré la place limitée qu'il accordait à la négociation avec les élus africains, qui ont fini par accepter le statut de la communauté franco-africaine que prévoyait cette Constitution* »[140]. De l'autre côté, les nouveaux États devaient parfois adopter les Constitutions prédéterminées par la métropole[141]. C'est le cas dans les ex-colonies belges, en particulier le Congo belge (actuelle RDC), dont la première Constitution a été élaborée par un comité unissant les acteurs politiques du pays et les représentants du gouvernement belge, puis promulguée par le roi des Belges[142]. En réalité, « *le pouvoir constituant originaire des pays d'Afrique francophone était en partie limité et conditionné par les éléments [...] imposés de l'extérieur* » (D.-G. Lavroff, 1976)[143]. Dès lors, nul ne doute que cette occidentalisation des Constitutions africaines exclut la diversité historique et les spécificités propres à chaque État africain dans l'élaboration des textes constitutionnels. Il n'est

---

137 CONAC (Gérard)., *Les institutions constitutionnelles des États d'Afrique francophone et de la République malgache*, Paris, Economica, 1979, *op. cit.*, p. 1 et *sq*.

138 https://lefaso.net/spip.php?article12182, *op. cit.*, consulté en septembre 2018.

139 LAVROFF (Dmitri Georges)., *Les systèmes constitutionnels en Afrique noire : Les États francophones*, Paris, Pedone, 1976, *op. cit.*, p. 15.

140 *Ibidem*, *op. cit.*, p. 15 ; voir aussi TURPIN (Frédéric)., « La Communauté franco-africaine : un projet de puissance entre héritage de la IVe République et conceptions gaulliennes », *Outre-mers*, tome 95, n°358-359, 1er semestre 2008, 1958, et l'outre-mer français, pp. 45-58 ; ou encore HOUPHOUËT-BOIGNY (Félix)., « Afrique et communauté franco-africaine », *Le Monde diplomatique*, novembre 1958, p. 1.

141 LAVROFF (Dmitri Georges)., *Les systèmes constitutionnels en Afrique noire : Les États francophones*, Paris, Pedone, 1976, *op. cit.*, p. 15.

142 *Ibidem*, *op. cit.*, p. 15.

143 LAVROFF (Dmitri Georges)., *Les systèmes constitutionnels en Afrique noire : Les États francophones*, Paris, Pedone, 1976, *op. cit.*, p. 19.

donc pas étonnant de relever qu'en Afrique, faute d'institutions adaptées, la démocratie ne fonctionne pas convenablement.

En deuxième lieu, les Constitutions africaines d'après les indépendances sont également le produit d'une élite politique africaine occidentalisée[144], formée essentiellement dans les universités métropolitaines. On reproche à cette élite d'avoir choisi les modèles occidentaux en ignorant l'originalité des structures africaines[145]. C'est ainsi que tout le système « *politique ou administratif demeurait, faute de toute hiérarchie alternative, aux mains d'une bureaucratie de fonctionnaires et d'agents eux-mêmes façonnés par les méthodes, les comportements, les valeurs et les schémas fonctionnels de l'ex-métropole coloniale* » (J.-M. Breton, 2005)[146]. En conséquence, les dirigeants politiques africains peuvent s'accorder le loisir de manipuler les Constitutions à leur guise sans tenir compte des aspirations des populations. C'est ainsi que par la suite, notamment au Congo-Brazzaville, en RDC, au Tchad, au Gabon, au Burkina Faso, au Sénégal ou encore en Guinée, certaines dispositions constitutionnelles relatives aux limitations de mandats de chefs d'État avaient été supprimées afin de leur permettre de demeurer au pouvoir[147].

Au regard de ces considérations, on notera que l'importation des dispositions constitutionnelles en Afrique francophone est la conséquence des indépendances, période où la plupart des Constitutions africaines sont calquées sur le modèle du colon[148], notamment celui de la Constitution française du 4 octobre 1958. Ce mimétisme postcolonial est donc ce que Dominique Darbon (1993)[149] qualifie de « *mode particulier d'ingénierie sociale, caractérisé par l'importation concrète ou diffuse, plus ou moins massive, de technologies institutionnelles externes [...] ayant vocation à s'insérer dans un environnement* ». À cet effet, on relèvera que le choix du mimétisme constitutionnel par les constituants africains peut donc se justifier

---

[144] https://lefaso.net/spip.php?article12182, *op. cit.*, consulté en septembre 2018.
[145] LAVROFF (Dmitri Georges)., *Les systèmes constitutionnels en Afrique noire : Les États francophones*, Paris, Pedone, 1976, *op. cit.*, pp. 7-8.
[146] BRETON (Jean-Marie)., « Trente ans de constitutionnalisme d'importation dans les pays d'Afrique noire francophone entre mimétisme et réception critique : cohérences et incohérences (1960-1990) », *in Constitutionnalisme : un produit d'exportation*, VIe Congrès français de droit constitutionnel, Atelier 7, Montpellier, 9, 10, 11 juin 2005, *op. cit.*, p. 11.
[147] LOADA (Augustin)., « La limitation du nombre des mandats présidentiels en Afrique francophone », *Revue électronique Afrilex*, n° 3/2003, pp. 139-174.
[148] HESSELING (Gerti)., « La réception du droit constitutionnel en Afrique trente ans après : quoi de neuf ? », *in* C. M. ZOETHOUT, M. E. PIERTERMAAT-KROS et P. W. AKKERMANS (dir.), *Constitutionalism in Africa. A quest for autochtonous principles*, Rotterdam, Sanders Instituut, 1996, *op. cit.*, pp. 33-47.
[149] DARBON (Dominique)., « À qui profite le mime ? Le mimétisme institutionnel confronté à ses représentations en Afrique », *in* Y. MÉNY., *Les politiques du mimétisme institutionnel. La greffe et le rejet »*, Paris, L'Harmattan, 1993, pp. 113-133.

par les circonstances d'apparition des nouveaux États africains[150]. En effet, en accédant à l'indépendance, ces États devaient, dans l'urgence, se doter de nouvelles institutions en s'inspirant du modèle occidental considéré comme viable[151] et ayant déjà fait ses preuves. En outre, l'une des raisons pouvant également justifier cette importation peut être l'amateurisme des constituants africains des années 1960 qui, ne possédant aucune culture constitutionnelle, ont été influencés par le modèle occidental[152]. Dès lors, force est de constater que « *la volonté de mimer une Constitution extérieure a parfois amené le constituant à projeter dans la norme suprême des attentes et des exigences très fortes, parfois très éloignées de la réalité* » (F. Dargent, 2017)[153]. Il faut par ailleurs préciser que ce mimétisme a été considéré comme « une pratique constitutionnelle instrumentalisée »[154]en Afrique francophone.

B - L'instrumentalisation du mimétisme constitutionnel, un facteur de méconnaissance du fait ethnique

Il convient de préciser d'emblée que le mimétisme juridique en soit peut être, certes, une cause d'échec, mais c'est surtout son instrumentalisation à des fins de captation du pouvoir qui conduit souvent à l'insuccès. Ainsi, dans la plupart des pays africains francophones, la Constitution adoptée dans les années 1960, a été fortement instrumentalisée par la volonté des dirigeants politiques qui, voulant demeurer au pouvoir, ont fermé les yeux sur la nécessité de concilier le droit importé avec les réalités sociales de leurs pays. La mise en place des régimes de partis uniques, qui ne relèvent nullement de la pratique occidentale et qui consacrent une hyper présidentialisation en Afrique francophone, est un tournant majeur de cette logique d'instrumentalisation du mimétisme à des fins de patrimonialisation et de captation du pouvoir politique. Ainsi, « *le mimétisme de camouflage et de légitimation devient alors la cause de l'échec du constitutionnalisme par une réception erronée des modèles constitutionnels assortie d'une pratique à sens unique en faveur d'une caste dirigeante* » (F. Dargent, 2017)[155]. La constitution issue du mimétisme, dénaturée à tous les points de vue, se trouve ainsi dans l'incapacité à la fois de saisir les réalités ethniques et de résoudre les conflits sociaux.

---

150 DARGENT (Fleur)., « Les échecs du mimétisme constitutionnel en Afrique noire francophone », *Revue de droit public*, n° 5, 2017, pp. 1347-1374.
151 *Ibidem*, pp. 1347-1374.
152 DU BOIS DE GAUDUSSON (Jean)., « Les tabous du constitutionnalisme en Afrique. Introduction thématique », *Afrique contemporaine*, 2012/2, n°242, *op. cit.*, pp.53-58.
153 DARGENT (Fleur)., « Les échecs du mimétisme constitutionnel en Afrique noire francophone », *Revue du droit public*, n°5, 2017, *op.cit.*, pp. 1347-1374.
154 DARGENT (Fleur)., « Les échecs du mimétisme constitutionnel en Afrique noire francophone », *Revue du droit public*, n°5, 2017, *op.cit.*, pp. 1347-1374.
155*Ibidem*, *op.cit.*, pp. 1347-1374.

En réaction à cette instrumentalisation de la Constitution à des fins personnelles, plusieurs auteurs proposent une nouvelle approche de l'État qu'on pourrait qualifier d'« État-ethnie »[156], principalement soutenue par certains juristes, comme Pierre-François Gonidec (1993, 2008)[157], Guy Rossatanga-Rignault (2010)[158], Adama Kpodar (2013)[159] ou encore Koffi Ahadzi-Nonou (2002)[160]. Ces auteurs ont tous en commun de dire que les constituants africains doivent mettre fin au déni constitutionnel de l'ethnicité par l'institutionnalisation de la question ethnique pour mieux la maîtriser, au lieu de l'ignorer juridiquement[161]. Suivant cette approche, force est de constater qu'en occultant le caractère pluriethnique de leurs pays, les constituants d'Afrique francophone se sont plongés, pour reprendre les mots d'Alain Ondoua (2012)[162], dans une « *myopie constitutionnelle* ». Plusieurs « *conflits politiques ou postélectoraux résultent souvent de l'absence de véritable prise en compte de la composition humaine des collectivités étatiques (ethnies) africaines* » (P. Moudoudou, 1995)[163]. En réalité, chaque peuple est caractérisé par ses spécificités, ses valeurs, notamment la langue, les coutumes, l'histoire, le droit devant de ce fait être « le signe récognitif de

---

156 MOUDOUDOU (Placide)., « L'État africain : entre constitutionnalisme libéral et constitutionnalisme identitaire », *Revue CAMES/SJP*, n°002/2015, *op. cit.*, pp. 113-140.

157 GONIDEC (Pierre-François)., « Contribution au débat sur la recolonisation de l'Afrique », *Bulletin du CODESRIA*, n°3 et 4, 2008, pp. 104-105 ; GONIDEC (Pierre-François)., « Démocratie et développement en Afrique : perspectives internationales et nationales », *Revue Africaine de Politique Internationale*, juillet-août-septembre 1993, n°14, pp. 51-59.

158 ROSSATANGA-RIGNAULT (Guy)., « À propos d'un transfert de technologie juridico-politique : réalités et risques de la démocratie électorale en Afrique », *in* Placide Mabaka (dir.), *Constitution et Risques (s)*, Paris, L'Harmattan, 2010, pp. 317-320 ; ROSSATANGA-RIGNAULT (Guy)., « Identités et démocratie en Afrique : entre hypocrisie et faits têtus », *Afrique contemporaine*, 2012, n°242, pp. 59-71.

159 KPODAR (Adama)., « Bilan sur un demi-siècle de constitutionnalisme en Afrique noire », *Revue en ligne Afrilex (Revue d'étude et de recherche sur le droit et l'administration dans les pays d'Afrique)*, janvier 2013, consulté en mai 2018.

160 AHADZI-NONOU (Koffi)., « Les nouvelles tendances du constitutionnalisme africain : les cas des États d'Afrique francophone », *Afrique juridique et politique,* 2002, pp. 35-85 ; AHADZI-NONOU (Koffi)., « Réflexions sur un tabou du constitutionnalisme négro-africain : le tribalisme », *in Mélanges en l'honneur de Dominique Breillat, Les voyages du droit,* Poitiers, LGDJ, 2011, *op. cit.*, pp. 19-25.

161 *Ibidem*, *op. cit.*, pp. 19-25 ; DIONE (Maurice Soudieck)., « Constitutionnalisation du communautarisme sans communautarisation de la Constitution : les fortunes diverses de la juridicisation des phénomènes ethnique et confrérique au Sénégal », *Revue en ligne Afrilex (Revue d'étude et de recherche sur le droit et l'administration dans les pays d'Afrique)*, décembre 2016, p. 2, consulté en mars 2018 ; MOUDOUDOU (Placide)., « L'État africain : entre constitutionnalisme libéral et constitutionnalisme identitaire », *Revue CAMES/SJP*, n°002/2015, *op. cit.*, pp. 113-140.

162 ONDOUA (Alain)., « La population en droit constitutionnel. Le cas des pays d'Afrique francophone », *Afrique contemporaine,* 2012/2, n° 242, pp. 87-97.

163 MOUDOUDOU (Placide)., « L'État africain : entre constitutionnalisme libéral et constitutionnalisme identitaire », *Revue CAMES/SJP*, n°002/2015, *op. cit.*, pp. 113-140.

la société », comme l'explique Marcel Mauss (J. Poirier, 1950)[164]. Ainsi, les constituants africains ne doivent plus se contenter de n'évoquer le fait ethnique que pour mieux l'exclure de toute « expression formelle »[165], mais, et surtout, le reconnaître dans la formation et la gestion de leurs États[166]. Il ressort de cette analyse que la Constitution doit refléter les réalités spécifiques à chaque peuple. Tel est le cas de certains pays occidentaux (France, Royaume-Uni, Allemagne, Italie), ayant certes subi l'influence de la civilisation romaine, mais dont les Constitutions qui « *épousent les réalités spécifiques à chaque peuple diffèrent sensiblement d'un pays à l'autre. Il est donc paradoxal que les pays africains dont l'histoire a connu une évolution différente depuis deux mille ans au moins, et dont le fondement culturel est spécifique, ont adopté des Constitutions analogues à celles des anciennes métropoles* » (A.-K. De Tambèla, 2006)[167]. On pourra dès lors se demander s'il est nécessaire de se contenter d'un constitutionnalisme d'importation, qui occulterait hypocritement les « faits têtus »[168] des réalités ethniques.

À partir de cette interrogation, il est important de souligner que les constituants africains francophones doivent, « *pour progresser, prendre le parti des ethnies et accepter les États africains tels qu'ils sont, c'est-à-dire avec leurs diversités internes. Ceci suppose que les dirigeants africains acceptent de modifier "la forme de l'État" pour l'ajuster aux réalités sociales* » (P. Moudoudou, 2015)[169]. Comme déjà indiqué, il en résulte que le mimétisme des constituants africains dissimule tout simplement leur incapacité à reconnaître véritablement la réalité ethnique. Ceci introduit assurément, pour reprendre les mots de Adama Kpodar (2013)[170], « *un*

---

[164] Voir sur ce point POIRIER (Jean)., « Marcel Mauss et l'élaboration de la science ethnologique », *Journal de la Société des océanistes*, tome 6, 1950, pp. 212-219 ; voir aussi DE TAMBÈLA (Apollinaire Kyelem)., « Débat : Mimétisme constitutionnel et le déficit démocratique en Afrique », *Le Faso*, 2006, article précité. http://lefaso.net, consulté en septembre 2018.

[165] GONIDEC (Pierre-François)., « Contribution au débat sur la recolonisation de l'Afrique », *Bulletin du CODESRIA*, 2008, n°3 et 4, *op. cit.*, pp. 104-105.

[166] TRIMUA (Christian Eninam)., « L'idée républicaine de la Constitution en Afrique francophone », *Revue en ligne Afrilex (Revue d'étude et de recherche sur le droit et l'administration dans les pays d'Afrique)*, mai 2015, consulté en mars 2018.

[167] Voir sur ce point DE TAMBÈLA (Apollinaire Kyelem)., « Débat : Mimétisme constitutionnel et le déficit démocratique en Afrique », *Le Faso*, 2006, article précité. http://lefaso.net, consulté en septembre 2018.

[168] ROSSATANGA-RIGNAULT (Guy)., « Identités et démocratie en Afrique : entre hypocrisie et faits têtus », *Afrique contemporaine*, 2012, n°242, *op. cit.*, pp. 59-71.

[169] MOUDOUDOU (Placide)., « L'État africain : entre constitutionnalisme libéral et constitutionnalisme identitaire », *Revue CAMES/SJP*, n°002/2015, *op. cit.*, pp. 113-140 ; GONIDEC (Pierre-François)., « Contribution au débat sur la recolonisation de l'Afrique », *Bulletin du CODESRIA*, 2008, n°3 et 4, *op. cit.*, pp. 104-105.

[170] KPODAR (Adama)., « Bilan sur un demi-siècle de constitutionnalisme en Afrique noire », *Revue en ligne Afrilex (Revue d'étude et de recherche sur le droit et l'administration dans les pays d'Afrique)*, janvier 2013, consulté en mai 2018.

malaise dans le droit constitutionnel à travers des signes inquiétants ». Pour éviter que le constitutionnalisme africain oscille entre régression et incohérence, les constituants africains, notamment ceux de l'Afrique francophone, doivent se passer de « l'utilisation abusive qui est faite du fait ethnique »[171] et ouvrir les yeux sur l'ethnicité considérée comme facteur de développement socioculturel du continent.

De même, les analyses sur la vie politique africaine ont généralement abouti à des crises sociopolitiques causées par des luttes identitaires, en l'occurrence les ethnies. Ainsi, dans une approche plus explicative, Guy Rossatanga-Rignault (2012)[172] part d'un constat des luttes politiques en Afrique qui, selon lui, sont dues à la non-prise en compte du fait ethnique par les constituants africains ; car « *dans leur poursuite sans fin de la modernité politique et constitutionnelle occidentale, les élites africaines ont choisi de ne pas voir les faits têtus qui contredisent au quotidien leur schéma mimétique.* »[173] Elles préfèrent inscrire dans leurs Constitutions des principes et des dispositions qui ignorent les réalités sociales et politiques de leurs pays[174]. Cette pensée révèle incontestablement la « myopie » des constituants africains, voire l'origine étrangère des Constitutions africaines, fondées sur le modèle constitutionnel occidental, tout en ignorant les réalités sociales et politiques africaines. En outre, au-delà de ce que ce constat pourrait laisser entendre, il serait injuste de ne prendre en compte ou de ne mettre en avant que l'identité « nationale » et de reléguer au second plan ce que l'on qualifierait d'« infra-identités ethniques, régionales ou religieuses »[175]. Les deux types d'identités « se valent et sont plutôt en concurrence »[176] permanente dans la plupart des pays africains du fait de leur méconnaissance par les constituants africains.

Partant de là, il y a lieu de relever que les constituants africains ne font référence au fait ethnique que pour mieux l'écarter du champ constitutionnel et politique[177]. Le fait ethnique demeure encore une réalité « hypocritement occultée » ou ignorée par le droit constitutionnel dans les pays d'Afrique

---

[171] MOUDOUDOU (Placide)., « L'État africain : entre constitutionnalisme libéral et constitutionnalisme identitaire », *Revue CAMES/SJP*, n°002/2015, *op. cit.*, pp. 113-140. L'auteur met l'accent sur l'instrumentalisation du fait ethnique par les leaders politiques africains, qui s'identifient par rapport à leur appartenance à un groupe ethnique.

[172] ROSSATANGA-RIGNAULT (Guy)., « Identité et démocratie en Afrique noire. Entre hypocrisie et faits têtus », *Afrique contemporaine*, 2012/2, n°242, *op. cit.*, pp. 59-71.

[173] *Ibidem, op. cit.*, pp. 59-71.

[174] MOUDOUDOU (Placide)., « L'État africain : entre constitutionnalisme libéral et constitutionnalisme identitaire », *Revue CAMES/SJP*, n°002/2015, *op. cit.*, pp. 113-140.

[175] *Ibidem, op. cit.*, pp. 113-140.

[176] *Ibidem, op. cit.*, pp. 113-140.

[177] ROSSATANGA-RIGNAULT (Guy)., « Identité et démocratie en Afrique noire. Entre hypocrisie et faits têtus », *Afrique contemporaine*, 2012/2, n°242, *op. cit.*, pp. 59-71.

francophone[178]. On trouve ainsi, dans les préambules de la version originelle des Constitutions de certains pays d'Afrique francophone, une proclamation des droits de l'homme, en tant qu'individu et citoyen, sans mention des communautés ethniques en tant que composantes de l'État[179]. Or, l'idéal serait pour les dirigeants politiques de prendre en compte leurs réalités pour réaliser « un constitutionnalisme situé »[180], c'est-à-dire adapté aux réalités sociales et politiques africaines. L'Éthiopie fournit à cet égard un cas d'école. En effet, la Constitution de ce pays consacre une reconnaissance des communautés ethniques et linguistiques[181], et affirme par ailleurs que le pouvoir souverain appartient aux nations sociologiques, c'est-à-dire les ethnies qui constituent la société éthiopienne[182].

Par ailleurs, force est de constater que la méconnaissance du fait ethnique par les constituants africains se traduit par le souci de préserver le principe d'invisibilité et celui de l'unité nationale, car il est souvent reproché au fait ethnique d'être à l'origine des divisions et de tentatives de sécessions pouvant mettre en péril l'unité nationale. L'exemple du séparatisme katangais en RDC, dans les années 1960, mérite d'être signalé. En effet, deux semaines après son accession à l'indépendance, l'intégrité territoriale du Congo (ex-Zaïre) est menacée par des tendances sécessionnistes au Katanga, orchestrées par Moïse Tshombé qui, en mettant en place un parti politique sur des bases ethniques, va procéder à l'autodétermination de la province du Katanga[183]. Comme la RDC, le Cameroun, pour sa part, n'est pas resté en marge de ce vent sécessionniste. En témoigne la volonté des ethnies du nord du pays, spécialement anglophones, de se détacher du territoire national[184].

---

[178] *Ibidem*, *op. cit.*, pp. 59-71.

[179] Voir la Constitution rwandaise de 2003, art. 11 ; Constitution de la RDC de 2006, *op. cit.*, art.11 ; préambule de la Constitution camerounaise de 1972, *op. cit.*

[180] MOUDOUDOU (Placide)., « L'État africain : entre constitutionnalisme libéral et constitutionnalisme identitaire », *Revue CAMES/SJP*, n°002/2015, *op. cit.*, pp. 113-140 ; ROSSATANGA-RIGNAULT (Guy)., « Identité et démocratie en Afrique noire. Entre hypocrisie et faits têtus », *Afrique contemporaine*, 2012/2, n°242, *op. cit.*, pp. 59-71 ; KPODAR (Adama)., « Bilan sur un demi-siècle de constitutionnalisme en Afrique noire », *Revue en ligne Afrilex (Revue d'étude et de recherche sur le droit et l'administration dans les pays d'Afrique)*, janvier 2013, consulté en mai 2018.

[181] Voir la Constitution éthiopienne de 1994, *op. cit.*, 39, al. 5.

[182] DU BOIS DE GAUDUSSON (Jean), DESSOUCHES (Christine)., *Les constitutions africaines*, Bruxelles, Bruylant, La Documentation française, Coll. « Retour aux textes », 1997, p. 10.

[183] Voir la sécession katangaise (1960-1963). http://dmcarc.com/outre-congo-la-secessionkatangaise1960-1963/, consulté en septembre 2018.

[184] MBOM (Sixtus)., « Cameroun. La tentation de la sécession », *Courrier international*, février 2017.

En outre, on notera également que le constitutionnalisme africain des années 1990 a connu un regain de mimétisme[185] avec la mise en place de « régimes plus proches que jamais des modèles extérieurs de démocratie libérale et pluraliste, notamment le modèle français »[186]. À cet effet, l'exemple des conférences nationales souveraines, intervenues dans les années 1990 dans plusieurs pays d'Afrique francophone, mérite d'être cité. En effet, censées être considérées comme une véritable solution de transition institutionnelle apaisée, ces conférences nationales n'ont été, en clair, qu'un moment de reproduction des institutions occidentales, c'est-à-dire que les Constitutions issues de ces conférences ont été calquées sur le système occidental. On citera à ce titre les cas du Bénin, du Congo-Brazzaville, du Togo, du Zaïre (actuelle RDC), du Mali, où ces conférences n'ont pas effectivement favorisé une transition institutionnelle conforme aux réalités locales. Il y a donc une volonté des dirigeants africains de persister dans le « copier-coller »[187] des normes et principes constitutionnels inadaptés aux spécificités locales.

À vrai dire, on remarque que la Constitution en Afrique est un « article d'importation »[188] qui ignore totalement les réalités de ce continent. Or, la réception d'un texte constitutionnel est encadrée par un « phénomène de réappropriation »[189] et d'adaptation aux réalités du peuple auquel il s'applique avant toute transposition[190], afin de garantir la survie de la démocratie et des institutions publiques. Ce faisant, les constituants africains ont donc faussé l'esprit de la Constitution qui est non seulement de saisir les comportements sociaux, mais également de prendre en compte les réalités du peuple auquel elle est destinée[191]. Dmitri Georges Lavroff (1976)[192] expliquait, à propos de l'Afrique noire, qu'une bonne Constitution est celle qui doit réellement s'appliquer à un peuple déterminé, mais aussi refléter sa volonté. De ce point de vue, le mimétisme constitutionnel serait donc impropre aux États africains et dévaloriserait en conséquence leurs institutions, car les réalités sociales en

---

185 CAYLA-GIRAUDEAU (Clément)., « Le mimétisme constitutionnel en Afrique : regard sur une pratique juridique contestée », *Academia*, 2013, *op. cit.*, p. 1 et *sq*.

186 www.memoireonline.com/.../m_Processus-electo...-francophone9.html, consulté en novembre 2017.

187 DU BOIS DE GAUDUSSON (Jean)., « Le mimétisme postcolonial, et après », *Pouvoirs*, 2009/2, n°129, *op. cit.*, pp. 45-55.

188 *Ibidem*, *op. cit.*, pp. 45-55.

189 *Ibidem*, *op. cit.*, pp. 45-55.

190 DARGENT (Fleur)., « Les échecs du mimétisme constitutionnel en Afrique noire francophone », *Revue de droit public*, n° 5, 2017, *op. cit.*, pp. 1347-1374.

191 Voir encore le commentaire de DE TAMBÈLA (Apollinaire Kyelem)., « Débat : Mimétisme constitutionnel et le déficit démocratique en Afrique », *Le Faso*, 2006, *op. cit.*, http://lefaso.net, consulté en septembre 2018.

192 LAVROFF (Dmitri Georges)., *Les systèmes constitutionnels en Afrique noire : Les États francophones*, Paris, Pedone, 1976, *op. cit.*, p. 14 et *sq*.

Occident et en Afrique ne sont pas les mêmes et rendent ainsi inutile tout constitutionnalisme d'importation en Afrique[193]. Toutefois, le mimétisme juridique, bien que décrié en Afrique[194], peut être vu comme un « mal nécessaire » en ce sens qu'il a permis d'apercevoir les limites des constituants africains, particulièrement leur incapacité à adapter les normes importées avec les réalités de leurs pays, afin de permettre « une réception apaisée des modèles »[195] importés.

Mais, à l'adoption des modèles constitutionnels occidentaux s'ajoute le phénomène d'internationalisation du pouvoir constituant originaire, qui, dans une moindre mesure, peut être considéré comme un des facteurs de méconnaissance juridique du fait ethnique. Ce mouvement a une influence sur les pouvoirs constituants nationaux en ce qu'il contraint les constituants de certains pays à se conformer à un certain nombre de valeurs dites universelles, en ignorant parfois leurs propres valeurs.

§2 - « L'internationalisation du pouvoir constituant[196]» : entre réalités ethniques et reconnaissance des droits de l'homme

La théorie de l'internationalisation des Constitutions, depuis qu'elle a été développée, au milieu du XXe siècle, par des auteurs tels que Boris Mirkine-Guetzevitch (1931)[197], Georges Scelle (1933)[198] ou encore Paul de Visscher (1952)[199], suscite un regain d'intérêt chez plusieurs juristes comme Vlad

---

[193] BRETON (Jean-Marie)., « Trente ans de constitutionnalisme d'importation dans les pays d'Afrique noire francophone entre mimétisme et réception critique : cohérences et incohérences (1960-1990) », *in Constitutionnalisme : un produit d'exportation*, VIe Congrès français de droit constitutionnel, Atelier 7, Montpellier, 9, 10, 11 juin 2005, *op. cit.*, p. 11.

[194] CAYLA-GIRAUDEAU (Clément)., « Le mimétisme constitutionnel en Afrique : regard sur une pratique juridique contestée », *Academia*, 2013, *op. cit.*, p. 1 et *sq.*

[195] DARGENT (Fleur)., « Les échecs du mimétisme constitutionnel en Afrique noire francophone », *Revue de droit public*, n° 5, 2017, *op. cit.*, pp. 1347-1374.

[196] MAZIAU (Nicolas)., « L'internationalisation du pouvoir constituant. Essai de typologie : le point de vue hétérodoxe du constitutionnaliste », *Revue générale de droit international public*, 2002, *op.cit.*, pp. 548-579.

[197] MIRKINE-GUETZVITCH (Boris)., « Droit international et droit constitutionnel », *RCADI*, 1931-IV, vol. 38, pp. 367- 465 ; voir aussi NDJIMBA (Kévin-Ferdinand)., *L'internationalisation des constitutions des États en crise : Réflexions sur les rapports entre Droit international et Droit constitutionnel*, Thèse, droit public, Université de Nancy II, 2011, p. 7 ; ou encore LEKEUFACK (Charles)., *Les sources internationales du pouvoir constituant : contribution à la théorie du pouvoir constituant*, Thèse, droit public, Université Paris XIII, 2005, 423 p.

[198] SCELLE (Georges)., « Le droit constitutionnel international », *in Mélanges Carré de Malberg*, Paris, Librairie du Recueil Sirey, 1933, pp. 501- 515.

[199] DE VISSCHER (Paul)., « Les tendances internationales des constitutions modernes », *RCADI*, 1952-I, vol. 80, pp. 511- 578.

Constantinesco et Stéphane Pierré-Caps (2016)[200], pour qui la montée en puissance du droit international a fortement influencé le droit constitutionnel des États, notamment les États africains. Ainsi, affirment-ils, « *certains États doivent leur existence même à des conventions internationales. La fin de conflits armés est l'occasion de redessiner la carte d'une région du monde et de faire apparaître non seulement des mutations de frontières, mais également de nouvelles entités étatiques qui entraîneront l'exercice d'un pouvoir constituant originaire certes, mais sous influence internationale* »[201]. En Afrique, ce phénomène a une double influence : d'un côté, il met « sous tutelle » les constituants africains **(A)**, et de l'autre côté, il les oblige à se conformer aux exigences du droit international, entre autres, l'obligation de constitutionnaliser les instruments juridiques internationaux des droits de l'homme **(B)**.

A - La mise « sous-tutelle internationale »[202] des pouvoirs constituants africains

Dans son article intitulé « L'internationalisation du pouvoir constituant », Nicolas Maziau (2002)[203] définit cette internationalisation comme « *le transfert par un État de l'exercice de son pouvoir constituant à une autorité internationale* ». De ce fait, le regard que l'on peut porter sur l'analyse de la question du constitutionnalisme africain a donné naissance au constat selon lequel la Constitution en Afrique est souvent le produit d'une volonté qui se veut universelle. Ainsi, même si l'on peut donner raison au professeur Koffi Ahadzi-Nonou (2002)[204], pour qui « les modèles constitutionnels ne sont ni neutres, ni interchangeables à volonté (devant correspondre) au génie de chaque peuple », il n'en demeure pas moins que les constituants africains francophones ont opté pour une conception universaliste de la Constitution, c'est-à-dire des normes constitutionnelles en adéquation avec les instruments juridiques internationaux.

Cette conception, jugée comme un idéal politique, justifie à n'en point douter l'existence d'une « *internationalisation des Constitutions africaines* »

---

200 CONSTANTINESCO (Vlad), PIERRÉ-CAPS (Stéphane)., *Droit constitutionnel*, Paris, PUF, 2016, 560 p.
201 *Ibidem*, p. 240.
202 TORCOL (Sylvie)., « L'internationalisation des Constitutions nationales », *Politeia*, n° 8, décembre 2005, pp. 317-343.
203 MAZIAU (Nicolas)., « L'internationalisation du pouvoir constituant. Essai de typologie : le point de vue hétérodoxe du constitutionnaliste », *Revue générale de droit international public*, 2002, *op. cit.*, pp. 548-579 ; MAUS (Didier)., « L'influence du droit international sur le pouvoir constituant », *in Le nouveau constitutionnalisme, Mélanges en l'honneur de Gérard Conac*, Paris, Economica, 2001, p. 87 et *sq*.
204 AHADZI-NONOU (Koffi)., « Les nouvelles tendances du constitutionnalisme africain : les cas des États d'Afrique francophone », *Afrique juridique et politique*, 2002, *op. cit.*, pp. 35-85.

(A. Ondoua, 2014)[205]. Dès lors, on comprend mieux le constat fait par Abraham Hervé Diompy (2017)[206] lorsqu'il tente d'expliquer ce « paradoxe » de l'internationalisation des Constitutions en Afrique en ces termes : « *les pays africains n'échappent guère à cette dynamique globale du constitutionnalisme moderne. Aussi, a-t-on constaté que l'internationalisation du droit constitutionnel sur le continent africain qui prend la forme d'un processus d'impact, d'influence ou parfois de contraintes induit à la fois une reconfiguration horizontale des pouvoirs constitutionnels et une redistribution verticale du pouvoir au sein de l'État* »[207]. Il va sans dire que l'universalité des Constitutions ne peut pas, dans la plupart des cas, tenir compte des réalités spécifiques à chaque État. Il est donc paradoxal que les constituants africains se contentent de suivre cette dynamique dont l'effet consisterait à ignorer sans doute le fait ethnique, alors même que ce dernier est au cœur de nombreux conflits sociopolitiques.

Ainsi, il est nécessaire de souligner qu'aujourd'hui, les constituants africains ne doivent plus uniquement faire référence aux valeurs qui se veulent universelles, mais aussi prendre en compte les composantes sociologiques de leurs sociétés. Pour mieux dire, il convient d'en finir avec le « constitutionnalisme d'importation » pour se rendre compte du caractère pluriethnique des États africains, car l'internationalisation des Constitutions se détache de la nécessité de reconnaître la valeur historique de ces États. Le monde constitutionnel est donc en pleine transfiguration[208] et évolue à travers une hybridation « du droit constitutionnel et du droit international »[209]. Cette situation influence aujourd'hui les constituants africains, qui se contentent de faire référence aux traditions constitutionnelles dites communes[210] sans tenir compte des réalités politiques et sociales de leurs pays. Il s'agirait donc d'une « privatisation du pouvoir constituant ou encore de désétatisation du droit »[211]

---

205 ONDOUA (Alain)., « L'internationalisation des Constitutions en Afrique subsaharienne et la protection des droits fondamentaux », *Revue trimestrielle des droits de l'homme*, 98/2014, pp. 437-457.
206 DIOMPY (Abraham-Hervé)., *Le paradoxe de l'internationalisation du droit constitutionnel en Afrique. Réflexions sur les interactions normatives, institutionnelles et politiques dans l'espace CEDEAO*, Thèse, Droit public, Université de Bordeaux, 2017, p. 2.
207 *Ibidem*, p. 2.
208 DELPÉRÉE (Francis)., « Le renouveau du droit constitutionnel », *RFDC*, 2008/2, n° 74, pp. 227-237.
209 DIOMPY (Abraham-Hervé)., *Le paradoxe de l'internationalisation du droit constitutionnel en Afrique. Réflexions sur les interactions normatives, institutionnelles et politiques dans l'espace CEDEAO*, Thèse, Droit public, Université de Bordeaux, 2017, p. 2 et *sq*.
210 *Ibidem*, *op. cit.*
211 FONTAINE (Lauréline)., « La "dynamique" constitutionnelle en Europe. Contribution de l'hypothèse d'un mouvement descendant entre droit conventionnel et droit constitutionnel national », Communication au Congrès de l'AIDC, Atelier n°15, *L'impact du droit international sur le droit constitutionnel*, Mexico, déc. 2010, p. 1.

constitutionnel, en ce sens que l'occidentalisation du monde[212], ou encore du constitutionnalisme, « semble se traduire en Afrique francophone par une extraversion des sources d'inspiration politique »[213], puisque les « choix constitutionnels semblent plus dictés par l'universalisme démocratique »[214] que par « le relativisme culturel »[215].

Pour s'en convaincre, les relations entre les « nouvelles Constitutions africaines »[216] des années 1990 et le système politique international sont des relations « d'opportunité »[217], dans la mesure où ces Constitutions s'adaptent pour l'essentiel aux « mutations de la politique internationale »[218]. Il s'agit en réalité, comme l'affirment certains auteurs, des rapports de « temps »[219] liés à l'occidentalisation du monde politique. C'est en cela que Luc Sindjoun (1995)[220] écrit que « *les Constitutions sont considérées comme participant des interactions politiques, idéologiques et culturelles inhérentes au système international* », tel qu'en témoignent les Constitutions des pays d'Afrique noire francophone qui sont « *caractérisées par une relative homogénéité d'inspiration et de rédaction constitutionnelles* » (A. Cabanis, M.-L. Martin, 2000)[221]. Dès lors, les Constitutions africaines des années 1990 sont le résultat d'une idéologie issue des mutations intervenues dans le système politique international[222]. C'est le cas des Constitutions du Congo-Brazzaville de 1992, du Burkina Faso de 1991, du Gabon de 1991, du Bénin de 1990, du Mali de

---

212 Pour reprendre le titre de l'ouvrage de Serge LATOUCHE., *L'occidentalisation du monde*, Paris, La Découverte, 2005, 182 p.
213 SINDJOUN (Luc)., « Les nouvelles constitutions africaines et la politique internationale : contribution à une économie internationale des biens politico-constitutionnels », *Études internationales*, Vol. 26, n° 2, 1995, *op. cit.*, pp. 329–345.
214 *Ibidem*, *op. cit.*, pp. 329–345.
215 CABANIS (André), MARTIN (Michel-Louis)., « Le nouveau cycle constitutionnel ultra-méditerranéen francophone et la Constitution d'octobre 1958 », *in* Y. MÉNY (sous dir.), *Les politiques du mimétisme institutionnel. La greffe et le rejet*, Paris, L'Harmattan, 2000, pp. 139-164.
216 SINDJOUN (Luc)., « Les nouvelles constitutions africaines et la politique internationale : contribution à une économie internationale des biens politico-constitutionnels », *Études internationales*, Vol. 26, n° 2, 1995, *op. cit.*, pp. 329-345.
217 *Ibidem*, *op. cit.*, pp. 329-345.
218 *Ibidem*, *op. cit.*, pp. 329-345.
219 *Ibidem*, *op. cit.*, pp. 329-345.
220 *Ibidem*, *op. cit.*, pp. 329-345.
221 CABANIS (André), MARTIN (Michel-Louis)., « Le nouveau cycle constitutionnel ultra-méditerranéen francophone et la constitution d'Octobre 1958 », *in* Y. MÉNY (sous dir.), *Les politiques du mimétisme institutionnel. La greffe et le rejet*, Paris, L'Harmattan, 2000, *op. cit.*, pp. 139-164.
222 DU BOIS DE GAUDUSSON (Jean)., « Trente ans d'institutions constitutionnelles et politiques. Points de repères et interrogations », *Afrique contemporaine*, numéro spécial, 4e trimestre 1992, pp. 55-56.

1992, de la RDC de 1994, ou encore du Niger de 1992, qui sont en réalité des Constitutions d'inspiration occidentale[223].

Plus spectaculaire encore est la prise en main du pouvoir constituant par la communauté internationale, notamment l'ONU, qui se substitue pour la plupart des cas à l'État pour assurer l'ordre public[224]. Il en est ainsi de la Bosnie, qui est le premier pays dont la Constitution de 1994 est le fruit d'un accord de paix internationale, avec un pouvoir constituant composé spécialement des représentants des communautés bosniaque et serbe et du président des États-Unis[225]. Une situation semblable s'est produite au Kosovo, qui a été mis sous la tutelle des Nations unies, notamment après la proclamation unilatérale de son indépendance en 2008[226]. On note aussi les cas du Burundi et du Rwanda avec les accords d'Arusha, conclus sous l'égide de la communauté internationale et considérés comme un pouvoir constituant ayant permis de rétablir l'organisation institutionnelle.

Dans cette même perspective, la doctrine majoritaire soutient que l'internationalisation de nouvelles Constitutions africaines peut se justifier à deux niveaux : d'une part, la réception par les pays africains « du rayonnement de l'Occident et du libéralisme comme noblesse politico-idéologique » et, d'autre part, l'adoption et la promotion des idéaux de certaines valeurs dites universelles[227]. On peut, à l'appui de cette argumentation, affirmer à la suite de Jean du Bois de Gaudusson (2013)[228] que « *le réformisme institutionnel s'inscrit dans un contexte international qui a changé. Il est manifestement*

---

223 DU BOIS DE GAUDUSSON (Jean)., « Trente ans d'institutions constitutionnelles et politiques. Points de repères et interrogations », *Afrique contemporaine*, numéro spécial, 4e trimestre 1992, pp. 55-56, *op. cit.*, pp. 55-56.
224 CONSTANTINESCO (Vlad), PIERRÉ-CAPS (Stéphane)., *Droit constitutionnel*, Paris, PUF, 2016, *op. cit.*, p. 242.
225 *Ibidem*, *op. cit.*, p. 242.
226 *Ibidem*, *op. cit.*, p. 242.
227 SINDJOUN (Luc)., « Les nouvelles constitutions africaines et la politique internationale : contribution à une économie internationale des biens politico-constitutionnels », *Études internationales*, Vol. 26, n° 2, 1995, *op. cit.*, pp. 329-345 ; WLAZLAK (Anne)., *L'influence de la construction communautaire sur la Constitution française*, Thèse, Droit public, Université d'Avignon, 2013, p. 18 et *sq* ; CONSTANTINESCO (Vlad), PIERRÉ-CAPS (Stéphane)., *Droit constitutionnel*, Paris, PUF, 2016, *op. cit.*, p. 240 et *sq* ; voir aussi MAZIAU (Nicolas)., « L'internationalisation du pouvoir constituant. Essai de typologie : le point de vue hétérodoxe du constitutionnaliste », *Revue générale de droit international public*, 2002, *op. cit.*, pp. 548-579 ; voir aussi NDJIMBA (Kévin-Ferdinand)., *L'internationalisation des constitutions des États en crise : Réflexions sur les rapports entre Droit international et Droit constitutionnel*, Thèse, Droit public, Université de Nancy II, 2011, *op. cit.*, p. 7 ; voir aussi DE VISSCHER (Paul)., « Les tendances internationales des constitutions modernes », *RCADI*, 1952-I, vol. 80, *op. cit.*, pp. 511- 578.
228 DU BOIS DE GAUDUSSON (Jean)., « Quel rôle pour l'ingénierie constitutionnelle et institutionnelle ? », *in* J.-P. VETTOVAGLIA., *Déterminants des conflits et nouvelles formes de prévention*, Bruxelles, Bruylant, 2013, pp. 944-960.

titulaire d'une idéologie constitutionnelle et démocratique véhiculée dans le monde par de nombreux vecteurs de cet ensemble dénommé la communauté internationale... » En clair, l'intervention de la communauté internationale dans le réformisme institutionnel en Afrique se rapporte souvent à une volonté de résoudre les crises politiques, comme en atteste la déclaration du secrétaire général des Nations unies en 2004 : « *Les questions liées à l'amélioration de la gouvernance, notamment les droits de l'homme et la transparence, relèvent au premier chef des gouvernements nationaux. Il n'empêche que la communauté internationale ne devrait pas se contenter de fournir une aide ciblée dans ce domaine et de veiller au respect des normes internationales ; elle devrait aussi intervenir plus tôt en cas de crise de gouvernance et de crise humanitaire, au lieu de se croiser les bras jusqu'à ce qu'intervienne une prise de pouvoir par les militaires ou une explosion intercommunautaire.* »[229] Il ressort de ces analyses que l'encadrement international des Constitutions[230] africaines prive les États africains de leur autonomie dans l'élaboration de leurs textes constitutionnels. Ceci constitue incontestablement une menace dans le processus de la consolidation de l'État de droit, voire de la démocratie en Afrique. Ainsi, les pays africains ne sont plus maîtres « ni de leurs Constitutions ni de leurs institutions », bien que disposant en théorie d'une « autonomie constitutionnelle » (J. Du Bois de Gaudusson, 2013)[231]. De même, l'échec du constitutionnalisme en Afrique est non seulement le résultat de nombreux dysfonctionnements endogènes, mais aussi le fruit des interventions de plus en plus récurrentes des organisations intergouvernementales. En effet, l'implication de ces organisations « *dans la résolution des crises ne se limite plus à l'envoi de forces d'interposition. Elle prend, répétons-le, plus que jamais aujourd'hui une dimension juridique, à tout le moins constitutionnelle* » (V. Huet, 2008)[232].

Fort de ce qui précède, on peut se demander si la réception africaine d'une idéologie venue d'ailleurs pouvait effectivement tenir compte des réalités

---

229 *Rapport sur les moyens de combattre les problèmes sous-régionaux et transfrontaliers dans l'Afrique de l'Ouest*, Conseil de sécurité, 12 mars 2004 ; BIDOUZO (Thierry Sèdjro)., « Les Organisations internationales et la résolution des conflits post-bipolaires en Afrique », *Confluence des droits* [en ligne], Aix-en-Provence : Droits International, Comparé et Européen, 2019.

230 DOSSO (Karim)., « Les pratiques constitutionnelles dans les pays d'Afrique noire francophone : cohérences et incohérences », *Revue française de droit constitutionnel,* 2012/2, n° 90, *op. cit.*, pp. 57-85.

231 DU BOIS DE GAUDUSSON (Jean)., « Quel rôle pour l'ingénierie constitutionnelle et institutionnelle ? », *in* J.-P. VETTOVAGLIA., *Déterminants des conflits et nouvelles formes de prévention,* Bruxelles, Bruylant, 2013, *op. cit.,* pp. 944-960.

232 HUET (Véronique)., « L'autonomie constitutionnelle de l'État : déclin ou renouveau ? », *Revue française de droit constitutionnel,* 2008/1, n° 73, pp. 65-87 ; voir aussi DOSSO (Karim)., « Les pratiques constitutionnelles dans les pays d'Afrique noire francophone : cohérences et incohérences », *Revue française de droit constitutionnel,* 2012/2, n° 90, *op. cit.*, pp. 57-85.

endogènes. La réponse à cette question peut conduire à affirmer que l'internationalisation du « pouvoir constituant » en Afrique est fondée sur une volonté de dissocier les spécificités ethniques propres à ce continent de la gestion des affaires publiques. Il est dès lors clairement établi qu'une telle internationalisation du constitutionnalisme ne peut en aucun cas se soucier des réalités ethniques des États africains. Les constituants africains doivent sortir de cette spirale qu'on qualifierait « d'illusion du communisme constitutionnel » qui vise en réalité à considérer toutes les sociétés comme ayant les mêmes réalités historiques ou culturelles. Or, il est souvent admis, à la lecture de certains auteurs, que la communauté internationale, dans sa construction historique, « *s'est constamment posée comme un club fermé des nations civilisées alias puissantes (qui imposent leur volonté)* » (M. Bedjaoui, 1991)[233].

Au demeurant, les constituants africains francophones doivent éviter de tomber dans le « jurassic park »[234] des volontés politiques et juridiques imposées, et sortir du « *marketing constitutionnel à des fins d'exhibition de l'adhésion au code occidental de la normalité politique* » (L. Sindjoun, 1995)[235], qui ignore le fait ethnique et rend inutile l'œuvre des constituants africains, car ne relevant pas de la volonté du peuple africain. Ce marketing se caractérise par des contraintes de la communauté internationale. C'est à cet égard qu'on peut affirmer, à la suite de Luc Sindjoun (1995)[236], que « *les Constitutions africaines sont dans une large mesure le cadre de la promotion et de l'inspiration d'un nouvel ordre juridique international* ». Elles sont, en d'autres termes, des « tribunes d'exorcisme symbolique de l'égoïsme et de l'inégalité dans les relations entre les États »[237]. Ceci renforce certainement l'idée d'un droit constitutionnel international, soutenue par certains juristes[238]. Or, cette internationalisation du pouvoir constituant accouche de Constitutions « privées de toute volonté nationale instituante et instituée »[239].

---

[233] BEDJAOUI (Mohammed)., « Introduction générale », *in* M. BEDJAOUI (sous dir.), *Droit international : Bilan et perspectives*, Paris, Pedone/Unesco, 1991, pp. 1-18.
[234] SINDJOUN (Luc)., « Les nouvelles constitutions africaines et la politique internationale : contribution à une économie internationale des biens politico-constitutionnels », *Études internationales*, Vol. 26, n° 2, 1995, *op. cit.*, pp. 329-345.
[235] *Ibidem, op. cit.*, pp. 329-345.
[236] *Ibidem, op. cit.*, pp. 329-345.
[237] *Ibidem, op. cit.*, pp. 329-345.
[238] FAVOREU (Louis)., « Le contrôle du traité de Maastricht et le développement du droit constitutionnel international », *Revue générale de droit international public*, n°1, 1993, pp. 39-66 ; TORCOL (Sylvie)., « L'internationalisation des Constitutions nationales », *Politeia*, n° 8, décembre 2005, pp. 317-343.
[239] PIERRÉ-CAPS (Stéphane)., « Le constitutionnalisme et la nation. Le nouveau constitutionnalisme », *in Mélanges offerts à Gérard Conac*, Economica, 2001, p. 72.

D'où l'expression « démocratie sans et contre le peuple »[240] chère à Marie-France Verdier, qui confirme l'intervention de la communauté internationale dans l'élaboration des textes constitutionnels en Afrique, précisément l'obligation de constitutionnaliser les instruments juridiques internationaux des droits de l'homme.

B - La constitutionnalisation des instruments juridiques internationaux des droits de l'homme

L'intégration par les constituants africains des normes internationalement reconnues, relatives aux droits de l'homme, est certainement la conséquence du développement des relations internationales et de l'influence occidentale (P. Moudoudou, 2012)[241]. Ainsi, dans les années 1990, les États africains, en adoptant le pluralisme politique, ont en même temps opté pour la protection des droits de l'homme[242]. Dès lors, la volonté des peuples, longtemps malmenés par des régimes dictatoriaux, a pu se « traduire dans la constitutionnalisation des droits humains »[243] et des libertés fondamentales, consacrés par les instruments juridiques internationaux afin de créer une rupture avec le passé dictatorial en Afrique[244].

Dans ce contexte, on notera la transposition massive des normes internationales relatives aux droits de l'homme dans les nouvelles Constitutions africaines des années 1990, qui consacrent leur adhésion aux droits et libertés internationalement reconnus. On peut le remarquer dans la plupart des préambules de certaines Constitutions africaines francophones. Par exemple, le préambule de la Constitution béninoise du 23 décembre 1990 énonce que le peuple du Bénin proclame son « adhésion aux idéaux et principes, droits et devoirs établis dans la Charte de l'Organisation des Nations unies, la Déclaration universelle des droits de l'homme, la Charte de l'Organisation de l'unité africaine et la Charte africaine des droits de l'homme

---

240 VERDIER (Marie-France)., « La démocratie sans et contre le peuple », *in De ses dérives. Démocratie et liberté : tension, dialogue, confrontation, in Mélanges en l'honneur de Slobodan Milacic*, Bruxelles, Bruylant, 2008, p. 1073.

241 MOUDOUDOU (Placide)., *La Constitution en Afrique : morceaux choisis*, Paris, L'Harmattan, 2012, *op. cit.*, p. 39.

242 POIRMEUR (Yves)., « Le Conseil constitutionnel protège-t-il véritablement les droits de l'homme », *in* G. DRAGON, B. FRANÇOIS, N. MOLFESSIS (sous dir.), *La légitimité de la jurisprudence du Conseil constitutionnel*, Economica, 1999, pp. 295-361 ; ROUSSEAU (Dominique)., *Droit du contentieux constitutionnel*, Paris, Montchrestien, 2006, p. 8 et *sq*.

243 HOLO (Théodore)., « Démocratie revitalisée ou démocratie émasculée ? Les constitutions du renouveau démocratique dans les États de l'espace francophone africain : régimes juridiques et systèmes politiques », *Revue béninoise des sciences juridiques et administratives*, 2006, n°16, p. 23.

244 KAMTO (Maurice)., « L'énoncé des droits dans les constitutions des États d'Afrique francophone, *Revue juridique africaine,* Presses universitaires du Cameroun, 1991, n°2 et 3, pp. 7-22.

et des peuples »[245]. Au Togo, la Constitution du 14 octobre 1992 affirme dans son préambule que le peuple togolais est « *convaincu qu'un tel État ne peut être fondé que sur les principes de la démocratie et de la protection des droits de l'homme tels que définis par la Charte des Nations unies de 1945, la Déclaration universelle des droits de l'homme de 1948 et les pactes internationaux de 1966, la Charte africaine des droits de l'homme et des peuples adoptée en 1981 par l'Organisation de l'unité africaine* »[246]. En Afrique centrale, certaines Constitutions post-Conférence nationale réaffirment également la volonté du peuple d'adhérer aux droits et libertés universellement reconnus. Il en est ainsi des Constitutions du Congo-Brazzaville du 15 mars 1992 et du 24 octobre 1997, dont les préambules prévoient l'attachement du peuple congolais aux principes fondamentaux reconnus et garantis par tous les instruments internationaux pertinents dûment ratifiés, relatifs aux droits de l'homme[247]. On observe la même chose dans l'Acte constitutionnel de transition de 1994 en RDC, dans la Constitution du Gabon de 1991, de la RCA de 1995, du Tchad de 1996[248].

En définitive, l'obligation de constitutionnaliser les instruments juridiques relatifs aux droits de l'homme laisse entrevoir la volonté des peuples africains de mettre un terme à plusieurs décennies de régimes autoritaires et dictatoriaux. Autrement dit, au lendemain des conférences nationales souveraines qui marquent l'avènement de la démocratie, les populations africaines ont manifesté, d'une part, leur opposition fondamentale au totalitarisme, au népotisme et à l'autoritarisme, ainsi que leur volonté de défendre les droits de l'homme. D'autre part, elles confirment leur attachement aux principes de la démocratie et des droits de l'homme prescrits dans les différents instruments juridiques internationaux ou régionaux relatifs aux droits de l'homme. Par conséquent, la Constitution en Afrique n'est plus, sans exagérer, et pour reprendre les mots de Sylvie Torcol (2005)[249], « *uniquement un acte de fondation, mais aussi un acte d'adhésion* ». En outre, voulant toujours se conformer aux valeurs dites universelles, les constituants africains francophones ignorent parfois leurs propres spécificités, notamment le fait ethnique, souvent instrumentalisé à des fins politiques.

---

[245] Voir la Constitution béninoise du 23 décembre 1990.
[246] Voir le préambule de la Constitution togolaise du 14 octobre 1992.
[247] Voir les préambules des Constitutions congolaises de 1992 et 1997.
[248] Voir les Constitutions de la RDC de 1994, du Gabon de 1991, de la RCA de 1995 et du Tchad de 1996.
[249] TORCOL (Sylvie)., « L'internationalisation des Constitutions nationales », *Politeia*, n° 8, décembre 2005, *op. cit.*, pp. 317-343.

Chapitre 2 :

L'instrumentalisation politique et juridique du fait ethnique

Dans la littérature de la théorie de l'instrumentalisation du fait ethnique, il est généralement considéré que l'action des hommes politiques sur les groupes ethniques a souvent été ignorée par l'État[250]. En effet, les tenants de l'approche instrumentaliste ont toujours considéré l'ethnicité comme une donnée mobilisable dans la conquête du pouvoir, de la richesse et des ressources. C'est dire que cette mobilisation revêt un caractère hautement politique dans la société africaine[251]. Concrètement, l'instrumentalisation ethnique dans un pays est apparente dans l'hypothèse où « *les structures favorisant la participation au pouvoir politique sont essentiellement organisées suivant la logique des clivages ethniques* » (M. Martiniello, 1995)[252]. Dans une telle hypothèse, les groupes ethniques sont transformés en groupes d'intérêts politiques[253]. C'est dans ce sens que Nathan Glazer et Patrick Moynihan (1975)[254] voient les groupes ethniques comme des foyers facilement manipulables pour des fins politiques. Ceci traduit, selon les termes de Jean-François Bayart (2006)[255], l'idée d'une « réappropriation de l'État par les ethnies ». En Afrique, les ethnies ont longtemps été instrumentalisées par les dirigeants politiques dans leur quête du pouvoir, et ce, depuis l'époque coloniale. Afin d'appréhender les enjeux politiques et juridiques de cette instrumentalisation, il convient d'envisager le fait ethnique dans le système colonial **(Section 1)** avant de mettre l'accent sur sa politisation en Afrique **(Section 2)**.

---

250 MARTINIELLO (Marco)., *L'ethnicité dans les sciences sociales contemporaines*, Paris, PUF, 1995, p. 59.

251 *Ibidem,* p. 60.

252 *Ibidem,* p. 61.

253 *Ibidem,* p. 62.

254 GLAZER (Nathan) and MOYNIHAN (Patrick)., *Ethnicity: Theory and Experience*, Harvard University Press (1 juillet 1975), 531 p.

255 BAYART (Jean-François)., *L'État en Afrique. La politique du ventre*, Paris, Fayard, 2006, p. 288.

Section 1 : Le fait ethnique dans le système colonial

À en croire Xavier Kitsimbou (2006)[256], « *au lendemain de la pénétration coloniale, la puissance colonisatrice a compris très tôt que l'exploitation paisible et rationnelle des ressources de la nouvelle colonie passait nécessairement par la maîtrise des populations autochtones* ». Ainsi, voulant établir une base solide de son pouvoir, l'administration coloniale devait à tout prix mettre en place une politique de rationalisation des groupes qui étaient homogènes afin d'asseoir sa domination. Une telle politique avait pour but non seulement d'assurer la pérennité de la domination du colon, ou encore davantage sa mainmise sur l'exploitation des ressources des peuples colonisés, mais aussi de procéder à l'encadrement juridique et l'affaiblissement des structures traditionnelles des indigènes. C'est dans cette optique que certains auteurs affirment, à tort ou à raison, que l'ethnicité a été instrumentalisée durant la colonisation. Comment ? Pour comprendre le comment de cette affirmation, il sied de faire d'abord un aperçu juridique de l'ethnicité sous la colonisation (**§1**), avant de mettre l'accent sur la manipulation des ethnies par l'administration coloniale (**§2**).

§1 - Aperçu juridique de l'ethnicité sous la colonisation

Plusieurs facteurs historiques montrent que pendant la pénétration coloniale, l'administration coloniale a mis en œuvre certains mécanismes juridiques pour mieux maîtriser et encadrer les populations existantes ainsi que leurs structures traditionnelles. En témoignent la politique des frontières et de la réglementation des droits fonciers coutumiers **(A)** ainsi que l'encadrement juridique des chefferies traditionnelles pendant la colonisation **(B)**.

A –Retour critique sur les questions des frontières et du foncier

La pénétration coloniale en Afrique francophone avait un double impact à la fois sur les frontières des États africains et sur les droits fonciers coutumiers des populations indigènes. La question des frontières doit être vue ici comme premier facteur d'encadrement juridique des ethnies par le colon en Afrique. Cet encadrement qui résulte du partage de l'Afrique entre les puissances colonisatrices à la fin du XIXe siècle, notamment lors de la conférence de Berlin de 1885, a été à l'origine des conflits entre certains pays. Cette affirmation doit être nuancée en ce sens que cette conférence, bien que prévoyant le partage de l'Afrique au gré du colon, précisait la nécessité de protéger les populations existantes et de leur offrir les conditions les plus

---

[256] KITSIMBOU (Xavier)., *La démocratie et les réalités ethniques au Congo*, Thèse, Science politique, Université Nancy II, 2006, *op. cit.*, pp. 40-44.

favorables à leur développement ainsi qu'à leur bien-être moral et matériel. Ainsi peut-on lire à l'article 6 de l'Acte final de la conférence de Berlin[257] : « *Toutes les puissances exerçant des droits de souveraineté ou une influence dans lesdits territoires s'engagent à veiller à la conservation des populations indigènes et à l'amélioration de leurs conditions morales et matérielles d'existence et à concourir à la suppression de l'esclavage et surtout la traite des noirs ; elles protégeront et favoriseront, sans distinction de nationalités ni de cultes, toutes les institutions et entreprises religieuses, scientifiques ou charitables. créées et organisées à ces fins ou tendant à instruire les indigènes et à leur faire comprendre et apprécier les avantages de la civilisation. [...] La liberté de conscience et la tolérance religieuse sont expressément garanties aux indigènes comme aux nationaux et aux étrangers...* ».

Dans certains pays, le colon s'était borné à tracer les frontières en tenant compte des réalités africaines, notamment « avec des limites fixées en accord avec les chefs locaux, comme la fixation des limites entre le Tchad français et le Soudan anglais qui avait pris en compte des pâturages de saison sèche des peuples pasteurs » (E. Bordessoule, 2006)[258]. Dans d'autres pays, cette entreprise de territorialisation a créé une espèce de « désarticulation des relations entre les sociétés locales »[259], comme en témoigne cette affirmation : « *Nous avons entrepris de tracer sur les cartes des régions où l'homme blanc n'avait jamais mis le pied. Nous nous sommes distribué des montagnes, des rivières et des lacs, à peine gênés par cette petite difficulté que nous ne savions jamais exactement où se trouvaient ces montagnes, ces rivières ou ces lacs.* » (L.-K. Ouattara, 2014)[260] L'on déduira que le fractionnement de l'Afrique en plusieurs territoires au gré du colon a *de facto* favorisé la création et la dispersion des communautés ethniques, en ce sens que les populations en place, regroupant des entités homogènes, se sont trouvées éparpillées à travers plusieurs pays[261]. C'est le cas des peuples Akan, qu'on trouve en Côte d'Ivoire, au Togo, au Bénin et au Ghana, des Aka ou Baka au Cameroun, au Gabon, en RCA, en RDC et au Congo, des Kongo ou Bacongo (RDC et Congo), des Basongé (Gabon et RDC), des M'bété (Congo et Gabon), ou encore du peuple Peul, réparti entre le Cameroun, le Tchad, le Sénégal, le

---

[257] Acte final de la conférence de Berlin du 26 février 1885, art. 6.

[258] BORDESSOULE (Éric)., « L'État-nation en Afrique subsaharienne, un modèle en crise ? », in *Géo confluences*, 15 janvier 2006.

[259] AMSELLE (Jean-Loup), M'BOKOLO (Elikia)., *Au cœur de l'ethnie. Ethnies, tribalisme et État en Afrique*, Paris, La Découverte, 2000, *op. cit.*, p. 38.

[260] OUATTARA (Ladji-Karamoko)., « Les frontières en Afrique : héritage du passé colonial, enjeu actuel », *Thinking Africa*, Note de recherche n°11, juillet 2014, pp. 2-16 ; PERSON (Yves)., « L'Afrique noire et ses frontières », *Le mois en Afrique*, n°80, août 1972, p. 21 ; ou encore BENNAFLA (Karine)., « Les frontières africaines : nouvelles significations, nouveaux enjeux (African frontiers : new significance, new stakes) », *Bulletin de l'Association de géographes français*, 79e année, 2002-2 (juin), Géopolitiques africaines, pp. 134-146.

[261] FOUCHER (Michel)., *L'obsession des frontières*, Paris, Perrin, 2012, p. 52.

Niger, la Guinée et le Mali. Il en est de même pour les Touaregs, répartis entre le Niger, la Mauritanie, l'Algérie, le Mali, la Libye et le Burkina Faso. Ainsi, en ignorant parfois les spécificités des populations existantes dans le partage de l'Afrique, notamment en les éparpillant à travers plusieurs États, la puissance colonisatrice a fortement contribué à la création de certaines catégories qualifiées plus tard d'« ethnies ». C'est donc dans ce méli-mélo de cultures et de coutumes que certaines populations ont vu leur identité disparaître. On le voit avec certaines guerres frontalières au lendemain des indépendances, faisant suite à des revendications de chaque peuple de son identité territoriale. C'est du conflit sur la délimitation des frontières opposant le Togo au Ghana, notamment sur le sort des peuples Éwé séparés entre les deux pays. Ce conflit, estime-t-on, a soulevé « un problème ethnique parmi les plus importants que posent les frontières africaines de par leur origine coloniale » (L.-K. Ouattara, 2014)[262]. Plus encore, on peut citer l'exemple du conflit frontalier opposant la RDC au Rwanda, particulièrement dans le nord-est de la RDC, où il est souvent reproché au Rwanda de vouloir annexer le Kivu[263]. La tendance est la même entre le Gabon et la Guinée équatoriale à propos du conflit frontalier sur la souveraineté des territoires Cocotier, Mbanié et Conga, appartenant originellement au Gabon, que les autorités ont décidé de porter devant la CIJ[264]. Toutefois, il est nécessaire de préciser que les conflits frontaliers ne sont pas forcément des conflits ethniques.

Par ailleurs, la question des frontières a nécessairement entraîné des conséquences juridiques sur les droits coutumiers, notamment les droits fonciers qui a constitué une des questions majeures dans les territoires colonisés pendant la colonisation. Ainsi, le développement économique des colonies passait par l'exploitation des terres par les compagnies coloniales, qui avaient fait de la sécurité foncière une condition d'investissement. La difficulté résidait dans le fait de savoir comment les terres, qui jusque-là appartenaient coutumièrement à des groupes locaux, pouvaient-elles être placées sous le contrôle de l'État colonial[265]. Au plan juridique, en ce qui concerne les colonies françaises, pour déterminer le domaine privé de l'État, la loi coloniale procédait, au nom de la théorie des terres vacantes et sans maître, à une expropriation massive des terres en faveur de l'État. Pour les colonies françaises, l'articles 539 du Code civil napoléonien dans sa version

---

262 OUATTARA (Ladji-Karamoko)., « Les frontières en Afrique : héritage du passé colonial, enjeu actuel », *Thinking Africa*, Note de recherche n°11, juillet 2014, *op. cit.*, pp. 2-16.

263 *Ibidem*, *op. cit.*, pp. 2-16.

264 *Ibidem*, *op. cit.*, pp. 2-16 ; voir aussi https://www.gabonmediatime.com/les-iles-mbanie-cocotiers-et-konga-de-nouveau-au-coeur-des-debats/, consulté en avril 2020.

265 OUEDRAOGO (Hubert)., « De la connaissance à la reconnaissance des droits fonciers africains endogènes », *Études rurales* [En ligne], 187 | 2011, mis en ligne le 01 janvier 2011, consulté le 08 janvier 2020. URL : http://journals.openedition.org/etudesrurales/9388 ; DOI : 10.4000/etudesrurales.9388

originelle de 1804 prévoyait que : « *Tous les biens vacants et sans maître, et ceux des personnes qui décèdent sans héritiers, ou dont les successions sont abandonnées, appartiennent au domaine public* »[266]. Concrètement, les terres non immatriculées ne pouvaient plus être sous le coup du droit foncier coutumier. Elles devenaient automatiquement la propriété de l'État colonial. Or, le processus d'immatriculation était, d'une part, ignoré des systèmes fonciers coutumiers des indigènes, et était jugé trop complexe, long et couteux, car essentiellement conçu pour les élites africaines et les compagnies coloniales, d'autre part[267]. D'où l'adoption de certains textes réglementaires pour sécuriser des droits fonciers coutumiers des populations indigènes. C'est le cas du décret du 24 juillet 1906 qui reconnaît aux indigènes dans les colonies et territoires de l'Afrique occidentale française, un service dit de la conservation de la propriété et des droits fonciers[268]. Ce texte a été complété par le décret du 8 octobre 1925 instituant mode de constatation des droits fonciers des indigènes en Afrique occidentale française, qui énonce en son article premier que : « *En Afrique occidentale française, lorsque la teneur du sol ne présente pas tous les caractères de la propriété privée, telle qu'elle existe en France et lorsque les terres qui en font l'objet sont détenues suivant les règles du droit coutumier local, les détenteurs ont la faculté de faire constater et affirmer leurs droits au regard de tous tiers...* »[269]. Le décret-loi n°55-580 du 20 mai 1955 quant à lui entérine cette sécurisation des droits fonciers coutumiers, tout en reconnaissant d'abord « les droits coutumiers exercés collectivement ou individuellement sur les terres non appropriées selon les règles du code civil ou du régime d'immatriculation », avant de préciser que « nul individu, nulle collectivité ne peut être contraint de céder ces droits si ce n'est pour cause d'utilité publique et moyennant une juste compensation »[270].

En outre, dans les colonies belges, notamment au Congo, au Rwanda et au Burundi, la question du foncier était aussi l'une des préoccupations majeures. Ainsi, le 1er juillet 1885, date de la proclamation de l'État indépendant du Congo, l'ordonnance coloniale relative à l'occupation des terres du 1er juillet 1885, confie toutes les terres vacantes à l'État et interdit d'occuper ces terres

---

[266] Voir l'article 539 du Code civil français, version de 1804.

[267] OUEDRAOGO (Hubert)., « De la connaissance à la reconnaissance des droits fonciers africains endogènes », *Études rurales* [En ligne], 187 | 2011, mis en ligne le 01 janvier 2011, *op.cit.*, consulté le 08 janvier 2020. URL : http://journals.openedition.org/etudesrurales/9388

[268] Décret du 24 juillet 1906 portant organisation du régime de la propriété foncière dans les colonies et territoires relevant du gouvernorat général de l'Afrique occidentale française, Bulletin officiel du ministère des colonies (1804), art. 1er, pp. 681-722.

[269] Décret du 8 octobre 1925 instituant mode de constatation des droits fonciers des indigènes en Afrique occidentale française, art. 1er.

[270] Décret-loi n° 55-580 du 20 mai 1955 portant réorganisation foncière et domaniale en Afrique occidentale française et en Afrique équatoriale française, *J.O.R.F.* 21 mai 1955, art. 3, pp. 5079-5083.

sans titre, ainsi que de déposséder les populations indigènes des terres qu'ils occupent[271]. Le décret du 14 septembre 1886 et l'arrêté du 8 novembre 1886 exigent que les droits fonciers antérieurement ou postérieurement acquis devront, pour être légalement reconnus, faire l'objet d'une délivrance de certificat d'enregistrement qui vaut titre d'occupation[272]. Le décret du 3 juin 1906 bien que confirmant le principe en vertu duquel l'État détient toutes les terres vacantes, reconnaît aussi aux populations indigènes certains droits sur les terres vacantes, notamment le droit de chasser, de pêcher et de couper le bois pour un usage personnel sur lesdites terres[273]. C'est finalement la charte coloniale du 18 octobre 1908, contenant plusieurs dispositions relatives au droit foncier, qui va fixer de manière effective les droits fonciers coutumiers des indigènes, en instituant un régime domanial fondé sur la cession et la concession[274]. Cette législation coloniale a été également appliquée au Rwanda et au Burundi, où les droits fonciers coutumiers étaient régis par le même régime.

Outre la question des frontières et celle des droits fonciers coutumiers, la période coloniale a été aussi un moment d'encadrement juridique des pouvoirs des chefs indigènes en Afrique francophone.

B – L'encadrement juridique de la chefferie traditionnelle

Durant l'époque coloniale, l'administration de l'État, qu'elle soit directe ou indirecte, n'a jamais renié l'existence du pouvoir traditionnel, bien que sa légalité, contrairement à sa légitimité, ne soit intervenue que plus tard « avec les actes de reconnaissance et de confirmation des entités (traditionnelles) et du pouvoir des chefs (coutumiers) par les pouvoirs publics modernes »[275]. La légalisation, voire la reconnaissance du pouvoir coutumier en Afrique francophone, remonte à la période coloniale. En RDC, par exemple, le décret royal du 30 avril 1889 permettait de récompenser les chefs indigènes en médailles en raison de leur loyauté et engagement au service de l'État[276]. Ce décret a été complété par celui du 6 octobre 1891 par lequel l'autorité coloniale attache à ses services la chefferie traditionnelle sous réserve que son chef soit investi par le gouvernement colonial. Son article 1er prévoit que les chefferies indigènes sont reconnues comme telles dans les provinces

[271] Ordonnance du 1er juillet 1885, art. 2.
[272] Voir Décret du 14 septembre 1886, art. 2 ; Arrêté du 8 novembre 1886, art. 9.
[273] Voir Décret du 3 juin 1906.
[274] Voir les articles 5 et 15 de la Charte coloniale du 18 octobre 1908.
[275] MAMBI TUNGA-BAU (Héritier)., *Pouvoir traditionnel et pouvoir d'État en République démocratique du Congo. Esquisse d'une théorie d'hybridation des pouvoirs politiques*, Kinshasa, Mediaspaul, 2010, p. 42.
[276] Voir Décret royal du 30 avril 1889 portant récompense en médailles des chefs indigènes ayant rendu service à l'État.

déterminées par le colon, à la condition que celles-ci aient été confirmées par l'administration coloniale dans l'exercice du pouvoir coutumier[277]. Ces textes ont été renforcés par la circulaire du gouverneur général du 18 avril 1904 et par le décret royal du 3 juin 1906 qui ont érigé la chefferie traditionnelle au rang des organes administratifs de l'État[278]. Ainsi, les articles 1er et 2 du décret du 3 juin 1906 fixent le cadre et les conditions de la régularité selon lesquelles s'exerce le pouvoir chefferial en ces termes : « *tout indigène est réputé faire partie d'une chefferie. [...] La chefferie se compose d'un seul village ou de plusieurs villages placés sous l'autorité supérieure d'un chef unique. Elle est régulièrement constituée par le gouverneur général, ou en son nom, par le commissaire de district, qui confirme le chef dans l'autorité qui lui est attribuée par la coutume...* »[279]. Ainsi, la consécration légale de la légitimité de la chefferie traditionnelle comme entité administrative de l'État[280], a fait d'elle une collectivité administrative hybride en ce sens qu'elle est à la fois une instance administrative traditionnelle et une instance d'organisation du pouvoir étatique dans les villages[281]. Le décret royal du 5 décembre 1933 réconforte cette reconnaissance des chefferies en entités administratives de l'État, prévoyant en son article 19 que : « *les chefferies sont les groupements traditionnels organisés sur la base de la coutume en circonscriptions administratives. Le commissaire de district fixe, conformément à la coutume, les limites des chefferies et éventuellement de leurs subdivisions* »[282].

Au Cameroun, l'impact de l'autorité coloniale dans l'encadrement juridique du pouvoir traditionnel n'est plus à démontrer. De sa stratégie, résultait un double impératif à la fois de restreindre le pouvoir des chefs indigènes et d'en règlementer l'exercice[283]. En témoigne, la grande réforme de 1933 avec l'arrêté colonial du 4 février 1933 portant statut des chefs indigènes, consacre non seulement la reconnaissance juridique des chefferies traditionnelles sous le terme de « chef indigène », mais détermine les attributions et le rôle des chefs indigènes[284]. Ce texte hiérarchise l'organisation des chefferies traditionnelles en chef de collectivité, de groupement et de village. Il les répartit comme suit : les chefferies supérieures

---

[277] Décret royal du 6 octobre 1891 relatif aux chefs indigènes et leur investiture, art. 1er

[278] Voir la Circulaire du Gouverneur général du 18 avril 1904 relative aux chefferies indigènes.

[279] Voir le Décret royal du 3 juin 1906 relatif aux chefs indigènes, art. 1er et 2.

[280] Décret royal du 2 mars 1910 relatif aux chefferies et sous-chefferies indigènes.

[281] MAMBI TUNGA-BAU (Héritier)., *Pouvoir traditionnel et pouvoir d'État en République démocratique du Congo. Esquisse d'une théorie d'hybridation des pouvoirs politiques*, Kinshasa, Mediaspaul, 2010, *op.cit.*, p. 42.

[282] Décret du 5 décembre 1933 relatif aux circonscriptions indigènes, art. 19.

[283] ETI EBELE (Christopher-Didier)., *L'émergence de la chefferie traditionnelle Bele-Bele dans le contexte de modernité*, Mémoire de recherche, Institut national de la jeunesse et des sports, 2010, p. 27.

[284] Arrêté colonial n° 244 du 4 février 1933 portant statut des chefs indigènes, *J.O.C*, p. 92.

et les *lamidats*[285] (chefferies de 1er degré), les groupements ou cantons (chefferies du 2e degré) et les villages ou quartiers (chefferies du 3e degré)[286]. Cette catégorisation vient ainsi simplifier non seulement les rapports entre ces chefs et leurs sujets, mais aussi l'organisation de l'administration coloniale. En outre, en matière judiciaire, Samuel Tepi (2001)[287] affirmait : « *Pendant la période coloniale, il existait au Cameroun un dualisme judiciaire tenant compte de la différenciation des statuts européen et indigène des individus. Ce dualisme ne se limitait pas en première instance. On assurait la représentation des coutumes jusqu'à la Cour suprême.* » Cette prise en compte du statut des indigènes dans les juridictions classiques a été instituée pendant la colonisation allemande par l'ordonnance du 7 avril 1900. L'effectivité de cette exigence n'est apparue qu'après la mise sous mandat français du Cameroun, avec notamment le décret du 13 avril 1921, remplacé par celui du 31 juillet 1927[288] ; c'est ainsi qu'a été organisée, pour la première fois, la justice indigène au Cameroun[289]. Les juridictions indigènes étaient donc organisées jusqu'aux indépendances. Cette organisation comprenait les juridictions de deuxième degré, composées d'un président assisté par deux assesseurs indigènes et connaissant de l'appel de tous les jugements des juridictions de premier degré, en matière tant civile que commerciale[290].

Par ailleurs, au Niger, la notion de chefferie était encrée dans le vocabulaire politico-administratif, notamment à travers le dispositif réglementaire institué durant l'époque coloniale. On voit déjà apparaitre en 1909 et 1917 certains circulaires qui consacrent les notions de chef indigène, politique indigène, commandement indigène ou chefferie traditionnelle[291]. D'autres circulaires organisent l'administration indigène et prévoient une rémunération des chefs

---

285 Le *lamidat* est une expression désignant chefferie traditionnelle musulmane.

286 Arrêté colonial n° 244 du 4 février 1933 portant statut des chefs indigènes, art. 1er et suiv.

287 TEPI (Samuel)., « L'ineffectivité de la représentation des coutumes devant les juridictions de droit traditionnel au Cameroun », *Revue en ligne Afrilex (Revue d'étude et de recherche sur le droit et l'administration dans les pays d'Afrique)*, n°2, septembre 2001, consulté le 04 octobre 2017 ; voir aussi MELONE (Stanislas)., « Les juridictions mixtes de droit écrit et de droit coutumier dans les pays en voie de développement. Du bon usage du pluralisme judiciaire en Afrique : l'exemple du Cameroun », *Revue internationale de droit comparé*, Vol. 38, n°2, avril-juin 1986. Études de droit contemporain. Contributions françaises au 12e Congrès international de droit comparé, Sydney-Melbourne, 18-26 août 1986, pp. 327-346.

288 Décret du 31 juillet 1927 portant organisation de la justice indigène au Cameroun.

289 MELONE (Stanislas)., « Les juridictions mixtes de droit écrit et de droit coutumier dans les pays en voie de développement. Du bon usage du pluralisme judiciaire en Afrique : l'exemple du Cameroun », *Revue internationale de droit comparé*, Vol. 38, n°2, avril-juin 1986. Études de droit contemporain. Contributions françaises au 12e Congrès international de droit comparé, Sydney-Melbourne, 18-26 août 1986, *op.cit.*, pp. 327-346.

290 *Ibidem*, *op. cit.*, pp. 327-346.

291 Voir Circulaire sur la politique indigène du 22 septembre 1909, *JOAOF*, 1909 ; Circulaire au sujet des chefs indigènes du 15 août 1917, *JOAOF*, 1917.

indigènes pour des services rendus à l'État[292]. C'est finalement l'arrêté n°35 du 14 janvier relatif à la réorganisation de l'administration indigène au Niger qui fixe les contours et le cadre d'exercice du pouvoir traditionnel, notamment le village, le canton, la province, le groupe et la tribu[293]. Aux termes de l'article 1er de ce texte, l'administration indigène est composée comme suit : « *des chefs de village et de canton, assistés chacun d'un conseil, pour les populations sédentaires ; elle est ensuite composée des chefs de province ou de région (chefs supérieurs), assistés d'un conseil ; enfin, elle peut comporter, concernant les populations nomades, les chefs de tribu et de groupe, assistés chacun d'un conseil* »[294]. En outre, le Projet de loi (n°1345) relatif au statut des chefs coutumiers en Afrique occidentale française (AOF), en Afrique équatoriale française (AEF), au Cameroun et au Togo, considère le chef autochtone (indigène) au même titre que le maire, bien que ses attributions soient limitées par la loi. Ainsi peut-on lire à dans ce texte : « L'article 2 précise le double caractère du chef autochtone, qui tient à la fois de la coutume locale et de la loi française. Car, en définitive, le chef autochtone, qui est traditionnellement le plus ancien, peut être comparé au maire. Il est, *exceptis excipiendis*, le maire du village, du canton ou de la province. Le troisième alinéa de cet article contient une disposition essentielle, qui est la limitation que la présence française et la loi constitutionnelle imposent à la coutume tant civile que politique »[295]. L'on notera en outre que cet encadrement juridique dont l'objet consistait à mieux maîtriser les populations indigènes, avait abouti sur une logique d'instrumentalisation de ces populations par l'administration coloniale.

§2 - L'instrumentalisation des ethnies par l'administration coloniale

Les facteurs lointains de création des ethnies par le colon, à la lecture de certains historiens, sont à chercher davantage dans la manipulation des ethnies par l'administration coloniale, qu'elle soit française, belge, britannique ou

---

[292] Voir Circulaire relative à la rémunération des chefs indigènes du 11 avril 1924 ; Circulaire sur l'administration indigène du 28 septembre 1932, *JOAOF* du 22 octobre 1932 ; Circulaire sur l'administration indigène du 27 septembre 1932, *JOAOF* du 15 octobre 1933.

[293] Arrêté n°35 du 14 janvier relatif à la réorganisation de l'administration indigène au Niger.

[294] *Ibidem*, art. 1er.

[295] Voir article 2 du Projet de loi (n°1345) relatif au statut des chefs coutumiers en Afrique occidentale française (AOF), en Afrique équatoriale française (AEF), au Cameroun et au Togo, Rapport de l'Assemblée nationale, n° 8577, deuxième législature, session du 2 juin 1954. Disponible ici : https://www.assemblee-nationale.fr/histoire/senghor/rapp8577_1954_chefs_coutumiers.pdf

allemande[296]. Ainsi, à la lumière de la théorie du « mythe hamitique »[297] développée par l'exploitant anglais John Speke en 1863, les administrateurs coloniaux avaient fortement procédé à la catégorisation des groupes ethniques (**A**). Cette catégorisation a été également accentuée par la mission ecclésiastique (**B**).

A - De la catégorisation coloniale des ethnies

> « *L'objectif étant celui de créer une scission entre les différentes communautés en faisant croire artificiellement à certaines qu'elles étaient naturellement supérieures aux autres sur le plan physique et mental.* »[298]

L'on ne peut intégrer l'idée de manipulation coloniale des ethnies que si l'on a à l'esprit cette catégorisation artificielle des groupes ethniques. La hiérarchisation des ethnies était probablement le mode de gouvernance le plus redoutable utilisé par le colon en Afrique, afin d'asseoir son pouvoir politique.

---

[296] GAHAMA (Joseph)., « Les causes des violences ethniques contemporaines dans l'Afrique des Grands Lacs : une analyse historique et sociopolitique », *Afrika Zamani*, n° 13 & 14, 2005–2006, pp. 101-115.

[297] « Le terme désigne, dans le langage ethnologique ou anthropologique, un sous-groupe de la race caucasienne (race blanche), c'est-à-dire un groupe humain qui englobe en général les phénotypes physiques ou biologiques des populations d'Europe, du Moyen-Orient, d'Afrique du Nord, de la Corne de l'Afrique, d'Asie centrale et d'Asie du Sud. » ; voir aussi SELIGMAN (Charles Gabriel)., *Les Races de l'Afrique*, Payot, 1935, pp. 86 et 138. Selon l'auteur, l'« hypothèse hamitique suggérait que la race hamite était supérieure aux populations noires d'Afrique subsaharienne. Cette théorie affirmait que toutes les avancées significatives dans l'histoire de l'Afrique étaient l'œuvre des Hamites qui avaient émigré en Afrique centrale en tant que bergers, amenant avec eux les innovations techniques et civilisatrices qu'ils avaient développées. Les modèles théoriques des langues hamitiques et de la race hamitique furent considérés comme valides et liés jusqu'au début du XXe siècle ». En Afrique centrale, notamment au Rwanda, au Burundi et en RDC, Joseph GAHAMA montre que « les administrateurs coloniaux, appuyés fortement par les missionnaires catholiques, classèrent les populations de manière très hiérarchisée en Hamites, en Bantous et en Pygmées. Les populations furent décrites sur le plan physique de manière un peu plus caricaturale. Les Hamites, dont les représentants étaient les Tutsi du Rwanda et du Burundi, étaient perçus comme une race de géants aux allures aristocratiques, tandis que les Hutu, d'appartenance au groupe bantou, étaient décrits comme des gens trapus, aux cheveux crépus, aux nez épatés. Les Twa pygmoïdes étaient qualifiés de "grotesques petites créatures", faisant partie d'une race vieille et fatiguée, vouée à la disparition ». GAHAMA (Joseph)., « Les causes des violences ethniques contemporaines dans l'Afrique des Grands Lacs : une analyse historique et sociopolitique », *Afrika Zamani*, n° 13 & 14, 2005-2006, *op. cit.*, pp. 101-115 ; voir enfin pour plus de précisions, CHRÉTIEN (Jean-Pierre), KABANDA (Marcel)., *Rwanda : racisme et génocide. L'idéologie hamitique*, Berlin, 2013, p. 12 et *sq*. Pour ces auteurs, l'idéologie hamitique consistait à « distinguer les "vrais Africains" des "faux Africains", ceux qu'on a appelés Hamites. Ils parlent à ce titre d'une culture "africaniste" de race ».

[298] KITSIMBOU (Xavier)., *La démocratie et les réalités ethniques au Congo*, Thèse, Science politique, Université Nancy II, 2006, *op.cit.*, p. 46.

Ainsi, certains affirment avec force que cette politique du « diviser pour mieux régner » a toujours été au centre de l'action coloniale, et donc la clé de voûte de la domination du pouvoir colonial[299]. Une telle politique, si elle n'est pas à l'origine des conflits dans les colonies, a « sévèrement marqué et ébranlé les populations indigènes »[300] d'Afrique. À ce titre, elle a été l'enjeu incontournable favorisant un rapport de force entre les populations africaines qui se sont livrées à l'exercice du mépris d'autrui, eu égard à son apparence physique et à ses capacités intellectuelles.

Il va sans dire que l'administration coloniale a « *figé les sociétés africaines dans une mono-appartenance ethnique en les disjoignant des réseaux englobants à l'intérieur desquels celles-ci s'inscrivaient à l'époque précoloniale et dans lesquelles elles se réinscrivent actuellement* » (J.-L. Amselle, E. M'bokolo, 2000)[301]. Elle a dès lors contribué à la transformation des groupes homogènes en catégories ethniques. Les ethnies africaines sont alors une construction historique[302]. En outre, l'un des arguments les plus vifs de la catégorisation des ethnies réside dans la manipulation, voire dans la création des ethnies par le colon. Ainsi, selon Jean-Loup Amselle, les ethnies sont le produit d'une création coloniale[303]. En effet, poursuit-il, avant la colonisation, les ethnies étaient vues comme des « *ensembles mouvants et perméables auxquels la colonisation a fixé des limites dans une classification rigide* » (J.-D. Som I, 2015)[304]. Pour justifier la création des ethnies par le colon, certains auteurs avancent diverses raisons pour dire que l'ethnie est une « catégorie essentialiste »[305].

Premièrement, la création des ethnies en Afrique serait le résultat, d'une part, de la politique coloniale de main-d'œuvre axée sur « l'ethnicisation des

---

[299] *Ibidem, op. cit.*, p. 46.
[300] *Ibidem, op. cit.*, p. 46.
[301] AMSELLE (Jean-Loup), M'BOKOLO (Elikia)., *Au cœur de l'ethnie. Ethnies, tribalisme et État en Afrique*, Paris, La Découverte, 2000, *op. cit.*, p. 5.
[302] SOM I (Joseph-Désiré)., « Le peuple contre l'ethnie en Afrique. Faire peuple à travers une politique des quotas d'accès à la fonction publique au Cameroun », *Revue en ligne Irénée*, février 2015, *op. cit*, consulté en mars 2018 ; AMSELLE (Jean-Loup)., « De la déconstruction de l'ethnie au branchement des cultures : un itinéraire intellectuel », *Actes de la recherche en sciences sociales*, 2010/5, n° 185, pp. 96-113.
[303] AMSELLE (Jean-Loup)., « De la déconstruction de l'ethnie au branchement des cultures : un itinéraire intellectuel », *Actes de la recherche en sciences sociales*, 2010/5, n° 185, *op. cit.*, pp. 96-113.
[304] *Ibidem, op. cit.*, pp. 96-113.
[305] COSTEY (Paul)., « Les catégories ethniques selon F. Barth », *Tracés. Revue de sciences humaines* [en ligne], 10 | 2006, mis en ligne le 7 avril 2009, consulté le 1er mai 2017 ; CHRÉTIEN (Jean-Pierre), KABANDA (Marcel)., *Rwanda : racisme et génocide. L'idéologie hamitique*, Berlin, 2013, *op. cit.*, p. 80 et *sq*.

camps des ouvriers »[306]. D'autre part, dans le souci d'établir une administration plus efficace, le colon a procédé à une opération d'ethnographie en territorialisant les ethnies[307]. En agissant ainsi, l'administration coloniale a globalement contribué au développement des consciences ethniques. Comme le note lucidement Osumaka Likaka (1998)[308], « *certaines nouvelles identités tiraient leur origine des méprises linguistiques des explorateurs, de l'extension plus grande des identités ethniques existantes qui, auparavant, n'affectaient que des groupes restreints, et des découpages culturels erronés, œuvres des administrateurs ethnographes et missionnaires-anthropologues* ». Il en est d'ailleurs ainsi du groupe ethnique Mbole en RDC, scindé en trois sous-groupes ethniques par une entreprise de territorialisation coloniale ayant favorisé les sentiments de supériorité et de domination entre les Mbole de Monkoto, dans la province de l'Équateur, ceux de Lomela, dans la province du Kasaï, et ceux d'Opala, dans le nord-est[309].

Deuxièmement, avant l'époque coloniale, les ethnies étaient considérées comme une donnée homogène de stabilisation de l'unité sociale. On peut à ce titre citer le cas des Hutu et des Tutsi au Rwanda ou au Burundi. Ainsi, à en croire certains auteurs, dans un pays comme le Rwanda, où les populations partagent les mêmes valeurs culturelles, le colon, dans sa politique de catégorisation des ethnies, « *a réussi à fixer des identités ethniques rigides sur ce qui n'était qu'une situation sociale mobile ; sachant qu'un individu, une famille pouvait passer du statut de Hutu à celui de Tutsi et vice versa. C'est l'entreprise coloniale qui va essentialiser ces catégories sociales en groupes ethniques fixes et immuables. Cette œuvre de création ethnique va réussir le tour de force de donner des critères physiques et moraux distincts pour chacun des deux groupes* » (J.-D. Som I, 2015)[310]. Partant de cette démonstration, on peut déduire que c'est le colon qui a été à l'origine de la hiérarchie sociale établie entre les groupes ethniques en fonction de leurs caractéristiques. En d'autres termes, cette catégorisation a substantiellement posé la question de la place des Hutu et Tutsi dans la gestion des affaires administratives de la colonie, spécialement dans l'accès à l'emploi ou à l'école. Une telle pratique apparaît inéluctablement comme un facteur de conflits interethniques, comme en témoigne le génocide rwandais de 1994. Il

---

306 LIKAKA (Osumaka)., « Colonisation et construction d'identités : l'administration belge et l'identité Mbolo, 1910-1960 », *Revue française d'histoire d'outre-mer*, Tome 85, n°321, 4e trimestre 1998, *op. cit.*, pp. 27- 41.
307 *Ibidem*, *op. cit.*, pp. 27-41.
308 *Ibidem*, *op. cit.*, pp. 27-41.
309 *Ibidem*, *op. cit.*, pp. 27-41.
310 SOM I (Joseph-Désiré)., « Le peuple contre l'ethnie en Afrique. Faire peuple à travers une politique des quotas d'accès à la fonction publique au Cameroun », *Revue en ligne Irénée*, février 2015, *op. cit*, consulté en mars 2018 ; SEMUJANGA (Josias)., « De la construction du Hamite à la mise à mort du Tutsi », *Présence africaine*, 2003/1, n° 167-168, pp. 161-182.

est donc frappant, à cet égard, de constater que l'entreprise coloniale, en procédant à une « tutsification » de la société rwandaise, a pernicieusement favorisé la mise en place d'une féodalité entre le suzerain Tutsi et le vassal Hutu, comme on peut le lire dans le rapport de la mission des Nations unies au Rwanda en 1960 (J.-P. Chrétien, M. Kabanda, 2013)[311] :

> *« Le système féodal établissait des relations de fidélité personnelle entre Tutsi et Hutu, ce qui à la fois offrait un contrepoids aux inégalités du serviteur Hutu face à son seigneur Tutsi, assurait une plus grande protection aux Hutu et procurait biens et services aux Tutsi sans les déposséder de la nue-propriété du bétail et du sol qu'ils mettaient à la disposition de leurs clients Hutu. »*

Comme on le voit, l'élite Tutsi, alors privilégiée et considérée comme la plus instruite, devait occuper toutes les fonctions de l'« administration indirecte ». D'ailleurs, au Rwanda, les colons belges « *expliquaient que les Tutsi, d'origine nilotique, étaient plus intelligents que les Hutu, d'origine bantu, présentés comme petits et râblés, les traits grossiers, plus sombres de peau* » (J.-P. Tuquoi, 2008)[312]. Poursuivant dans la même lancée, il précise « qu'on a rarement été aussi loin dans la codification ethnique et c'est évident que cela a laissé des traces profondes dans le Rwanda postcolonial »[313]. C'est le cas de l'accès aux emplois civils, à l'éducation, qui était majoritairement réservé aux Tutsi. Il en est de même de l'élaboration des cartes d'identité à mention ethnique au Rwanda et au Burundi, avec des mentions « Hutu, Tutsi ou Twa », qui permettaient à l'administration coloniale belge d'identifier l'appartenance ethnique de la personne contrôlée[314]. Ceci a, par la suite, développé un sentiment d'inégalité, mieux encore, de supériorité entre deux peuples partageant à l'origine quasiment les mêmes valeurs traditionnelles.

On remarque la même tendance dans l'entreprise coloniale au Congo-Brazzaville, où le colonisateur a non seulement mis en place des méthodes permettant d'opposer les populations indigènes, mais également favorisé un rapport d'inégalité entre ces populations en privilégiant l'ethnie Lari[315]. En effet, au regard notamment de son importance démographique, les membres de cette ethnie ont bénéficié, contrairement aux autres groupes ethniques du pays, d'une meilleure formation. Ainsi, selon la logique coloniale, seul « le Lari avait des aptitudes intellectuelles à diriger et à représenter ses proches »

---

311 CHRÉTIEN (Jean-Pierre), KABANDA (Marcel)., *Rwanda : racisme et génocide. L'idéologie hamitique*, Berlin, 2013, *op. cit.*, p. 78.

312 Propos recueillis par TUQUOI (Jean-Pierre)., « En Afrique, la question ethnique a été manipulée », *Le Monde*, 29 mars 2008, consulté en janvier 2018.

313 *Ibidem.*

314 GUICHAOUA (André)., *La France et la tragédie rwandaise (1990-1994), Analyse critique d'une enquête parlementaire*, EHESS/Centre d'Études Africaines, 10 novembre 1999, p. 603.

315 Lari est le nom d'un groupe ethnique situé au sud de la République du Congo.

(X. Kitsimbou, 2006)[316]. C'est donc dans ce climat de catégorisation coloniale qu'Alphonse Massamba-Débat, alors président de la République du Congo, affirme qu'« *une tribu ayant bénéficié très tôt d'une infrastructure scolaire coloniale accuse naturellement dans ce domaine une avance par rapport à d'autres tribus qui ont tardivement attiré le colon* » (A. Massamba Débat, 1967)[317]. Remarquant le privilège accordé aux Lari par rapport à d'autres composantes sociales du pays, l'auteur ajoute que cette situation de « larisation » que l'on observe au lendemain des indépendances est le fait du colonisateur[318]. Ce faisant, le colonisateur oppose les différentes populations dans la mesure où cette suprématie du groupe ethnique Lari engendre chez d'autres groupes ethniques un sentiment de repli communautaire, brisant ainsi le lien social et créant un véritable climat de conflits interethniques. De même, l'exemple du Cameroun est aussi frappant à ce titre, en ce sens que seule l'élite du groupe ethnique Bamiléké, en raison de son importance démographique et de sa prétendue hégémonie, occupait jusqu'aux indépendances tous les secteurs stratégiques du pays[319]. C'est d'ailleurs dans cette optique que Dieudonné Zognong (2002)[320] affirme que cette ethnie était « *accusée d'être motivée par cet esprit hégémonique qui l'autoriserait à prendre le pouvoir pour transformer sa suprématie économique présumée en domination politique et mettre en place une hégémonie irréversible au* Cameroun ». Cette affirmation traduit tout simplement l'ampleur des inégalités introduites dans la société camerounaise depuis l'époque coloniale. En effet, comme on peut le constater à l'époque coloniale, dans certaines régions telles que l'Afrique des Grands Lacs (notamment au Congo belge et en Ouganda), le golfe de Guinée, ainsi que dans certains pays comme le Sénégambie (l'actuel Sénégal et la Gambie), le Soudan français[321], la Haute-Volta et bien d'autres, l'entreprise coloniale ne s'est pas seulement contentée de territorialiser les groupements humains en leur imposant des frontières artificielles, mais elle les a aussi hiérarchisés pour atteindre leurs objectifs politico-économiques.

À partir de ce constat, on peut donc donner raison à certains auteurs qui pensent que la question de la mobilisation des ethnies a été le fait du colonisateur pour atteindre ses fins politiques. Pour étayer cette

---

316 KITSIMBOU (Xavier)., *La démocratie et les réalités ethniques au Congo*, Thèse, Science politique, Université Nancy II, 2006, *op. cit.*, p. 47.
317 MASSAMBA DEBAT (Alphonse)., *Pour la réussite de notre combat*, Imprimerie nationale de Brazzaville, 1967, p. 25.
318 *Ibidem*, p. 25.
319 ZOGNONG (Dieudonné)., « La question Bamiléké pendant l'ouverture démocratique au Cameroun : retour d'un débat occulté », *Gestion des Transformations Sociales - MOST-Unesco*, n°61, 2002, pp. 5-17..
320 *Ibidem*, *op. cit.*, pp. 5-17.
321 BANÉGAS (Richard)., « Mobilisations sociales, crises identitaires et citoyenneté en Afrique », *Alternatives Sud*, vol. 17, 2010, *op. cit.*, pp. 221-227.

argumentation, Richard Banégas (2010)[322] explique que « l'administration coloniale a contribué à une invention pure et simple des ethnies dans certaines colonies », en particulier pour « rationaliser le paysage ethnique complexe à des fins de contrôle et de trouver des intermédiaires représentatifs de leur communauté ».

Du reste, l'administration coloniale, que ce soit en Afrique francophone ou en Afrique anglophone, est vue comme une véritable machine de conquête économique « d'élargissement des débouchés pour le capital et pour les marchandises »[323], ainsi que d'installation d'un sentiment de puissance et de domination politique. Dès lors, l'administration coloniale a joué un rôle incontestable dans la catégorisation des groupes ethniques, et donc a contribué en partie à la naissance des conflits interethniques souvent enregistrés dans ces pays. Comme l'affirme Richard Banégas (2010)[324] : « *Les affrontements actuels ne sont que la conséquence de l'imposition de catégories coloniales figées à des groupes labiles.* »

Toutefois, la thèse selon laquelle les ethnies seraient une création coloniale mérite d'être relativisée dans la mesure où elle ignore profondément l'histoire de l'Afrique précoloniale. D'ailleurs, Axel Éric Augé (2005)[325] affirme en termes plus clairs que « *l'idée de l'invention de l'ethnicité semble pour le moins simpliste en considérant que les ethnies auraient attendu le colonialisme pour se reconnaître différentes culturellement* ». À y voir de près, cette pensée révèle sans doute que l'histoire de l'Afrique est d'abord celle des ensembles sociaux existant avant la colonisation ; c'est donc l'histoire des ethnies, qui ont été au fondement de toute construction étatique en Afrique. Ainsi, qu'elle soit précoloniale, coloniale ou postcoloniale, l'histoire de l'Afrique ne peut s'écrire en faisant abstraction des groupes ethniques déjà existants. Dès lors, ignorer l'existence des ethnies avant la colonisation, c'est faire une fausse appréciation de l'histoire des sociétés africaines, car, en Afrique, les ethnies « constituent partout le soubassement même de la vie politique »[326]. À cet égard, certes, la puissance colonisatrice n'a pas strictement inventé les ethnies en Afrique, mais il n'en demeure pas moins qu'elle les a fortement instrumentalisées, hiérarchisées, essentialisées

---

322 *Ibidem*, *op. cit.*, pp. 221-227.

323 DOZON (Jean-Pierre)., « L'invention de la Côte d'Ivoire », *Le Genre Humain* (Face aux drapeaux), n° 20, 1989, pp.135-162.

324 BANÉGAS (Richard)., « Mobilisations sociales, crises identitaires et citoyenneté en Afrique », *Alternatives Sud*, vol. 17, 2010, *op. cit.*, pp. 221-227.

325 AUGÉ (Axel-Éric)., *Le Recrutement des élites politiques en Afrique subsaharienne. Une sociologie du pouvoir au Gabon*, Paris, L'Harmattan, 2005, p. 61.

326 LUGAN (Bernard)., *Osons dire la vérité à l'Afrique*, Paris, Éditions du Rocher, 2015, *op. cit.*, p. 150.

à son profit. En témoigne, dans certaines colonies, le rôle joué par la mission catholique dans la cristallisation des ethnies.

B - Le rôle de la mission ecclésiastique dans la cristallisation des ethnies

Appréhendée comme un pouvoir fort en Afrique, l'Église a été non seulement un instrument au service du colonisateur, mais aussi un moyen de dépersonnalisation des populations colonisées[327]. L'histoire coloniale, ou celle des sciences sociales en Afrique, témoigne de l'impact de la mission ecclésiastique dans la cristallisation des ensembles territoriaux existants. Ainsi, « *la religion universaliste, le christianisme a toujours voulu se donner et s'adapter à l'humanité entière, indépendamment de la diversité des races, des civilisations et des cultures* » (J.-P. Chrétien, G. Prunier, 2003)[328]. À ce titre, à l'instar de l'activité du colonisateur qui a profondément influencé l'organisation des populations existantes, l'activisme ecclésiastique a aussi favorisé le changement des structures sociales de ces populations. En d'autres termes, les missionnaires ont sérieusement hypothéqué l'organisation et le fonctionnement des sociétés en introduisant, par le biais des Saintes Écritures, la confusion au sein des communautés ethniques[329]. En effet, les peuples africains étudiaient sans aucune connaissance les Saintes Écritures moyennant « une traduction parfois hasardeuse dans la langue locale »[330]. Cette situation a sans doute occulté la question centrale des croyances ancestrales des populations africaines, et donc de leurs traditions. Or, la terre africaine possédait ses religions[331]. C'est ainsi que certains n'hésitent pas à affirmer que « *dès la fin du XIX*e *siècle, les missionnaires se sont fixé pour objectif la conversion des peuples au christianisme et le dépouillement des pratiques ancestrales auxquelles ces peuples croyaient jusqu'alors* » (X. Kitsimbou, 2006)[332].

---

[327] KITSIMBOU (Xavier)., *La démocratie et les réalités ethniques au Congo*, Thèse, Science politique, Université Nancy II, 2006, *op. cit.*, p. 42. L'Église est vue pendant la période coloniale comme un instrument de dépersonnalisation du colonisé, car « *l'action éducatrice du régime colonial a engendré de profonds traumatismes au sein des autochtones, l'action des missionnaires a également contribué à l'évolution des structures sociales car la pénétration coloniale s'est accompagnée d'un fort activisme de la part des missionnaires* ».

[328] CHRÉTIEN (Jean-Pierre), PRUNIER (Gérard) (sous dir.), *Les ethnies ont une histoire*, Paris, Karthala, 2003, *op. cit.*, p. 314.

[329] LOUIS-VINCENT (Thomas), LUNEAU (René)., *La terre africaine et ses religions*, Paris, L'Harmattan, 1995, p. 318.

[330] *Ibidem*, p. 319.

[331] *Ibidem*, p. 318 et *sq*.

[332] KITSIMBOU (Xavier)., *La démocratie et les réalités ethniques au Congo*, Thèse, Science politique, Université Nancy II, 2006, *op. cit.*, p. 42.

Chemin faisant, au nom d'une idéologie religieuse venue d'ailleurs, les pratiques ancestrales des peuples africains, jugées « incompatibles avec les traditions chrétiennes »[333], donc les traditions occidentales, ont été impitoyablement supprimées. Ceci a démantelé non seulement l'architecture des sociétés locales, mais également la conscience des peuples. C'est dans cet esprit que les peuples convertis ont renoncé à leurs traditions ancestrales, notamment « les amulettes, les fétiches et les talismans dans l'espoir de l'avènement d'une nouvelle ère marquée par la fin du mal et de la sorcellerie »[334], afin d'embrasser la tradition chrétienne[335].

Abordée sous cet angle, la mission ecclésiastique chez les peuples colonisés relève à la fois d'une logique de civilisation par l'évangélisation et de destruction des institutions traditionnelles par le « vilipendage » des pratiques ancestrales. C'est dans ce sens que le cardinal Charles Lavigerie, alors missionnaire catholique en Afrique, déclarait qu'« *aux sociétés d'Afrique il faut donner une base : celle sur laquelle repose notre civilisation chrétienne, c'est-à-dire le christianisme, sinon la civilisation qui en découle, les nègres ne le comprendront pas* »[336]. Ce faisant, les missionnaires ont donc introduit dans les traditions africaines certains « *artifices de communication avec les hommes nus afin de les évangéliser, de les civiliser, les rendre colonisables, administrables et exploitables* » (A. Kourouma, 1998)[337]. Ceci a contribué à la « cristallisation des sentiments d'appartenance communautaire »[338], comme au Rwanda et au Burundi, où l'on a assisté à une vaste opération de cristallisation des groupes ethniques par les missionnaires catholiques. En effet, dans ces pays, les missionnaires blancs ont procédé à une véritable « tutsification »[339] de la société en confiant le monopole de l'administration aux seuls Tutsi, nouveaux convertis. Les propos de Monseigneur Classe, alors missionnaire apostolique au Rwanda, certifient cette cristallisation de la société rwandaise : « *Si nous voulons nous placer au point de vue pratique et chercher l'intérêt vrai du pays, nous avons dans la jeunesse mututsi*[340] *un élément incomparable de progrès [...]. Qu'on demande*

---

[333] *Ibidem, op. cit.*, p. 42.
[334] *Ibidem, op. cit.*, p. 43.
[335] LOUIS-VINCENT (Thomas), LUNEAU (René)., *La terre africaine et ses religions*, Paris, L'Harmattan, 1995, p. 318 et *sq* ; CHRÉTIEN (Jean-Pierre), PRUNIER (Gérard) (sous dir.), *Les ethnies ont une histoire*, Paris, Karthala, 2003, *op. cit.*, p. 314 et *sq*.
[336] LUGAN (Bernard)., *Rwanda : le génocide, l'Église et la démocratie*, Paris, Rocher, 2004, p. 41.
[337] KOUROUMA (Ahmadou)., *En attendant le vote des bêtes sauvages*, Éditions du Seuil, 1998, p. 12.
[338] BANÉGAS (Richard)., « Mobilisations sociales, crises identitaires et citoyenneté en Afrique », *Alternatives Sud*, vol. 17, 2010, *op. cit.*, pp. 221-227.
[339] LUGAN (Bernard)., *Rwanda : le génocide, l'Église et la démocratie*, Paris, Rocher, 2004, *op. cit.*, p. 40.
[340] C'est-à-dire les nouveaux convertis (chrétiens).

aux Bahutu s'ils préfèrent être commandés par des roturiers[341] *ou par des nobles, la réponse n'est pas douteuse ; leur préférence va aux Batutsi, et pour cause. Chefs-nés, ceux-ci ont le sens du commandement. C'est le secret de leur installation dans le pays et de leur mainmise sur lui.* » (B. Lugan, 2004)[342] Il en ressort que seuls les Tutsi, parce qu'ils sont chrétiens, sont les mieux placés pour assurer la gestion de l'administration du pays, l'objectif des missionnaires étant de parvenir à créer un groupe ethnique favorable à la politique du maître (colon). Dès lors, cette mise à distance des Hutu dans la gestion de l'administration indirecte du pays débouche naturellement sur une logique de cristallisation des consciences des peuples.

En outre, après avoir « christianisé » le Rwanda, les Pères blancs se sont fixé pour objectif de dépouiller les Rwandais de leur héritage ancestral, cherchant coûte que coûte à obtenir la conversion du roi Mwami[343], d'une part, et à faire du christianisme une religion de l'État, d'autre part. Le Mwami qui régnait, Musinga, s'est montré hostile à cette idéologie chrétienne. Il a donc été destitué par le colon belge en 1931, notamment sur instruction de l'Église catholique, afin d'unifier l'administration du Rwanda[344]. En conséquence, les coutumes qui régissaient le pays ont été supprimées. La conversion au christianisme est « devenue un passage obligé pour les Tutsi désireux de faire carrière, car la nomination des sous-chefs et des chefs dépendait directement des autorités belges » (M. Debré, 2006)[345]. C'est dans cette approche que l'on peut parler de la méthode dite de « saint Paul » prônée par Monseigneur Jean-Joseph Hirth, consistant à faire du prosélytisme une véritable idéologie pour les chrétiens. Ainsi, renchérit-il, « *le Saint Père s'intéresse tout particulièrement à notre manière d'évangéliser, et désire que nous n'abandonnions jamais cette méthode de créer et de développer le prosélytisme dans le cœur de nos néophytes. C'est la manière de saint Paul, qui par ce moyen, a répandu la foi avec tant de succès autour de lui ; c'est la bonne manière, l'unique manière bien catholique* »[346]. La même tendance est observée en Haute-Volta (actuel Burkina Faso), où l'évangélisation des populations locales a joué un rôle considérable dans l'enracinement des groupes ethniques. Les missionnaires catholiques en Afrique, plus connus

---

341 C'est-à-dire les chefs Hutu.

342 LUGAN (Bernard)., *Rwanda : le génocide, l'Église et la démocratie*, Paris, Rocher, 2004, *op. cit.*, p. 41.

343 Il s'agit du titre désignant le roi rwandais à l'époque coloniale.

344 DEBRÉ (Bernard)., *La véritable histoire des génocides rwandais. Rwanda : dix ans après*, Paris, Ed. Jean-Claude Gawsewitch, 2006, p. 48.

345 *Ibidem*, p. 48.

346 MINNAERT (Stéfaan)., « Les Pères blancs et la société rwandaise durant l'époque coloniale allemande (1900-1916). Une rencontre entre cultures et religions », *in Les Religions au Rwanda, défis, convergences et compétitions*, Actes du Colloque international des 18-19 septembre 2008 à Butare/Huye, Éditions de l'Université Nationale du Rwanda, septembre 2009, pp. 53-101.

sous le nom de « Pères blancs », ont affecté considérablement l'organisation traditionnelle des populations existantes. Le principal instigateur de cette déformation des coutumes en Haute-Volta est sans doute Monseigneur Joanny Thévenoud, qui a « su s'imposer et défier sans réelle difficulté aussi bien le pouvoir des chefs traditionnels que celui de l'administration coloniale »[347]. C'est ce qui témoigne de la controverse entre les chefs traditionnels et les missionnaires, particulièrement à propos de la prohibition du mariage forcé par le décret n° 51.1100 du 17 septembre 1951[348]. Ainsi, on peut citer le cas Dagara, un groupe ethnique que l'on trouve à la fois au nord et au sud du Burkina Faso, qui a été dépouillé de ses croyances ancestrales essentiellement fondées sur le Tengan[349], c'est-à-dire une entité « invisible de la croûte terrestre »[350], et donc la colonne vertébrale de la cohésion sociale. Il en est de même pour le peuple Lyela, qui a perdu toutes ses valeurs traditionnelles avec l'arrivée des missionnaires chrétiens.

De même, au Congo belge (actuelle RDC), l'arrivée des missionnaires en 1885 a débouché sur une collaboration avec les autorités locales pour évangéliser les populations, en ce sens que les « Pères blancs » devaient faire appel aux auxiliaires armés pour réprimer toute opposition à leur domination ou à leur installation[351]. On peut affirmer cela en se fondant sur les déclarations d'un des missionnaires pour l'Afrique qui proclamait, en 1935 : « *Personne, ni Blanc, ni Noir, ne fera partir les Pères. Personne, ni Blanc, ni Noir, ne pourra faire cesser le catéchisme. Tout individu, Blanc ou Noir, qui s'opposera au catéchisme, saura ce qui lui cuira.* »[352] Au Moyen-Congo (actuel Congo-Brazzaville), les missionnaires ont été confrontés à quelques principes coutumiers des populations, notamment la sorcellerie et la polygamie, comme principales entraves à l'installation de l'évangélisation ou de la foi chrétienne. D'où la controverse entre le temporel et le spirituel qui

---

[347] KIBORA (Ludovic-Ouhonyioué), HALPOUGDOU (Martial)., « L'Église catholique au Burkina Faso », *Analyse sociétale africaine/African societal Analysis (ASA)*, 2017, p. 2 ; voir aussi OTAYEK (René)., « L'Église catholique au Burkina Faso : un contre-pouvoir à contretemps de l'histoire ? », *in* F. CONSTANTIN, C. COULON., *Religion et transition démocratique en Afrique*, Paris, Karthala, 1997, pp. 221-258.

[348] *Ibidem*, *op. cit.*, 2017, p. 3.

[349] « Chef de terre désigné dans le lignage pionnier du village, est au centre de l'organisation sociale et politique » ; voir à ce propos BIRFO-SOME (Magloire)., « La christianisation des Dagara du Burkina : flux et reflux des conversions (1932-1952) », *Revue française d'histoire d'outre-mer*, Tome 85, n°319, 2e trimestre 1998, pp. 33-57.

[350] *Ibidem*, pp. 33-57.

[351] ANDRÉ (Géraldine), PONCELET (Marc)., « Héritage colonial et appropriation du pouvoir d'éduquer », *Cahiers de la recherche sur l'éducation et les savoirs*, 12 | 2013, pp. 271-295.

[352] KIBORA (Ludovic-Ouhonyioué), HALPOUGDOU (Martial)., « L'Église catholique au Burkina Faso », *Analyse sociétale africaine/African societal Analysis (ASA)*, 2017, *op. cit.*, p. 2.

« n'eurent pas la même approche de la question »[353] de l'évangile au Congo français : « *Toutes les coutumes des primitives interdisent sous peines diverses l'abandon du domicile conjugal à la femme mariée ; il est inadmissible qu'une femme mariée suivant la coutume puisse quitter à son gré le domicile conjugal, sous prétexte qu'elle est chrétienne ou désire de le devenir.* »[354]

En somme, il y a lieu de remarquer que la mission ecclésiastique a eu une influence considérable sur les principes traditionnels des peuples colonisés. Elle n'était qu'au service de l'activisme des puissances coloniales. De ce fait, on ne peut nier le rôle de l'Église catholique dans la vie politique[355] et dans la cristallisation des groupes ethniques, spécialement dans la dépréciation des valeurs ancestrales. Toutefois, il convient, dans une certaine mesure, de relativiser cette position, en soulignant que l'action des missionnaires a profondément contribué à l'évolution des sociétés africaines, notamment à l'évolution des consciences. Elle était donc plus humaniste, même si elle pouvait légitimer la manipulation des ethnies par l'administration coloniale. Par ailleurs, cette politique coloniale a incontestablement, au lendemain des indépendances, influencé certains dirigeants politiques africains qui ont par la suite politisé l'ethnicité à des fins de conquête du pouvoir.

Section 2 : La politisation du phénomène ethnique en Afrique

Les récentes analyses de la vie politique en Afrique francophone apportent l'évidence de l'instrumentalisation du phénomène ethnique par les gouvernants, car le discours politique en Afrique reste influencé par les références à l'ethnie[356]. D'ailleurs, un examen approfondi de la vie politique africaine montre que cette réalité sociale a toujours été au centre des crises quasi cycliques observées en Afrique. L'on relèvera que la mobilisation ethnique est à la fois un facteur de conflits sociopolitiques (**§1**) et une arme politique en Afrique (**§2**).

---

353 KINATA (Côme)., « Les administrateurs et les missionnaires face aux coutumes au Congo français », *Cahiers d'études africaines* [en ligne], 175 | 2004, mis en ligne le 30 septembre 2007, consulté le 10 octobre 2017.

354 *Ibidem* ; voir aussi PANNIER (Guy)., *L'Église du Loango 1919-1947. Une étape difficile de l'évangélisation au Congo-Brazzaville*, Paris, Karthala, 2008, p. 216.

355 Voir par exemple le titre de la thèse de ESSONO MEZUI (Hervé)., *L'Église catholique, vie politique et démocratisation au Gabon (1945-1995)*, Thèse, Université Lumière-Lyon 2, 2006, 650 p.

356 MANKOU (Brice-Arsène)., « Le tribalisme », *Le Portique* [en ligne], 5-2007 | Recherches, mis en ligne le 14 décembre 2007, consulté le 30 septembre 2016. URL : http://leportique.revues.org/1404.

§1 - La mobilisation politique des ethnies, un facteur de conflits

En Afrique, les guerres civiles et ethniques enregistrées depuis les indépendances, notamment au Rwanda, en RDC, au Congo-Brazzaville ou au Cameroun, résultent de l'instrumentalisation des ethnies par des acteurs politiques[357]. Autrement dit, la mobilisation des communautés ethniques à des fins politiques est aujourd'hui au cœur des conflits sociopolitiques qui secouent les pays africains. À vrai dire, « *tout accrochage sur le continent africain trouve sa légitimation par le fait ethnique* » (X. Kitsimbou, 2006)[358]. Or, même s'il est admis que l'appartenance à une ethnie n'est pas en soi une cause de guerres civiles, l'usage de l'ethnicité à des considérations politiques est un facteur de conflits. Ainsi, à partir du moment où l'appartenance à une ethnie est mise au-devant de la scène politique, elle devient une source de guerres civiles (**A**), et par conséquent une négation d'autrui (**B**).

A - L'appartenance ethnique comme source des guerres civiles en Afrique

Les guerres civiles constituent l'un des problèmes de taille qui déchirent les États africains. Ces guerres civiles sont, dans une certaine mesure, l'émanation de la difficile conciliation des appartenances identitaires avec la gestion de l'État. Ces appartenances identitaires sont toujours au-devant de la scène politique dans la mesure où les gouvernants africains se rapportent souvent à leur appartenance ethnique tant dans la conquête du pouvoir que dans la gestion de l'État. En réalité, l'Afrique est victime du caractère pluriethnique de ses sociétés, qui constitue sans doute un des grands problèmes freinant son développement. Ainsi, d'aucuns affirment que le caractère multi-ethnique des sociétés africaines montre à bien des égards que l'ethnicité est une réalité bien vivante dans la scène politique, notamment « par la manipulation politique qui en est faite par des hommes politiques, pour qui d'ailleurs, la seule et véritable identité politique réside dans l'attachement mordicus au principe d'appartenance ethnique »[359]. On comprendra, à la lumière de cette affirmation, que l'ethnicité reste indubitablement l'une des causes principales des guerres civiles en Afrique

---

[357] *Ibidem.*

[358] KITSIMBOU (Xavier)., *La démocratie et les réalités ethniques au Congo*, Thèse, Science politique, Université Nancy II, 2006, *op. cit.*, p. 33.

[359] BOMPOUTOU (Dan de Prince)., « L'instrumentalisation du principe d'appartenance ethnique en Afrique favorise pernicieusement le développement du vote ethnique », *Alter info*, 2 juillet 2011, article publié sur http://www.alterinfo.net, consulté en mai 2019.

noire, en ce sens qu'elle est une donnée facilement manipulable par les acteurs politiques, souvent qualifiés de « prédateurs »[360].

D'ailleurs, les tenants de la thèse instrumentaliste du fait ethnique n'ont pas manqué l'occasion de le rappeler. En effet, à la question de savoir comment la mobilisation du fait ethnique peut constituer un facteur de conflits, ils répondent : « *Parce que ce sont des ressources facilement mobilisables par des hommes politiques en quête du pouvoir et de richesses.* » (M. Martiniello, 1995)[361] Dès lors, point n'est besoin de faire de longs détours pour comprendre que la mobilisation du fait ethnique à des fins politiques est un facteur, sinon la cause principale des crises sociopolitiques jusqu'ici observées en Afrique. Si l'on s'en tient à cette thèse, et en s'appuyant sur une étude empirique, il est vrai que le nombre de guerres civiles à connotation ethnique en Afrique francophone avait augmenté depuis les indépendances, comme au Cameroun (1955-1962) entre les ethnies du sud et du nord du pays, en RDC, notamment la sécession du Katanga (1960-1962), ou encore le conflit casamançais au Sénégal dans les années 1980. Ces conflits ont atteint leur apogée dans les années 1990 et 2000. À titre d'illustration, on peut citer le cas de la RDC qui a connu une véritable guerre à caractère purement ethnique en 1996, qui a débuté au Kivu par le « nettoyage » des Banyamulenge, des Zaïrois tutsi d'origine rwandaise installés dans l'est du Zaïre (actuelle RDC)[362]. On observe en même temps la multiplication des mouvements d'autodéfense entre différentes communautés ethniques ou autochtones instrumentalisées par l'élite politico-militaire[363]. Dans le même esprit, Étienne Rusamira montre que la province du Nord-Kivu est confrontée « aux conflits ethniques récurrents depuis le début des années 60, et qui présentent une double dimension : intra-ethnique et inter-ethnique »[364]. Il s'agit par exemple du conflit opposant les Banyarwanda aux Nande, Hunde et Nyanga[365]. À cette liste déjà étoffée s'ajoute le conflit ethnique au nord-est du pays, dans la province de l'Ituri, entre Hema et Lendu[366].

La tendance est tout aussi lourde au Rwanda et au Burundi, qui ont connu les violences ethniques les plus dévastatrices entre Hutu et Tutsi, ayant conduit par exemple au génocide rwandais de 1994. Ces guerres civiles ont

---

360 POURTIER (Roland)., « Les conflits africains et leurs enjeux », *in Guerre et Conflits en Afrique*, Journée du trinôme académique, 25 février 2016.
361 MARTINIELLO (Marco)., *L'ethnicité dans les sciences sociales contemporaines*, Paris, PUF, 1995, *op. cit.*, p. 55.
362 RUSAMIRA (Étienne)., « La dynamique des conflits ethniques au Nord-Kivu : une réflexion prospective », *Afrique contemporaine*, 2003/3, n° 207, pp. 147-163.
363 *Ibidem*, pp. 147-163.
364 *Ibidem*, pp. 147-163.
365 *Ibidem*, pp. 147-163.
366 *Ibidem*, pp. 147-163.

été le fait de l'instrumentalisation du fait ethnique par des hommes politiques dans leur conquête non seulement des ressources, mais aussi du pouvoir, en s'appuyant sur le concept d'ethnicité pour à la fois obtenir « un soutien populaire et éliminer les opposants politiques (à la fois Tutsi et Hutu) »[367]. Pire encore, ce cas du Rwanda semble être devenu, comme d'aucuns le soulignent, une source d'inspiration pour certains dirigeants politiques assoiffés de pouvoir, qui instrumentalisent les ethnies à des fins criminelles[368]. En témoigne la puissance mobilisatrice des ethnies au Congo-Brazzaville au lendemain de la Conférence nationale souveraine, ayant plongé le pays dans une logique de séparation entre le nord et le sud, avec à la clé deux grandes guerres civiles en moins de dix ans (1992-1994 et 1997-1999). Cette opposition entre le nord et le sud, ayant déjà brisé le lien social en 1959 par une guerre civile (F. Bernault, 1996)[369] atroce, avait de nouveau refait surface dans le discours politique des années 1990, qualifié de « popularisation de la violence politique » (R. Bazenguissa-Ganga, P. Yengo, 1999)[370].

Du reste, on peut affirmer que l'Afrique est tourmentée par des guerres civiles qui la déchirent. Elle « paie un lourd tribut »[371] des conflits en raison de sa diversité ethnique, en ce sens que l'ethnopolitique est devenue un moyen de participation au pouvoir. En témoignent les récents conflits en Côte d'Ivoire (2002, 2010)[372], au Burkina Faso (2015), au Tchad[373], ou la recrudescence des rébellions des Touaregs que l'on observe au Mali et au Niger[374], qui ont tous une connotation ethnopolitique. Ainsi, la vie politique

---

367 Voir sur ce point https://africacenter.org/fr/publication/la-mauvaise-interpretation-des-conflits-ethniques-en-afrique/, *op. cit.*, consulté en mai 2018.

368 FRANCHE (Dominique)., « Afrique : guerres ethniques dans l'indifférence. À partir de l'exemple rwandais », *in Généalogie du génocide rwandais*, Éditions Tribord, 2004, pp. 90-100.

369 BERNAULT (Florence)., *Démocraties ambiguës en Afrique centrale Congo et Gabon, 1945-1995*, Paris, Karthala, 1996, p. 291. « La guerre de 1959 ayant opposé les "Mbochi" de Jacques Opangault aux "Lari" de l'abbé Fulbert Youlou est devenue une référence en matière de conflits interethniques au Congo ».

370 BAZENGUISSA-GANGA (Rémy), YENGO (Patrice)., « La popularisation de la violence politique au Congo », *Politique africaine*, 1999/1, n° 73, pp. 186-192.

371 MANKOU (Brice-Arsène)., « Le tribalisme », *Le Portique* [en ligne], 5-2007 | Recherches, mis en ligne le 14 décembre 2007, *op. cit.*, consulté le 30 septembre 2016. URL : http://leportique.revues.org/1404.

372 ROUBAUD (François)., « La crise vue d'en bas à Abidjan : ethnicité, gouvernance et démocratie », *Afrique contemporaine*, 2003/2, n° 206, pp. 57-86 ; DEMBÉLÉ (Ousmane)., « Côte d'Ivoire : la fracture communautaire », *Politique africaine*, 2003/15, n°89, pp. 34-48.

373 ADOUM (Souleymane-Abdoulaye)., « Tchad : des guerres interminables aux conséquences incalculables », *Guerres mondiales et conflits contemporains*, 2012/4, n° 248, pp. 45-55.

374 ADAM (Michel)., « Guerres africaines. De la compétition ethnique à l'anomie sociale », *Études rurales*, 2002/3-4, n° 163-164, *op. cit.*, pp. 167-186.

africaine ne peut pas échapper au fait ethnique[375], qui est devenu une condition *sine qua non* pour accéder au pouvoir. En réalité, comme indiqué plus haut, l'appartenance à un groupe ethnique n'est pas en soi un facteur de conflits, mais les conflits naissent dans l'hypothèse où l'ethnicité est mobilisée par des dirigeants politiques dans leur conquête du pouvoir, de la richesse et des ressources naturelles. De ce point de vue, l'identité ethnique est considérée comme un enjeu majeur ancré dans la démocratie africaine[376], c'est-à-dire une arme redoutable utilisée par les acteurs politiques pour atteindre leurs ambitions, et donc une négation d'autrui.

B - Le fait ethnique, une « négation d'autrui[377]»

L'ethnie est un phénomène qui a suscité plusieurs réactions dans la littérature de la politique africaine. Les dirigeants politiques africains, voyant en l'ethnie un outil indispensable dans leur course vers le pouvoir, l'ont fréquemment instrumentalisée en suscitant au sein de l'appareil étatique des sentiments de mépris et de rejet de l'autre. En d'autres termes, le fait ethnique tel qu'on l'observe en Afrique s'inscrit dans une démarche de survalorisation du groupe ethnique auquel on appartient, c'est-à-dire la priorité octroyée à une ethnie au détriment d'un ou de plusieurs autres groupes ethniques[378]. Il constitue à cet effet une négation ou un rejet d'autrui, et est contraire à la culture de l'unité nationale. On pourrait donc affirmer à juste titre que « l'un des drames des pays africains est la persistance du tribalisme (l'ethnicisme) ou régionalisme dans de nombreuses politiques et mentalités. Et ceci n'est pas sans conséquences négatives » (I. Kpotufe, 2014)[379]. Comment ?

On le voit, c'est la politisation de l'ethnicité par les acteurs politiques, la patrimonialisation du pouvoir, le tribalisme et la prolifération du clientélisme qui sont à l'origine de la persécution d'une ethnie par une autre. C'est donc de cette manière que les gouvernants africains ont fait de l'appartenance ethnique une démarche politique principale. Il en est ainsi de l'usage, par certains groupes ethniques, des slogans à consonance péjorative à l'égard d'autres groupes ethniques. On peut dans ce sens citer le cas du Rwanda, où les Tutsi

---

375 AHADZI-NONOU (Koffi)., « Réflexion sur un tabou du constitutionnalisme négro-africain : Le tribalisme », *in Mélanges en l'honneur de Dominique Breillat*, *Les voyages du droit*, Poitiers, LGDJ, 2011, pp. 19-25.

376 Voir DAVAKAN (Brice-Armand)., *Citoyenneté et identités comme enjeux d'une « démocratisation ancrée » en Afrique noire : Illustration par les trois villes autonomes du Bénin*, Thèse, Sociologie, Université du Québec, 2009, 314 p.

377 MANKOU (Brice-Arsène)., « Le tribalisme », *Le Portique* [en ligne], 5-2007 | Recherches, mis en ligne le 14 décembre 2007, *op. cit.*, consulté le 30 septembre 2016. URL : http://leportique.revues.org/1404

378 KPOTUFE (Isidore)., « Afrique : tribalisme, régionalisme et développement », in *Contrepoints*, 2 mars 2014.

379 *Ibidem.*

étaient qualifiés de « cafards » par les Hutu pendant le génocide. En témoignent ces déclarations de la radio nationale : « *Chers auditeurs, bonjour. Soyez enragés. C'est à nous de nous débarrasser de cette sale race. Restons unis contre la vermine. Réjouissons-nous, les cafards sont exterminés. Dieu n'est jamais injuste.* » (C. Cousseau, 2014)[380]. Il était donc nécessaire de procéder à l'identification des Tutsi en tenant compte de leur apparence physique, car « *un Tutsi se reconnaît à son nez. Quand on en attrapait un, on le tuait sur-le-champ* »[381]. De même, au Congo-Brazzaville, dans les années 1990, les hommes politiques ont fait naître la haine ethnique à travers des expressions dévalorisantes telles que *Nibolek* pour désigner les populations originaires des régions du Niari, de la Bouenza et de la Lekoumou, d'une part, et *Tchek* pour désigner les populations originaires de la région du Pool, d'autre part[382]. Ces considérations de dévalorisation entre ces deux groupes ont débouché sur une guerre ethnique opposant les miliciens de Pascal Lissouba, appelés *Zoulous*, et ceux de Bernard Kolélas, appelés *Ninjas*[383].

Plus grave encore, en Côte d'Ivoire, les acteurs politiques désirant exclure leurs rivaux de la course au pouvoir se sont servis de l'appartenance ethnique pour atteindre leurs ambitions. C'est ainsi qu'on a assisté à l'apparition du concept de « l'ivoirité », introduit sur la scène politique par le président Henri Konan-Bédié en 1994 pour désigner les « Ivoiriens de souche »[384]. Ce concept a permis d'écarter le candidat Alassane Ouattara (originaire du nord) de la course à la présidentielle après la mort de Houphouët-Boigny, plus précisément en raison de ses origines étrangères (Burkina Faso). Pour s'en convaincre, il suffit de se référer aux déclarations de Guillaume Soro (2005)[385] : « *Ce qu'on appelle l'ivoirité n'a été inventé que pour empêcher cet homme dérangeant de se présenter. Mais par ricochet, les bazookas du discours anti-Ouattara se sont retournés contre l'ensemble des Ivoiriens*

---

[380] Déclarations recueillies par COUSSEAU (Cédric)., « Rwanda. "C'était devenu vraiment populaire de tuer les Tutsis" », *L'OBS*, 28 mars 2014, consulté en mai 2018.

[381] Déclarations recueillies par COUSSEAU (Cédric)., « Rwanda. "C'était devenu vraiment populaire de tuer les Tutsis" », *L'OBS*, 28 mars 2014, *op.cit.*, consulté en mai 2018.

[382] ROSSATANGA-RIGNAULT (Guy)., « Identités et démocratie en Afrique. Entre hypocrisie et faits têtus », *Afrique contemporaine,* 2012/2, n° 242, *op. cit.*, pp. 59-71 ; voir aussi BAZENGUISSA-GANGA (Rémy), YENGO (Patrice)., « La popularisation de la violence politique au Congo », *Politique africaine,* 1999/1, n° 73, *op. cit.*, pp. 186-192 ; ou encore MANKOU (Brice-Arsène)., « Le tribalisme », *Le Portique* [en ligne], 5-2007 | Recherches, mis en ligne le 14 décembre 2007, *op. cit.*, consulté le 30 octobre 2017. URL : http://leportique.revues.org/1404.

[383] *Ibidem, op. cit.*

[384] SMITH (Stephen)., « L'ivoirité, concept à double tranchant. Il permet de se débarrasser des opposants politiques et des immigrés », *Libération*, 2 décembre 1999 ; voir aussi BABO (Alfred)., « L'étranger à travers le prisme de l'ivoirité en Côte d'Ivoire : retour sur des regards nouveaux », *Migrations Société,* 2012/6, n° 144, pp. 99-120.

[385] SORO (Guillaume)., *Pourquoi je suis devenu un rebelle*, Paris, Hachette Littératures, 2005, p. 21.

originaires du nord du pays. » En clair, on déduira que l'ivoirité est devenue un « outil de discrimination nationale » caractérisant la division entre les « vrais Ivoiriens » et les « faux Ivoiriens », et donc le rapport entre le « Nous » et le « Eux »[386]. Il est alors vrai que ce concept constitue aujourd'hui une « recette de guerre civile »[387].

De surcroît, en RDC, c'est lors des élections présidentielles de 2011, notamment par rapport à la question des origines de l'ancien chef de l'État, Joseph Kabila, supposé être rwandais, qu'on a pu assister à l'émergence du concept de « congolité »[388]. Ce scrutin avait débouché sur des clivages ethno-régionaux entre l'est et l'ouest du pays. De ce fait, on peut confirmer le fait que la compétition électorale dans ce pays a toujours pris une coloration familiale, parentale et ethnique. On mesure l'ampleur de ce phénomène par des expressions comme « *Oyo ezali tour na biso* »[389], c'est-à-dire que c'est maintenant à notre tour « de régner, de gouverner, de manger »[390]. Il s'agit d'une logique qui vise, selon Gilbert Malemba N'Sakila (2013)[391], à considérer les autres (ethnies) comme des ennemis, et donc de les exclure de la gestion des affaires publiques et de confisquer ainsi le pouvoir. Autrement dit, au lieu de prendre en compte tous les groupes ethniques dans la gouvernance du pays, les hommes politiques préfèrent s'appuyer sur leurs ethnies au détriment des autres ethnies, avec des expressions du genre : « originaires » opposés aux « non-originaires », « chez-vous, chez-nous » (G. Malemba N'sakila, 2013)[392].

Tout compte fait, on peut admettre que si l'ethnicité a été manipulée par les colons pour avoir une mainmise sur les colonies, il est vrai que depuis la décolonisation, elle a été fortement instrumentalisée par les acteurs politiques africains déterminés à conserver leur pouvoir, suivant notamment la politique du « diviser pour mieux régner ». Au lieu d'instituer une culture du vivre ensemble et surtout d'apprendre des autres, les politiques africains ont cristallisé leurs populations dans une logique du « Nous contre Eux », « Nous

---

386 JOLIVET (Elen)., « L'ivoirité. De la conceptualisation à la manipulation de l'identité ivoirienne », *Séminaire sur le fait national*, 2002-2003, p. 30.

387 GAULME (François)., « L'ivoirité, recette de guerre civile », *Études*, 2001/3, Tome 394, pp. 292-304.

388 ROSSATANGA-RIGNAULT (Guy)., « Identités et démocratie en Afrique. Entre hypocrisie et faits têtus », *Afrique contemporaine,* 2012/2, n° 242, *op. cit.*, pp. 59-71.

389 MALEMBA N'SAKILA (Gilbert)., « Le choix d'appartenance au clan ou à la nation et les rapports de pouvoir en RDC », *Sociologies* [Online], Files, Nouveaux rapports de pouvoir et formes actuelles de domination, Online since 20 February 2013, connection on 27 March 2021.

390 *Ibidem.*

391 *Ibidem.*

392 *Ibidem.*

n'avons pas besoin des autres », « Nous devons tout faire nous-mêmes »[393], ou encore, « C'est notre pouvoir », « C'est nous qui commandons ; et vous, vous devez attendre votre tour »[394]. Cela est d'autant plus vrai, comme le souligne Brice-Arsène Mankou (2007)[395], que le tribalisme ou l'ethnicisme dans la plupart des pays africains commence généralement dans les familles. En effet, il est souvent constaté l'intervention des parents dans le choix des futurs conjoints de leurs enfants[396], les empêchant, parfois pour des raisons politiques ou autres, de se marier avec telle ou telle famille qui n'est pas de la même ethnie qu'eux. Dès lors, l'ethnie devient, en Afrique francophone, non seulement une négation d'autrui, mais également une véritable arme politique.

§2 - L'ethnicité comme « arme politique » en Afrique

Dans son article intitulé « Le tribalisme », Brice-Arsène Mankou (2007)[397] affirme que « *devant ce qu'il convient d'appeler "l'impuissance des politiques" en Afrique, le tribalisme (ethnicisme) est érigé comme une arme au service des leaders politiques africains, incapables d'asseoir les principes démocratiques dans leur pays. Ils deviennent ainsi des dictateurs capables de sacrifier leur peuple pour leurs propres intérêts* ». Il en résulte que les hommes politiques africains, soucieux de conquérir le pouvoir, se greffent essentiellement sur des hommes et des femmes originaires de leurs ethnies pour aboutir à leurs objectifs politiques. De surcroît, la logique du fait ethnique étant l'exclusion des autres, l'ethnicité est devenue en Afrique un facteur de déstabilisation de la vie politique, notamment en raison d'une « *lutte entre les forces politiques, lesquelles ont jugé utile d'attiser les passions ethniques dans la mobilisation de leurs partisans* »[398]. Cette démarche clanique dans la course au pouvoir a fait de l'ethnicité un enjeu électoral incontournable (**A**), et a développé par ailleurs une culture ethnocentriste dans la gestion des affaires publiques (**B**).

---

[393] EL MOUSSAOUI (Hicham)., « Afrique : le tribalisme, un obstacle au développement économique », *Libre Afrique*, Un regard alternatif sur le continent, 2 avril 2014 ; voir aussi l'extrait de la Cellule universitaire de recherche et de diffusion des idées et des actions politiques du président Henri Konan Bédié (CURDIPHE) sur « l'ivoirité, ou l'esprit du nouveau contrat social du président H. K. Bédié » (extraits), *Politique africaine,* 2000/2, n° 78, pp. 65-69.

[394] MANKOU (Brice-Arsène)., « Le tribalisme », *Le Portique* [en ligne], 5-2007 | Recherches, mis en ligne le 14 décembre 2007, *op. cit.,* consulté le 30 septembre 2016. URL : http://leportique.revues.org/1404.

[395] *Ibidem, op. cit.*

[396] *Ibidem, op. cit.*

[397] MANKOU (Brice-Arsène)., « Le tribalisme », *Le Portique* [en ligne], 5-2007 | Recherches, mis en ligne le 14 décembre 2007, *op. cit.,* consulté le 30 septembre 2016. URL : http://leportique.revues.org/1404.

[398] Voir sur ce point https://africacenter.org/fr/publication/la-mauvaise-interpretation-des-conflits-ethniques-en-afrique/, *op. cit.,* consulté en mai 2018.

A - L'ethnie, un enjeu électoral incontournable

Le vote est généralement perçu comme l'exercice constitutif de la souveraineté. Dans un régime démocratique, le vote est un acte par lequel le citoyen choisit ses gouvernants. Or, en Afrique, le vote est au « prisme de l'ethnicité »[399] dans la mesure où les analyses de la politique « négro-africaine »[400], particulièrement de la sociologie électorale en Afrique francophone, sont colorées par des sentiments ethniques. L'ethnicité est devenue à ce titre le « terreau des activités politiques »[401] en Afrique. À ce sujet, certains juristes et politologues africains font remarquer que depuis les années 1990, et notamment en période électorale, on observe dans certains pays comme le Cameroun, le Gabon, le Congo-Brazzaville, la RDC ou encore le Rwanda, des mouvements massifs de populations vers de grandes villes[402]. Ces populations, après avoir voté dans leur fief, quittent leur lieu de résidence pour jouer le double jeu de vote en faveur du candidat de leur ethnie, moyennant ce que l'on appellerait le « don électoral »[403], comme la distribution de billets de banque, de vivres ou encore de polos et de pagnes à l'effigie du candidat. Cette logique de « matérialité du vote »[404] peut se justifier par le fait qu'en Afrique, les listes électorales sont très rarement mises à jour. Il s'agit d'une démarche que l'on qualifie de « transhumance électorale »[405] qui se répand dans les principales villes le jour des élections.

De ce fait, il est difficile de ne pas admettre, après l'avènement de la démocratie, que le vote en Afrique est habillé par des sentiments d'appartenance ethnique, car chaque groupe ethnique est toujours tenté de

---

399 OTAYEK (René)., « L'Afrique au prisme de l'ethnicité : perception française et actualité du débat », *Revue internationale et stratégique*, 2001/3, n° 43, pp. 129-142 ; KOULOUNG (David Eyoukéani), RAHARINAIVO (Rémi Saray)., « Réflexion sur le vote ethnique en Afrique. Construction et déconstruction d'un imaginaire politique : cas du Togo et de Madagascar », *Diacronia*, 2014, pp. 45-68.

400 ROSSATANGA-RIGNAULT (Guy)., « Identités et démocratie en Afrique. Entre hypocrisie et faits têtus », *Afrique contemporaine*, 2012/2, n° 242, *op. cit*., pp. 59-71.

401 *Ibidem*, *op. cit*., pp. 59-71.

402 *Ibidem*, *op. cit*., pp. 59-71.

403 SOCPA (Antoine)., « Les dons dans le jeu électoral au Cameroun », *Cahiers d'études africaines*, 1er janvier 2000, pp. 91-108.

404 PERROT (Sandrine), POMMEROLLE (Marie-Emmanuelle), WILLIS (Justin)., « La fabrique du vote : placer la matérialité au cœur de l'analyse », *Politique africaine*, 2016/4, n° 144, pp. 5-26.

405 ROSSATANGA-RIGNAULT (Guy)., « Identités et démocratie en Afrique. Entre hypocrisie et faits têtus », *Afrique contemporaine*, 2012/2, n° 242, *op. cit*., pp. 59-71. D'après l'auteur, « *la transhumance électorale est un phénomène constaté lors des élections au Gabon et qui se manifeste par le retour d'un grand nombre de gens dans leur ville ou village d'origine pour y voter, après, bien entendu, s'être inscrit préalablement sur les listes électorales de ces circonscriptions* ».

revendiquer la « meilleure part du gâteau démocratique national »[406]. Les cas les plus significatifs de cette concurrence entre ces groupes ethniques sont ceux du Gabon, du Cameroun, du Togo, du Congo-Brazzaville, de la RDC, de la Côte d'Ivoire, du Bénin et du Tchad, où le vote est, depuis les années 1990, caractérisé par l'appartenance ethnique. C'est dans cette optique que l'on peut affirmer que : « *L'homme politique dahoméen (africain) [...] se conçoit d'abord par rapport à son terroir. C'est dans son fief ethnique ou régional qu'il recueille le plus de voix. Conséquence : en cas de succès, il a tendance à penser d'abord aux siens.* » (J. Du Bois de Gaudusson, 2012)[407] Il ressort que les acteurs politiques, désireux de satisfaire leurs intérêts et leurs ambitions égoïstes, instrumentalisent les communautés ethniques pour se créer une clientèle électorale. À partir de ce constat, on comprend qu'en Afrique, les clivages communautaires apparaissent avec acuité dans l'arène politique. Il suffit, pour s'en convaincre, de citer l'exemple du Cameroun, où la désignation des candidats a longtemps pris une tournure ethnique ou identitaire, car l'électeur camerounais vote en fonction de son appartenance à une ethnie donnée. À cet effet, dans sa réflexion sur « l'interaction entre le vote et le communautarisme au Cameroun », Hélène Laure Methong (1998)[408] explique que le sens du vote au Cameroun se trouve conditionné par l'appartenance ethno-régionale et sociolinguistique. Elle va plus loin en disant que « *l'identification à la région, à l'ethnie et à la langue française ou anglaise détermine l'élection qui correspond à une arène où se joue le sort des communautés territoriales ethniques et linguistiques du Cameroun* » (H.-L. Methong, 1998)[409]. On peut noter à juste titre le cas des élections législatives du 1er mars 1992 et du 17 mai 1997, de l'élection présidentielle d'octobre 1992 ou des élections municipales de janvier 1996. Pour mieux comprendre ce communautarisme électoral au Cameroun, il est donc nécessaire de se référer à l'élection présidentielle de 1992 que l'on peut décrire comme suit (H.-L. Methong, 1998)[410] :

---

406 *Ibidem*, *op. cit.*, pp. 59-71.

407 DU BOIS DE GAUDUSSON (Jean)., « Les tabous du constitutionnalisme en Afrique. Introduction thématique », *Afrique contemporaine*, 2012/2, n°242, *op. cit.*, pp.53-58.

408 METHONG (Hélène-Laure)., « Vote et communautarisme au Cameroun : un vote de cœur, de sang et de raison », *Politique africaine*, 1998, pp. 40-52.

409 *Ibidem*, pp. 40-52.

410 *Ibidem*, pp. 40-52.

Tableau 1 : Le vote communautaire au Cameroun en 1992[411]

Candidats	Les suffrages exprimés dans la région d'origine	Les suffrages exprimés au niveau national
Paul Biya	94,82 % (sud)	39, 17 %
Maïgari Bello Bouba	50,42 % (nord)	19,21 %
John Fru Ndi	86,30 % (nord-ouest)	35, 96%
Amadou Ndam Njoya	17,58 % (ouest)	3,62 %

Ce tableau montre que le communautarisme reste un moyen pour les candidats d'accéder aux « chances de puissance »[412], et donc de se créer un véritable clientélisme électoral. C'est en cela qu'Ernest Marie Mbonda (2009)[413] explique que « *les hommes politiques faisaient croire aux populations de leur terroir que leur intérêt résidait dans l'accession au pouvoir d'un fils du terroir et que toute autre alternative ferait courir à l'ethnie le risque de la souffrance, de l'exclusion, de la marginalisation économique et politique* ». En s'appuyant sur ces analyses, on comprend mieux qu'au lieu d'être un moyen d'intégration nationale, l'élection est devenue l'occasion d'exacerber des identités ethniques qui déconstruisent l'unité nationale.

Mutatis mutandis, en RDC, le vote a toujours été au prisme du caractère ethnique depuis la décolonisation, comme on a pu le voir lors des élections législatives de mai 1960, au cours desquelles le MNC (Mouvement national congolais), le parti de l'ancien Premier ministre Patrice Lumumba, avait obtenu à lui seul cinq élus des six provinces de l'époque. En revanche, les autres partis n'avaient obtenu des élus que dans leurs régions respectives. On peut aussi souligner les élections municipales à Luluabourg, opposant les Luba aux Lulua, où l'association « Lulua-frère » a appelé les Lulua à voter pour les candidats Lulua[414]. Le caractère identitaire du vote était à nouveau au centre du discours politique lors des élections présidentielles de 2006 opposant Jean-Pierre Mbemba à Joseph Kabila[415]. On note la même situation au Congo-Brazzaville, où l'ancien président Pascal Lissouba a procédé à la

---

411 METHONG (Hélène-Laure)., Opt. Cité.

412 *Ibidem, op.cit.,* pp. 40-52.

413 MBONDA (Marie-Ernest)., *Justice ethnique : identités ethniques, reconnaissance et représentation politique*, Québec, Pul, 2009, *op. cit.*, pp. 30-31.

414 AUNDU MATSANZA (Guy)., « La nouvelle édification de l'État à l'épreuve de l'ethnicité : esquisse de solutions pour la République démocratique du Congo », *Fédéralisme Régionalisme* [en ligne], Volume 5, 2004-2005, La IIIe République démocratique du Congo, *op. cit.*, URL : http://popups.ulg.ac.be/1374-3864/index.php?id=207, consulté en janvier 2018.

415 DU BOIS DE GAUDUSSON (Jean)., « Les tabous du constitutionnalisme en Afrique. Introduction thématique », *Afrique contemporaine*, 2012/2, n°242, *op. cit.*, pp. 53-58.

création du Nibolek par la fusion de trois régions (Niari, Bouenza et Lekoumou) pour fonder une « super-ethnie » afin d'élargir son horizon politique et de s'offrir une importante clientèle électorale (J.-P. Missié (2010)[416]. De même, au Rwanda, le vote ethnique a refait surface dans l'arène politique lors des élections présidentielles de 2003 opposant Paul Kagamé (Tutsi) à Faustin Twagiramungu (Hutu), où ce dernier a appelé l'ethnie Hutu dont il était originaire à voter pour lui. Comme il a été affirmé à travers la radio nationale : « *Les agents de campagne du candidat Faustin Twagiramungu l'accusent d'appeler au vote ethnique en sa faveur. Ce dernier faisait comprendre aux Hutu qu'ils ne doivent voter que pour leur frère.* »[417] Ce séisme démocratique mine également la vie politique au Togo, comme le soulignent certains experts de la sociologie électorale qui dénotent dans ce pays une forte instrumentalisation politique des ethnies durant les périodes électorales[418].

L'ethnie devient ainsi un élément déterminant dans la course au pouvoir. Pierre-François Gonidec (1978)[419] souligne à ce titre que « *malgré les attaques dirigées par les hommes politiques africains contre l'ethnicité, il n'est pas douteux que ce phénomène joue un rôle non négligeable en matière électorale* ». Cela veut dire que le phénomène du vote ethnique demeure bien vivant dans les pays africains. C'est l'une des causes principales du déséquilibre social, comme l'énonce le professeur Koffi Ahadzi-Nonou (2011)[420] lorsqu'il écrit que « *conjugué au caractère particulariste des partis politiques, ce phénomène donne au paysage politique négro-africain le caractère d'une mosaïque tribale dont les différentes pièces tiennent dans une sorte d'équilibre instable menacé de désintégration à tout moment* ». Par ces mots, il témoigne de la prise de conscience, par certains acteurs politiques africains, du rôle important que joue le déterminant ethnique dans le processus électoral. En effet, en Afrique francophone, les acteurs politiques ont fait de l'ethnicité une véritable machine électorale sans avoir un projet de société solide, puisque les électeurs ne se rallient pas au discours politique du candidat

---

[416] MISSIE (Jean-Pierre)., « Ethnicité et territorialité : deux modes du vécu identitaire chez les Téké du Congo-Brazzaville », *Cahiers d'études africaines*, 2010, pp. 835-864.

[417] Voir sur ce point : www.panapress.com/Faustin-Twagiramungu-accuse-d-appeler-au-vote-ethnique, consulté en mai 2018.

[418] KOULOUNG (David Eyoukéani), RAHARINAIVO (Rémi Saray)., « Réflexions sur le vote ethnique en Afrique. Construction et déconstruction d'un imaginaire politique : cas du Togo et de Madagascar ». Disponible sur : http://www.diacronia.ro/ro/indexing/details/V1813/pdf, consulté en juillet 2020.

[419] GONIDEC (Pierre-François)., *Les systèmes politiques africains*, LGDJ, 1978, p. 255.

[420] AHADZI-NONOU (Koffi)., « Réflexion sur un tabou du constitutionnalisme négro-africain : Le tribalisme », *in Mélanges en l'honneur de Dominique Breillat*, *Les voyages du droit*, Poitiers, LGDJ, 2011, *op. cit.*, pp. 19-25.

mais plutôt à l'appartenance ethnique du candidat[421] en tant que « natif du terroir ». En substance, l'ethnie est vue comme l'unité de base en politique dans plusieurs pays africains, ce qui prive l'élection de toute objectivité.

Partant de cette analyse, on peut faire le constat suivant : les notions de « Camerounais », de « Congolais », d'« Ivoirien », de « Béninois » ou encore de « Rwandais » existent depuis les années 1960, c'est-à-dire au lendemain des indépendances, alors que les ethnies existent depuis bien longtemps. Dès lors, le vote dans certains États africains ne peut pas échapper à une vision communautariste. Ce vote est donc irrationnel, car les électeurs fondent leur choix sur l'appartenance ethnique ou tribale du candidat et non sur le programme de celui-ci[422]. D'où l'idée ouvertement exprimée selon laquelle « *ceux qui votent uniquement pour des raisons ethniques sont des cons, laissons les cons agir en cons, mais faisons tout pour que ceux qui ne sont pas cons (la majorité) utilisent leur raison pour agir* » (Z. Ajavon, 2008)[423].

À partir de ce constat, force est de reconnaître que l'instrumentalisation de l'ethnicité à des fins politiques peut s'expliquer comme « *un appui sur les liens de sang ou la culture des communautés pour utiliser l'ethnicité comme une idéologie* »[424]. Ainsi, on relèvera que les stéréotypes d'un groupe ethnique par rapport à un autre ont sans doute pour conséquence l'ethnocentrisme dans la gouvernance du pays. On le remarque aussi souvent dans le discours de l'homme politique africain qui appelle au soutien indéfectible des membres de son ethnie lors des échéances électorales. Ceci entraîne naturellement l'exclusion d'une ethnie par une autre dans la gestion des affaires publiques, donc un danger pour la démocratie et l'unité nationale. Par conséquent, cette mobilisation politique du fait ethnique a abouti incontestablement à une logique ethnocentrique dans la gestion des affaires publiques en Afrique.

B - L'ethnocentrisme, une pratique « quasi officielle » dans la gestion de l'État

« *L'ethnocentrisme est au groupe ce que l'égocentrisme est à l'individu : la tendance de se considérer comme le centre de toutes choses. Il décrit la réaction psychologique irréfléchie des individus viscéralement attachés à leur*

---

421 MILONGO (Paterne)., « Instaurer une démocratie dans un contexte de clivages ethniques en Afrique : l'exception namibienne », *Revue en ligne Grotius international*, 7 décembre 2015, consulté en juin 2018.

422 AJAVON (Zeus)., « Le vote ethnique est irrationnel », in *republicoftogo.com*, 28 mars 2008.

423 *Ibidem.*

424 AUNDU MATSANZA (Guy)., « La nouvelle édification de l'État à l'épreuve de l'ethnicité : esquisse de solutions pour la République démocratique du Congo », *Fédéralisme Régionalisme* [en ligne], Volume 5, 2004-2005, La IIIe République démocratique du Congo, *op. cit.*, URL : http://popups.ulg.ac.be/1374-3864/index.php?id=207, consulté en janvier 2018.

culture. » (D. Guillon-Legeay, 2016)[425] Ainsi, lorsqu'elle est présentée comme un outil instrumentalisé par les dirigeants politiques, l'ethnicité se trouve généralement au cœur de la gestion du pouvoir en Afrique. Certains dirigeants, soucieux de s'éterniser au pouvoir, ont adopté l'ethnocentrisme comme une démarche de gestion des affaires publiques, en développant un sentiment de « repli sur son ethnie ». Cette tendance au repli identitaire consiste à privilégier le groupe ethnique dont on est originaire dans la distribution des postes au sein de la fonction publique. Il s'agit d'une pratique qui a constamment été au cœur de la gouvernance des pays africains francophones depuis les indépendances. Elle entraîne, d'une part, un « nettoyage ethno-administratif »[426] au profit des originaires de l'ethnie au pouvoir[427] et, d'autre part, la mise à l'écart des autres ethnies dans la gouvernance du pays[428].

D'une manière générale, l'ethnicité est quasiment la principale condition d'accès à la fonction publique en Afrique francophone. Plusieurs analyses de la gouvernance en Afrique relèvent que l'appartenance à l'ethnie reste la seule modalité de référence pour l'individu soumis à une concurrence dans l'accès à la fonction publique ou dans l'obtention d'une promotion. C'est pourquoi, Thomas Bussoroy (2006)[429] constate à ce propos : « *Toutes les modalités à l'exception du statut d'inactif ont un effet positif et significatif sur la référence à l'ethnie. Et plus le statut est précaire, donc plus l'individu est soumis à une compétition difficile, plus il sera enclin à se référer à son ethnie.* » C'est à ce titre, poursuit-il, que « *la modalité affectée du plus fort coefficient est le statut de chômeur : c'est dans cette situation que les individus doivent tirer parti au maximum de leurs atouts pour entrer sur le marché du travail, et que la vision instrumentale de l'ethnicité prend tout son sens* »[430]. Ainsi, depuis la mise en place d'une nouvelle classe politique au lendemain des indépendances, toute la vie administrative africaine est centrée sur un faisceau de rapports exclusivement ethniques. Par conséquent, les dirigeants politiques ne sont entourés que de cadres originaires de leurs ethnies pour gérer le pouvoir. Dès lors, dans l'ensemble des administrations publiques, tous les postes stratégiques, ainsi que les emplois civils et militaires sont quasi exclusivement réservés aux natifs de leur terroir. Une telle conception de la gestion des

---

425 GUILLON-LEGEAY (Daniel)., « Claude Lévi-Strauss : l'ethnocentrisme, entre humanité et barbarie, ou le paradoxe du relativisme culturel », *Classiques iphilo*, 4 novembre 2016.

426 KITSIMBOU (Xavier)., *La démocratie et les réalités ethniques au Congo*, Thèse, Science politique, Université Nancy II, 2006, *op. cit.*, p. 77.

427 *Ibidem, op. cit.*, p. 77.

428 *Ibidem, op. cit.*, p. 77.

429 BOSSUROY (Thomas)., « Déterminants de l'identification ethnique en Afrique de l'Ouest », *Afrique contemporaine,* 2006/4, n° 220, pp. 119-136.

430 *Ibidem*, pp. 119-136.

affaires publiques aboutit, à n'en point douter, à la marginalisation des autres ethnies, et donc à la dislocation du lien national.

De plus, au Cameroun, on a assisté au réveil de l'ethnocentrisme dans le discours politique durant les années 1990. Cela s'est soldé par des rivalités entre Bamiléké et Béti, les deux groupes ethniques les plus influents sur la scène politique[431]. Il s'agissait d'une véritable « explosion »[432] interethnique entre ces deux groupes. Pour illustrer ces conflits, on peut se référer au résumé fait par Ernest-Marie Mbonda (2009)[433] à propos de la lettre des intellectuels Bamiléké, adressée en 1990, à l'actuel président du Cameroun, Paul Biya, et rendue publique par le Conseil supérieur des intérêts bamiléké (COSIBA), « *pour attirer l'attention du chef de l'État sur une sorte d'apartheid pratiqué contre les Bamiléké, et pour l'inviter à y mettre fin. Les Bamiléké, peut-on lire dans cette lettre, où qu'ils se trouvent sur le territoire national, et quelles que soient les catégories socioprofessionnelles auxquelles ils appartiennent, partagent désormais le sentiment commun d'être réduits au second rôle. La même année, les populations Béti, ethnie dont est issu l'actuel chef de l'État, constituent le "Front national de libération du peuple Béti" et lancent un mot d'ordre de soutien à Paul Biya contre les Bamiléké : "Alors peuple Béti, nous les fiers guerriers de la forêt équatoriale, ensemble, levons-nous pour anéantir l'avancée impérialiste des Bamiléké car il y va de notre survie culturelle."* » Ces revendications traduisent sans doute la mobilisation des communautés ethniques à des fins politiques. L'ethnocentrisme est devenu à cet égard un régime politique par excellence. En outre, des pays tels que la RDC, la Côte d'Ivoire et le Rwanda, pour ne citer que ceux-là, sont également pris dans une spirale sans fin d'« ethnocentrisation » dans la gestion des affaires publiques. Le génocide au Rwanda et les guerres civiles dans ces pays sont l'émanation de la marginalisation d'une ethnie par une autre dans la gouvernance de l'État. Ainsi, pour citer Gilbert Malemba N'Sakila (2013)[434], la « *menace est davantage redoutée lorsque sa propre tribu (ethnie) ne jouit pas d'une même importance sociale et que les effectifs de ses membres compétitifs ne sont pas considérables* ». Dès lors, on comprend mieux que les luttes intestines observées en Afrique francophone sont nourries par des idéologies ethniques de confiscation du pouvoir, généralement caractérisées

---

431 ONANA ONOMO (Joseph-Patrice)., « Symétries hégémoniques béti-bamiléké et rivalités politiques au Cameroun », *CIREPE,* n° 1, *op. cit.*, pp. 16- 17.

432 MOUICHE (Ibrahim)., « La question nationale, l'ethnicité et l'État en Afrique : le cas du Cameroun », *CIREPE,* n° 1, *op. cit.,* p. 17.

433 MBONDA (Ernest-Marie)., *Justice ethnique : identités ethniques, reconnaissance et représentation politique*, Québec, Pul, 2009, *op. cit.*, pp. 28-29.

434 MALEMBA N'SAKILA (Gilbert)., « Le choix d'appartenance au clan ou à la nation et les rapports de pouvoir en RDC », *Sociologies* [Online], Files, Nouveaux rapports de pouvoir et formes actuelles de domination, Online since 20 February 2013, *op.cit.*, connection on 27 March 2021.

par des appétences collectives des ethnies dans le but d'obtenir des avantages sous la couverture tacite du pouvoir en place[435].

On constatera, à la lumière de ces analyses, que la gestion du pouvoir en Afrique est une « affaire de famille », « ethnique ou de clan », en ce sens qu'au moment de leur accession au pouvoir, les dirigeants politiques se sont toujours appuyés sur des considérations ethno-régionalistes pour se donner une popularité et faire perdurer leur pouvoir. Ainsi, l'accès d'un individu aux plus hautes fonctions de l'État devient une espèce de promotion de son groupe ethnique pour constituer un noyau autour de lui, afin de maintenir à n'importe quel prix sa fonction. Les solidarités familiales ou ethniques deviennent *de facto* des maillons forts du pouvoir en place, qui contrôlent l'appareil étatique en occupant des postes de direction ou ministériels sans avoir les compétences nécessaires. En d'autres termes, « au lieu que le pays soit une entité administrative gérée par l'État pour le compte de la nation conformément à la Constitution ou à la loi fondamentale, il est plutôt administré par des parentés (ethnies) qui se confrontent et s'affrontent. Des concepts afférant à ce type de gestion sont entre autres : "originaires" opposés aux "non-originaires", "chez-vous, chez-nous" »[436]. À cet égard, l'ethnicité devient le critère déterminant, utilisé par des hommes politiques dans la conquête du pouvoir. Cette vision népotiste ou clanique dans la course au pouvoir consiste à voir d'un mauvais œil un candidat issu d'une autre ethnie, d'un autre clan ou d'une autre famille. Cette concurrence constitue sans doute une menace pour l'unité ou la paix nationale. Dès lors, face à la mobilisation politique du fait ethnique et au clientélisme ethnique, s'impose l'idée d'une refondation de l'État africain par la prise en compte des réalités ethniques afin de créer une rupture avec l'ancien système.

---

[435] *Ibidem.*
[436] *Ibidem.*

Deuxième partie :

Le mimétisme relatif ou les paradigmes d'une « rupture » ?

Chapitre 1 :

Refonder l'état africain à partir de la prise en compte des réalités ethniques

Depuis la décolonisation dans les années 1960, l'État africain est au centre des débats politiques et juridiques. Ces débats tendent pour l'essentiel vers l'idée d'opérer des changements institutionnels afin de rompre avec le modèle occidental légué par le colon. Ainsi, on constatera que « *l'Afrique connaît une crise de la gouvernance fortement reliée à la crise de l'État, tel qu'il existe et fonctionne sur le continent. Cette crise structurelle appelle une refondation de l'État qui suppose que soient repensés les rôles et relations entre acteurs aux différentes échelles de la société. En somme, l'État africain postcolonial devrait être repensé et redéfini en rapport avec toute la composition nationale* »[437]. Cette nécessité favoriserait la création d'un État multinational permettant de prendre en compte la complexité de la diversité africaine, en considérant que l'État est l'addition de plusieurs nations sociologiques[438]. La prise en compte de ces nations sociologiques ou communautés ethniques constituerait un premier pas vers la prévention et la résolution des conflits identitaires qui divisent les pays africains[439], notamment au Rwanda, en Côte d'Ivoire, au Mali, au Congo-Brazzaville, en RDC, au Burundi et autres. Cette rupture avec le modèle occidental implique « la mise en place d'une Constitution qui fédère ces différentes communautés sociologiques et leur reconnaît suffisamment d'espace d'expression de leurs caractères propres (en référence à leur langue, leur histoire commune, leurs références religieuses et coutumières) »[440]. Ainsi, les changements intervenus jusqu'ici dans les mutations de l'État africain « continuent à marquer, de façon remarquable, sa structuration politique et institutionnelle »[441]. Ils concernent l'Afrique tant sur

---

[437] Voir sur ce point : http://jaga.afrique-gouvernance.net/fr/jagaatelier/jagaatelier-4_syn.html, consulté en novembre 2018.

[438] Voir sur ce point le document du réseau Dialogues sur la gouvernance en Afrique : pour une refondation de l'État en Afrique, *Cahier des propositions, réseau Dialogues sur la gouvernance en Afrique*, juillet 2003, p. 9.

[439] *Ibidem.*

[440] *Ibidem.*

[441] TRAORÉ (Kadari)., « L'État africain face aux enjeux du renouveau : changer ou être changé ! », *Communication, Gouvernance en Afrique*, décembre 2010, pp. 1-18.

le plan politique que sur le plan socio-économique, « de façon indélébile, au point que celle-ci se doit de réagir, face à cette intrusion étrangère (mimétisme juridique), si elle ne veut pas y laisser son âme »[442]. Dès lors, face à l'instrumentalisation et la mobilisation de l'ethnicité à des fins partisanes dans certains pays africains, il y a urgence de réfléchir sur la nécessité de renforcer la cohésion entre les différentes composantes nationales à travers des modèles institutionnels adaptés aux réalités africaines. Ainsi, repenser l'État africain à partir des réalités ethniques invite à faire un retour sur le centralisme postcolonial pour comprendre la nécessité d'intégrer le fait ethnique dans le débat politique **(Section 1)** d'une part, et de s'interroger sur la meilleure forme d'État pouvant répondre aux besoins sociaux et politiques des pays d'Afrique francophone, d'autre part **(Section 2)**.

Section 1 : Du centralisme postcolonial à l'intégration du fait ethnique dans le débat politique

« *L'ethnicité est porteuse de sens aujourd'hui pour les Africains qui se classent fréquemment eux-mêmes en termes d'appartenance ethnique.* » (P. Moudoudou, 2015)[443]. Cette pensée interpelle les dirigeants africains sur l'observation de l'évolution de la vie politique et sociale de l'Afrique, assez prisée par les solidarités ethniques. D'ailleurs, certains évoquent l'idée d'un « dosage ethnique » (K. Ahadzi-Nonou, 2011)[444], ou simplement d'un « constitutionnalisme identitaire »[445], ou encore « démotique »[446] pour lutter contre les conflits ethno-régionalistes en Afrique. La question est alors de savoir s'il faut conserver le centralisme colonial **(§1)** en effaçant le droit à la différence afin de promouvoir l'unité nationale et l'indivisibilité du territoire, ou si l'on doit mettre l'ethnie au cœur du débat politique **(§2)** en vue de l'institutionnaliser.

§1 - Le centralisme postcolonial africain

À l'image du jacobinisme centralisateur, le centralisme postcolonial n'est que la conséquence logique du mimétisme juridique et institutionnel d'après

---

[442] *Ibidem*, pp. 1-18.

[443] MOUDOUDOU (Placide)., « L'État africain : entre constitutionnalisme libéral et constitutionnalisme identitaire », *Revue CAMES/SJP*, n°002/2015, *op. cit.*, pp. 113-140.

[444] AHADZI-NONOU (Koffi)., « Réflexion sur un tabou du constitutionnalisme négro-africain : le tribalisme », *in Mélanges en l'honneur de Dominique Breillat*, Paris, LGDJ, 2011, *op. cit.*, pp.19-25.

[445] MOUDOUDOU (Placide)., « L'État africain : entre constitutionnalisme libéral et constitutionnalisme identitaire », *Revue CAMES/SJP*, n°002/2015, *op. cit.*, pp. 113-140.

[446] PIERRÉ-CAPS (Stéphane)., « La constitution démotique ou les mutations de la constitution au seuil du XXIe siècle », *in État, société et pouvoir à l'aube du XXIe siècle, Mélanges François Borella*, Nancy, PUN, 1999, pp. 403-422.

les indépendances. Cette logique, qui exclut les groupes ethniques dans la formation et la gestion de l'État, a fait de l'État africain postcolonial un modèle de centralisation du pouvoir. Or, l'analyse du fait ethnique dans le fonctionnement du système politique en Afrique, spécialement dans les pays d'Afrique francophone, montre que l'absence de son intégration dans la gestion du pouvoir a laissé libre cours aux conflits ethnopolitiques[447] et aux velléités séparatistes. C'est pourquoi, pour faire face à ces velléités séparatistes, certains pays ont dès lendemain des indépendances fait de l'unité nationale **(A)** et de l'indivisibilité du territoire **(B)** des principes directeurs de la République.

A - La recherche de l'unité nationale

Longtemps considérée comme une source de conflits en Afrique, l'ethnicité est un frein pour son développement, car « *de nombreux États ont été déstabilisés à partir du moment où les idées de construction nationale, d'unité nationale ont servi de prétexte, pour assujettir, exclure et brimer les autres composantes démographiques de l'État qui ne sont pas au pouvoir* » (S. Massamba, 2008)[448]. Dès lors, poser la question de la recherche de l'unité nationale dans les sociétés africaines, fortement diversifiées, semble un impératif pour la construction d'un véritable État-nation. Ainsi, au lendemain des indépendances, la recherche de l'unité nationale était au cœur des discours politiques. Pierre Kipré (2005)[449] affirme qu'« *en Afrique, dès l'accession à l'indépendance, les dirigeants politiques avaient favorisé l'émergence d'une conscience nationale en mettant en scène un patrimoine culturel commun à toutes les communautés du territoire* ». Il est alors vrai que dans un État qui connaît la concurrence entre des groupes ethno-régionalistes et qui est confronté à des velléités sécessionnistes, les gouvernants sont prêts à tout sacrifier en vue d'aboutir à l'unité nationale. À cet effet, les réformes institutionnelles engagées en Afrique ces dernières années s'inscrivent dans cette logique de recherche de l'unité nationale, car le renforcement de celle-ci est souvent recherché par la constitutionnalisation de certains principes, notamment les principes « d'unité et d'indivisibilité »[450]. De plus, au lendemain des indépendances, la plupart des constituants africains ont opté

---

[447] AUNDU MATSANZA (Guy)., « La nouvelle édification de l'État à l'épreuve de l'ethnicité : esquisse de solutions pour la République démocratique du Congo », *Fédéralisme Régionalisme* [en ligne], Volume 5, 2004-2005, La IIIe République démocratique du Congo, *op. cit.*, URL : http://popups.ulg.ac.be/1374-3864/index.php?id=207, consulté en janvier 2018.

[448] MASSAMBA (Sarr)., *Conflits identitaires et unité de l'État*, Mémoire, Université Cheikh Anta Diop de Dakar, 2008.

[449] KIPRÉ (Pierre)., « La crise de l'État-nation en Afrique de l'Ouest », *Outre-Terre,* 2005/2, n° 11, pp. 19-32.

[450] MOUDOUDOU (Placide)., « L'État africain : entre constitutionnalisme libéral et constitutionnalisme identitaire », *Revue CAMES/SJP*, n°002/2015, *op. cit.*, pp. 113-140.

pour la forme unitaire de l'État, en considérant le principe de l'unité de la nation comme la seule exigence du développement. À ce sujet, il n'est pas étonnant de constater que le renforcement de l'unité nationale dans certains pays d'Afrique, tels que le Mali, le Sénégal, la RDC ou encore le Cameroun, est également lié à l'idée d'indivisibilité du territoire.

Partant de là, la constitutionnalisation du principe d'unité nationale est devenue, pour les dirigeants politiques, salutaire pour résoudre « l'équation de la diversité ethnique »[451]. La recherche de l'unité nationale est ainsi devenue un « vœu pieux »[452] pour souder le lien social après la décolonisation. On le voit par exemple dans les devises nationales de certains pays. Au Gabon, « Union-Travail-Justice »[453], au Congo-Brazzaville, la devise « Unité-Travail-Progrès »[454] et son hymne national[455] sont très révélateurs de ce point de vue, tel qu'en témoigne ce refrain : « *Congolais debout, fièrement partout !... Proclamons l'union de notre Nation !... Oublions ce qui nous divise !... Soyons plus unis que jamais !...* »[456] *Idem* en RCA, « Unité-Dignité-Travail »[457], ou encore Côte d'Ivoire, « Union-Discipline-Travail »[458].

Par ailleurs, en Afrique, la construction de l'unité nationale face à la survivance des replis identitaires s'effectue le plus souvent à travers des compromis politiques, voire par l'adoption de certains textes relatifs à l'unité nationale. À ce titre, le Rwanda constitue un exemple d'école, spécialement avec la signature des accords de paix d'Arusha de 1993, dont le préambule fait de « l'unité nationale un élément constitutif de la nation rwandaise »[459], en consolidant l'unité de la nation rwandaise à travers l'élimination de « toute volonté qui substitue l'intérêt ethnique, régional, religieux à l'intérêt national »[460]. C'est la même consolidation de l'unité nationale que l'on a pu observer au Cameroun en 1961, avec la conférence de Foumban, ayant réuni autour d'une table les dirigeants politiques et les chefs traditionnels en vue de la réunification du Cameroun francophone et du Cameroun anglophone[461]. Au Burundi, la question de la consolidation de l'unité nationale est un impératif. Elle a même fait l'objet de l'adoption de la Charte de l'unité nationale où les

---

451 *Ibidem*, *op. cit.*, pp. 113-140.
452 GOULOU (Gisèle-Patricia)., « L'unité nationale au Congo-Brazzaville : vœu pieux ou idéal épineux ? », *La Semaine africaine*, novembre 2015, consulté en décembre 2019.
453 Voir les articles 2 des Constitutions gabonaises du 14 novembre 1960 et du 31 mai 1961.
454 Constitution congolaise de 1961, art. 1er, al. 6.
455 *Ibidem.*, art. 1er, al. 5.
456 https://www.hymne-national.com/46_Congo.html, consulté en janvier 2019.
457 Constitution de la RCA de 1959, art. 1er.
458 Constitution ivoirienne de 1960, art. 1er.
459 Voir le texte des accords de paix d'Arusha (août 1993).
460 *Ibidem.*
461 NOUAZI KEMKENG (Carole Valérie)., « L'idéologie de l'unité nationale et le révisionnisme constitutionnel au Cameroun », *Jurisdoctoria*, pp. 155-181.

Burundais manifestent leur attachement à la consolidation de l'unité. Dans cette Charte, les Burundais déclarent leur hostilité à toute forme de divisionnisme afin de privilégier l'intérêt national. L'unité est, à ce titre, la seule voie d'organisation de la vie nationale.

Au regard de ce qui précède, on relèvera que, peu disposés à reconnaître le particularisme ethnique, les États africains sont prêts à éliminer les intérêts des minorités ethniques en faveur de l'unité nationale. Il s'agit en clair de restaurer l'unité nationale qui constitue le meilleur moyen d'éviter les conflits et de faciliter l'intégration de tous les groupes ethnoreligieux du pays, sans aucune discrimination. De ce fait, l'unité nationale devient, pour ces pays, une exigence pour le développement culturel et socio-économique. Par conséquent, il n'est pas surprenant de constater que la recherche de l'unité nationale peut aussi conduire au changement de la structure de l'État. C'est donc au regard de cet impératif d'unité que certaines communautés ethno-régionalistes ont décidé de mettre en commun leur destin, en se dotant d'une forme unitaire ou fédérale de l'État afin de renforcer l'unité nationale. Forts de cette vision, certains États africains ont donc décidé d'ériger le principe de l'indivisibilité du territoire au même titre que celui de l'unité.

B - Le principe d'indivisibilité du territoire

Le principe d'indivisibilité est consacré depuis les indépendances dans les Constitutions africaines. Il est actuellement reconnu comme un principe républicain. À ce titre, les Constitutions des jeunes États indépendants comportent chacune une disposition qui, après avoir énoncé l'unité de la République, précise son caractère « indivisible »[462]. Le principe de l'unité est donc « continûment associé à l'idée de l'indivisibilité »[463] du territoire. Ce principe constitutionnel d'indivisibilité du territoire implique toute une série de conséquences. Il entraîne d'abord l'interdiction de toute division du territoire constitutif de l'État, met en avant « *le caractère unitaire de l'État, affecte les relations entre ce dernier et les collectivités territoriales* » (P. Moudoudou, 2015)[464]. En d'autres termes, seuls les organes centraux de l'État détiennent le pouvoir normatif initial, c'est-à-dire que les collectivités territoriales ne détiennent aucune compétence tant en matière législative qu'en matière internationale. Il implique ensuite l'idée de souveraineté, notamment celle de l'intangibilité du territoire quant à la possibilité ou non d'exercer le

---

[462] Voir par exemple la Constitution du Congo-Brazzaville de 1961, art. 1er ; Constitution du 1er août 1964, art. 1er ; Constitution camerounaise 2 juin 1972, art. 1er

[463] BORGETTO (Michel)., « Commentaire de l'article 1er de la Constitution française de 1958 », *in* LUCHAIRE (François), CONAC (Gérard), PRÉTOT (Xavier)., *La Constitution de la République française, Analyse et commentaires*, Paris, Economica, 2009, 3e, p. 133.

[464] MOUDOUDOU (Placide)., « L'État africain : entre constitutionnalisme libéral et constitutionnalisme identitaire », *Revue CAMES/SJP*, n°002/2015, *op. cit.*, pp. 113-140.

droit à l'autodétermination ou de faire sécession. Enfin, l'indivisibilité du territoire consiste à sauvegarder l'unité du peuple, tout en combattant les velléités d'actions sécessionnistes.

De ce point de vue, il n'est pas étonnant de voir qu'à l'instar d'autres principes constitutionnels, le principe d'indivisibilité du territoire soit considéré comme un des piliers de l'unité nationale permettant de fédérer toutes les composantes du pays. Il exclut dès lors toute velléité séparatiste, comme on peut le voir dans certaines Constitutions africaines d'après les indépendances qui répriment durement les tendances sécessionnistes[465]. Ainsi, l'exemple du séparatisme katangais en RDC mérite notre attention. En effet, entre 1946 et 1998, ce pays a été démantelé par un nombre impressionnant de conflits sécessionnistes (vingt-quatre), dont le plus important reste celui de la province du Katanga en 1960 (L.-K. Ouattara, 2014)[466]. Deux semaines après l'indépendance, cette province a proclamé unilatéralement son indépendance, aboutissant à la création d'un État indépendant dirigé par Moïse Tshombé[467]. Ce schisme a débouché sur une guerre civile[468]. Ce conflit a donné lieu à la toute première intervention des Nations unies relative à la sécession, permettant au Conseil de sécurité de mettre sur pied la MONUSCO (Mission de l'Organisation des Nations unies pour la stabilisation du Congo) pour soutenir les autorités congolaises dans le maintien de la paix, de la sécurité et de l'ordre public (M. Farchakh, 2014-2015)[469], et donc d'assurer le respect de l'intégrité territoriale du pays. Plus grave encore, on peut souligner les affrontements dans la région du Kasaï entre les Luba et les Lulua, aboutissant à la proclamation de l'État minier indépendant du Sud-Kasaï le 8 août 1960 sous l'autorité d'Albert Kalonji, avec pour capitale Bakwanga (actuel Mbuji-Mayi)[470], qui a disparu après l'arrestation de celui-ci. En réaction à cela, le constituant de 1964 a érigé le respect de l'intégrité territoriale au rang des principes cardinaux de la République, en précisant à l'article 2 de la Constitution du 1er août 1964 que : « *Nul ne peut porter atteinte à l'intégrité du territoire de la République. Toutes les autorités de la République et des provinces ont le devoir de sauvegarder l'intégrité du territoire de la*

465 Constitution du 1er août 1964, *op.cit.*, art. 2 ; Constitution camerounaise de 1972, *op.cit.*, art. 1er ; Constitution ivoirienne de 1960, art. 1er.

466 KARAMOKO OUATTARA (Ladji)., « Les frontières en Afrique : héritage du passé colonial, enjeu actuel », *Thinking Africa*, Note de recherche n° 11, juillet 2014, *op. cit.*, pp. 2-16.

467 AMSELLE (Jean-Loup), M'BOKOLO (Elikia)., *Au cœur de l'ethnie. Ethnies, tribalisme et État en Afrique*, Paris, La Découverte, 2000, *op. cit.*, p. 185.

468 *Ibidem*, *op. cit.*, p. 185.

469 FARCHAKH (Michael)., « Le droit international face à la sécession d'États », *Academia*, 2014-2015, p. 40.

470 KARAMOKO OUATTARA (Ladji)., « Les frontières en Afrique : héritage du passé colonial, enjeu actuel », *Thinking Africa*, Note de recherche n° 11, juillet 2014, *op. cit.*, pp. 2-16.

République »[471]. En outre, la situation est aussi identique à celle de la tentative de sécession du nord du Cameroun, spécialement anglophone, qui défraie la chronique depuis les indépendances jusqu'à aujourd'hui, à des mouvements séparatistes de la région casamançaise au Sénégal dans les années 1990, ou encore aux séparatistes Sanwi, au sud-est de la Côte d'Ivoire, dans les années 1963 et 1969, engendrant des répressions faisant plusieurs morts et l'exil de plusieurs personnes vers le Ghana[472].

En résumé, on peut retenir, à la lumière de toutes ces analyses, que la consécration constitutionnelle du principe de l'indivisibilité du territoire par les constituants africains traduit une volonté non seulement de combattre impitoyablement toute tendance séparatiste, mais aussi de fédérer, au sein d'un État-nation, les particularismes ethniques afin de consolider ou de rétablir l'unité nationale. Ainsi érigé au rang des principes constitutionnels par excellence, le principe de l'indivisibilité du territoire se traduit en Afrique comme l'un des moyens d'évitement des conflits ethno-régionalistes, même si, par ailleurs, le droit international reconnaît, sous certaines conditions, le « droit à l'autodétermination » de chaque peuple. De plus, terrifiés par l'influence du contexte historique des indépendances, les constituants africains francophones ont été contraints par la nécessité de construire une nation, en constitutionnalisant le principe de l'indivisibilité du territoire. Ceci justifie le fait que « *la création de l'État décolonisé est concomitante à l'apparition de la nation, la Constitution se voyant alors impartir l'impossible tâche de créer tout à la fois un État et d'édifier un pouvoir politique, mais aussi de bâtir une nation unifiée et homogène de citoyens* » (V. Constantinesco, S. Pierré-Caps, 2016)[473]. D'où l'existence, au frontispice de certaines Constitutions africaines, de phrases telles que : le peuple s'engage à consolider l'indépendance, l'intégrité territoriale et l'unité nationale[474]. Certes, la constitutionnalisation de l'unité et de l'indivisibilité de la République est indispensable en Afrique, mais elle ne permet pas de résorber les irrédentistes ethniques. D'où la nécessité de mettre la question ethnique au cœur du débat démocratique.

---

[471] Constitution du 1er août 1964, *op.cit.*, art. 2

[472] KARAMOKO OUATTARA (Ladji)., « Les frontières en Afrique : héritage du passé colonial, enjeu actuel », *Thinking Africa*, Note de recherche n° 11, juillet 2014, *op. cit.*, pp. 2-16.

[473] CONSTANTINESCO (Vlad), PIERRÉ-CAPS (Stéphane)., *Droit constitutionnel*, Paris, PUF, 2016, *op. cit.*, p. 314 ; voir également ONDOUA (Alain)., « La population en droit constitutionnel. Le cas des pays d'Afrique francophone », *Afrique contemporaine*, 2012/2, n° 242, pp. 87-97.

[474] *Ibidem*, pp. 87-97.

§2 - L'intégration de la question ethnique dans le débat politique

Les paradoxes observés à travers les réformes institutionnelles en Afrique amènent à s'interroger sur la méconnaissance du fait ethnique par le droit public, spécialement par les constituants africains. Le souci de prendre en compte la réalité ethnique impose de s'accorder sur la refondation de l'État africain, et donc de mettre au centre des attentions politiques la question ethnique. Il est ainsi nécessaire de redéfinir les structures de l'État pour faire face aux revendications ethniques **(A)** afin, d'une part, de réintégrer les minorités défavorisées et, d'autre part, de répondre à l'obligation de prendre en compte le fait ethnique dans l'ordre juridique nouveau **(B)**.

A- Les revendications ethno-régionalistes : premier facteur de prise en compte politique du fait ethnique

La question de la diversité nationale est aujourd'hui au cœur de plusieurs revendications sociopolitiques que connaissent certains États africains, car les groupes ethniques font irruption sur la scène démocratique à travers la multiplication des réclamations tendant à la participation à la gestion du pouvoir. Cette réalité se pose en termes de difficultés politiques, car étant une question des replis identitaires, elle est d'une importance cruciale dans la détermination des rapports entre les gouvernants et les gouvernés. Dans une logique plus explicative, Ernest-Marie Mbonda (2009)[475] montre que le monopartisme d'après les indépendances a engendré des risques réels de fragmentation sociale et de replis identitaires, en ce sens que « *le sentiment tribal ou la conscience de l'identité ethnique jouent un rôle important dans la détermination des rapports entre les individus et l'État* »[476]. Ainsi, dans la plupart des pays africains, la politique du monopartisme, qui a prévalu dans les années 1960 et jusqu'au début des années 1990, était non seulement, et paradoxalement, imprégnée des sentiments d'appartenance ethnique, mais également hostile à toute idée d'exténuation de ces sentiments dans l'arène politique.

À cet égard, on comprendra que la question de l'ethnicité en tant que « mode d'expression des identités différentielles »[477] en Afrique « avait été muselée »[478] avant les années 1990. En effet, au lendemain de la décolonisation, les dirigeants africains ont adopté une politique prônant l'unité

---

475 MBONDA (Ernest-Marie)., *Justice ethnique. Identités ethniques, reconnaissance et représentation politique*, Québec, Pul, 2009, *op. cit.*, p. 28.

476 *Ibidem, op. cit.*, p. 28.

477 CHETIMA (Melchisedek)., « Démocratisation et explosion des revendications ethno-régionales au Cameroun : Des relations complexes entre démocratie et ethnicité », *Academia*, 2013, pp. 81-90.

478 *Ibidem*, pp. 81-90.

nationale dans le but de résorber toutes les tendances centrifuges auxquelles étaient confrontés plusieurs jeunes États[479]. C'est dans cet esprit que certains pays tels que l'ex-Zaïre (actuelle RDC) sous la présidence de Mobutu, ou encore le Cameroun sous le régime du président Ahidjo, avaient mis en place une politique de quotas ethniques dans la gestion des affaires publiques[480]. Mais dans les faits, il ne s'agissait que d'un équilibre en trompe-l'œil qui ne tenait pas compte de toute la diversité nationale. Il y avait toujours la prédominance d'une ethnie sur les autres ethnies dans l'appareil d'État. Ainsi, certains auteurs estiment qu'en Afrique francophone, et spécialement au Cameroun, au Zaïre, au Congo, en RCA ou encore au Rwanda, les dirigeants avaient fait le choix de ne gouverner qu'avec les ethnies dont ils étaient originaires. D'ailleurs, Issa Saibou souligne la pertinence de cette argumentation en affirmant que le président Ahidjo « *choisit de gouverner avec les Peuls (son ethnie d'origine) et les Béti, pendant que les Bamiléké, les anglophones et les Kirdi du Nord-Cameroun sont délaissés* » (I. Saibou, 2005)[481]. Poursuivant la même politique que son prédécesseur, le président camerounais Paul Biya avait, dès 1982, décidé de perpétuer la fracture sociale entre les groupes ethniques, « *en privilégiant dans l'appareil étatique les Peuls et Béti au détriment des Bamiléké, Kirdi* » (M. Chetima, 2013)[482]. Il en résulte qu'en Afrique, avant les années 1990, le pouvoir ne se partageait qu'entre les membres d'une même ethnie. Dès lors, dans ce contexte monolithique, les autres revendications ethniques ne pouvaient en aucun cas aboutir.

Cependant, il a fallu attendre le début des années 1990, période marquant « l'ouverture à la démocratie et au pluralisme politique »[483], pour voir l'explosion des revendications ethniques « *s'exprimant particulièrement par la formation des grands ensembles régionaux* » (M. Chetima, 2013)[484]. C'est

---

479 SAIBOU (Issa)., « Arithmétique ethnique et compétition politique entre Arabes Choa et Kotoko dans le contexte de l'ouverture démocratique au Cameroun », *Africa Spectrum,* vol. 40, n° 2, 2005, pp. 197-220.
480 CHETIMA (Melchisedek)., « Démocratisation et explosion des revendications ethno-régionales au Cameroun : Des relations complexes entre démocratie et ethnicité », *Academia,* 2013, *op. cit.*, pp. 81-90.
481 SAIBOU (Issa)., « Arithmétique ethnique et compétition politique entre Arabes Choa et Kotoko dans le contexte de l'ouverture démocratique au Cameroun », *Africa Spectrum,* vol. 40, n° 2, 2005, *op. cit.*, pp. 197-220.
482 CHETIMA (Melchisedek)., « Démocratisation et explosion des revendications ethno-régionales au Cameroun : Des relations complexes entre démocratie et ethnicité », *Academia,* 2013, *op. cit.*, pp. 81-90.
483 CHETIMA (Melchisedek)., « Démocratisation et explosion des revendications ethno-régionales au Cameroun : Des relations complexes entre démocratie et ethnicité », *Academia,* 2013, *op. cit.*, pp. 81-90.
484 *Ibidem*, *op. cit.*, pp. 81-90.

à juste titre qu'Ernest-Marie Mbonda[485] estime que ces revendications « *visent généralement à obtenir des avantages pour des individus en tant que membres ou représentants d'une ethnie particulière, ou pour la localité où cette ethnie est installée* ». Il n'est donc pas surprenant de constater, à la lumière de cette affirmation, que ces communautés ethniques revendiquent une plus grande présence dans la gestion des affaires étatiques. C'est ainsi l'ouverture de l'Afrique à la démocratie en 1990 qui marque le début d'une certaine liberté d'expression des groupes ethniques jusque-là opprimés.

Forts de ces revendications, vont émerger des groupements ethno-régionalistes dont l'objectif est de dénoncer la situation d'exclusion de la gestion du pouvoir dont ils sont victimes. Ceci justifie, pour le cas du Cameroun, l'existence de la lettre des « intellectuels bamiléké », déjà évoquée, et publiée par « *le Conseil supérieur des intérêts bamiléké (COSIBA) pour attirer l'attention du chef de l'État sur une sorte d'apartheid pratiqué contre les Bamiléké et pour l'inviter à y mettre fin* » (E.-M. Mbonda, 2009)[486], car ceux-ci étaient relégués au second plan, voire exclus de la gestion du pouvoir[487]. On notera également, d'une part, les doléances des étudiants de la province de l'Est, au Cameroun, adressées au chef de l'État pour l'alerter sur leur sous-représentation dans les organes de l'État, et d'autre part, le mémorandum des Kirdi faisant état de leur exclusion sur le plan éducatif et dans la fonction publique. Par ailleurs, les mêmes revendications ethniques dans d'autres pays africains tels que le Bénin, le Congo-Brazzaville, la RDC, le Gabon, le Mali, le Togo, le Tchad et le Niger, où elles ont donné lieu aux conférences nationales souveraines, véritable « pouvoir constituant originaire »[488], ont abouti plus ou moins à une prise en compte des communautés ethniques.

---

485 MBONDA (Ernest-Marie)., *Justice ethnique. Identités ethniques, reconnaissance et représentation politique*, Pul, 2009, *op. cit.*, p. 28 ; ou encore YODOU SIBEUDEU (Alain-Patrick)., *Justice politique et prévention des conflits dans les sociétés pluriethniques : cas de la politique de l'équilibre régional au Cameroun*, Mémoire de sciences sociales, Université catholique d'Afrique centrale, 2011, pp. 23-24.

486 MBONDA (Ernest-Marie)., *Justice ethnique. Identités ethniques, reconnaissance et représentation politique*, Pul, 2009, *op. cit.*, p. 29.

487 SINDJOUN (Luc)., *La politique d'affection en Afrique noire*, Publications du GRAF, Boston University, 1998, p. 11 ; voir aussi KAGO (Jacques)., *Tribalisme et exclusions au Cameroun : le cas des Bamiléké*, Yaoundé, CRAC, 1995 ; CHETIMA (Melchisedek)., « Démocratisation et explosion des revendications ethno-régionales au Cameroun : Des relations complexes entre démocratie et ethnicité », *Academia*, 2013, *op. cit.*, pp. 81-90.

488 BESSE (Magalie)., « La Conférence nationale souveraine, un pouvoir constituant original », *Amitié entre les peuples*, 19 février 2017, consulté en mars 2018 ; EBOUSSI BOULAGA (Fabien)., *Les conférences nationales en Afrique noire : une affaire à suivre*, Karthala, 2009, *op. cit.*, pp. 65-67 ; voir aussi RAYNAL (Jean-Jacques)., « Les conférences nationales en Afrique : au-delà du mythe, la Démocratie ? », *Revue du droit des pays d'Afrique*, L'inconnu, octobre 1994, n°826, pp. 317-318.

En conclusion, on peut dire que l'explosion des revendications ethniques en Afrique constitue un enjeu majeur de mobilisation des groupes ethniques contre le pouvoir en place. En réalité, ces revendications traduisent sans aucun doute la discrimination des ethnies au pouvoir à l'égard des autres communautés, ce qui engendre des fractures et contestations sociales en Afrique. C'est ainsi qu'étant dans l'impossibilité de donner suite à toutes les revendications, les dirigeants africains préfèrent se tourner vers les leaders des différentes communautés ethniques pour leur offrir des présents, afin qu'ils mettent fin à leurs revendications qui menacent le pouvoir en place[489]. Dès lors, se pose la question de la dialectique entre la démocratie et l'ethnicité, car en Afrique, « *l'ethnicité intervient dans toutes les différentes phases du processus vers la démocratie* » (I. Mouiche, 2000)[490]. En effet, la démocratisation de l'Afrique a « conduit à l'irruption au sein de l'État de nouveaux clients politiques »[491]. Dans ce contexte, l'ethnicité est considérée comme le seul moyen de revendication du partage équitable du « gâteau national », et elle influence le processus de démocratisation[492] des années 1990, allant jusqu'à engendrer des conflits ethniques. De surcroît, la démocratie africaine doit se conjuguer avec les réalités ethniques, en tenant compte des groupes ethniques qui réclament une égalité dans le partage des richesses nationales. Ces revendications, à en croire certains auteurs, ne constituent nullement un frein pour la démocratie. Ils soulignent en revanche que le problème viendrait de l'instrumentalisation de l'ethnicité par les hommes politiques, qui engendre des sentiments népotiques et claniques dans la gestion de l'État[493]. En tout état de cause, les explosions des revendications ethniques obligent les dirigeants politiques à aller vers un constitutionnalisme démotique en Afrique afin d'assurer une prise en compte juridique du fait ethnique.

B - Vers un constitutionalisme démotique en Afrique ?

En Afrique, la question de la reconnaissance juridique, voire de la constitutionnalisation de la diversité ethnique, souvent à l'origine des conflits, suscite beaucoup d'intérêt chez les juristes. Ainsi que le constate le professeur

---

489 CHETIMA (Melchisedek)., « Démocratisation et explosion des revendications ethno-régionales au Cameroun : Des relations complexes entre démocratie et ethnicité », *Academia*, 2013, *op. cit.*, pp. 81-90.
490 MOUICHE (Ibrahim)., « Ethnicité et multipartisme au Nord-Cameroun », *African Journal of Political Science*, Vol. 5, n° 1, 2000, pp. 46-91.
491 *Ibidem*, pp. 46-91.
492 Pour citer l'ouvrage de BANOCK (Michel)., *Le processus de démocratisation en Afrique : le cas du Cameroun*, Paris, L'Harmattan, 1993, 252 p.
493 CHETIMA (Melchisedek)., « Démocratisation et explosion des revendications ethno-régionales au Cameroun : Des relations complexes entre démocratie et ethnicité », *Academia*, 2013, *op. cit.*, pp. 81-90.

Mwayila Tshiyembé (2001)[494], même si le constitutionnalisme africain des années 1990 a connu des avancées remarquables, il n'en demeure pas moins que face à l'incapacité des constituants africains à prendre en compte les réalités ethniques, le produit constitutionnel livré sur le marché politique africain n'a rien d'authentique. En d'autres termes, au lieu de tenir compte des spécificités proprement africaines, les constituants africains des années 1990, époque durant laquelle les « explosions »[495] des conflits interethniques ont été recensées dans la plupart des pays africains francophones, ont, là encore, emprunté la voie du mimétisme institutionnel. Cet évitement constitutionnel du fait ethnique a plongé ces pays dans l'instabilité sociopolitique ou dans des retards de développement[496].

Ainsi, poser la question du constitutionnalisme démotique apparaît nécessaire dans le contexte constitutionnel africain, afin de l'inscrire dans une nouvelle perspective que l'on qualifierait de constitutionnalisme « démotique »[497] ou « pluraliste »[498], dont l'objectif serait la prise en considération de toutes les couches de la société dans la gouvernance de l'État. C'est à Marcel Prélot (1990)[499] que l'on attribue souvent l'idée de « droit constitutionnel démotique » qui considère que l'État étant avant tout une collectivité humaine, le « droit constitutionnel démotique apparaît alors comme une branche qui s'attache à la composition humaine de la société étatique »[500]. C'est dire que la Constitution, en tant que « *pactum societatis* »[501], doit déterminer le statut des nationaux, c'est-à-dire que le peuple n'est plus seulement la source de la Constitution, au sens de l'alinéa 3

---

494 TSHIYEMBE (Mwayila)., *État multinational et démocratie africaine : sociologie de la renaissance politique*, Paris, L'Harmattan, 2001, *op. cit.*, p. 150.
495 MOUICHE (Ibrahim)., « La question nationale, l'ethnicité et l'État en Afrique : le cas du Cameroun », *CIREPE*, n° 1, *op. cit.*, p. 17.
496 TRIMUA (Christian Eninam)., « L'idée républicaine de la constitution en Afrique francophone », *Revue en ligne Afrilex (Revue d'étude et de recherche sur le droit et l'administration dans les pays d'Afrique)*, mai 2015, *op. cit.*, consulté en mars 2018.
497 PIERRÉ-CAPS (Stéphane)., « La constitution démotique ou les mutations de la constitution au seuil du XXIe siècle », *in État, société et pouvoir à l'aube du XXIe siècle, Mélanges François Borella*, Nancy, PUN, 1999, pp. 403-422 ; voir aussi TSHIYEMBE (Mwayila)., *État multinational et démocratie africaine : sociologie de la renaissance politique*, Paris, L'Harmattan, 2001, *op. cit.* p.150.
498 *Ibidem*, *op. cit.*, p. 150.
499 PRÉLOT (Marcel), BOULOUIS (Jean)., *Institutions politiques et droit constitutionnel*, Paris, Dalloz, 11e édition, 1990, p. 28 et *sq.*
500 *Ibidem*, p. 31 ; PIERRÉ-CAPS (Stéphane)., « La constitution démotique ou les mutations de la constitution au seuil du XXIe siècle », *in État, société et pouvoir à l'aube du XXIe siècle, Mélanges François Borella*, Nancy, PUN, 1999, *op. cit.*, pp. 403-422.
501 PIERRÉ-CAPS (Stéphane), « L'esprit des Constitutions », *in L'esprit des institutions, l'équilibre des pouvoirs, Mél. Pierre Pactet*, Paris, Dalloz, 2003, p. 387.

de l'article 21 de la DUDH[502], mais doit en être l'enjeu[503]. La Constitution démotique doit désigner le peuple non seulement comme une entité indivisible, mais aussi comme la somme des spécificités qui le composent[504]. En réalité, cette théorie a pour objet de faire du peuple, entendu ici comme l'ensemble des groupes sociaux au sein de l'État, la source de la légitimité du pouvoir et du droit. Appliquée au contexte africain, cette théorie permet d'abord de reconnaître les ethnies comme source de légitimation de l'État, c'est-à-dire des nations sociologiques à qui on attribue le pouvoir constituant originaire afin de « concilier la légitimité traditionnelle avec la légitimité importée » (M. Tshiyembé, 2001)[505]. Ensuite, la Constitution démotique permet de garantir la complémentarité entre le droit produit par l'État et le droit propre à chaque groupe ethnique, spécialement sa coutume. Appréhendée sous l'angle de ces deux hypothèses, la Constitution démotique est le fruit d'une volonté collective, notamment celle de toutes les composantes nationales, permettant que le droit produit « se dise dans un langage culturellement signifiant »[506].

En Afrique, cette thèse est soutenue par des auteurs tels que Rodrigue Ngando Sandjè (2014)[507], Pascal Touoyem (2014)[508] et Alain Ondoua (2012)[509]. Pour Alain Ondoua (2012)[510], « *le substrat humain des sociétés politiques d'Afrique francophone peut trouver reconnaissance dans le recours aux ressources fournies par le droit constitutionnel dit "démotique", dans l'optique de faire émerger un véritable constitutionnalisme des sociétés plurales africaines* ». Par conséquent, la Constitution démotique serait une solution idoine dans la mesure où elle permettrait de pallier les tares de la

---

502 Voir l'alinéa 3 de l'article 21 de la DUDH.

503 BORELLA (François)., « Réflexions sur la question constitutionnelle aujourd'hui », *Civitas Europa*, n° 5, septembre 2000, pp. 7-20 ; voir aussi NGANDO SANDJE (Rodrigue)., *État et nation dans le constitutionnalisme africain. Étude thématique*, Thèse, Droit public, Université de Bourgogne, 2013, *op. cit.*, p. 335.

504 *Ibidem.*, p. 335.

505 TSHIYEMBE (Mwayila)., *État multinational et démocratie africaine : sociologie de la renaissance politique*, Paris, L'Harmattan, 2001, *op. cit.*, p. 152.

506 *Ibidem*, *op. cit.*, p. 153.

507 NGANDO SANDJE (Rodrigue)., « Le terroir. Contribution à l'étude du droit constitutionnel démotique », *Sciences humaines combinées* [en ligne], 13 | 2014, mis en ligne le 19 décembre 2017, consulté le 27 avril 2020. URL : http://preo.u-bourgogne.fr/shc/index.php?id=359 ; voir aussi NGANDO SANDJE (Rodrigue)., *État et nation dans le constitutionnalisme africain. Étude thématique*, Thèse, Droit public, Université de Bourgogne, 2013, 657 p.

508 TOUOYEM (Pascal)., *Dynamiques de l'ethnicité en Afrique : Éléments pour une théorie de l'État multinational*, Thèse, Tilburg University, 2014, *op. cit.*, p. 206 et *sq.*

509 ONDOUA (Alain)., « La population en droit constitutionnel. Le cas des pays d'Afrique francophone », *Afrique contemporaine*, 2012/2, n° 242, pp. 87-97.

510 *Ibidem*, *op. cit.*, pp. 87-97.

« démocratie constitutionnelle libérale » (S. Pierré-Caps, 2004)[511] des années 1990, afin de donner une réponse effective à l'épineuse question de la diversité ethnique. Partant de cette singularité du droit constitutionnel démotique, on constatera, après une étude approfondie des différentes Constitutions africaines, que le regain du constitutionnalisme observé dans la plupart des pays africains depuis plus de trente ans est marqué par la volonté d'incorporer les communautés ethniques dans la Constitution, afin de les associer à la prise de décision. C'est le cas du Bénin, considéré comme le précurseur de la prise en compte du fait ethnique en Afrique francophone. Ainsi, l'article 3 de la Constitution béninoise de 1977 énonce que « la République populaire du Bénin est un État unifié et multinational... »[512]. En Côte d'Ivoire, le préambule de la Constitution de 2016 consacre une nation pluriethnique[513]. On observe la même chose dans les Constitutions des pays tels que le Cameroun, le Congo-Brazzaville, la Côte d'Ivoire, le Niger, la RDC, le Burkina Faso, le Burundi, la Guinée ou encore le Rwanda, qui non seulement reconnaissent les communautés ethniques, mais consacrent également l'autochtonie et le pouvoir coutumier comme une consécration indirecte de l'ethnicité. À titre d'illustration, en RDC, c'est l'article 207 de la Constitution qui dispose que « l'autorité coutumière est reconnue ; elle est dévolue conformément à la coutume locale, pour autant que celle-ci ne soit pas contraire à la Constitution et aux bonnes mœurs... »[514]. De même, l'article 230 de la Constitution congolaise institue le Conseil consultatif des sages et notabilités traditionnelles, dont le rôle consiste à émettre des avis sur la gouvernance et à faire des suggestions au gouvernement[515].

En définitive, on retiendra que face aux revendications des minorités ethniques visant à obtenir certains avantages, la question qui se pose consiste à trouver des modèles constitutionnels adaptés aux réalités et aux attentes des diverses forces centrifuges qui font souvent obstacle à l'instauration de l'unité nationale. La réponse à cette question se trouve dans les analyses faites par certains constitutionnalistes africains, qui pensent que les constituants africains ont été rattrapés par les « faits têtus »[516] des identités ethniques. Ils postulent dès lors pour une redéfinition de l'État à partir de la prise en compte du fait ethnique par le droit public[517]. On peut ainsi se référer aux propos de

---

511 PIERRÉ-CAPS (Stéphane)., « Les mutations de la notion de constitution et le droit constitutionnel », *Cuestiones Constitucionales*, núm. 10, enero-junio, 2004, pp. 169-180.

512 Voir la Constitution béninoise de 1977, art. 3.

513 Voir le préambule de la Constitution ivoirienne du 8 novembre 2016, *op. cit.*

514 Voir la Constitution de la RDC de 2006, *op. cit.*, art. 207.

515 Voir la Constitution du Congo-Brazzaville de 2015, art. 230.

516 ROSSATANGA-RIGNAULT (Guy)., « Identités et démocratie en Afrique. Entre hypocrisie et faits têtus », *Afrique contemporaine*, 2012/2, n° 242, *op. cit.*, pp. 59-71.

517 NTUMBA LUABA (Alphonse)., « Ethnicité, citoyenneté et gouvernementalité dans le contexte du renouveau constitutionnaliste africain », *Revue africaine des sciences sociales et humaines*, n°2, juillet 2002, *op. cit.*, pp. 43-60

l'ancien ministre de l'Information de la RDC, Didier Mumengi (1998)[518], qui affirme en 1998 que : « *L'ordre nouveau ne peut entrer en mouvement par l'abolition pure et simple de l'antériorité, par un effacement des traits ethniques. Il doit les intégrer dans son nouveau fonctionnement. Aussi préconise-t-il, de donner à l'ethnie sa juste place dans la construction nationale* ». On comprend de ce fait que les constituants africains ne doivent plus se contenter de calquer les modèles venus d'ailleurs mais prendre en compte les réalités ethniques. Autrement dit, les structures et les institutions de l'État doivent, d'une part, refléter toute la composition nationale et respecter les droits des minorités et, d'autre part, assurer un partage équitable du pouvoir afin de mettre en place « un système efficace de contre-pouvoir permettant d'atténuer la perception d'injustice et d'insécurité propice à la mobilisation ethnique »[519]. Il faut dès lors aller vers une nouvelle conception de l'État africain permettant une participation effective des groupes ethniques à la gestion des affaires publiques, en ce sens que l'institution d'un tel État constitue une condition *sine qua non* pour le rétablissement et la consolidation de l'unité nationale.

Section 2 : Quel type « d'État pour l'Afrique » francophone ?

S'interrogeant sur la « forme d'État pour l'Afrique », Luc Sindjoun (1996)[520] écrit : « *Compte tenu de la permanence des conflits ethnopolitiques dans le monde et de la crise du pouvoir central, il semble opportun de reconsidérer les relations entre le centre et la périphérie et d'envisager une forme adaptée de l'État qui se situe dans le cadre d'un régime politique démocratique.* » Cette pensée a suscité, chez les dirigeants africains, l'idée de mettre un terme au centralisme postcolonial, et donc à toute forme d'État dont le pouvoir politique ne serait centralisé qu'au niveau étatique pour éviter les conflits ethno-régionalistes. Ainsi, pour sortir de l'impasse, d'aucuns pensent que le fédéralisme « ethnique » serait la seule issue[521] pour régler la crise de

---

[518] MUMENGI (Didier)., « Nationalité, Ethnicité et exercice du pouvoir en République Démocratique du Congo », Communication au Colloque organisé par le CEMIRA, Kinshasa, 5 - 6 novembre 1998.
Ibidem, *op. cit.*, pp. 43-60

[519] Voir sur ce point https://africacenter.org/fr/publication/la-mauvaise-interpretation-des-conflits-ethniques-en-afrique/, *op. cit.*, consulté en mai 2018.

[520] SINDJOUN (Luc)., « Quelle forme d'État pour l'Afrique ? », *Afrique 2000 : revue trimestre*, 1996, pp. 37-55.

[521] OBENGA (Théophile)., *L'État fédéral d'Afrique noire : la seule issue*, Paris, L'Harmattan, 2012, 74 p ; voir aussi DE MONTCLOS (Marc-Antoine)., « Le fédéralisme au secours de l'Afrique ? Du Nigeria au Soudan, des expériences contrastées », *Afrique contemporaine*, 2003/4, n° 208, pp. 101-114 ; voir aussi KASONGO (Makita-Kass)., « Fédéralismes africains : l'idée fédérale dans l'Afrique des turbulences politico-ethniques », *Revue internationale de politique comparée*, 2003/1, Vol. 10, pp. 19-40 ; ou encore BURGESS (Michel)., « Le fédéralisme en Afrique. Un essai sur les effets de la diversité culturelle, du développement et

l'État africain (**§1**). D'autres en revanche postulent pour un système régionaliste considéré comme le moteur du développement socio-économique, et permettant en particulier d'éviter les sécessions (**§2**).

§1 - Le fédéralisme ethnique

Dans sa réflexion sur le fédéralisme africain, Doudou Thiam (1972)[522] démontre qu'à l'instar de « *beaucoup de continents, l'Afrique est à la recherche de son unité ; et la recherche de cette unité place le problème du fédéralisme au centre des débats politiques* ». Faut-il alors admettre d'emblée que le fédéralisme serait l'unique forme d'État adaptée pour répondre aux exigences du multiculturalisme en Afrique (M.-A. Pérouse de Montclos, 2003)[523] ? Pour répondre à cette question, certains auteurs tentent de s'appuyer sur les échecs du fédéralisme postcolonial pour justifier leur hostilité à l'idée de fédéralisme, qu'ils considèrent comme un moyen de promotion des groupements ethniques (**A**). D'autres prennent le contre-pied de cette argumentation, en manifestant leur volonté d'aller vers un nouveau fédéralisme, estimé comme la seule forme d'État pouvant garantir la redistribution du pouvoir (**B**).

A - Les échecs du fédéralisme postcolonial

En s'interrogeant sur l'État africain, Thierry Michalon (2003)[524] écrit que « *les jeunes États africains ne sont ni les premiers ni les seuls à reposer sur une société non pas nationale, mais prénationale, où les solidarités ethniques l'emportent encore sur la solidarité globale en très lente formation* ». Cette affirmation montre que les États africains, dès le lendemain de la décolonisation, ont été sous le prisme du caractère pluriethnique de leurs sociétés, alimentant ainsi plusieurs conflits interethniques. C'est dans l'optique de prévenir ou de résoudre ces conflits que certains dirigeants africains ont opté pour le changement des structures étatiques, notamment en adoptant un système fédéraliste entendu comme moyen de gestion des forces centrifuges (P.-F. Gonidec, 1985)[525].

---

de la démocratie », *in L'idée fédérale (Réseau québécois de réflexion sur le fédéralisme)*, janvier 2012, 20 p.

522 THIAM (Doudou)., *Le fédéralisme africain : ses principes et ses règles*, Paris, Éditions Présence africaine, 1972, p. 7.

523 PÉROUSE DE MONTCLOS (Marc-Antoine)., « Le fédéralisme au secours de l'Afrique ? Du Nigeria au Soudan, des expériences contrastées », *Afrique contemporaine*, 2003/4, n° 208, *op. cit.*, pp. 101-114.

524 MICHALON (Thierry)., « *Quel État pour l'Afrique ?* », Paris, L'Harmattan, 2003, *op. cit.*, p. 147.

525 GONIDEC (Pierre-François)., *L'État africain : évolution, fédéralisme, centralisation et décentralisation*, 2e édition, Tome 3, Paris, LGDJ, 1985, p. 153.

Ainsi, à la suite de la montée en puissance des mouvements séparatistes remettant en cause l'intégrité territoriale de l'État dans les années 1960 jusqu'au début des années 1990, certains pays comme le Cameroun (1962-1972) et la RDC (1964-1965, puis en 1992) ont chacun dans son contexte fait le choix du fédéralisme comme forme de l'État[526]. Ce fédéralisme, affirme-t-on, avait pour objectif de faire face aux velléités séparatistes de certaines régions et de résoudre la question du respect des particularités régionales. Au Cameroun, on peut citer l'exemple des mouvements séparatistes intervenus en 1961 dans la région anglophone, située au nord du Cameroun[527], réclamant la reconnaissance des particularismes territoriaux sur un fond de fédéralisme. C'est dans ce sens, et pour apporter une réponse effective à cette situation, que le pays a adopté, le 1er septembre 1961, à la suite de l'union avec la partie anglophone, une nouvelle Constitution consacrant l'État fédéral. Aux termes de l'article 1er de cette Constitution : « La République fédérale du Cameroun est formée, à compter du 1er octobre 1961, du Territoire de la République du Cameroun, désormais appelé Cameroun Oriental, et du Territoire du Cameroun Méridional anciennement sous tutelle britannique, désormais appelé Cameroun Occidental [...] ; ses langues officielles sont le français et l'anglais. »[528] L'article 38 de la même Constitution prévoit que « ... les États fédérés peuvent se donner, dans les limites fixées par la Constitution, les institutions de leur choix »[529]. Par ailleurs, la RDC a elle aussi été confrontée aux nombreux mouvements séparatistes dont le plus connu reste celui de la province du Katanga, située au sud-est de la RDC, qui s'est autoproclamée indépendante deux semaines après l'accession de ce pays à l'indépendance en 1960 (N. Wibyala, 2012)[530]. Pour y faire face, le pays devait se doter d'une nouvelle Constitution permettant d'associer tous les groupes sociaux à la gestion du pouvoir. C'est ainsi qu'a été adoptée, en août 1964, une Constitution dite Luluabourg, consacrant une République fédérale pour répondre aux tendances séparatistes (A.-M. Azami, 1970)[531]. De plus, on peut également souligner le projet de Constitution de la République fédérale du Congo, élaborée par la Conférence nationale souveraine en 1992, qui énonce dans son article 2 que « la République fédérale du Congo est un État

---

[526] KASONGO (Makita-Kass)., « Fédéralismes africains : l'idée fédérale dans l'Afrique des turbulences politico-ethniques », *Revue internationale de politique comparée,* 2003/1, Vol. 10, *op. cit.*, pp. 19-40.

[527] KONINGS (Piet)., « Le problème anglophone au Cameroun dans les années 1990 », *Politique africaine*, pp. 25-34.

[528] Constitution camerounaise du 1er septembre 1961, art. 1er.

[529] *Ibidem*, art. 38.

[530] WIBYALA (Norbert)., « La résistance katangaise de 1960 à 1963 », 18 juin 2012, article publié sur http://mwanashaba.centerblog.net/169-la-resistance-katangaise-de-1960-a-1963, consulté en juin 2018.

[531] AZAMI (S-M)., « Le système constitutionnel de la République démocratique du Congo », *Revue internationale de droit comparé*, Vol. 22, n°2, avril-juin 1970, pp. 325-340 ; voir aussi : https://mjp.univ-perp.fr/constit/cd.htm, consulté en avril 2020.

souverain, uni [...] ; elle est constituée de provinces... »[532]. Partant de ces analyses, on peut retenir que le fondement du fédéralisme dans ces deux pays d'Afrique centrale a été sans doute vu comme « ethnique », en ce sens que les régions ou les provinces (ethnies) sont considérées comme les unités constituantes de la fédération.

Néanmoins, on peut affirmer que l'histoire de l'État africain montre à travers plusieurs exemples que le fédéralisme des années 1960, dans les pays où il a été expérimenté, n'a pas été une solution fiable, capable de fédérer et de répondre aux attentes de tous les groupes ethniques. Cette expérience de gestion fédérale, tant au Cameroun qu'en RDC, s'est très vite révélée un échec, car caractérisée par un partage inégalitaire des compétences entre l'État fédéral et les États fédérés[533]. Comme le montre Carole Valérie Nouazi Kemkeng (2015)[534], cette expérience s'est traduite par une forte prépondérance de l'État central sur les États fédérés. Il ne s'agissait en réalité que d'un fédéralisme fortement centralisé, dont l'objectif n'était que la recherche de l'unité nationale afin d'éviter les conflits ethno-régionalistes, sans accorder aux États fédérés une véritable autonomie dans la gestion de leurs affaires[535]. Cette argumentation vient à point nommé confirmer l'idée de Pierre-François Gonidec (1985)[536], qui estime qu'en Afrique, « *le fédéralisme a été un échec incontestable, compte tenu de l'idéologie de l'unité africaine, du fait que les États fédérés ont décidé de mettre fin à la fédération pour se constituer en États distincts* ». Pour s'en convaincre, comme l'affirment certains auteurs, ce fédéralisme n'a été qu'un moyen d'évitement des mouvements sécessionnistes ayant vu le jour après les indépendances, en ce sens que « *le fédéralisme n'atteindrait ses objectifs que s'il parvient à éviter une fragmentation territoriale entraînant l'indépendance d'une région appartenant à un État donné* » (D. Rodrigues, 2010)[537]. Par conséquent, on peut dire que ce fédéralisme a été analysé, pour emprunter les mots de Charles

---

532 RDC, Projet de Constitution de la République fédérale du Congo de 1992, art. 2.

533 NACH MBACK (Charles)., *Démocratisation et décentralisation. Genèse et dynamiques comparés des processus de décentralisation en Afrique subsaharienne*, Paris, Karthala, 2003, p. 119.

534 NOUAZI KEMKENG (Carole Valérie)., « L'idéologie de l'unité nationale et le révisionnisme constitutionnel au Cameroun », *Jurisdoctoria*, n° 12, 2015, *op. cit.*, pp. 55-81.

535 NACH MBACK (Charles)., *Démocratisation et décentralisation. Genèse et dynamiques comparés des processus de décentralisation en Afrique subsaharienne*, Paris, Karthala, 2003, *op. cit.*, p. 119.

536 GONIDEC (Pierre-François)., *L'État africain : évolution, fédéralisme, centralisation et décentralisation*, 2e édition, Tome 3, Paris, LGDJ, 1985, *op. cit.*, p. 153.

537 RODRIGUES (Daniel)., « Fédéralisme, conflit ethnique et sécessionnisme : Le fédéralisme comme instrument de sécession non violente », *Fédéralisme Régionalisme* [en ligne], Varia, Volume 10, 2010, URL : http://popups.ulg.ac.be/1374-3864/index.php?id=903, consulté en juin 2018.

Nach Mback (2003)[538], comme une « parenthèse postcoloniale » très rapidement refermée. Dès lors, il conviendra, à l'instar de certains pays comme le Brésil, le Canada, le Nigeria, le Soudan ou encore l'Éthiopie, d'aller vers une nouvelle conception du fédéralisme comme véritable mode de redistribution du pouvoir entre les différentes composantes du pays, que l'on pourrait qualifier de « fédéralisme ethnique »[539], permettant ainsi de résoudre l'équation de l'unité nationale.

B- Le nouveau fédéralisme comme mode de redistribution du pouvoir

Militant pour l'institution d'un État multinational en Afrique, Mwayila Tshiyembé (2001)[540] affirme : « *D'une manière générale, le fédéralisme est une théorie du pluralisme fondée sur le principe de l'unité dans la diversité, sous-tendant les principes de séparation, d'autonomie et participation. On peut dire qu'il est un mode de gouvernement reposant sur une certaine manière de distribuer le pouvoir, à partir des gouvernements territoriaux autonomes, qui participent d'une manière ordonnée et permanente, aux institutions et aux décisions du gouvernement fédéral* ». En d'autres termes, le fédéralisme est un système qui reflète la diversité (ethnique) tant dans sa formation que dans son organisation, centrée sur le principe de partage de compétences entre l'État central et les entités fédérées (M. Tshiyembé, 2001)[541]. Ainsi, certains auteurs spécialistes de l'Afrique exhortent les dirigeants africains à faire le choix de ce qu'ils appellent « le nouveau fédéralisme »[542], considéré comme une solution permettant d'établir l'équilibre dans la gestion du pouvoir entre différentes entités ethniques et pour faire face aux défis du multiculturalisme africain[543]. Ainsi, le système fédéralisme, parce qu'il se repose sur trois grands principes, notamment la superposition des ordres juridiques, l'autonomie des États fédérés et la participation de ceux-ci au pouvoir fédéral, permettrait d'aboutir à l'établissement ou la consolidation de l'unité nationale. Ce système nouveau

---

538 NACH MBACK (Charles)., *Démocratisation et décentralisation. Genèse et dynamiques comparés des processus de décentralisation en Afrique subsaharienne*, Paris, Karthala, 2003, *op. cit.*, p. 119.

539 VAUGHAN (Sarah), LE MARCIS (Frédéric)., « Identité ethnique et fédéralisme en Éthiopie du Sud », *Politique africaine,* 2005/3, n° 99, pp. 22-42.

540 TSHIYEMBE (Mwayila)., *État multinational et démocratie africaine : sociologie de la renaissance politique*, Paris, L'Harmattan, 2001, *op. cit.*, p. 184.

541 *Ibidem*, *op. cit.*, p. 184.

542 GONIDEC (Pierre-François)., *L'État africain : évolution, fédéralisme, centralisation et décentralisation*, 2e édition, Tome 3, Paris, LGDJ, 1985, *op. cit.*, p. 177 ; KASONGO (Makita-Kass)., « Fédéralismes africains : l'idée fédérale dans l'Afrique des turbulences politico-ethniques », *Revue internationale de politique comparée,* 2003/1, Vol. 10, *op. cit.*, pp. 19-40.

543 PÉROUSE DE MONTCLOS (Marc-Antoine)., « Le fédéralisme au secours de l'Afrique ? Du Nigeria au Soudan, des expériences contrastées », *Afrique contemporaine,* 2003/4, n° 208, *op. cit.*, pp. 101-114.

fédéralisme, estime-t-on, consiste à confier à chaque groupe ethnique le soin de prendre sa destinée en main, c'est-à-dire que chaque ethnie, considérée comme une unité constituante de l'État fédéral, va pouvoir décider de son organisation et gérer ses propres affaires. Une telle réflexion pourrait conduire à affirmer, à la suite d'Olivier Beaud[544], que « *le fédéralisme est à la fois un certain degré d'union et un certain degré de décentralisation de sorte qu'il n'y aurait qu'une gamme de fédéralisme* ».

Concrètement, pour atteindre l'objectif du système fédéraliste, il conviendra de procéder au recensement général de la population sur des bases ethnolinguistiques, de façon à déterminer des circonscriptions administratives en tenant compte des facteurs identitaires, afin de permettre à chaque identité territorialement définie, dans un système fédéraliste, d'avoir le droit d'être représentée. Plus clairement, il s'agira de faire de l'ethnie un critère d'organisation constitutionnelle et administrative de l'État, donc une entité constituante et distincte de l'État fédéral qui conduit à reconnaître à l'ethnie la personnalité juridique. Deux niveaux d'organisation du pouvoir doivent caractériser la division du territoire fédéral, à savoir l'État fédéral et les États fédérés. Le pouvoir est ainsi « *affecté en fonction du territoire tel qu'il est découpé politiquement, en conférant à l'ensemble de collectivités infra-étatiques, c'est-à-dire provinces, communes, chefferies traditionnelles, le statut d'espace politique d'autodétermination interne* » (M. Tshiyembé, 2001)[545]. Au niveau fédéral, la mise en place au parlement d'une chambre fédérale, composée des représentants des entités fédérées déterminées sur la base ethnique, permettrait de garantir la représentation des ethnies dans les structures de l'État fédéral, donc de rendre effectif le principe de participation. Au plan local, l'autonomie administrative qui caractérise le système fédéral, permettra aux ethnies ainsi regroupées au sein des entités territorialement déterminées (États fédérés) de gérer leurs affaires internes, à déterminer leurs propres règles d'organisation, notamment le droit d'avoir leur propre Constitution (S. Planel, 2007)[546]. Le système fédéraliste « favorise ainsi l'expression politique des ethnies »[547], il y est perçu « comme mode de gestion de la diversité » (A. Lecours, F. Rocher, 2015)[548], permettant l'équilibre entre

---

544 BEAUD (Olivier)., *La théorie de la fédération*, Paris, PUF, 2e édition, 2009, p. 91.

545 TSHIYEMBE (Mwayila)., *État multinational et démocratie africaine : sociologie de la renaissance politique*, Paris, L'Harmattan, 2001, *op. cit.*, p. 185.

546 PLANEL (Sabine)., « Du centralisme à l'ethno-fédéralisme. La décentralisation conservatrice de l'Éthiopie », *Afrique contemporaine*, 2007/1 n° 221, pp. 87-105.

547 *Ibidem*, pp. 87-105.

548 LECOURS (André) et ROCHER (François)., « Le fédéralisme comme mode de gestion de la diversité : le cas du Canada et de l'Espagne », *Éthique publique* [En ligne], vol. 9, n° 1 | 2007, mis en ligne le 11 septembre 2015, consulté le 27 décembre 2020. URL : http://journals.openedition.org/ethiquepublique/1788

l'unité nationale et la diversité ethnique.

Dès lors, le choix du fédéralisme par les dirigeants africains semble être une solution permettant le « dosage ethnique »[549], afin d'éviter la promotion des tendances séparatistes. Ce dosage ethnique, entendu comme « une technique de répartition ou de distribution »[550] du pouvoir dans un contexte pluriethnique, vise, à travers le nouveau fédéralisme, à souder l'unité nationale, à prévenir et à résoudre les conflits interethniques. Ainsi, pour faire face aux tensions internes et pour éviter l'implosion nationale, l'idée du fédéralisme a suscité, dans une Afrique qui a connu des grandes turbulences tant politiques qu'ethniques[551], un regain d'intérêt dans les années 1990[552]. À l'évidence, l'adoption de l'État fédéral au Soudan, au Nigeria ou encore actuellement en Éthiopie, marque la volonté de ces pays d'apaiser les conflits interethniques, d'une part, et de favoriser l'égalité dans le partage du pouvoir entre les composantes nationales, d'autre part. À cet égard, l'Éthiopie constitue un véritable exemple du réalisme ethnique, en ce sens que la Constitution de ce pays, adoptée en 1994, consacre un fédéralisme à base ethnique[553]. Ainsi, le préambule de cette Constitution énonce : « Nous les Nations, les groupes ethniques et les peuples de l'Éthiopie... »[554] Plus clairement encore, cette Constitution marque son originalité en faisant de l'ethnicité l'unité centrale de l'État fédéral, notamment dans son article 8 qui dispose que « tout le pouvoir souverain réside dans les Nations, nationalités et peuples d'Éthiopie »[555]. En fondant le redécoupage de la carte administrative du pays à partir du critère ethnique, cette Constitution reconnaît les ethnies comme les composantes de la République fédérale d'Éthiopie.

---

549 AHADZI-NONOU (Koffi)., « Réflexions sur un tabou du constitutionnalisme négro-africain : le tribalisme », *in Les voyages du droit : Mélanges Dominique Breillat*, LGDJ, 2011, *op. cit.*, pp. 19-25. L'expression désigne selon l'auteur, « une technique de répartition ou de distribution des postes les plus importants de responsabilité politique, administrative, militaire ou autres tenant compte du poids démographique, économique, politique de chaque groupe ethnique ou tribal dans une société pluriethnique marquée par une forte prégnance des appartenances ethniques ».

550 *Ibidem*, pp. 19-25.

551 KASONGO (Makita-Kass)., « Fédéralismes africains : l'idée fédérale dans l'Afrique des turbulences politico-ethniques », *Revue internationale de politique comparée,* 2003/1, Vol. 10, *op. cit.*, pp. 19-40.

552 PÉROUSE DE MONTCLOS (Marc-Antoine)., « Le fédéralisme au secours de l'Afrique ? Du Nigeria au Soudan, des expériences contrastées », *Afrique contemporaine,* 2003/4, n° 208, *op. cit.*, pp. 101-114.

553 Voir sur ce point le résumé de l'ouvrage de FONTRIER (Marc)., *Éthiopie. Le choix du fédéralisme ethnique : chronique du gouvernement de transition 1991-1995*, Paris, l'Harmattan, 2012, 482 p.

554 Voir le préambule de la Constitution éthiopienne de 1994, *op. cit.*

555 https://www.senat.fr/ga/ga132/ga1322.html, consulté en mai 2019 ; La Constitution éthiopienne de 1994, *op. cit.*, art. 8.

Aujourd'hui, au Cameroun, plusieurs mouvements ethniques favorables au fédéralisme appellent au changement de la forme étatique. Ce courant est né des multiples tentatives de sécession du nord du Cameroun, spécialement anglophone. Ainsi, certains intellectuels et acteurs politiques camerounais proposent de repenser la forme de l'État, c'est-à-dire de donner au Cameroun la forme d'un État fédéral afin de résoudre l'équation de la diversité nationale. On peut le constater avec le Social Democratic Front (SDF), le premier parti d'opposition, qui estime que le système décentralisé actuel a atteint ses limites[556]. Il faut donc aller vers un système fédéraliste, seule voie de réconciliation entre le nord et le sud.

Par ailleurs, on note la même force mobilisatrice en faveur du fédéralisme au Tchad. En effet, longtemps rejetée par le pouvoir en place, l'idée de fédéralisme est aujourd'hui au cœur du débat politique tchadien, notamment depuis la réélection du président Idriss Déby en 2016. Ce dernier a fait de l'État fédéral un des thèmes principaux de son programme. Ainsi peut-on lire les propos de Jean-Bernard Padré, porte-parole du parti au pouvoir (MPS), qui déclare : « *Notre peuple est déjà assez mûr pour pouvoir faire le distinguo entre un État fortement décentralisé et les clivages ethniques. Maintenant, on peut tendre vers un État fédéral. Si les gens ne sont pas de mauvaise foi, ils doivent applaudir cela parce que c'est une avancée notable* »[557]. C'est ainsi qu'au lendemain de sa réélection, le président Idriss Déby a pris un décret mettant en place le Haut Comité chargé des réformes institutionnelles (HCRI), avec pour mission principale « d'élaborer un projet de nouvelle Constitution, en vue de déterminer la création d'un État fédéral »[558]. Ce décret précise, en outre, que ce comité a la charge de « définir et exécuter, initier, proposer et conduire toutes réformes touchant aux institutions de la République »[559]. L'aboutissement de ce projet marquerait l'accomplissement de la promesse faite par le chef de l'État, et donc répondrait aux attentes de certains groupes ethniques longtemps écartés de la gestion des affaires publiques. De même, au Congo-Brazzaville, certaines tendances appellent à la mise en place du fédéralisme comme le seul système pouvant permettre au pays de sortir de

---

556 Voir sur ce point, « Cameroun : le SDF se dit favorable au fédéralisme », *BBC Afrique*, 27 mars 2017. http://www.bbc.com/afrique/region-39402226, consulté en septembre 2018.

557 https://www.rfi.fr/fr/afrique/20160211-tchad-polemique-deby-etat-federalisme-lancee, consulté en septembre 2018.

558 https://www.tchadpages.com/vers-la-creation-dun-etat-federal-au-tchad/, consulté en septembre 2018.

559 https://www.tchadpages.com/vers-la-creation-dun-etat-federal-au-tchad/, *op.cit.,* consulté en septembre 2018 ; voir aussi SESSOU (Christophe)., « Tchad/Réformes institutionnelles : Vers une république fédérale ? », *Bénin monde infos*, 28 octobre 2016.

l'impasse de nombreuses crises ethno-régionalistes auxquelles il est souvent confronté[560].

Au demeurant, on notera, en ce qui nous concerne, que le fédéralisme est la seule forme d'État adaptée au contexte multiethnique de la société africaine. Tout d'abord, contrairement à la logique de l'État jacobin, l'État fédéral (ethnique) permet, d'une part, de prendre en compte toute la diversité nationale et, d'autre part, de favoriser, compte tenu des spécificités ethniques, l'épanouissement de certaines solidarités ethno-régionalistes. Ensuite, le fédéralisme permet de rétablir le pacte républicain, en ce sens qu'il rapproche chaque groupe ethnique du pouvoir afin de lui permettre d'avoir un pouvoir de décision dans la gestion des affaires publiques au plan local. Ceci va, dans une certaine mesure, donner plus de sens au vote de chaque électeur lors des élections organisées au niveau local. En toute logique, on aurait raison d'affirmer, avec Thierry Michalon (2003)[561], que « *le fédéralisme diffuse le pouvoir en entraînant une multiplication des personnes qui, à un titre ou à un autre, participent à la gestion de la chose publique* ». Le fédéralisme est pour l'Afrique, ajoute-t-il, « une excellente école de civisme et de formation aux responsabilités publiques »[562]. On voit donc que le fédéralisme en Afrique permettrait de mettre « *en présence des ethnies, des langues, des habitudes mentales, des traditions souvent fort différentes* » (D. Thiam, 1972)[563] pour construire l'équilibre dans la gestion du pouvoir et consolider l'unité nationale. Le système fédéral pourrait dès lors apparaître dans le cas des pays francophones d'Afrique, fortement fragmentés, comme une piste favorable pour relever le défi de l'institutionnalisation des communautés infranationales[564]. Ce système permettrait d'adapter les nouvelles institutions aux réalités sociales africaines pour créer un espace où les rapports politiques

---

560 Voir LONDI (David), BOUDZOUMOU NGANGA (Pierre), MWANGOU (Michel)., *Manifeste pour le fédéralisme au Congo-Brazzaville : projet de constitution fédérale*, Booklis, Coll. « Union des fédéralistes du Congo-Brazzaville », 2018, 232 p ; voir aussi MATIONGO MBOUNGOU (Sébastien)., *Consensus et Fédéralisme au Congo-Brazzaville : Modernisation et Partage*, Brazzaville, Paari, Coll. « Le griot bantu », 2013, 148 p. ; AYA TONGA (Isidore)., « L'idée d'une république fédérale du Congo-Brazzaville ! », *in Congo-objectif2050*, 27 juin 2014.

561 MICHALON (Thierry)., *Quel État pour l'Afrique ?*, Paris, L'Harmattan, 2003, *op. cit.*, p. 173.

562 MICHALON (Thierry)., *Quel État pour l'Afrique ?*, Paris, L'Harmattan, 2003, *op. cit.*, p. 173.

563 THIAM (Doudou)., *Le fédéralisme africain : ses principes et ses règles*, Paris, Éditions Présence africaine, 1972, *op. cit.*, p. 18.

564 PÉROUSE DE MONTCLOS (Marc-Antoine)., « Le fédéralisme au secours de l'Afrique ? Du Nigeria au Soudan, des expériences contrastées », *Afrique contemporaine*, 2003/4, n° 208, *op. cit.*, pp. 101-114 ; voir SINDJOUN (Luc)., « Quelle forme d'État pour l'Afrique ? », *Afrique 2000 : revue trimestre*, 1996, *op. cit.*, pp. 37-55 ; ou encore DELPÉRÉE (Francis)., « Le fédéralisme sauvera-t-il la nation belge ? », *in* J. Rupnik (dir.), *Le déchirement des nations*, Paris, Seuil, p. 135.

ne s'organiseraient plus uniquement du haut vers le bas, mais plutôt garantiraient la participation de tous à la prise de décision[565] afin d'éviter les conflits intercommunautaires, comme en Éthiopie[566].

Cependant, même si la forme fédérale semble la plus adaptée aux réalités sociales de l'Afrique, il n'en demeure pas moins qu'elle n'est pas une panacée. D'où l'argument de certains théoriciens de l'État africain, selon lequel le développement socio-économique de l'Afrique passerait uniquement par l'autonomie des régions, et donc par l'adoption d'un système régionaliste afin de répondre aux attentes des tendances ethno-régionalistes.

§2 - Le régionalisme ethnique

Plutôt que le centralisme ou le fédéralisme, tel que l'exigent certains auteurs, l'idée du régionalisme au sein de l'État vise à prendre en compte la diversité nationale et à donner à chacun les moyens de gérer ses affaires au niveau local. Une telle entreprise, qui consiste à associer les solidarités ethniques à la prise de décision dans la gouvernance des affaires publiques, apparaît incontestablement comme le fondement du développement socio-économique. S'appuyant sur l'importance du régionalisme, certains pays africains francophones nouvellement indépendants ont expérimenté la forme de l'État régional **(A)** pour donner une réponse effective aux irrédentistes ethno-régionalistes **(B)**.

A - De l'expérience du régionalisme en Afrique francophone

Au sortir des indépendances, Amilcar Cabral, alors fondateur du Parti africain pour l'indépendance de la Guinée et du Cap-Vert, affirmait : « *Nous pensons que toutes les décisions concernant les structures de cette administration nouvelle doivent être prises en fonction des besoins et de la situation de la masse paysanne (ethnique) qui forme la plus grande partie de notre peuple. Ainsi, il ne devra plus y avoir de chaînes de commandement datant de la période coloniale — les gouverneurs de province et autres. [...]*

---

[565] BIAYA (Tshikala)., « Quelle démocratie pour l'Afrique ? Réflexion sur ses possibilités et ses caractéristiques », *Symposium de Dakar sur la démocratie en Afrique*, 1998, p. 9 et *sq*.

[566] VAUGHAN (Sarah), traduction de LE MARCIS (Frédéric)., « Identité ethnique et fédéralisme en Éthiopie du Sud », *in Éthiopie : le fédéralisme en question*, Paris, Karthala, Coll. « Revue Politique africaine », 2005/3, n° 99, pp. 22-42 ; HAGMANN (Tobias), KHALIF (Mohamud), traduction de CROUZEL (Ivan)., « La région somali d'Éthiopie : entre intégration, indépendance et irrédentisme », *in Éthiopie : le fédéralisme en question*, Paris, Karthala, Coll. « Revue Politique africaine » 2005/3, n° 99, pp. 43-62 ; voir aussi sur ce point : « Le fédéralisme ethnolinguistique en Éthiopie », *Rapport de groupe interparlementaire d'amitié*, n° 132, 1er avril 2016, consulté le 9 novembre 2019 ; ou encore MOUDOUDOU (Placide)., « L'État africain : entre constitutionnalisme libéral et constitutionnalisme identitaire », *Revue CAMES/SJP*, n°002/2015, *op. cit.*, pp. 113-140.

Surtout, nous voulons décentraliser autant qu'il sera possible [...]. Nous sommes complètement opposés à la notion de capitale. Pourquoi les ministères ne seraient-ils pas dispersés ? [...]. Pourquoi nous encombrerions-nous du falbala d'un palais présidentiel, d'une concentration de ministères, manifestations évidentes d'une élite montante qui deviendrait bientôt un groupe privilégié ? » (T. Michalon, 2003)[567] C'est donc à l'appui de cette affirmation que la plupart des pays africains nouvellement indépendants et caractérisés par une forte diversité ethnique ont fait le pari d'expérimenter, pour reprendre l'expression d'Ibrahim Mouiche (2011)[568], la politique dite « d'équilibre régional ». Considéré, au lendemain de la décolonisation, comme un des objectifs de stabilisation et d'intégration nationale, le régionalisme d'après la décolonisation a favorisé la participation effective de toutes les régions à la gestion de l'État, devenant ainsi un moteur du développement socio-économique.

À cet égard, le régionalisme est apparu comme l'unique solution permettant de transférer aux régions ce que certains appelleraient la « substance de l'État »[569]. Autrement dit, le centralisme postcolonial hérité du colon s'est très vite transformé en échec, car les tendances qualifiées d'ethno-régionalistes, qui réclamaient leur part du « gâteau national », ont vidé, au niveau national, les structures étatiques de tout leur sens. D'où la nécessité de s'inscrire dans une option purement régionaliste où les solidarités ethniques et régionales pourraient avoir la possibilité de « se doter de leurs institutions propres, transposant et modernisant leur organisation traditionnelle »[570]. D'ailleurs, soulignant l'importance du système régionaliste dans les pays sous-développés, et donc l'échec de l'État centralisé, Frantz Fanon déclare à juste titre que « *dans un pays sous-développé, les membres dirigeants du parti doivent fuir la capitale comme la peste. Ils doivent résider, à l'exception de quelques-uns, dans les régions rurales. On doit éviter de tout centraliser dans les grandes villes* » (T. Michalon, 2003)[571]. Cela est d'autant plus vrai que plusieurs pays africains ont, à l'image de pays tels que l'Italie (1948) ou l'Espagne (1978), opté pour un système régionaliste, caractérisé par une décentralisation très poussée afin de rapprocher le plus possible le pouvoir des solidarités ethniques. On relèvera, dans cette catégorie, l'exemple patent du

---

567 MICHALON (Thierry)., *Quel État pour l'Afrique ?*, Paris, L'Harmattan, 2003, *op. cit.*, p. 96.

568 MOUICHE (Ibrahim)., « Les minorités ethniques et les défis de la représentation politique au Cameroun », *CODESRIA*, 13e Assemblée générale, l'Afrique et les défis du XXIe siècle, Rabat, Maroc, 5-9 décembre 2011, p. 1.

569 MICHALON (Thierry)., *Quel État pour l'Afrique ?*, Paris, L'Harmattan, 2003, *op. cit.*, p. 92.

570 *Ibidem*, *op. cit.*, p. 95

571 MICHALON (Thierry)., *Quel État pour l'Afrique ?*, Paris, L'Harmattan, 2003, *op. cit.*, p. 96.

Cameroun. En effet, à en croire Ibrahim Mouiche (2011)[572], dès son indépendance, « *le Cameroun, de diversité par excellence, expérimente la politique dite d'équilibre régional avec pour objectif la stabilité et l'intégration nationale, laquelle s'entend d'une politique de développement économique [...], prônant la participation et la représentation effective de toutes les régions du Cameroun au sein des structures de l'État* »[573]. En d'autres termes, ce pays s'est lancé dans une vaste politique d'équilibre régional avec en ligne de mire l'idée d'assurer la stabilité et de favoriser l'insertion de toutes les composantes nationales dans le processus de développement économique, social et culturel. Cette politique est l'œuvre de la Constitution camerounaise du 4 mars 1960, qui prévoit dans ses articles 46, 47 et 48 non seulement des dispositions relatives aux collectivités locales[574], mais aussi leur faculté de s'administrer librement, donc de jouir d'une autonomie financière.

Par ailleurs, on remarquera la même politique de régionalisation ou de « provincialisation » en RDC après son accession à l'indépendance, notamment dans la Loi fondamentale du 19 mai 1960, qui précise dans ses articles 7 et 8 que la RDC est « constituée de six provinces dotées chacune de la personnalité civile ; elle comprend des institutions centrales et les institutions provinciales, les institutions locales »[575]. Il en est de même avec l'adoption de la Constitution de Luluabourg du 1er août 1964, qui reconnaît que la RDC est composée de la ville de Léopoldville (actuelle Kinshasa) et des provinces autonomes[576]. Cette Constitution confère aux provinces une autonomie politique et financière, en mettant en place un système de partage de compétences entre l'État central et les institutions provinciales, à savoir le gouvernement provincial et l'assemblée provinciale. Pour s'en convaincre, il suffit de se référer à l'analyse de Mwayila Tshiyembé (2012)[577] qui, après avoir décrypté l'esprit et la lettre des différents textes constitutionnels en RDC depuis les indépendances, relève que « les textes constitutionnels de la Ie et de la IIIe République » ont fait du régionalisme le système politique original de la RDC depuis les années 1960[578]. Ce système a permis de transférer aux solidarités ethniques une « large part de la substance de l'État » (T. Michalon,

---

572 MOUICHE (Ibrahim)., « Les minorités ethniques et les défis de la représentation politique au Cameroun », *CODESRIA*, 13e Assemblée générale, l'Afrique et les défis du XXIe siècle, Rabat, Maroc, 5-9 décembre 2011, *op. cit.*, p. 1.

573 *Ibidem*, *op. cit.*, p. 1.

574 NOUAZI KEMKENG (Carole Valérie)., « L'idéologie de l'unité nationale et le révisionnisme constitutionnel au Cameroun », *Jurisdoctoria*, n° 12, 2015, *op. cit.*, pp. 55-81.

575 Voir la Loi fondamentale du 19 mai 1960, art. 7 et 8.

576 Voir la Constitution de Luluabourg du 1er août 1964, art. 4.

577 TSHIYEMBE (Mwayila)., *Quel est le meilleur système politique pour la République démocratique du Congo : Fédéralisme, Régionalisme, Décentralisation ?*, Paris, L'Harmattan, 2012, pp. 9-10.

578 *Ibidem*, pp. 9-10.

2003)[579], car celles-ci peuvent désormais s'administrer librement et gérer leurs propres affaires au niveau local.

En dernière analyse, il faut cependant reconnaître, à la lumière de tout ce qui précède, que dans les faits, la politique de régionalisation adoptée par ces pays après la décolonisation est moins réceptive à l'intégration sociale en ce qu'elle n'a favorisé principalement que les intérêts des groupes ethniques dominants[580] et a été accentuée avec la mise en place du système des partis uniques. En effet, au lieu de permettre la participation effective des communautés ethniques à la prise de décision dans la gestion des affaires publiques, la politique de régionalisation expérimentée par ces pays au sortir des indépendances n'a été qu'un moyen au service des groupes ethniques les plus influents. Dès lors, il n'est pas étonnant de constater que le régionalisme des années 1960 peut s'analyser en un « camouflage » de l'« incorporation différentielle des groupes ethno-régionaux dans l'État » (L. Sindjoun, 2002)[581], dans la mesure où certains groupes sont plus représentés que d'autres dans la répartition régionale des postes. Ceci engendre sans ambages une espèce de déséquilibre entre les différentes localités, et donc l'exclusion de certaines solidarités ethno-régionalistes. Comme le montre Jean Mfoulou[582], la politique de régionalisation instaurée au sortir de la décolonisation a « plutôt desservi l'intégration nationale » dans plusieurs pays africains et « n'augure rien de bon pour l'avenir »[583]. La poursuite de cette politique, affirme-t-il, conduirait à la « délitescence de l'État et à la désintégration nationale »[584]. D'où la résurgence des revendications ethno-régionalistes dans les années 1990, qui appellent à la mise en place d'un système permettant un partage effectif du pouvoir. Ces réclamations ont donc amené certains dirigeants africains francophones, fidèles partisans du régionalisme, à améliorer le fonctionnement de leur système afin de donner une réponse effective aux irrédentistes ethno-régionalistes.

579 MICHALON (Thierry)., *Quel État pour l'Afrique ?*, Paris, L'Harmattan, 2003, *op. cit.*, p. 95.
580 MOUICHE (Ibrahim)., « Les minorités ethniques et les défis de la représentation politique au Cameroun », *CODESRIA*, 13e Assemblée générale, l'Afrique et les défis du XXIe siècle, Rabat, Maroc, 5-9 décembre 2011, *op. cit.*, p. 1.
581 SINDJOUN (Luc)., *L'État ailleurs. Entre noyau dur et case vide*, Paris, Economica, 2002, pp. 12-13.
582 MFOULOU (Jean)., « Équilibre régional et désunion nationale au Cameroun : leçons du passé et perspectives d'avenir », *in* D. SIMO (dir)., *Constructions identitaires en Afrique*, Yaoundé, Éditions Clé, 2006, *op. cit.*, pp. 109-120.
583 *Ibidem*, *op. cit.*, pp. 109-120.
584 *Ibidem*, *op. cit.*, pp. 109-120.

B - L'institution du nouveau régionalisme : une réponse effective aux irrédentistes ethniques

Le début des années 1990 est marqué, en Afrique francophone, par une avalanche de révisions ou d'adoptions de nouveaux textes constitutionnels. Cette vaste entreprise de réformation a singulièrement été animée par la volonté des dirigeants de trouver des solutions effectives aux revendications ethno-régionalistes. Cette volonté sonne opportunément le glas des irrédentistes ethno-régionalistes qui réclament la meilleure part du gâteau national, d'un côté, et permet, de l'autre côté, de légitimer l'« État unitaire régionalisé »[585], notamment en raison de sa coloration pluriethnique, comme forme définitive de l'État africain afin de lutter contre les tendances centrifuges. Pour ce faire, il convient d'aller vers un système régionaliste afin de garantir aux différents groupes ethniques une place dans la gestion des affaires publiques.

Ainsi, en réponse à la question de savoir s'il faut persévérer dans la voie du régionalisme déjà expérimentée dans les années 1960, Thierry Michalon (2003)[586] affirme que cette dernière devrait permettre, d'un côté, de réconcilier les institutions de l'État avec les spécificités culturelles de chaque groupe ethnique, en ouvrant des possibilités ou encore la libéralisation des énergies sociales jusque-là inexploitées et stérilisées au nom de la construction de l'unité nationale, et de l'autre côté, de remettre à l'honneur les solidarités ethno-régionalistes tant décriées. Cela est d'autant plus vrai qu'en Afrique, il existe un décalage entre la société officielle et la société réelle, en ce sens que les dirigeants opposent aux solidarités ethno-régionalistes des « intérêts nationaux qui sont surtout leurs intérêts propres »[587]. C'est d'ailleurs à juste titre qu'il est souvent considéré que « *dans chaque État africain, une société composée d'une multiplicité d'ethnies, de tribus, de villages, dotés de leur propre centre d'autorité, est coiffée d'une structure étatique, fille directe de l'administration coloniale, où le pouvoir et les ressources sont concentrés entre les mains d'une étroite équipe, souvent même d'un seul homme. L'État n'est donc en aucune manière la traduction de la société réelle : il lui est, par sa nature même, totalement étranger* » (T. Michalon, 2003)[588]. Partant de cette

---

585 Expression employée par NOUAZI KEMKENG (Carole Valérie)., « L'idéologie de l'unité nationale et le révisionnisme constitutionnel au Cameroun », *Jurisdoctoria*, n° 12, 2015, *op. cit.*, pp. 55-81.

586 MICHALON (Thierry)., *Quel État pour l'Afrique ?*, Paris, L'Harmattan, 2003, *op. cit.*, p. 92.

587 *Ibidem*, *op. cit.*, p.73.

588 *Ibidem*, *op. cit.*, p.73.

logique, on peut donc déduire que l'État régional serait un moyen de réconcilier ce « couple désuni »[589] entre l'État officiel et l'État profond.

En outre, s'interrogeant sur le type d'État pour l'Afrique, Thierry Michalon (2003)[590] pense que le « *moment est venu de remplacer le type d'État à la française, niveleur, unificateur et autoritaire, par des institutions capables de désarticuler le rigide cadre jacobin, de désamorcer les méfiances qu'il suscite et les énergies présentes au niveau local et régional* ». C'est dans cette voie qu'il est possible de transférer aux communautés ethniques la gestion de leurs propres affaires au niveau local. Il en est ainsi du cas de certains États africains francophones qui ont opté pour une politique de régionalisation depuis l'avènement de la démocratie dans les années 1990. C'est l'exemple de la RDC où, en restant silencieux sur la forme exacte de l'État, le constituant de 2006 ne le qualifie ni d'État régional, ni encore moins d'État fédéral, préférant ainsi « taire les tensions »[591] qui ont miné la scène politique et l'histoire constitutionnelle du pays, notamment entre les partisans du fédéralisme et les unitaristes depuis son indépendance en 1960 (K. Balingené, 2014)[592]. Cependant, bien que le constituant de 2006 ne le précise pas expressément, la doctrine majoritaire estime que l'une des originalités de la Constitution du 18 février 2006 est d'avoir instauré un État régional[593], entendu comme une solution idéale à la suite du rejet du projet fédéraliste « ethnique » adopté par

---

[589] *Ibidem, op. cit.*, p.73.

[590] *Ibidem, op. cit.*, p. 93.

[591] BALINGENE (Kahombo)., « L'expérience congolaise de l'État régional. Le contrôle politique du pouvoir central sur les provinces : vers une tutelle déguisée », *in* J.-M. KUMBU KI NGIMBI (dir)., *La décentralisation territoriale en République démocratique du Congo sous le régime de la Constitution du 18 février 2006 : Bilan et perspectives,* Kinshasa, Éditions de la Campagne pour les droits de l'homme au Congo-Kinshasa, 2014, pp. 109-134.

[592] BALINGENE (Kahombo)., « L'expérience congolaise de l'État régional. Le contrôle politique du pouvoir central sur les provinces : vers une tutelle déguisée », *in* J.-M. KUMBU KI NGIMBI (dir)., *La décentralisation territoriale en République démocratique du Congo sous le régime de la Constitution du 18 février 2006 : Bilan et perspectives,* Kinshasa, Éditions de la Campagne pour les droits de l'homme au Congo-Kinshasa, 2014, *op. cit.*, pp. 109-134.

[593] Voir à ce sujet VUNDUAWE TE PEMAKO (Félix)., « Réflexions sur le régionalisme politique ou la nouvelle décentralisation territoriale », *in* PNUD, *Mandats, Rôles et Fonctions des pouvoirs constitués dans le nouveau système politique de la République démocratique du Congo. Journées d'informations organisées à l'intention des parlementaires, des députés provinciaux et des hauts cadres de l'administration (février-juin 2007),* Kinshasa, 2007, p. 86 ; VUNDUAWE TE PEMAKO (Félix)., « Réflexion sur le régionalisme politique ou la nouvelle décentralisation territoriale dans la Constitution du 18 février 2006 : condition du développement des bases de l'État », *Revue de la Faculté de Droit,* n°5, Droit et développement, actes des journées scientifiques organisées par la Faculté de Droit les 27 et 28 avril 2007, Éditions de l'Université Protestante au Congo, 2007, p. 181 ; ou encore KAMUKUNY MUKINAY (Ambroise), CIHUNDA HENGELELA (Joseph)., « Régionalisation, décentralisation et naissance effective des vingt-cinq nouvelles provinces en RD Congo : défis et perspectives de prévention des conflits », *Congo-Afrique*, n°434, avril 2009, pp. 295-310.

la Conférence nationale souveraine en 1992[594], après tant d'années cicatrisées par des velléités sécessionnistes. Ainsi, l'article 2, alinéa 1er de cette Constitution dispose : « La République démocratique du Congo est composée de la ville de Kinshasa et de 25 provinces dotées de la personnalité juridique. »[595] Cette politique de régionalisation a été également consolidée par la révision constitutionnelle du 20 janvier 2011.

De même, au Cameroun, c'est la réforme constitutionnelle du 18 janvier 1996, portant révision de la Constitution du 2 juin 1972, qui est venue non seulement mettre un terme à la politique de centralisation du pouvoir, mais aussi ériger la région au rang des collectivités territoriales. Ainsi, l'article 55 de cette Constitution prévoit que « les collectivités territoriales décentralisées de la République sont les régions et les communes ; l'État veille au développement harmonieux de toutes les collectivités territoriales décentralisées sur la base de la solidarité nationale, des potentialités régionales et de l'équilibre inter-régional »[596]. En réalité, cette disposition peut s'analyser comme une « réaffirmation symbolique de la communauté camerounaise dans un contexte de régionalisation, d'ethnicisation des comportements et des entreprises politiques »[597], car elle permet de tempérer les volontés sécessionnistes auxquelles le Cameroun est souvent confronté, et donc de placer le pouvoir au plus près des populations.

Dans la même perspective, au Mali, le pacte national conclu entre le gouvernement de la République du Mali et les mouvements et fronts unifiés de l'Azawad, consacrant le statut particulier du Nord-Mali, en plus de la réorganisation régionale qu'il institue, entérine la reconnaissance des structures locales, c'est-à-dire d'un exécutif régional et d'une assemblée élue[598]. D'ailleurs, certains affirment avec force que « la négociation inédite qui a prévalu entre l'État et les rebelles touaregs a permis la recherche d'un équilibre entre les droits et devoirs des collectivités locales et ceux de l'État » (H. Coulibaly, S. Lima, 2013)[599]. Au Sénégal, par exemple, l'article 102 de la version originelle de la Constitution du 22 janvier 2001 prévoit que « les

---

594 TSHIYEMBE (Mwayila)., *Quel est le meilleur système politique pour la République démocratique du Congo : Fédéralisme, Régionalisme, Décentralisation ?*, Paris, L'Harmattan, 2012, *op. cit.*, p. 12.

595 Constitution de la RDC du 18 février 2006, *op. cit.*, art. 2, al. 1er.

596 Constitution camerounaise du 18 janvier 1996, *op. cit.*, art. 55.

597 OLINGA (Alain Didier)., « La question anglophone dans le Cameroun d'aujourd'hui », *Revue juridique et politique, indépendance et coopération*, Vol. 48, n° 3, 1994, p. 292.

598 COULIBALY (Hawa), LIMA (Stéphanie)., « Crise de l'État et territoires de la crise au Mali », *EchoGéo* [en ligne], Sur le Vif, mis en ligne le 27 mai 2013, consulté le 30 septembre 2017. URL : http:// echogeo.revues.org/13374 ; DOI : 10.4000/echogeo.13374.

599 *Ibidem.*

collectivités locales constituent le cadre institutionnel de la participation des citoyens à la gestion des affaires publiques. Elles s'administrent librement par des assemblées élues »[600]. Cette disposition, qui consacre le régionalisme au Sénégal, est confirmée par la loi constitutionnelle n° 2016-10 du 5 avril 2016 portant révision de la Constitution du 22 janvier 2001, qui dispose : « Les collectivités locales de la République sont la région, la commune et la communauté rurale. Dans le respect des lois et règlements, les collectivités locales s'administrent librement par des conseils élus. »[601]

En définitive, on peut souligner qu'en consacrant l'existence des régions comme des entités politiquement et économiquement autonomes, les constituants africains francophones manifestent leur volonté d'associer les solidarités ethno-régionalistes à la gestion des affaires publiques, et par conséquent de donner une réponse effective aux différentes revendications enregistrées depuis les années 1960. Cependant, cette politique n'exclut en rien de poser la question suivante : la consécration d'un État régional fondé sur les solidarités ethniques ne va-t-elle pas conduire au schisme du lien national, déjà fragilisé par les conflits ? Certains observateurs de la vie politique africaine estiment que loin de faire la promotion des solidarités ethniques, le régionalisme est une voie originale, une solution miracle qui contribue au renforcement du développement économique (F. Borella, 1964)[602]. En tout état de cause, deux arguments semblent légitimer cette politique de régionalisation entreprise par certains pays francophones d'Afrique. Premièrement, il faut reconnaître, au regard des arguments déjà évoqués, que le régionalisme permet d'absorber les tendances sécessionnistes auxquelles les États africains font souvent face. Deuxièmement, l'État régional permet de réconcilier les solidarités ethno-régionalistes avec l'impératif de l'unité nationale. On peut le lire à travers la plume de Luc Sindjoun (2002)[603] : « *A priori*, la politique d'équilibre régional érigée en norme de présentation et de légitimation de l'État » en Afrique francophone, affirmant « la diversité culturelle et linguistique »[604] des pays africains, reflète « la nécessité impérieuse de parfaire l'unité et la volonté inébranlable de

600 La Constitution sénégalaise du 22 janvier 2001, art. 102.
601 Sénégal, Loi constitutionnelle n° 2016-10 du 5 avril 2016 portant révision de la Constitution du 22 janvier 2001.
602 BORELLA (François)., « Le régionalisme africain en 1964 », *Annuaire français de droit international*, Vol. 10, 1964, pp. 621-637 ; HUGON (Philippe), DEBLOCK (Christian)., « Le régionalisme africain, une voie originale », *Transformations*, 2017, consulté en septembre 2017 ; voir aussi DEBLOCK (Christian)., « L'indice d'intégration régionale en Afrique », *Transformations*, 2017, pp. 10-14 ; ou encore HUGON (Philippe)., « Régionalisme et régionalisation : limites *de jure* et réussites contrastées », *Transformations*, 2017, pp. 14-17.
603 SINDJOUN (Luc)., *L'État ailleurs. Entre noyau dur et case vide*, Paris, Economica, 2002, *op. cit.*, p. 311.
604 *Ibidem*, *op. cit.*, p. 311.

construire »[605] l'État-nation. Par ailleurs, en dépit du fait que le régionalisme assurerait l'intégration nationale, la nécessité est d'aller vers de nouvelles perspectives, notamment la prise en compte du fait ethnique dans la politique africaine contemporaine[606], entendue comme un impératif fondamental dans la formation d'un État multinational (P. Touoyem, 2014)[607]. Dès lors, la mise en place d'une démocratie consociative semble être une priorité en Afrique.

---

[605] *Ibidem, op. cit.*, p. 311.

[606] TOUOYEM (Pascal)., *Dynamiques de l'ethnicité en Afrique : Éléments pour une théorie de l'État multinational*, Thèse, Tilburg University, 2014, p. 135.

[607]*Ibidem*, p. 135.

Chapitre 2 :

L'institution d'une démocratie consociative : une priorité en Afrique ?

« *Le consociationalisme est une variante démocratique, adoptée par des pays aux populations hétérogènes dans lesquels des clivages ont tendance à engendrer des divisions profondes, susceptibles de renverser la structure étatique.* » (J. Lacabanne, 2016)[608] On doit l'existence de cette théorie de la démocratie consociative à Arend Lijphart (1968)[609]. Il remet en cause la thèse traditionnelle de la démocratie selon laquelle la majorité doit gouverner, car pour lui, un tel système n'est pas compatible dans les sociétés plurales (S. Vandeginste, 2006)[610]. En se basant sur des exemples de pays tels que les Pays-Bas, la Belgique, la Suisse, le Liban, Arend Lijphart (1968)[611] estime que contrairement au système majoritaire, le consociationalisme est le seul système qui permet d'installer et de maintenir une stabilité dans les pays aux sociétés fragmentées. Ainsi, affirme-t-il, la démocratie majoritaire est l'antithèse de la démocratie consociative[612]. C'est donc l'abandon du principe majoritaire qui est la première caractéristique de la démocratie consociative (D. Sinardet, 2011)[613]. Dès lors, se pose la question de savoir comment une société plurielle peut s'organiser politiquement pour maintenir un système de

---

608 Voir le résumé de l'ouvrage de LACABANNE (Julien)., *La démocratie consociative : forces et faiblesses du multiculturalisme*, Aix-en-Provence, Éditions Persée, 2016, *op. cit.*, 228 p.

609 LIJPHART (Arend)., « Typologies of democratic systems », *Comparative political studies*, 1968, Vol. 1, n° 1, pp. 3-44.

610 VANDEGINSTE (Stef)., « Théorie consociative et partage du pouvoir au Burundi », *in* F. REYNTJENS, S. MARYSSE (sous dir.), *L'Afrique des Grands Lacs : dix ans de transitions conflictuelles (Annuaire 2005-2006)*, Paris, L'Harmattan, 2006, pp. 173-208.

611 LIJPHART (Arend)., « Typologies of democratic systems », *Comparative political studies*, 1968, Vol. 1, n° 1, *op.cit.*, pp. 3-44.

612 *Ibidem*, pp. 3-44.

613 SINARDET (Dave)., « Le fédéralisme consociatif belge : vecteur d'instabilité ? », *Pouvoirs*, 2011/1, n° 136, pp. 21-35 ; voir aussi VANDEGINSTE (Stef)., « Théorie consociative et partage du pouvoir au Burundi », *in* F. REYNTJENS, S. MARYSSE (sous dir.), *L'Afrique des Grands Lacs : dix ans de transitions conflictuelles (Annuaire 2005-2006)*, Paris, L'Harmattan, 2006, *op. cit.*, pp. 173-208.

partage du pouvoir[614]. Pour répondre à cette question, Arend Lijphart (1968)[615] précise que le partage du pouvoir dans les sociétés plurales repose sur quatre piliers : un gouvernement de large coalition, la proportionnalité, l'autonomie segmentaire et le droit de veto. Le consociationalisme est alors un agencement pluriel fait à partir de la prise en compte des clivages segmentaires. D'une part, appliquée au contexte social africain, caractérisé par une forte diversité nationale, cette théorie favorise l'idée de refonder le pacte démocratique et républicain, et donc de construire un État multinational **(Section 1)**. D'autre part, elle se propose comme une solution adaptée aux réalités sociopolitiques africaines **(Section 2)**.

Section 1 : De la démocratie consociative à l'institution d'un État multinational

Olivier Giraud[616] déclarait : « *La démocratie proportionnelle ou le consociationalisme – ou démocratie de consensus – sont [...] reconnus comme des formes d'organisation de la vie démocratique qui valorisent la modération politique, le respect des minorités ainsi que le pouvoir et la capacité des élites à négocier et imposer des compromis dans les sociétés clivées.* » Ces mots témoignent de la nécessité d'instituer une démocratie consociative dans les pays aux sociétés plurales, qui sont souvent exposés à des luttes intestines entre les groupes majoritaires et minoritaires. Cela est d'autant plus vrai, comme il a été déjà mentionné, que le système consociatif est fondé sur l'abandon du principe majoritaire, selon lequel « une simple majorité politique suffit pour contrôler la prise de décision politique »[617]. C'est dire que le principe majoritaire est adversatif en ce qu'il ne s'applique que dans les sociétés où deux grands partis politiques sont en compétition[618]. C'est le cas du Royaume-Uni et des États-Unis, où le parti victorieux gouverne seul[619]. Or, dans les sociétés plurielles, chaque groupe réclame sa part du gâteau national. Dès lors, la démocratie consociative, parce qu'elle est fondée sur le partage du pouvoir entre les composantes nationales, apparaît comme

---

614 VANDEGINSTE (Stef), HUYSE (Luc)., « Approches consociatives dans le contexte du Rwanda », *in* F. REYNTJENS, S. MARYSSE., *L'Afrique des Grands Lacs. Annuaire 1998-1999*, Paris, L'Harmattan, 1999, pp. 101-123.

615 LIJPHART (Arend)., « Typologies of democratic systems », *Comparative political studies*, 1968, Vol. 1, n° 1, *op.cit.*, pp. 3-44 ; CLÉMENT (Franz)., « La théorie consociative : caractéristiques générales et applications au Luxembourg », *CEPS/INSTEAD Working Paper*, n° 2011-50, octobre 2011, *op. cit.*, pp. 1-28.

616 GIRAUD (Olivier)., « De la démocratie de négociation à la démocratie délibérative – débats théoriques et trajectoires nationales », *Négociations*, 2009/2, n° 12, pp. 215-227.

617 VANDEGINSTE (Stef)., « Théorie consociative et partage du pouvoir au Burundi », *in* F. REYNTJENS, S. MARYSSE (sous dir.), *L'Afrique des Grands Lacs : dix ans de transitions conflictuelles (Annuaire 2005-2006)*, Paris, L'Harmattan, 2006, *op. cit.*, pp. 173-208.

618 *Ibidem*, pp. 5-27.

619 *Ibidem*, pp. 5-27.

un instrument qui garantit la participation de tous à la gouvernance du pays. Ce faisant, la théorie du consociationalisme **(§1)** peut être vue comme un fondement de l'État multinational dans le contexte africain **(§2)**.

§1 - La notion de consociationalisme

Aujourd'hui, nul ne doute que dans une société fragmentée, le risque de conflits identitaires est trop manifeste pour être évité par les mécanismes d'une démocratie majoritaire. Une telle situation amène les observateurs politiques à pointer du doigt la domination des groupes majoritaires sur les minorités, d'un côté, et les revendications des minorités à participer à la gestion des affaires publiques, de l'autre côté. Ainsi, la théorie consociative, entendue comme un « instrument d'analyse et de modèle normatif »[620], se propose comme une solution adaptée à la gestion des sociétés plurielles[621]. Comment ? Pour répondre à cette interrogation, il convient tout d'abord de comprendre les contours de la notion de consociationalisme **(A)**, avant d'examiner les principes fondamentaux favorables à la mise en œuvre d'une démocratie consociative **(B)**.

A - De la définition du consociationalisme

Appelé tantôt « consociativisme »[622], tantôt « politique de compromis »[623], le concept de démocratie consociative a connu une évolution terminologique au fil du temps. Ce n'est qu'à partir de l'introduction de notions telles que démocratie consensuelle ou encore démocratie de partage que ce concept commence, comme le dit Julien Lacabanne, à fixer les contours de sa philosophie[624]. Ainsi, le mérite de cette théorie revient au Néerlandais Arend Lijphart. Il a construit sa théorie du « consociationalisme » à partir du terme latin « *consociatio* (associé avec) »[625], déjà développé par Johannes Althusius en 1603 dans son ouvrage *Politica Methodice Digesta*[626]. Dans son ouvrage, Johannes Althusius pense que chaque société correspond à une association d'individus subdivisés en famille, en ville ou en province, qui partagent des

---

620 VANDEGINSTE (Stef), HUYSE (Luc)., « Approches consociatives dans le contexte du Rwanda », *in* F. REYNTJENS, S. MARYSSE., *L'Afrique des Grands Lacs. Annuaire 1998-1999*, Paris, L'Harmattan, 1999, *op. cit.*, pp. 101-123.

621 *Ibidem*, *op. cit.*, pp. 101-123.

622 LACABANNE (Julien), LIJPHART (Arend), CLÉMENT (Franz)., *Introduction à la démocratie consociative : les grands défis lancés par le multiculturalisme aux sociétés contemporaines*, Éditions universitaires européennes, 2016, *op. cit.*, p. 18 et *sq*.

623 *Ibidem*, *op. cit.*, p. 31 et *sq*.

624 *Ibidem*, *op. cit.*, p. 31.

625 *Ibidem*, *op. cit.*, p. 46.

626 CLÉMENT (Franz)., « La théorie consociative : caractéristiques générales et applications au Luxembourg », *CEPS/INSTEAD Working Paper*, n° 2011-50, octobre 2011, *op. cit.*, pp. 1-28.

intérêts collectifs[627]. C'est donc la fusion de ces intérêts qui permet d'atteindre la consociation suprême, entendue comme un pacte par lequel les membres de cette organisation acceptent de participer à la vie sociale[628], que Gaëlle Demelemestre (2012)[629] qualifie de République, car selon elle, la structure familiale est le fondement de la République. Par ailleurs, Johannes Althusius précise que dans ce type d'organisation, « *quel que soit le pouvoir concédé à quelqu'un, il est toujours moindre que le pouvoir de celui qui le concède* » (G. Demelemestre, 2012)[630]. Autrement dit, le roi n'est pas le détenteur du pouvoir, il n'en est que le simple dépositaire, car le pouvoir de plusieurs est supérieur à celui d'un seul[631]. Il doit en revanche veiller au bon fonctionnement de la cité[632].

À la suite de Johannes Althusius, le politologue néerlandais Arend Lijphart, dans son article intitulé « Typologies of democratic systems »[633], invente dans les années 1960 le terme de « démocratie consociative » qui se donne à lire comme « une forme d'organisation politique mise en œuvre dans les sociétés plurielles »[634]. Plus clairement encore, le consociationalisme est une forme de « *démocratie connaissant des clivages entre sous-cultures avec une tendance à l'immobilisme et à l'instabilité, mais qui sont délibérément tournées vers des systèmes plus stables par les leaders de la majorité des sous-cultures* » (F. Clément, 2011)[635]. Il ressort que dans sa forme idéale, la démocratie consociative est vue comme un système de gouvernement dont la finalité est de garantir la stabilité dans les sociétés divisées en groupes hétérogènes. Comme le souligne Léon Saur (2015)[636], « *le consociationalisme (alias consociativisme) est un type de gouvernement d'États démocratiques dont la population est marquée par de profonds clivages, généralement religieux, linguistiques ou ethniques* ». C'est le cas de pays comme les Pays-

627 LACABANNE (Julien)., *La démocratie consociative : forces et faiblesses du multiculturalisme*, Aix-en-Provence, Éditions Persée, 2016, *op. cit.*, pp. 46 et *sq.*

628 DEMELEMESTRE (Gaëlle)., *Introduction à la Politica methodice digesta de Johannes Althusius*, Cerf, Humanités, 2012, *op. cit.*, p. 51.

629 *Ibidem*, *op. cit.*, p. 58.

630 *Ibidem*, *op. cit.*, p. 31.

631 DEMELEMESTRE (Gaëlle)., *Introduction à la Politica methodice digesta de Johannes Althusius*, Cerf, Humanités, 2012, *op. cit.*, p. 61 et *sq.*

632 LACABANNE (Julien)., *La démocratie consociative : forces et faiblesses du multiculturalisme*, Aix-en-Provence, Éditions Persée, 2016, *op. cit.*, p. 49.

633 LIJPHART (Arend)., « Typologies of democratic systems », *Comparative political studies*, 1968, Vol. 1, n° 1, *op.cit.*, pp. 3-44.

634 LACABANNE (Julien), LIJPHART (Arend), CLÉMENT (Franz)., *Introduction à la démocratie consociative : les grands défis lancés par le multiculturalisme aux sociétés contemporaines*, Éditions universitaires européennes, 2016, *op. cit.*, p. 19.

635 CLÉMENT (Franz)., « La théorie consociative : caractéristiques générales et applications au Luxembourg », *CEPS/INSTEAD*, n° 2011-50, octobre 2011, *op. cit.*, pp. 1-28.

636 SAUR (Léon)., « Démocratie en Afrique subsaharienne : dépasser les certitudes occidentales », *Justice et paix*, 2015, pp. 25-44.

Bas, la Belgique, le Luxembourg, la Suisse, le Liban ou certains pays africains, fortement clivés, qui constituent, selon Arend Lijphart, de véritables exemples de ce type d'organisation politique (J. Lacabanne, A. Lijphart, F. Clément, 2016)[637]. Ces clivages étant de nature diverse, le système consociatif a pour vocation de s'adapter à chaque clivage sous des modalités variant d'un pays à l'autre. C'est dire que la démocratie consociative correspond à un gouvernement dont les élites doivent « transformer une culture politique fragmentée en une démocratie stable » (F. Clément, 2011)[638].

Par ailleurs, à partir des années 1980, Arend Lijphart fait évoluer sa définition de la démocratie consociative en opposition avec le système de Westminster. Pour lui, le système consociatif est « *un modèle de coopération politique qui est plus enclin à achever à la fois la démocratie et la coexistence pacifique dans les sociétés divisées* » (F. Clément, 2011)[639]. Il indique en revanche que le système de Westminster, appliqué dans la plupart des pays anglo-saxons, notamment le Royaume-Uni ou encore le Canada, est « un modèle de concentration du pouvoir politique dans les mains de la majorité »[640], alors que l'essence du consociationalisme, estime-t-il, est le partage du pouvoir entre les différents segments de la société[641]. En termes plus clairs, l'abandon du principe de la majorité est la première caractéristique de la démocratie consociative, en ce sens que le pouvoir doit reposer non pas sur une simple majorité, mais sur une large représentation de toutes les composantes de la société[642], et donc sur la prise en compte des intérêts liés au particularisme.

À partir de ces définitions, on comprend qu'Arend Lijphart fixe la définition de sa théorie autour de trois critères d'identification du système consociatif. Tout d'abord, l'institutionnalisation des différents clivages de la société, notamment leur prise en compte dans l'organisation et la gouvernance du pouvoir politique, est la priorité du système consociatif[643]. Tel est le cas en

---

637 LACABANNE (Julien), LIJPHART (Arend), CLÉMENT (Franz)., *Introduction à la démocratie consociative : les grands défis lancés par le multiculturalisme aux sociétés contemporaines*, Éditions universitaires européennes, 2016, *op. cit.*, p. 38.

638 CLÉMENT (Franz)., « La théorie consociative : caractéristiques générales et applications au Luxembourg », *CEPS/INSTEAD*, n° 2011-50, octobre 2011, *op. cit.*, pp. 1-28.

639 *Ibidem*., *op. cit*., pp.1-28.

640 *Ibidem*., *op. cit*., pp.1-28.

641 *Ibidem*., *op. cit*., pp. 1-28.

642 SINARDET (Dave)., « Le fédéralisme consociatif belge : vecteur d'instabilité ? », *Pouvoirs*, 2011/1, n° 136, *op. cit.*, pp. 21-35 ; voir aussi LACABANNE (Julien)., *La démocratie consociative : forces et faiblesses du multiculturalisme*, Aix-en-Provence, Éditions Persée, 2016, *op. cit*., p. 63 et *sq*.

643 LACABANNE (Julien), LIJPHART (Arend), CLÉMENT (Franz)., *Introduction à la démocratie consociative : les grands défis lancés par le multiculturalisme aux sociétés contemporaines*, Éditions universitaires européennes, 2016, *op. cit.*, p. 38.

Belgique, en Suisse ou au Liban. Ensuite, la démocratie consociative implique un consensus dans le processus de prise de décision, comme le pense Olivier Giraud lorsqu'il estime que le système consociationaliste ou système de consensus « se range derrière le terme générique de démocratie de négociation »[644]. Clairement, l'exigence du consensus est un impératif dans le partage du pouvoir, en ce sens qu'aucun parti politique ne peut à lui seul détenir la majorité et doit donc gouverner avec les autres partis. À ce titre, deux solutions sont possibles pour la mise en place d'un système consociatif. La première consiste à former un gouvernement de large coalition, généralement constitué des partis les plus importants au sein du Parlement[645]. À titre d'illustration, en Suisse, le Conseil fédéral (gouvernement), composé de sept membres[646] depuis 2011, doit être constitué des cinq principaux partis de l'Assemblée fédérale[647]. Avant 2015, selon Julien Lacabanne (2016), cette répartition se faisait comme suit[648]: « 2 sièges pour le Parti Libéral-Radical (PLR), 2 sièges pour le Parti Socialiste (PS), 1 siège pour le Parti Démocrate-Chrétien (PDC), 1 siège pour l'Union Démocratique du Centre (UDC) et 1 siège pour le Parti Bourgeois Démocrate (PBD) ». Il en est de même en Belgique, où le gouvernement fédéral est constitué aussi bien de « ministres d'expression française que de ministres d'expression néerlandaise »[649]. La deuxième solution est celle de l'alternance choisie par des pays comme la Colombie et le Liban. En Colombie, par exemple, un accord a été passé en 1958 entre le Parti conservateur et le Parti libéral pour une présidence tournante tous les quatre ans, avec une parité stricte à tous les niveaux de gouvernement pour éviter les guerres civiles[650]. Au Liban, le président de la République doit être un chrétien maronite, le président de l'Assemblée un chiite et le président du Conseil un sunnite[651]. Enfin, le système implique aussi la capacité des élites politiques à assurer la cohésion et la stabilité sociales[652]. En clair, Arend Lijphart pense que les élites politiques devraient jouer un rôle prépondérant, en dépassant les simples appartenances politiques, ethniques et

---

644 GIRAUD (Olivier)., « De la démocratie de négociation à la démocratie délibérative – débats théoriques et trajectoires nationales », *Négociations,* 2009/2, n° 12, *op. cit.,* pp. 215-227.

645 LACABANNE (Julien), LIJPHART (Arend), CLÉMENT (Franz)., *Introduction à la démocratie consociative : les grands défis lancés par le multiculturalisme aux sociétés contemporaines*, Éditions universitaires européennes, 2016, *op. cit.,* p. 42.

646 Voir l'article 175 de la Constitution fédérale de la Fédération suisse du 18 avril 1999.

647 LACABANNE (Julien), LIJPHART (Arend), CLÉMENT (Franz)., *Introduction à la démocratie consociative : les grands défis lancés par le multiculturalisme aux sociétés contemporaines*, Éditions universitaires européennes, 2016, *op. cit.,* p. 42.

648 LACABANNE (Julien)., *La démocratie consociative : forces et faiblesses du multiculturalisme*, Aix-en-Provence, Éditions Persée, 2016, *op. cit.*, p. 63.

649 *Ibidem., op. cit.*, p. 64.

650 *Ibidem., op. cit.*, p. 64.

651 LACABANNE (Julien), LIJPHART (Arend), CLÉMENT (Franz)., *Introduction à la démocratie consociative : les grands défis lancés par le multiculturalisme aux sociétés contemporaines*, Éditions universitaires européennes, 2016, *op. cit.,* p. 43.

652 *Ibidem, op. cit.*, p. 57 et *sq*.

religieuses afin d'éviter les conflits. Par ailleurs, ces critères définitionnels permettent ainsi de déterminer les principes fondamentaux de la démocratie consociative.

B - Des principes fondamentaux de la démocratie consociative

Bien que présentée comme une solution adaptée à tous les pays aux sociétés fragmentées, la démocratie consociative implique l'observation d'un certain nombre de prérequis. Ainsi, dès 1969, Arend Lijphart (1969)[653] pose quatre prérequis nécessaires à la mise en place de la démocratie consociative. Le premier d'entre eux concerne la capacité des élites politiques, entendues comme les représentants des groupes sociaux, à reconnaître et à satisfaire les besoins réels de chaque groupe pour éviter les conflits[654]. Le deuxième prérequis implique que les représentants de chaque groupe doivent s'engager dans la voie de l'unité, en transcendant les clivages, et donc leur appartenance, pour atteindre la stabilité sociale[655]. Le système consociatif appelle à ce titre à la responsabilisation des acteurs politiques face aux affrontements entre différents groupes sociaux qui mettent en péril la cohésion nationale. Pour s'en convaincre, Julien Lacabanne, en citant l'exemple de la coalition formée aux Pays-Bas en 2002 entre les démocrates-chrétiens, les libéraux et le parti de l'extrême droite, montre les difficultés que peuvent connaître les élites politiques dans le cadre d'une démocratie consociative[656]. Ceci implique donc une entente permanente entre les représentants, en mettant de côté leurs rivalités. Le consociationalisme implique en troisième lieu la volonté des représentants politiques de garantir le maintien et la protection du système consociatif contre toute menace qui pourrait détruire l'unité nationale[657]. Autrement dit, les élites politiques doivent développer un sentiment patriotique pour prévenir les crises sociopolitiques. Enfin, le dernier prérequis énuméré par Arend Lijphart est une synthèse de tous les autres, en ce sens qu'il réside dans la capacité des dirigeants politiques à comprendre qu'une société clivée est faite de conflits, de divisions pouvant engendrer l'éclatement du pays[658].

---

653 LIJPHART (Arend)., « Consociational democracy », *World Politics*, Vol. 21, n° 2, janvier 1969, p. 216.

654 CLÉMENT (Franz)., « La théorie consociative : caractéristiques générales et applications au Luxembourg », *CEPS/INSTEAD*, n° 2011-50, octobre 2011, *op. cit.*, pp. 1-28.

655 *Ibidem*, *op. cit.*, pp. 1-28.

656 LACABANNE (Julien)., *La démocratie consociative : forces et faiblesses du multiculturalisme*, Aix-en-Provence, Éditions Persée, 2016, *op. cit.*, p. 79.

657 CLÉMENT (Franz)., « La théorie consociative : caractéristiques générales et applications au Luxembourg », *CEPS/INSTEAD*, n° 2011-50, octobre 2011, *op. cit.*, pp. 1-28.

658 LACABANNE (Julien)., *La démocratie consociative : forces et faiblesses du multiculturalisme*, Aix-en-Provence, Éditions Persée, 2016, *op. cit.*, p. 79.

En sus de ces prérequis, Arend Lijphart considère que pour que l'institution d'un système consociatif soit effective, il faut la combinaison de certaines conditions qui concernent, contrairement aux prérequis ci-dessus mentionnés, à la fois les représentants et les représentés[659]. D'abord, la démocratie consociative exige un réel équilibre dans la gestion du pouvoir entre différentes composantes, car ce système ne peut pas se réaliser dans l'hypothèse où un groupe en domine un autre. Ensuite, l'unité que garantit le système consociatif permet aux pays l'ayant adopté de se protéger contre les menaces extérieures[660]. C'est en cela qu'Arend Lijphart constate que « bon nombre de régimes consociatifs sont apparus lors de périodes particulièrement troublées, comme si de la détresse et du chaos jaillissait l'unité »[661]. C'est le cas de certains pays tels que la Belgique et les Pays-Bas, qui ont adopté le régime consociatif à la fin de la Première Guerre mondiale afin d'éviter les agressions externes[662]. De plus, la démocratie consociative est plus favorable dans les pays de petite taille car ils sont plus faciles à gouverner[663]. Pareillement, elle implique l'adhésion massive de l'ensemble de la population favorable au gouvernement de large coalition[664].

En outre, le partage du pouvoir étant la caractéristique principale de la démocratie consociative, il n'est possible que dans le respect des quatre principes fondamentaux du consociationalisme. Le premier d'entre eux est le gouvernement d'une grande coalition, c'est-à-dire que les représentants de toutes les composantes du pays doivent s'unir pour gouverner ensemble. Cette coalition peut prendre des formes variées, comme le montre Franz Clément (2011)[665] : « *Un cabinet de grande coalition dans les systèmes parlementaires, des grands conseils comportant d'importantes fonctions de coordination et d'avis ou encore une grande coalition entre un président et des politiques en fonctions élevées dans les régimes présidentiels* ». À vrai dire, afin de s'affranchir de la domination d'un parti sur les autres, « les partis les plus importants se partagent le pouvoir au sein d'une coalition » (J. Lacabanne,

---

659 CLÉMENT (Franz)., « La théorie consociative : caractéristiques générales et applications au Luxembourg », *CEPS/INSTEAD*, n° 2011-50, octobre 2011, *op. cit.*, pp. 1-28 ; voir aussi LACABANNE (Julien), LIJPHART (Arend), CLÉMENT (Franz)., *Introduction à la démocratie consociative : les grands défis lancés par le multiculturalisme aux sociétés contemporaines*, Éditions universitaires européennes, 2016, *op. cit.*, p. 55.

660 LACABANNE (Julien)., *La démocratie consociative : forces et faiblesses du multiculturalisme*, Aix-en-Provence, Éditions Persée, 2016, *op. cit.*, p. 80.

661 *Ibidem*, *op. cit.*, p. 80.

662 *Ibidem*, *op. cit.*, p. 80.

663 LACABANNE (Julien), LIJPHART (Arend), CLÉMENT (Franz)., *Introduction à la démocratie consociative : les grands défis lancés par le multiculturalisme aux sociétés contemporaines*, Éditions universitaires européennes, 2016, *op. cit.*, p. 55.

664 CLÉMENT (Franz)., « La théorie consociative : caractéristiques générales et applications au Luxembourg », *CEPS/INSTEAD*, n° 2011-50, octobre 2011, *op. cit.*, pp. 1-28.

665 *Ibidem*, *op. cit.*, pp. 1-28.

2016)[666]. Le deuxième principe est celui de la représentation proportionnelle, permettant la protection des minorités dans une société segmentée, dans la mesure où il repose soit sur la surreprésentation des groupes minoritaires, soit sur la parité de représentation dans les structures administratives[667]. Aux Pays-Bas, par exemple, l'article 53 de la Constitution prévoit que « les membres des deux Chambres des États généraux (Parlement) sont élus sur la base de la représentation proportionnelle...»[668]. Le troisième principe est celui de l'autonomie segmentaire, qui permet aux différents segments de gérer leurs propres affaires. À cela s'ajoute un droit de veto pour les minorités sur la prise de décision[669]. Ce veto est une garantie « *pour le cas où, même si le principe de grande coalition attribue un partage du pouvoir à chaque segment au niveau politique central, ceci ne constituerait pas une garantie contre une majorité s'affirmant lorsque les intérêts vitaux de la minorité sont en jeu* » (F. Clément, 2011)[670]. À propos de ces principes fondamentaux, Arend Lijphart estime que le consociationalisme est une forme de consensus qui repose sur dix caractéristiques divisées en deux grandes dimensions : d'une part, une dimension exécutive-partisane qui concerne la séparation des pouvoirs, le multipartisme, la représentation proportionnelle et le système corporatiste de défense d'intérêts sociaux (J. Lacabanne, 2016)[671] ; d'autre part, une dimension fédérale-unitaire, notamment le bicaméralisme, la décentralisation, le fédéralisme, la Constitution rigide, le contrôle de constitutionnalité des lois (D. Sinardet, 2011)[672]. Dès lors, la vérité de la théorie de Lijphart est éventuellement en Afrique, dans la mesure où les caractéristiques ci-dessus énumérées sont favorables à la mise en place d'un État multinational dans les pays aux sociétés plurielles, en particulier les pays africains francophones.

---

666 LACABANNE (Julien)., *La démocratie consociative : forces et faiblesses du multiculturalisme*, Aix-en-Provence, Éditions Persée, 2016, *op. cit.*, p. 82.

667 CLÉMENT (Franz)., « La théorie consociative : caractéristiques générales et applications au Luxembourg », *CEPS/INSTEAD*, n° 2011-50, octobre 2011, *op. cit.*, pp. 1-28.

668 Voir l'article 53 de la Constitution néerlandaise du 17 février 1983.

669 LACABANNE (Julien), LIJPHART (Arend), CLÉMENT (Franz)., *Introduction à la démocratie consociative : les grands défis lancés par le multiculturalisme aux sociétés contemporaines*, Éditions universitaires européennes, 2016, *op. cit.*, p. 56 ; LIJPHART (Arend)., *Democracy in Plural Societies. A Comparative Exploration*, New Haven, Yale University Press, 1977, 248 p. ; ONDOUA (Alain)., « La population en droit constitutionnel. Le cas des pays d'Afrique francophone », *Afrique contemporaine*, 2012/2, n° 242, pp. 87-97.

670 CLÉMENT (Franz)., « La théorie consociative : caractéristiques générales et applications au Luxembourg », *CEPS/INSTEAD*, n° 2011-50, octobre 2011, *op. cit.*, pp. 1-28.

671 LACABANNE (Julien)., *La démocratie consociative : forces et faiblesses du multiculturalisme*, Aix-en-Provence, Éditions Persée, 2016, *op. cit.*, p. 82 et *sq.*

672 SINARDET (Dave)., « Le fédéralisme consociatif belge : vecteur d'instabilité ? », *Pouvoirs*, 2011/1, n° 136, *op. cit.*, pp. 21-35.

§2 - La démocratie consociative comme fondement de l'État multinational

Mwayila Tshiyembé écrit, au sujet de l'État multinational, qu'il s'agit d'un cadre qui favorise, d'un côté, l'organisation du pouvoir politique « à l'échelle de la société plurinationale » et, de l'autre côté, « la capacité d'agir ensemble mobilisée par les nations et les citoyens, en vue de faire face aux enjeux et défis qui pèsent sur le destin commun » (M. Tshiyembé, 2001)[673]. L'État pluriel est ainsi fondé sur le consentement de toutes les composantes nationales et sur leur possibilité de participer à la gestion des affaires publiques, afin de répondre aux exigences de l'unité nationale. Ce n'est que par ce biais que l'on peut parler de la refondation du pacte démocratique et républicain qui permet « *de jeter les bases d'une nouvelle conception de l'État, de la démocratie et de la Constitution, mettant en exergue les spécificités africaines, à savoir, l'idée de la nation, le nouveau mode de légitimation, le pluralisme juridique et une nouvelle conception de la territorialité* » (M. Tshiyembé, 2001)[674]. On comprend, à partir de cette pensée, que dans un État pluriel, les leaders politiques doivent se doter des moyens permettant de prendre en compte toutes les réalités et spécificités dans l'organisation et la gestion de l'État. C'est ainsi, après avoir constaté l'échec du parti unique, que plusieurs pays africains ont choisi la voie de la démocratie pluraliste **(A)** pour aller vers une nouvelle légitimité de l'État africain **(B)**.

A - De l'échec du parti unique à la démocratie pluraliste

Poser le problème de la construction de l'État en Afrique francophone, c'est toucher du doigt deux réalités qui correspondent chacune à une époque. La première réalité correspond à la période postindépendance et est caractérisée par l'adoption, dans la quasi-totalité des pays d'Afrique francophone, de régimes de partis uniques. La deuxième réalité coïncide avec l'avènement de la démocratie pluraliste dans les années 1990.

En premier lieu, au nom de l'intégration nationale et de l'unité nationale, les dirigeants africains des années 1960 ont fermé les yeux sur le pluralisme politique et le caractère pluriel de leurs sociétés pour justifier la mise en place de régimes de partis uniques. Alphonse Ntumba Luaba (2002)[675] affirmait à ce titre : « *Puisque le monopartisme était présenté comme l'antidote du tribalisme et de l'ethnisme, bon nombre de Constitutions consacrant le parti*

673 TSHIYEMBE (Mwayila)., *État multinational et démocratie africaine : sociologie de la renaissance politique*, Paris, L'Harmattan, 2001, *op. cit.*, p. 91.
674 *Ibidem*, *op. cit.*, p. 111.
675 NTUMBA LUABA (Alphonse)., « Ethnicité et gouvernementalité dans le contexte du renouveau constitutionnaliste africain », *Revue africaine des sciences sociales et humaines*, n°2, juillet 2002, *op. cit.*, pp. 43-60.

unique n'ont pas jugé nécessaire de stigmatiser et de bannir leurs méfaits. Mais, en réalité, la monocratie en Afrique s'est souvent conjuguée avec l'ethnie ou la parenté. » Par ces mots, l'auteur tente d'expliquer que même si les régimes de partis uniques adoptés par la quasi-totalité des pays africains au lendemain des indépendances traduisent la volonté des dirigeants de lutter contre l'ethnicité qui met en péril l'unité nationale, il n'en demeure pas moins que ces régimes n'ont fait que plonger ces pays dans des logiques ethnocentristes. En effet, pour ces dirigeants, le choix du monopartisme permet de répondre aux exigences de construction ou d'établissement de l'unité nationale. Il est considéré que contrairement au multipartisme, seul le parti unique peut gérer la diversité ethnique, comme en témoigne la déclaration de l'ancien président du Cameroun, Mamadou Ahidjo : « *Dans un pays si jeune et aussi divers que le nôtre, la nation ne peut se construire que dans le cadre d'un grand parti national et non dans celui du multipartisme qui entretient des divisions par une démagogie préjudiciable aux intérêts du pays.* » (M. Prouzet, 1974)[676] Ainsi, les Constitutions des pays tels que le Gabon (1972), du Mali (1974) et du Congo-Brazzaville (1969) énoncent clairement que le parti unique est le garant et le reflet de l'unité nationale. En RDC ou encore en Guinée-Conakry, le parti unique est vu comme le parti-État ; c'est l'impulsion du pouvoir étatique.

Cependant, plus de vingt ans après, le régime du parti unique adopté par les pays africains pour consolider l'unité nationale n'a été en réalité qu'un agent destructeur de la cohésion sociale. On peut ainsi donner raison à Dmitri Georges Lavroff (1972)[677] lorsqu'il constate qu'au lieu de favoriser l'intégration nationale, le parti unique n'a été qu'une machine qui a servi les intérêts politiques des dirigeants africains. Cela est d'autant plus clair lorsqu'on se réfère à l'analyse faite par le professeur Jean Kambayi Bwatshia (1995)[678] par rapport à l'organisation du pouvoir sous le régime du parti unique en RDC : « *Au centre, c'est-à-dire le niveau décisionnel majeur, se situe un clan (chef de l'État, parents et proches parents) ; gravitent autour du centre-noyau les amis personnels du chef recruté, en fonction des intérêts et de l'opportunité, dans toutes les régions, les sous-régions et les tribus. La troisième couche comprend les élites intellectuelles, servant de "réservoir vivrier" au noyau primaire central (réserve de la République)* ». Suivant cette analyse, force est de constater que le monopartisme en Afrique n'est qu'une

---

676 PROUZET (Michel)., *Le Cameroun*, Paris, LGDJ, 1974, p. 330.

677 LAVROFF (Dmitri Georges)., « Régimes militaires et développement politique en Afrique noire », *Revue française de science politique*, n° 5, octobre 1972, p. 979.

678 KATAMBAYI BWATSHIA (Jean)., *Demain le Zaïre : choix idéologiques et barrières mentales*, Kinshasa, Centre de Recherche Eugemonia, 1995, pp. 49-51 ; voir aussi NTUMBA LUABA (Alphonse)., « Ethnicité et gouvernementalité dans le contexte du renouveau constitutionnaliste africain », *Revue africaine des sciences sociales et humaines*, n°2, juillet 2002, *op. cit.*, pp. 43-60.

forme d'ethnocratie déguisée, dans la mesure où c'est l'ethnicité qui est au centre du pouvoir, comme le constate Paul N'Da[679] en ces termes : « *L'organisation souvent pyramidale des partis repose parfois sur les ethnies.* » Ainsi, bien que le parti unique soit considéré comme un catalyseur de l'unité nationale, il ne demeure qu'un prétexte pour assouvir les intérêts de l'ethnie au pouvoir. Du reste, même si le gouvernement semble parfois un « gouvernement d'union nationale », en réalité, ce sont les membres d'un même clan et un conseil clandestin de l'ethnie qui donnent les directives à suivre sur la gouvernance du pays. Le pouvoir se trouve ainsi pris en otage par une ethnie, une famille. Dès lors, se cultive un sentiment d'impunité chez les membres d'une telle ethnie ou d'une telle famille, qui s'estiment intouchables.

En second lieu, en réaction à cette confiscation du pouvoir par un parti ou un groupe ethnique, le multipartisme a été mis au centre des débats lors de l'avènement de la démocratie dans les années 1990, afin de permettre à toutes les composantes nationales de participer à la vie publique. Babacar Gueye (2009)[680] écrit : « *Le pluralisme politique est l'une des conditions essentielles de la démocratie libérale, laquelle suppose que le peuple choisisse ses gouvernants. Or, il n'y a de choix que si l'on peut se déterminer entre plusieurs possibilités, plusieurs combinaisons.* » Il en ressort que c'est la démocratie libérale, puisqu'elle permet le pluralisme politique, qui garantit le respect de la diversité ethnique dans la gestion du pouvoir. Le climat de conflit en Afrique étant un « catalyseur du sens ethnique »[681], il n'est pas surprenant que les réclamations du multipartisme « s'accompagnent d'une transposition et d'un investissement des forces ethniques dans la fonction partisane et sur l'échiquier électoral »[682]. C'est dans ce contexte que nombre d'États africains ont mis en avant l'idée du multipartisme à la suite du vent démocratique des années 1990. L'Afrique est ainsi en transition vers le pluralisme politique[683], entendu comme « un système qui accepte l'exercice de la libre expression de différentes idées politiques », c'est-à-dire « la reconnaissance des partis

---

679 N'DA (Paul)., *Les intellectuels et le pouvoir en Afrique noire*, Paris, L'Harmattan, 1987, p. 33.

680 GUEYE (Babacar)., « La démocratie en Afrique : succès et résistances », *Pouvoirs,* 2009/2, n° 129, pp. 5-26.

681 NTUMBA LUABA (Alphonse)., « Ethnicité et gouvernementalité dans le contexte du renouveau constitutionnaliste africain », *Revue africaine des sciences sociales et humaines*, n°2, juillet 2002, *op. cit.*, pp. 43-60.

682 MABIALA MANTUBA NGOMA (Pamphile)., « Fédéralisme et ethno-régionalisme au Zaïre », *in* P. MABIALA MANTUBA NGOMA (sous dir.), *Fédéralisme, ethnicité et intégration nationale au Congo/Zaïre*, Kinshasa, Publications de l'Institut de Formation et d'Études Politiques, 1997, pp. 65-70 ; voir aussi NTUMBA LUABA (Alphonse)., « Ethnicité et gouvernementalité dans le contexte du renouveau constitutionnaliste africain », *Revue africaine des sciences sociales et humaines*, n°2, juillet 2002, *op. cit.*, pp. 43-60.

683 CONAC (Gérard) (sous dir.), *L'Afrique en transition vers le pluralisme politique*, Colloque, 12-13 décembre 1990, Paris, Economica, 1993, 517 p.

politiques concurrentiels » (M. Walzer, 1997)[684]. Ainsi, afin de marquer la rupture avec le monopartisme, la quasi-totalité des constituants africains des années 1990 ont fait le pari d'ériger la liberté de créer des partis politiques au rang des libertés fondamentales. Ce multipartisme intégral s'est très vite « traduit par une explosion du nombre des partis, une prolifération sans précédent des partis politiques en Afrique »[685]. À cet égard, l'exemple de la RDC constitue un cas d'école dans la mesure où l'on est passé, depuis la Conférence nationale souveraine, du parti unique à une pléthore de partis politiques, soit près de 480[686]. Le Congo-Brazzaville, le Mali, le Cameroun, le Gabon, le Togo, le Bénin, le Niger, la Côte d'Ivoire ou encore le Burkina Faso font également partie de la liste des pays ayant connu l'explosion des partis politiques au début des années 1990[687].

En définitive, on peut affirmer avec force que l'instauration du multipartisme en Afrique est le résultat de la pression remarquable des associations des droits de l'homme s'opposant aux régimes des partis uniques jugés trop autoritaires, donc méprisant les droits de l'homme. Ceci n'est pas étonnant, car, comme l'affirme Babacar Gueye (2009)[688], citant l'exemple du Burkina Faso, « *le mouvement "Trop c'est trop" est apparu comme un acteur incontournable du changement politique par la mobilisation populaire qu'il a suscitée, ce mouvement a incontestablement forcé le régime de Blaise Compaoré à inscrire les problèmes de l'État de droit et de la démocratie dans son agenda politique* ». De ce point de vue, nul ne doute que ces mouvements ou ces associations ont poussé les dirigeants politiques dans une vaste entreprise de réformes institutionnelles, afin d'instaurer des régimes pluralistes. En clair, le multipartisme a triomphé sur le monopartisme parce qu'il a permis d'atténuer les revendications de certaines minorités ethniques qui ont été mises à l'honneur. Raison de plus, certains observateurs constatent que « *les périodes de crise et de violence poussent les gens à donner de l'importance aux facteurs race et ethnie [...]* » (A. Ntumba Luaba, 2002)[689], avant d'affirmer que le pluralisme politique a largement contribué au

---

684 WALZER (Michaël)., *Pluralisme et Démocratie*, Éditions Esprit, 1997, p. 60.
685 GUEYE (Babacar)., « La démocratie en Afrique : succès et résistances », *Pouvoirs,* 2009/2, n° 129, *op. cit.*, pp. 5-26.
686 GUEYE (Babacar)., « La démocratie en Afrique : succès et résistances », *Pouvoirs,* 2009/2, n° 129, *op. cit.*, pp. 5-26 ; voir également : http://m.le360.ma/afrique/autres-pays/politique/, consulté en mai 2019.
687 MESCHERIAKOFF (Alain-Serge)., « Le multipartisme en Afrique francophone, illusion ou solution ? », *in* G. CONAC (sous dir.), *L'Afrique en transition vers le pluralisme politique*, Colloque, 12-13 décembre 1990, Paris, Economica, 1993, pp. 69-77.
688 GUEYE (Babacar)., « La démocratie en Afrique : succès et résistances », *Pouvoirs,* 2009/2, n° 129, *op. cit.*, pp. 5-26.
689 NTUMBA LUABA (Alphonse)., « Ethnicité et gouvernementalité dans le contexte du renouveau constitutionnaliste africain », *Revue africaine des sciences sociales et humaines*, n°2, juillet 2002, *op. cit.*, pp. 43-60.

renouvellement de la classe politique en favorisant « l'émergence de nouveaux hommes et femmes sur la scène politique »[690]. On peut même dire que le pluralisme politique a suscité, chez les dirigeants africains, l'idée de rechercher une nouvelle légitimité pour l'État.

B - L'État africain : vers une nouvelle légitimité ?

Combattre l'idée de considérer l'État africain comme « la politique du ventre »[691] est un des objectifs poursuivis par les dirigeants africains francophones, afin de faire face aux difficultés de construire un État-nation à l'africaine. Soulignant la nécessité de refonder la légitimité de l'État en Afrique, Mwayila Tshiyembé (2001)[692] fait le constat selon lequel, depuis les indépendances de « *l'Afrique noire jusqu'à l'aube du chaos organisationnel en cours, il ne se passe pas un jour sans que les princes qui nous gouvernent et les élites à la solde de la tyrannie ne revendiquent la République, tantôt joyeuse, tantôt menacée, selon les circonstances* ». Par ce constat, l'auteur met en avant l'urgence de réviser les fondements de la légitimité de l'État africain en se basant sur des croyances partagées. En d'autres termes, il s'agit de construire la légitimité de l'État en s'appuyant sur le double impératif de prendre en compte la diversité nationale, d'une part, et de vouloir vivre ensemble, d'autre part. C'est donc cette approche qui permettrait, à en croire certains, de renouveler le « pacte démocratique et républicain »[693]. Thierry Michalon (1994)[694], dans sa réflexion sur « l'État africain : quête d'une légitimité », affirme qu'« *aujourd'hui, l'ethno-fédéralisme et la démocratie pluraliste se présentent comme deux voies vers une nouvelle légitimité. Les deux s'avèrent impraticables dans le cadre des réalités culturelles de l'Afrique contemporaine* ». De même, en axant son analyse sur les impératifs de la reconstruction de l'État africain, Guillaume Pambou Tchivounda (1982)[695] relève que la mentalité « ethnocentriste » des Africains est l'une des causes, sinon la cause principale qui explique les problèmes africains, car elle a pendant longtemps empêché la mise en place d'une politique du vivre ensemble. Dès lors, précise-t-il, elle mérite d'être prise en compte dans le processus de reconstruction de l'État africain[696]. D'ailleurs, certains auteurs,

---

[690] GUEYE (Babacar)., « La démocratie en Afrique : succès et résistances », *Pouvoirs,* 2009/2, n° 129, *op. cit.*, pp. 5-26.

[691] Expression utilisée par BAYART (Jean-François)., *L'État en Afrique. La politique du ventre*, Paris, Fayard, 2006, 514 p.

[692] TSHIYEMBE (Mwayila)., *État multinational et démocratie africaine : sociologie de la renaissance politique*, Paris, L'Harmattan, 2001, *op. cit.*, p. 242.

[693] *Ibidem, op. cit.*, p. 242.

[694] MICHALON (Thierry)., « L'État africain : quête d'une nouvelle légitimité », *Terroirs*, Paris, 1994, pp. 5-17.

[695] PAMBOU TCHIVOUNDA (Guillaume)., *Essai sur l'État postcolonial*, Paris, LGDJ, 1982, *op. cit.*, pp. 93 et *sq*.

[696] *Ibidem, op. cit.*, pp. 93 et *sq*.

soulignant l'exclusion des groupes ethniques dans la gestion de la chose publique en Afrique francophone, estiment qu'un « pouvoir est légitime lorsqu'il prend en compte des sources de légitimité qui sont en interaction au sein des sociétés »[697]. De ce fait, les dirigeants africains s'inscriraient dans une logique de « citoyenneté adaptée » permettant à chaque ethnie de prendre part à la prise de décision tant au niveau national qu'au niveau local.

Partant de ce socle, il est donc plausible de procéder au renouvellement des institutions étatiques pour donner la possibilité à toutes les ethnies, notamment aux groupes minoritaires longtemps écartés de la gestion des affaires publiques, de faire entendre leur voix. Cette modélisation met à profit l'idée de construire un véritable État de droit en Afrique. Comme l'atteste Thierry Michalon (1998)[698], « *l'État de droit a les plus grandes difficultés à se constituer en Afrique. Pour que les institutions y acquièrent une réelle légitimité, il convient de rompre avec l'ultra-jacobinisme mis en place dans les années 60 et qui n'a fait qu'exacerber les tensions entre ethnies. Il faut créer une forme de fédéralisme, assurer l'égalité de traitement entre tous les citoyens et reconnaître les conflits collectifs* ». Dès lors, s'impose une comparaison avec le cas de certains pays d'Amérique latine comme la Colombie. En effet, ce pays a été confronté, dans les années 1970, à des revendications de groupes ethniques réclamant un modèle institutionnel adapté à leurs spécificités. Ainsi, pour faire face à cette situation, la Colombie s'est érigée en pionnier en reconnaissant, dans la Constitution de 1991, les valeurs propres de ces groupes ethniques, principalement l'incorporation de la notion d'« indienneté »[699]. Le cas de la Colombie a également inspiré plusieurs pays d'Amérique latine, notamment la Bolivie (1994), l'Équateur (1998)[700] ou encore le Mexique. En Afrique, hormis l'Éthiopie qui a consacré un fédéralisme ethnique, la Côte d'Ivoire, pour sa part, semble emboîter le même pas, non vers un fédéralisme ethnique, mais plutôt vers un État unitaire pluriethnique. Ainsi, comme on a pu le lire dans le préambule de la Constitution du 8 novembre 2016 qui marque la naissance de la IIIe

---

697 Voir Institut de recherche et débat sur la gouvernance (IRG)., *Parcours international de débat et de propositions sur la gouvernance : Perspectives d'Afrique centrale*, Colloque de Yaoundé, Cameroun, 22-24 novembre 2010, p. 36.

698 MICHALON (Thierry)., « À la recherche de la légitimité de l'État », *Revue française de droit constitutionnel*, 1998, n°34, pp. 289-313.

699 ASSIES (Willem)., « Les peuples autochtones et la réforme de l'État en Amérique latine », *in* Assies (Willem), Van der Harr (Gemma) et Hoekeman (Anne)., *Le défi de la diversité : les peuples autochtones et la réforme de l'État en Amérique latine*, Amsterdam, Thela, 2000, pp. 3-21.

700 FRAUSTO (Obed), CASTELLANOS (Naya Lopez), LORENZEN MARTINY (Matthew)., « Identité culturelle et mémoire en Colombie contemporaine », *Artelogie*, n° 9, 16 juin 2016, pp. 1-14 ; voir aussi LACROIX (Laurent)., « L'institutionnalisation des autonomies indigènes en Bolivie », *Autochtonie, libre-détermination et mouvements sociaux à l'ère de la globalisation*, 2011, France, pp.1-11.

République, le peuple de Côte d'Ivoire tient compte de sa « diversité ethnique, culturelle et religieuse, et [est] résolu à construire une Nation pluriethnique et pluriraciale… »[701]. Ce n'est que par ce biais, estime-t-on, que ce pays peut remplir sa mission qui se résume à travers le travail, la discipline et le progrès socio-économique pour le bien-être de tous.

Chemin faisant, en Afrique, une théorie clarifie les exigences d'une nouvelle légitimité de l'État africain. Il s'agit de la théorie dite du « parlementarisme à l'africaine »[702], selon laquelle chaque société africaine étant une mosaïque d'ethnies, l'objectif de la Constitution démotique est d'établir des structures étatiques, notamment du Parlement, et donc de les rassembler[703]. Autrement dit, le Parlement à l'africaine se caractérise par sa capacité de fédérer et d'assurer la représentation de toute la diversité nationale. À en croire Guillaume Pambou Tchivounda (1982)[704], ce parlementarisme serait fondé sur le principe cardinal de « présidence tournante »[705]. En effet, « *le détenteur du pouvoir est un représentant d'une ethnie, élu au suffrage universel direct, avec pluralité des candidatures au sein de cette ethnie, par l'ensemble de la population. Chaque ethnie doit attendre son tour de présidence de la République, soumise à un mandat unique dont la durée est déterminée (cinq ans par exemple* »[706]. À la lecture de cette théorie, force est de constater que celle-ci veut garantir à la fois l'autonomie des différents groupes ethniques et leur participation à la gestion des affaires publiques. Ceci crée incontestablement une rupture avec l'unitarisme fortement dominant dans les États africains depuis les indépendances. Au demeurant, abordé sous cet angle, on relèvera que la théorie du parlementarisme à l'africaine ne saurait échapper à une critique. En effet, elle peut être qualifiée d'imaginaire ou d'utopique, spécialement dans des pays africains comme la RDC ou le Cameroun, qui comptent chacun plus de deux cents groupes ethniques. Dès lors, l'application du principe de présidence par rotation, en vertu duquel chaque ethnie doit gouverner à tour de rôle au terme d'un mandat déterminé, s'avère impossible. C'est donc cette théorie du parlementarisme à l'africaine qui permet de légitimer l'idée selon laquelle la démocratie consociative est l'unique solution adaptée aux réalités sociopolitiques africaines.

---

[701] Voir le préambule de la Constitution ivoirienne du 28 novembre 2016, *op. cit.*

[702] PAMBOU TCHIVOUNDA (Guillaume)., *Essai sur l'État postcolonial*, Paris, LGDJ, 1982, *op. cit.*, p. 93.

[703] *Ibidem, op. cit.*, pp. 93 et *sq.*

[704] *Ibidem, op. cit.*, pp. 93 et *sq.*

[705] *Ibidem, op. cit.*, pp. 93 et *sq.*

[706] *Ibidem, op. cit.*, pp. 93 et *sq* ; voir aussi TSHIYEMBE (Mwayila)., *État multinational et démocratie africaine : sociologie de la renaissance politique*, Paris, L'Harmattan, 2001, *op. cit.*, p. 70.

Section 2 : La démocratie consociative, une solution adaptée aux réalités socio-politiques africaines

Si, classiquement, la démocratie est définie comme « le gouvernement du peuple par le peuple et pour le peuple », il convient de s'interroger sur « qui gouverne et pour les intérêts de qui » [707] lorsque la société est divisée en plusieurs groupes ethniques ayant chacun des intérêts distincts liés aux particularismes[708]. Dans le cas de l'Afrique, cela signifie, à en croire Jean-Luc Stalon (2002)[709], que c'est la majorité ethnique qui gouverne. Ceci exclut les minorités de la gouvernance du pays, suscitant ainsi chez elles un sentiment d'insécurité. Conscients de cette insécurité, les dirigeants africains ont décidé d'opérer des changements institutionnels pour mettre en place la démocratie consociative, comme seul système adapté aux réalités sociopolitiques africaines. Il s'agit, d'une part, de venir à la rescousse de la démocratie majoritaire **(§1)** et, d'autre part, de favoriser la politique des quotas ethniques dans les administrations publiques **(§2)**.

§1 - La démocratie consociative à la rescousse de la démocratie majoritaire

Une question fondamentale se pose actuellement en Afrique : quel type de démocratie pour l'Afrique, particulièrement en Afrique noire francophone, pourrait répondre aux besoins de l'ensemble des composantes ethniques ? Pour répondre à cette question, certains observateurs constatent que la démocratie majoritaire, telle qu'elle a été adoptée dans les années 1990, a déjà atteint ses limites compte tenu de la situation de division du peuple en plusieurs segments ethniques. D'ailleurs, Arend Lijphart (2014)[710] constate que « *la démocratie majoritaire est exclusive, compétitive et conflictuelle, alors que le système de démocratie de consensus est caractérisé par l'inclusion, la négociation et le compromis* ». Dès lors, face à ce que l'on pourrait appeler l'échec de la démocratie majoritaire **(A)**, la démocratie consociative semble être la seule option pour résoudre l'équation de la diversité en Afrique et donc éviter les conflits ethniques **(B)**.

---

707 STALON (Jean-Luc)., *Construire une démocratie consensuelle au Rwanda*, Paris, L'Harmattan, 2002, p. 9.
708 *Ibidem*, p. 9.
709 *Ibidem*, p. 9.
710 LIJPHART (Arend)., « La négociation dans les démocraties majoritaires et de consensus », *Négociations*, 2014/1, n° 21, pp. 13-19.

A - L'échec de la démocratie « compétitionnelle majoritaire » en Afrique

« Là où règne une minorité, le mal est logiquement représenté par la démocratie majoritaire. »[711] Cette phrase est révélatrice, en ce sens que dans une société pluriethnique, les minorités sont souvent exclues de la prise de décision en ce qui concerne la gestion des affaires publiques. Cela est d'autant plus vrai que le bilan assez mitigé de la démocratie majoritaire des années 1990 montre bien qu'en Afrique, réunir plus de la moitié des suffrages, soit 50,1%, ne reflète en aucun cas une majorité absolue, surtout qu'il s'agit de pays où le vote est empreint d'ethnicité. À ce sujet, la démocratie majoritaire apparaît inadaptée à la société africaine fortement diversifiée, car elle est incapable de fédérer toutes les couches du pays et donc de garantir la représentation politique de toutes les ethnies.

Vue sous cet angle, la méfiance envers la démocratie compétitionnelle majoritaire ne traduit en réalité que « l'opposition à l'égalité des citoyens et le rejet ou la trahison de la cause du peuple » (A. Ntumba Luaba, 2002)[712]. À cet égard, l'expérience du Rwanda montre que lors de la signature des accords de paix d'Arusha de 1993, les Tutsi minoritaires avaient exprimé leur méfiance vis-à-vis de la démocratie majoritaire au profit de la démocratie consociative, comme le constate Alphonse Ntumba Luaba[713] lorsqu'il affirme : « *La crainte des minorités ethniques provient du fait de la prise de conscience qu'avec la démocratie compétitive (vote au suffrage universel), elles n'auront jamais la chance de l'emporter et de se faire représenter significativement dans les instances du pouvoir. Aussi s'attachent-elles à une démocratie consociative (scrutin proportionnel), basée sur le compromis et sur la négociation entre les élites de tous les segments de la société globale pour garantir les intérêts des minorités* ». Ces propos révèlent la manière dont les sociétés plurales organisent et maintiennent politiquement un système de partage équitable du pouvoir entre les différentes communautés. Par conséquent, le principe selon lequel la majorité gouverne apparaît inapproprié aux sociétés multiethniques. D'où la nécessité pour les groupes minoritaires de recourir à la démocratie consociative. Ainsi, le préambule de la Constitution rwandaise de 2015 énonce que « le peuple rwandais s'engage à construire un État fondé sur une démocratie consensuelle et pluraliste basée sur le partage du pouvoir… »[714]. Le cas du Burundi ne montre pas autre chose

---

[711] Voir Burundi : processus d'Arusha, consociationalisme et démocratisation en 2016, *Ethnicité et partage du pouvoir*, décembre 2016, 50 p.

[712] NTUMBA LUABA (Alphonse)., « Ethnicité et gouvernementalité dans le contexte du renouveau constitutionnaliste africain », *Revue africaine des sciences sociales et humaines*, n°2, novembre 2002, *op. cit.*, pp. 43-60.

[713] *Ibidem*, *op. cit.*, pp. 43-60.

[714] Voir le préambule de la Constitution rwandaise de 2015, *op. cit.*

lorsque, après les accords d'Arusha de 2000 mettant un terme aux différents conflits ethniques, ce pays a adopté une Constitution « consociative » garantissant le partage du pouvoir entre Hutu et Tutsi. Comme on a pu le lire, « *le Burundi a mis fin à une transition politique par la voie négociée et en se servant de mécanismes et de stratégies typiquement consociatifs. Un partage du pouvoir est organisé à travers des quotas ethniques et autres équilibres contenus dans l'accord d'Arusha et la Constitution. La coopération entre élites segmentaires a permis la mise en œuvre de cette ingénierie institutionnelle [...]. Le nouveau contexte politique et institutionnel reflète la pluralité de la société* » (S. Vandeginste, 2006)[715]. De même, en RDC, après avoir constaté le fiasco de la démocratie majoritaire instaurée dans les années 1990, le professeur Auguste Mampuya (2013) [716] fait remarquer que face aux défis actuels de la société congolaise, la démocratie consensuelle ou consociative apparaît comme la seule issue de sortie.

Au regard de tout ce qui précède, force est de constater que la démocratie majoritaire n'est pas faite pour sortir les pays africains des conflits ethniques. Elle ne reflète pas la réalité pluriethnique des sociétés africaines et ne garantit pas la participation de toutes les communautés ethniques à la gouvernance des affaires publiques. D'ailleurs, les changements institutionnels intervenus en Afrique ces dernières années témoignent de la volonté des dirigeants politiques de réaménager les systèmes existants. De plus, plusieurs raisons viennent constater les limites de la démocratie majoritaire en Afrique francophone. D'abord, elle est inadaptée aux réalités sociohistoriques des pays africains, en particulier les spécificités ethniques. Ainsi, chaque nation se fonde sur certaines valeurs qui, lorsqu'elles sont ignorées, entraînent le déséquilibre social et donc l'effondrement du lien social. Ensuite, on peut également reprocher à la démocratie majoritaire de légitimer l'exclusion des minorités dans la gestion de la chose publique, en ce sens qu'en Afrique, la formation des partis politiques et le vote suivent la logique de la majorité sur une base ethnique. À ce titre, le préjudice causé par la démocratie majoritaire est de légitimer la dictature du plus grand « nombre qui veut que le gagnant gagne tout et le perdant perde tout »[717]. L'avantage de la démocratie consociative résiderait essentiellement dans la volonté « de pallier les tensions

---

[715] VANDEGINSTE (Stef)., « Théorie consociative et partage du pouvoir au Burundi », *in* F. REYNTJENS, S. MARYSSE (sous dir.), *L'Afrique des Grands Lacs : dix ans de transitions conflictuelles (Annuaire 2005-2006)*, Paris, L'Harmattan, 2006, *op. cit.*, pp. 173-208.

[716] MAMPUYA (Auguste)., « Face aux périls et aux défis : pour une démocratie consensuelle », *Congo News*, consulté en mai 2018 ; MAMPUYA (Auguste)., « La démocratie majoritaire et l'urgence d'une démocratie adaptée », *Le Phare*, 2013, consulté en mai 2018.

[717]Bujumbuhttps://www.uantwerpen.be/images/uantwerpen/container2143/files/DPP%20Burundi/Ethnicit%C3%A9/Partage%20du%20pouvoir/Analyse_UPRONA_D%C3%A9mocratie_majoritaire_2004.pdf, consulté en mai 2018.

et d'éviter un déchirement de la société »[718], en ce sens qu'elle invite les dirigeants politiques à « s'unir dans des coalitions gouvernementales dont les maîtres-mots seront représentation proportionnelle et consensus »[719]. En conséquence, la démocratie majoritaire crée chez les uns l'illusion de domination et chez les autres le sentiment de frustration et d'infériorité. Dans ce cas, seule l'ingénierie consociative peut être considérée comme un moyen d'évitement des conflits ethniques.

B - L'ingénierie consociative, un moyen d'évitement des conflits ethniques

Dans les sociétés segmentées, la question du partage équitable du pouvoir s'impose comme une nécessité permettant d'éviter des conflits entre les différentes composantes nationales. Cette question semble trouver sa réponse dans la théorie du consociationnisme développée par le politologue néerlandais Arend Lijphart. Cette théorie est le fruit d'une ingénierie politique visant à mettre en place un système de gestion du pouvoir qui correspond aux sociétés multiculturelles ou pluriethniques, et s'opposant ainsi au principe majoritaire considéré comme opprimant les minorités démocratiques. D'ailleurs, pour résoudre l'équation de la diversité nationale, comme il a déjà été évoqué, certains pays comme la Belgique[720], la Suisse, les Pays-Bas ou encore le Liban[721] ont fait appel à l'ingénierie consociative. Ainsi, pour être effectif, ce modèle consociatif dans les pays aux sociétés fragmentées suppose que toute la diversité nationale soit prise en compte dans la gestion des affaires publiques à travers un consensus, une coalition, et donc la nécessité d'associer tous les segments de la société.

De ce point de vue, reconnue comme une solution dans les pays aux sociétés plurales, la théorie du consociationalisme démocratique apparaît convenable pour l'Afrique, réputée pour sa diversité ethnoculturelle. À ce sujet, le partage du pouvoir dans ces pays est fondé principalement sur la base de ce que le professeur Stef Vandeginste qualifie de « piliers consociatifs »[722], c'est-à-dire « *la grande coalition, les élections proportionnelles, l'autonomie*

---

718 LACABANNE (Julien), LIJPHART (Arend), CLÉMENT (Franz)., *Introduction à la démocratie consociative : les grands défis lancés par le multiculturalisme aux sociétés contemporaines*, Éditions universitaires européennes, 2016, *op. cit.*, p. 56 et *sq.*

719 *Ibidem*, *op. cit.*, p. 56 et *sq.*

720 GREIMERS (Dimitri)., « Belgique : la fin de la démocratie du compromis ? », *Collection Au Quotidien (analyses)*, pp. 1-24.

721 LACABANNE (Julien), LIJPHART (Arend), CLÉMENT (Franz)., *Introduction à la démocratie consociative : les grands défis lancés par le multiculturalisme aux sociétés contemporaines*, Éditions universitaires européennes, 2016, *op. cit.*, p. 42 et *sq.*

722 VANDEGINSTE (Stef)., « Théorie consociative et partage du pouvoir au Burundi », *in* F. REYNTJENS, S. MARYSSE (sous dir.), *L'Afrique des Grands Lacs : dix ans de transitions conflictuelles (Annuaire 2005-2006)*, Paris, L'Harmattan, 2006, *op. cit.*, pp. 173-208.

des segments et le droit de veto » (S. Vandeginste, 2006)[723]. Ainsi, comme il a déjà été évoqué, l'ingénierie consociative implique en premier lieu que « la grande coalition » exige que le gouvernement soit composé des « représentants de tous les segments impliqués dans la prise de décision politique »[724]. Autrement dit, cette coalition doit inclure toutes les formations politiques du pays pour permettre aux minorités d'avoir une place dans la gouvernance des affaires publiques. En deuxième lieu, « le principe de proportionnalité » dénaturé implique la parité stricte entre la majorité et la minorité pour éviter une accaparation du pouvoir par les groupes démographiquement importants. Ceci exclut la logique selon laquelle « seul le parti victorieux exerce le pouvoir politique »[725]. En troisième lieu, « l'autonomie des segments » concerne la gestion des domaines relevant étroitement de leurs spécificités ethnoculturelles, comme l'usage de la langue dans l'éducation. En quatrième lieu, « le droit de veto » garantit aux minorités ethniques le dernier mot dans la prise de décision pour assurer la protection de leurs intérêts[726].

Pour s'en convaincre, le Cameroun et la RDC se sont engagés dans la voie du consociationnisme, car la démarche entreprise dans ces deux pays est celle du partage équitable du « gâteau démocratique national », selon l'expression de Guy Rossatanga-Rignault (2012)[727]. Au Cameroun, au Rwanda, au Burundi, au Congo-Brazzaville tout comme en RDC, on observe la prise en compte des minorités ethniques, notamment des populations autochtones et des valeurs traditionnelles spécifiques aux communautés ethniques dans la gestion de l'État. Ainsi, au Cameroun, le Conseil régional doit être présidé, conformément à l'article 57 de la Constitution de 1996, par une personnalité autochtone[728]. En RDC, l'article 207 de la Constitution de 2006 consacre la reconnaissance de l'autorité coutumière au même titre que les organes provinciaux[729]. De ce fait, cette démarche traduit la volonté non seulement de prendre en compte les composantes ethniques dans la gestion du pouvoir, mais aussi d'éviter les conflits interethniques par la protection des spécificités culturelles propres à chaque ethnie.

---

[723] *Ibidem*, *op. cit.*, pp. 173-208.
[724] LIJPHART (Arend)., « Changement et continuité dans la théorie consociative », *Revue internationale de Politique comparée*, IV, 3, 1997, p. 683.
[725] GREIMERS (Dimitri)., « Belgique : la fin de la démocratie du compromis ? », *Collection Au Quotidien (analyses)*, *op. cit.*, pp. 1-24.
[726] *Ibidem*, *op. cit.*, pp. 1-24.
[727] ROSSATANGA-RIGNAULT (Guy)., « Identités et démocratie en Afrique. Entre hypocrisie et faits têtus », *Afrique contemporaine*, 2012/2, n° 242, *op. cit.*, pp. 59-71.
[728] Cameroun, Constitution du 2 juin 1972 révisée en 1996, *op. cit.*, article 57, al. 3.
[729] La Constitution de la RDC de 2006, *op. cit.*, art. 207.

Par conséquent, on peut emprunter les mots de Rodrigue Ngando Sandjè (2013) pour affirmer que « *la diversité nationale qui fonde le communautarisme africain se trouve définitivement reconnue dans le constitutionnalisme africain* »[730]. Dès lors, force est de constater que la théorie du consociationnisme semble la seule issue permettant de donner aux constituants africains francophones des outils nécessaires pour prendre en compte la diversité nationale dans le partage du pouvoir, afin de concilier l'égalité et la liberté des citoyens par la reconnaissance de leurs spécificités ethnoculturelles[731]. Cette théorie a fortement influencé les dirigeants africains sur la nécessité de repenser l'État africain par la prise en compte des réalités ethniques. Ceci se traduit naturellement par l'institution d'une politique des quotas ethniques dans la distribution des postes au sein des administrations publiques.

§2 - La question des quotas ethniques dans les administrations publiques

L'élan de la démocratie en Afrique francophone a été présenté par certains acteurs politiques comme le témoignage de la méfiance des solidarités ethniques d'être infiniment marginalisées dans la gestion des affaires publiques. Embarqués par cet enthousiasme, les dirigeants africains n'ont pas hésité à s'interroger sur la nécessité de réorganiser les administrations publiques pour donner suite au fond du problème. C'est dans cet esprit qu'il a été décidé, par certains dirigeants, de mettre en place une politique de quotas ethniques dans les administrations publiques **(A)**. Toutefois, une interrogation demeure sur les dangers d'une telle politique sur l'unité nationale **(B)**.

A - La prise en compte des groupes ethniques dans les administrations publiques

Dans chaque société multiculturelle ou pluriethnique, il est souvent nécessaire de mettre en place certains mécanismes, qu'ils soient politiques ou juridiques, pour favoriser l'insertion dans la fonction publique et l'accès à l'enseignement supérieur des groupes défavorisés[732]. Ainsi, l'on a pu constater, dans ces sociétés, l'émergence d'une politique d'aménagement des principes d'égalité et de méritocratie dans la fonction publique[733]. Il se pose dès lors la question des quotas pour résoudre l'épineux problème de l'ethnicité

---

[730] NGANDO SANDJE (Rodrigue)., *État et nation dans le constitutionnalisme africain. Étude thématique*, Thèse, Droit public, Université de Bourgogne, 2013., *op. cit.*, p. 447.

[731] *Ibidem, op. cit.*, p. 447.

[732] SOM I (Joseph-Désiré)., « Le peuple contre l'ethnie en Afrique. Faire peuple à travers une politique des quotas d'accès à la fonction publique au Cameroun », *Revue en ligne Irénée*, février 2015.

[733] *Ibidem.*

qui pèse sur la vie politique des pays africains, « telle une épée de Damoclès »[734], en prenant en compte les différents groupes ethniques dans la distribution des postes. L'État devient ainsi un « gâteau à partager » dont « chacun aura sa part »[735].

D'ailleurs, dans une démarche plus démonstrative, Nenad Stojanovic (2013)[736] tente de répondre à la question de savoir pourquoi la politique des quotas serait nécessaire dans une société plurale. Pour lui, cette politique repose sur la réalisation de la représentation descriptive de la population au sein du corps social, de l'institution, dont l'entrée est soumise à cette politique. Ainsi peut-on lire, « *l'usage des quotas peut se justifier de trois manières distinctes : (1) la représentation descriptive est importante, voire nécessaire d'un point de vue substantiel et symbolique, pour les groupes qui en bénéficient, ainsi que pour le système politique en tant que tel ; (2) lorsqu'un groupe est sous-représenté au sein d'une institution représentative, cela est dû à des formes de discriminations inopportunes ; (3) dans la pratique, les quotas sont l'instrument le plus efficace pour réaliser la représentation descriptive* »[737]. À en croire ces auteurs, il n'est pas étonnant qu'une telle politique puisse avoir pour fonction d'éliminer toute forme de discrimination à l'égard d'un groupe ethnique, qu'il soit majoritaire ou minoritaire. Ce faisant, cela favoriserait l'accès de certains groupes ethniques à la fonction publique ou à l'enseignement supérieur. C'est le cas dans certains pays pluriethniques africains qui militent pour une politique des quotas dans l'accès à la fonction publique ou à l'enseignement supérieur. C'est donc une tendance que l'on observe particulièrement au Burundi, au Rwanda et au Cameroun.

À cet égard, l'exemple fourni par la Constitution burundaise du 18 mars 2005 est particulièrement pertinent et mérite d'être cité. En effet, l'article 143 prévoit que « l'administration est largement représentative de la nation burundaise et doit refléter la diversité de ses composantes. Les pratiques qu'elle observe en matière d'emploi sont fondées sur des critères d'aptitude objectifs et équitables ainsi que sur la nécessité de corriger les déséquilibres et d'assurer une large représentation ethnique, régionale et de genre. La représentation ethnique dans les entreprises publiques est pourvue à raison de 60% au plus pour les Hutu et 40% au plus pour les Tutsi ». Aux termes de l'article 208 de la même Constitution, « le pouvoir judiciaire est structuré de façon à refléter dans sa composition l'ensemble de la population. Les procédures de recrutement et nomination dans le corps judiciaire obéissent

---

734 MOUDOUDOU (Placide)., *La Constitution en Afrique : morceaux choisis*, Paris, L'Harmattan, *op. cit.*, p. 50.
735 *Ibidem*, *op. cit.*, p. 52.
736 STOJANOVIC (Nenad)., *Dialogue sur les quotas. Penser la représentation dans une démocratie multiculturelle*, Presses de sciences politiques, 2013, p. 17.
737 *Ibidem*, *op.cit.*, p. 17.

impérativement au souci de promouvoir l'équilibre régional, ethnique... »[738]. Il faut préciser aussi qu'au Rwanda, la politique des quotas a vu le jour sous le régime de Kayibanda et a été confirmée par celui de Juvénal Habyarimana. La répartition des places pour l'accès à l'école et aux emplois publics était la suivante : entre 85 et 90% de places pour les Hutu, entre 10 et 14% pour les Tutsi et 1% pour les Twa[739]. Cette politique d'équilibre a été maintenue jusqu'en 2000 comme preuve d'une justice sociale fondée, selon les termes de Jean-Pierre Chrétien (2013)[740], non pas sur la règle « à chacun selon son mérite » mais sur le principe « à chacun selon l'importance numérique du groupe ethnique auquel il appartient », au nom de « l'équilibre ethnique ».

Par ailleurs, signalons aussi l'exemple du Cameroun, où l'accès à la fonction publique est subordonné à des conditions visant à garantir l'équilibre entre les différentes composantes ethniques. C'est un décret présidentiel du 7 septembre 1982, modifiant celui du 3 juillet 1975, qui prévoit dans son article 56 une politique des quotas pour la répartition des places pour les concours de la fonction publique en tenant compte de la province d'origine de chaque candidat et du taux de scolarisation dans chaque province[741]. Cet article autorise les autorités à prendre en considération le critère territorial ou géographique, avec la notion de province pour établir la règle des quotas[742]. De ce fait, ce texte fait inéluctablement référence à la prise en compte des ethnies dans la distribution des postes au sein de l'administration publique, comme on a pu le constater avec Ernest-Marie Mbonda qui écrit que « les circonscriptions administratives du Cameroun ayant été délimitées selon les frontières ethniques plus ou moins précises, la référence à la province revient en fait à une référence à l'appartenance ethnique du candidat »[743]. C'est l'arrêté n° 0015/MNFORPRA/CAB du 20 août 1992 qui répartit ces quotas ethniques comme suit[744] :

---

738 La Constitution burundaise du 18 mars 2005, *op. cit.*, art. 143 et 208.

739 CHRÉTIEN (Jean-Pierre), KABANDA (Marcel)., *Rwanda : racisme et génocide. L'idéologie hamitique*, Berlin, 2013, p. 159.

740 *Ibidem*, p. 159.

741 MBONDA (Ernest-Marie)., *Justice ethnique : identités ethniques, reconnaissance et représentation politique*, Québec, Pul, 2009, *op. cit.*, p. 73.

742 *Ibidem*, *op. cit.*, p. 73.

743 *Ibidem*, *op. cit.*, p. 73.

744 *Ibidem.*, *op.cit.*, p. 73 ; voir aussi l'arrêté d'application n° 0015/MNFORPRA/CAB du 20 aout 1992.

Tableau 2 : Les quotas ethniques dans la fonction publique au Cameroun

Provinces	**Quotas**
Province du Centre	15%
Province du Sud	4%
Province de l'Est	4%
Province du Littoral	12%
Province du Nord	7%
Province du Nord-Ouest	12%
Province de l'Extrême-Nord	18%
Province de l'Ouest	13%
Province du Sud-Ouest	8%
Province de l'Adamaoua	5%
Anciens militaires	2%

Partant de ces analyses, force est d'admettre que dans toute société pluriethnique, le risque de fragmentation est souvent plus important. S'impose dès lors la nécessité d'assurer l'équité et la justice sociale entre les différentes composantes ethniques par la mise en place d'une politique des quotas, afin de favoriser leur accès aux administrations publiques. Une telle politique est, en principe, raisonnable du point de vue du droit et efficace pour la sauvegarde d'une paix durable (E.-M. Mbonda, 2009)[745]. Ce n'est que par ce biais qu'un État multiethnique pourrait éviter ou du moins gérer les conflits ethniques. En substance, l'introduction d'une politique des quotas ethniques dans certains pays africains a été un moyen non seulement d'assurer l'équilibre dans la fonction publique, mais aussi de mettre en place une politique du vivre ensemble et de partage du pouvoir par le biais d'une démocratie consociative. Cependant, certains observateurs avérés n'ont pas manqué de considérer cette politique comme dangereuse pour l'unité nationale.

745 MBONDA (Ernest-Marie)., *Justice ethnique : identités ethniques, reconnaissance et représentation politique*, Québec, Pul, 2009, *op. cit.*, p. 81.

B - Les quotas ethniques, une politique dangereuse pour l'unité nationale ?

Considérée comme salvatrice dans les pays aux sociétés segmentées, la politique des quotas adoptée comme une solution pour faire face aux revendications des minorités ethniques comporte ses difficultés et ses contradictions. Pour mieux dire, la politique des quotas ethniques choisie par certains pays africains pour assurer l'équilibre dans la distribution des postes au sein des administrations publiques, voire même pour légitimer les structures administratives, ne peut elle-même résister aux critiques. Pour s'en convaincre, il suffit d'évoquer plusieurs raisons qui expliquent ces critiques. Tout d'abord, certains auteurs hostiles à cette politique considèrent que conformément à la Déclaration universelle des droits de l'homme qui garantit à chaque citoyen l'accès à la fonction publique de son pays[746], une telle politique basée sur l'importance démographique de chaque ethnie serait contraire à l'esprit même de la Déclaration[747] et engendrerait des « frustrations porteuses de tensions »[748]. Le critère ethno-démographique va dès lors être considéré comme arbitraire dans les pays où l'actualisation des recensements est difficilement effectuée[749].

Ensuite, l'une des critiques les plus vives employées contre la politique des quotas se rapporte à la question des compétences nécessaires pour les États qui aspirent au développement, et qui ne devraient pas, comme l'affirment certains auteurs, être sacrifiées sur l'autel « des préoccupations ethno-équilibristes »[750]. C'est dans cette perspective qu'Ernest-Marie Mbonda (2009)[751] écrit que « *le développement d'un État, soutient-on, a besoin de la mise en œuvre d'un certain perfectionnisme dans l'attribution des charges de la société. Les quotas ethniques assurent la promotion de la médiocrité et retardent le développement* ». Cette pensée montre sans doute l'ampleur des critiques sur la politique des quotas. Pour mieux étayer cette argumentation, on pourrait, dans une certaine mesure, affirmer qu'un pays qui aspire à devenir émergent ne peut pas occulter les compétences de certaines communautés ethniques au motif d'établir une politique d'équilibre ou de quotas ethniques dans la distribution des postes.

746Article 21 de la DUDH précité.

747 MBONDA (Ernest-Marie)., *Justice ethnique : identités ethniques, reconnaissance et représentation politique*, Québec, Pul, 2010, *op. cit.*, p.76.

748 *Ibidem, op. cit.*, p.76.

749 *Ibidem, op. cit.*, p.76.

750 *Ibidem, op. cit.*, p.77.

751 *Ibidem, op. cit.*, p. 77.

À ces positions utilitaristes s'ajoute enfin celle de la fragmentation et de la promotion des identités ethniques dans des sociétés déjà fragilisées par des conflits ethniques[752]. Ainsi, d'autres auteurs estiment que la politique des quotas favoriserait les inégalités entre citoyens, ce qui entraînerait sans doute des déchirements sociaux. D'où la nécessité de dépasser le clivage ethnique au profit de l'unité nationale. C'est à partir de ce constat qu'Hubert Mono Ndjana (2000)[753], en se référant à l'exemple de la France, affirme que dans ce pays, « *la multiethnicité originelle a fini par être résorbée au profit de l'homogénéité que nous lui connaissons aujourd'hui* ». Ce faisant, il convient de mettre fin à cette politique des quotas qui ne fait que dégrader l'unité nationale pour s'inscrire dans une logique d'homogénéisation des ethnies.

In fine, même si cette politique des quotas ethniques a permis aux dirigeants de certains pays d'Afrique noire francophone d'apaiser les tensions entre les différentes communautés ethniques, elle est bien loin de faire l'unanimité. Ainsi, elle relève clairement d'une logique de discrimination que l'on pourrait qualifier de « discrimination positive »[754], en ce qu'elle permettrait d'insérer les minorités ethniques dans la fonction publique. Si cette politique est farouchement remise en cause en Afrique, c'est parce qu'elle vise surtout à poursuivre des fins autres que l'équité et la justice sociale[755], et donc des fins politiques, pour satisfaire certains gouvernants assoiffés de pouvoir.

---

[752] *Ibidem*, *op. cit.*, p. 77.

[753] MONO NDJANA (Hubert)., « Le rôle des quotas dans la gestion d'une société multiethnique », *INPACT Tribune*, n° 9, 2000, p. 16.

[754] La *discrimination positive* est une politique, une mesure ou une loi qui a pour objectif de favoriser, par un traitement préférentiel, une catégorie de personnes qui est sujette habituellement à une discrimination en raison de son origine sociale, ethnique ou religieuse, de son sexe, de son âge, de ses handicaps.

[755] MBONDA (Ernest-Marie)., *Justice ethnique : identités ethniques, reconnaissance et représentation politique*, Pul, 2009, *op. cit.*, p. 82.

Troisième partie :

L'innovation juridique des années 1990 : facteur d'une prise en compte effective du fait ethnique par le droit public

Chapitre 1 :

La constitutionnalisation du fait ethnique

La problématique de l'institutionnalisation du fait ethnique en Afrique coïncide avec celle de la « *construction et de la cohésion socioculturelles et territoriales de l'État-nation. Elle induit une dimension à la fois juridique et politique, revêt une singulière délicatesse en Afrique, en raison de l'importation mimétique, dans les faits, de normes et institutions parfois en décalage et en déphasage avec les réalités sociales influentes, pertinentes et déterminantes, provoquant parfois une rupture entre la production sociale du politique et la régulation politique du social* » (M.-S. Dione, 2016)[756]. De ces mots, on déduira que depuis les indépendances des pays d'Afrique noire francophone dans les années 1960, la problématique ethnique se pose toujours en termes de conflits sociopolitiques, en raison de la méconnaissance de ce phénomène par le droit public. Or, l'ethnicité est communément considérée comme l'un des vecteurs du développement culturel, économique et social. De ce fait, ces crises sociopolitiques nées des discriminations ethniques poussent les constituants africains à rechercher un modèle institutionnel susceptible de prendre en compte toutes les composantes ethniques de leurs pays. Ainsi, on constatera, dans la plupart des préambules des Constitutions des pays africains francophones, des dispositions telles que : « *Nous, peuple, affirmons par la présente Constitution notre volonté de vivre ensemble dans le respect des diversités ethniques, religieuses, régionales et culturelles ; de bâtir une Nation fraternelle, unie, solidaire, pacifique et prospère, et soucieux de préserver la stabilité politique ; tenant compte de notre diversité ethnique, culturelle et religieuse, et résolu à construire une Nation pluriethnique et pluriraciale fondée sur les principes de la souveraineté nationale.* »[757] Ces pays ont ainsi fait le pari de constitutionnaliser le fait ethnique afin d'éviter les crises ethno-régionalistes, donc de rétablir l'unité nationale. D'une part,

---

[756] DIONE (Maurice Soudieck)., « Constitutionnalisation du communautarisme sans communautarisation de la Constitution : les fortunes diverses de la juridicisation des phénomènes ethnique et confrérique au Sénégal », *Revue en ligne Afrilex (Revue d'étude et de recherche sur le droit et l'administration dans les pays d'Afrique)*, décembre 2016, *op. cit.*, p. 2.

[757] Voir le préambule de la Constitution ivoirienne de novembre 2016, *op. cit.* ; voir également les préambules des Constitutions du Tchad du 14 avril 1996 et du 4 mai 2018.

une telle entreprise est la conséquence d'un droit constitutionnel alternatif qui a favorisé, en Afrique, la création d'un cadre institutionnel rénové **(Section 1)**. D'autre part, elle vise la prévention constitutionnelle des conflits ethniques **(Section 2)**.

Section 1 : Du droit constitutionnel transitoire à la création d'un cadre institutionnel rénové

« *Sa Majesté la Constitution a perdu sa couronne. Bousculée par les faits, la Constitution qu'on avait très tôt sacralisée, fétichisée, en Afrique, est devenue un texte ordinaire, voire banal. Pourtant, l'on avait cru, à la faveur ou à l'issue des transitions démocratiques, à la résurrection de la Constitution. Croyance rendue caduque par la vague des nouveaux conflits et leurs cortèges d'accords politiques qui inaugurent la seconde mort de la Constitution.* » (K. Dosso, 2012)[758] On comprendra que les conflits sociopolitiques enregistrés dans la plupart des pays d'Afrique francophone, souvent causés par les manipulations de la Constitution à des fins personnelles, ont fait de celle-ci un texte sans valeur. D'ailleurs, pour dresser le bilan mitigé du constitutionnalisme africain, certains n'hésitent pas, à l'instar de Pierre-François Gonidec[759], à se demander : « *À quoi servent les Constitutions africaines ?* » C'est dans cette logique et dans le souci de mettre fin aux conflits sociopolitiques que les dirigeants africains ont tenté de trouver les voies et les moyens pour initier de véritables changements (P. Manga, 1994)[760]. Il en est ainsi de l'irruption de la démocratie dans les pays francophones d'Afrique dans les années 1990, avec les conférences nationales « *censées marquer la rupture avec l'ordre politique ancien, ou encore les débats houleux, parfois controversés et toujours passionnés auxquels a partout donné lieu la rédaction des nouvelles lois fondamentales* »[761]. C'est le cas au Congo-Brazzaville, au Bénin, au Niger, en RDC, au Gabon, au Burkina Faso, au Mali. Par ailleurs, dans des pays tels que le Cameroun, le Sénégal, la Côte d'Ivoire, où il n'y a pas eu de conférences nationales, les changements institutionnels se sont opérés par l'adoption d'un certain nombre d'accords, ayant permis d'aboutir aux révisions constitutionnelles pour certains ou à l'adoption de nouvelles Constitutions[762] pour d'autres. Ceci a permis

---

758 DOSSO (Karim)., « Les pratiques constitutionnelles dans les pays d'Afrique noire francophone : cohérences et incohérences », *Revue française de droit constitutionnel,* 2012/2, n° 90, *op. cit.*, pp. 57-85.
759 GONIDEC (Pierre-François)., « À quoi servent les Constitutions africaines ? Réflexion sur le constitutionnalisme africain », *RJPIC*, octobre-décembre 1988, n° 4, p. 849.
760 MANGA (Philippe)., « Réflexions sur la dynamique constitutionnelle en Afrique », *Revue juridique et politique, indépendance et coopération*, 1994, pp. 46-70.
761 *Ibidem*, pp. 721-748.
762 *Ibidem*, pp. 721-748.

l'émergence d'un droit constitutionnel transitoire **(§1)**, qui a en outre favorisé la création d'un cadre institutionnel rénové en Afrique **(§2)**.

§1 - De l'adoption des Constitutions de transition

« *Les périodes qui suivent les crises politiques et sociales ouvrent la voie à une sorte de zone grise constitutionnelle que l'on qualifie pudiquement et pratiquement de "transition", période pendant laquelle la définition d'un nouveau modèle politique et constitutionnel devient une priorité avec des exigences somme toute assez classiques mais indispensables : adoption d'un régime politique bien souvent de type présidentiel ou semi-présidentiel ; émergence du pluralisme politique et d'élections concurrencées ; promotion des droits fondamentaux et instauration des cours constitutionnelles, véritables gardiennes de ces droits et garantes de la démocratisation de l'État.* » (F. Hourquebie, 2015)[763] Cette pensée semble trouver sa vérité dans le contexte sociopolitique africain. En effet, pour faire face à l'hémiplégie de l'État et de ses institutions en période de crises sociopolitiques que traversent les différentes sociétés africaines, les forces politiques et civiles empruntent, dans la plupart des cas, différents chemins pour sortir leurs pays de l'impasse, notamment par la mise en place d'un droit constitutionnel transitoire. Ce droit constitutionnel alternatif, estime-t-on, est « *marqué par l'émergence de règles, des accords politiques autres que celles de la Constitution* » (C. Tuekam Tatchum, 2016)[764], visant à déterminer, en période de crise, le statut et l'organisation des institutions étatiques. Dans ce contexte de crise, plusieurs chartes de transition ont été adoptées dans certains pays africains **(A)** pour restaurer l'organisation et le fonctionnement de l'appareil étatique, et prendre en compte les réalités locales. En outre, pour sortir de l'impasse, les dirigeants politiques africains ont opté pour une politique de concertation aboutissant à la constitutionnalisation des compromis politiques **(B)**.

A - La Charte transitoire

En Afrique francophone, la crise de normativité (F.-J. Aïvo, 2012)[765] a permis l'émergence, dans le constitutionnalisme africain, d'une « catégorie

---

763 HOURQUEBIE (Fabrice)., « Néo-constitutionnalisme et contenu des constitutions de transition : quelle marge de manœuvre pour les constitutions de transition ? », *Annuaire international de justice constitutionnelle*, 30-2014, 2015, Juges constitutionnels et doctrine - Constitutions et transitions, pp. 587-602.

764 TUEKAM TATCHUM (Charles)., « Les chartes de transition dans l'ordre constitutionnel des États d'Afrique noire francophone : étude à partir des exemples du Burkina Faso et de la République centrafricaine », *Revue CAMES/SJP*, n°001/2016, pp. 25-50, publication.lecames.org/.../696/510, consulté en juin 2019.

765 AÏVO (Frédéric Joël)., « La crise de normativité de la Constitution en Afrique », *Revue du droit public et de la science politique en France et à l'étranger*, n° 128/2012, pp.141-180.

atypique d'acte constitutionnel »[766], en l'occurrence les chartes de transition, que l'on peut considérer comme le fruit de l'ingénierie constitutionnelle, voire une solution de sortie de crise dans plusieurs États africains (S. Andzoka Atsimou, 2016)[767]. En effet, si ces chartes, dont la finalité est de mettre un terme aux crises politiques et militaires auxquelles sont confrontés les pays africains, ne peuvent être qualifiées de Constitution au sens strict, il n'en demeure pas moins qu'elles ont, incontestablement, une portée matériellement constitutionnelle[768]. Dès lors, en dehors du fait qu'elle soit considérée comme un acte palliatif de la crise de normativité constitutionnelle en Afrique **(1)**, la Charte transitoire entretient encore le doute quant à sa nature juridique **(2)**.

1 - Un acte palliatif de crise de normativité

Depuis l'avènement du constitutionnalisme libéral dans les années 1990, l'Afrique francophone peine à élaborer de véritables normes constitutionnelles contraignantes. Cela est notamment dû au fait que les Constitutions en Afrique sont fréquemment violées pour satisfaire des intérêts personnels. Cette situation est, à n'en point douter, à l'origine des conflits qui paralysent l'organisation et le fonctionnement de l'État. Dans cette hypothèse, il convient alors de faire recours « *non plus aux Constitutions au sens formel de l'expression, mais de plus en plus aux accords politiques et aux chartes constitutionnelles qui constituent une catégorie normative en plein essor en Afrique dans un contexte de multiplications des crises et conflits politiques* » (C. Tuekam Tatchum, 2016)[769]. Cette affirmation fait inéluctablement appel à l'idée que l'Afrique francophone souffre d'une hémiplégie constitutionnelle, car les Constitutions africaines sont inefficaces et ineffectives alors même que, suivant l'expression de Hans Kelsen (1999)[770], c'est « *l'efficacité qui est une condition de validité de la norme juridique* ». C'est dans ce sens que les chartes constitutionnelles, bien que dépossédant le constituant originaire (le

---

766 OUEDRAOGO (Séni Mahamadou), OUEDRAOGO (Djibrihina)., « Libres propos sur la transition politique au Burkina Faso : Du contexte au texte de la Charte de la transition », *Revue en ligne Afrilex (Revue d'étude et de recherche sur le droit et l'administration dans les pays d'Afrique)*, février 2015, consulté en mars 2018.

767 ANDZOKA ATSIMOU (Séverin)., *L'ingénierie constitutionnelle, solution de sortie de crise en Afrique ? Les exemples de l'Afrique du Sud, de la République démocratique du Congo, du Burundi et du Congo-Brazzaville*, Paris, L'Harmattan, 2016, 600 p.

768 HOURQUEBIE (Fabrice)., « Néo-constitutionnalisme et contenu des constitutions de transition : quelle marge de manœuvre pour les constitutions de transition ? », *Annuaire international de justice constitutionnelle*, 30-2014, 2015, Juges constitutionnels et doctrine - Constitutions et transitions, *op. cit.*, pp. 587-602.

769 TUEKAM TATCHUM (Charles)., « Les chartes de transition dans l'ordre constitutionnel des États d'Afrique noire francophone : étude à partir des exemples du Burkina Faso et de la République centrafricaine », *Revue CAMES/SJP*, n°001/2016, *op. cit.*, pp. 25-50.

770 KELSEN (Hans)., *La théorie pure du droit*, Paris, LGDJ, 1999, p. 15.

peuple)[771] de son pouvoir, se révèlent pour l'Afrique francophone comme des actes palliatifs de la crise de normativité dont elle est souvent victime. D'ailleurs, les récents conflits enregistrés dans certains pays tels que la RDC, le Congo-Brazzaville, le Rwanda ou la RCA, avec le coup d'État qui a conduit au renversement du président François Bozizé en 2013, ou encore plus récemment le Burkina Faso avec le soulèvement populaire ayant déchu le président Blaise Compaoré en 2014, ont fait des chartes de transition une véritable nécessité dans le rétablissement de l'État. Dans ce contexte de crise, ces chartes prévoient des dispositions à caractère transitoire visant à « résorber les crises et incertitudes politiques nées de la destruction partielle ou totale de l'ordre constitutionnel initialement en vigueur »[772]. Ainsi, soulignant les vulnérabilités de la Constitution en Afrique, Frédéric Joël Aïvo pense qu'il y a une crise de normativité des Constitutions[773]. Gérard Conac, pour sa part, estime qu'en Afrique, les Constitutions sont très peu contraignantes et que leur stabilité n'est qu'éphémère, avant de conclure que sur ce continent, c'est le relativisme constitutionnel qui règne[774], ce qui vide la Constitution de tout son sens.

De ce point de vue, l'Afrique étant « le continent des incertitudes et des espoirs déçus »[775] à travers les incapacités de la norme constitutionnelle à résister face aux conflits sociopolitiques, les chartes de transition sont ainsi adoptées pour résoudre ces conflits[776] nés soit d'une insurrection populaire, soit d'un coup d'État militaire ayant rendu inapplicable la norme constitutionnelle en vigueur[777]. Parmi les exemples les plus significatifs, on peut citer des pays comme le Congo-Brazzaville, la RDC, la RCA et le

---

771 TUEKAM TATCHUM (Charles)., « Les chartes de transition dans l'ordre constitutionnel des États d'Afrique noire francophone : étude à partir des exemples du Burkina Faso et de la République centrafricaine », *Revue CAMES/SJP*, n°001/2016, *op. cit.*, pp. 25-50.

772 *Ibidem, op. cit.*, pp. 25-50.

773 AÏVO (Frédéric Joël)., « La crise de normativité de la Constitution en Afrique », *Revue du droit public et de la science politique en France et à l'étranger*, n° 1, janvier-février 2012, pp. 141-180.

774 CONAC (Gérard)., « Les Constitutions des États d'Afrique et leur effectivité », *in* G. CONAC (sous dir.), *Dynamiques et finalités des droits africains*, Paris, Economica, 1980, pp. 385-413 ; voir aussi GONIDEC (Pierre-François)., « À quoi servent les constitutions africaines ? Réflexions sur le constitutionnalisme africain », *RJPIC*, octobre-décembre 1988, n°4, p. 849 ; pour plus de précisions, THIAM (Assane)., « Une Constitution, ça se révise ! Relativisme constitutionnel et État de droit au Sénégal », *Politique africaine*, 2007/4, n° 108, pp. 145-153.

775 KEUTCHA TCHAPNGA (Célestin)., « Droit constitutionnel et conflits politiques dans les États francophones d'Afrique noire », *Revue française de droit constitutionnel,* 2005/3, n° 63, pp. 451-491.

776 *Ibidem*, pp. 451-491.

777 TUEKAM TATCHUM (Charles)., « Les chartes de transition dans l'ordre constitutionnel des États d'Afrique noire francophone : étude à partir des exemples du Burkina Faso et de la République centrafricaine », *Revue CAMES/SJP*, n°001/2016, *op. cit.*, pp. 25-50.

Burkina Faso. Ainsi, au Congo-Brazzaville, par exemple, après le putsch militaire de 1997, un acte fondamental de transition a été adopté pour faire face à la crise de normativité constitutionnelle. Dans ce document, il est noté que le peuple congolais, étant conscient de l'urgence de doter le pays d'organes de transition afin de combler le vide institutionnel dans la conduite des affaires publiques après une longue période de dictature, marque sa volonté d'adopter la Charte de transition qui complète la Constitution du 15 mars 1992[778]. En RDC, on parle de la Constitution de transition du 6 mars 2003, qui a permis de restaurer les institutions publiques en vue d'instaurer une gouvernance efficace[779]. Il en est de même au Burkina Faso qui, après la révolution populaire des 30 et 31 octobre 2014, a adopté en novembre 2014 sa propre Charte de transition pour pallier l'absence institutionnelle dans la conduite de la gouvernance publique et pour compléter la Constitution du 2 juin 1991[780]. En RCA, après les changements politiques intervenus en 2013, et qui ont entraîné la suspension de la Constitution du 24 décembre 2004 ainsi que la dissolution des institutions de la République, les représentants des forces vives de la nation, réunis au sein du Conseil national de transition, ont décidé d'adopter la Charte constitutionnelle de transition, afin de pallier cette crise de normativité[781].

In fine, si, dans les pays ci-dessus mentionnés, la Charte de transition n'a pas remplacé la Constitution, entendue comme norme suprême de régulation et d'organisation de la vie publique, elle a joué un rôle fondamental dans la gestion des crises politiques et a permis de combler le vide institutionnel, voire de compléter l'ordre constitutionnel ancien. Il n'est donc pas étonnant de constater que la Charte de transition a pour finalité première de compléter la Constitution durant la période de transition. Dans ce contexte, elle abroge les dispositions non pertinentes dans la Constitution, pour y substituer ses propres dispositions relatives à la désignation du président par intérim et à l'organisation des institutions étatiques[782]. Ceci vient à point nommé confirmer les énoncés des préambules des chartes précitées, qui précisent qu'elles sont adoptées pour combler le vide de la Constitution. De ce fait, on relèvera que l'enrichissement de la Charte de transition vient du fait qu'elle ne détruit pas les Constitutions existantes mais les complète pour résoudre la

---

778 Préambule de la Charte de transition du 24 octobre 1997 au Congo-Brazzaville. Disponible sur : http://ekladata.com/woD2Os5g-87GLQUIOvmyHPkxGUI.pdf, consulté en mars 2019.

779 Préambule de la Constitution de transition de la RDC du 6 mars 2003, https://repositories.lib.utexas.edu.

780 Préambule de la Charte de la transition du Burkina Faso du 13 novembre 2014, https://www.ilo.org/global/lang--en/index.htm, consulté en mars 2019.

781 Préambule de la Charte constitutionnelle de transition de la RCA du 18 juillet 2013, https://mjp.univ-perp.fr/constit/cf2013.htm, consulté en mars 2019.

782 SOMA (Abdoulaye)., « Réflexion sur le changement insurrectionnel au Burkina Faso », *Revue CAMES/SJP*, Vol. 1, n° 1, 2015, pp. 1-14.

crise. Toutefois, si la Charte de transition est censée réguler les périodes de crise, *quid* alors de sa nature juridique ?

2 - La problématique de la nature juridique de la Charte transitoire

Appréhendée comme une véritable norme de régulation de la vie publique en période de crise, la Charte de transition peine encore à trouver sa qualification juridique, en ce sens que cette catégorie juridique inédite n'a pas été jusqu'ici envisagée par les théories classiques du droit constitutionnel, notamment le normativisme juridique[783]. Ceci montre toute la difficulté que soulève la problématique de la nature juridique de la Charte de transition, dans la mesure où elle n'est ni une Constitution au sens formel du terme, ni un accord politique[784]. Cela est d'autant plus vrai que d'un point de vue juridique, et selon une doctrine abondante, la Charte de transition, quelle que soit son appellation – « Charte constitutionnelle (RCA), Constitution de transition (RDC), Décret-loi (Tunisie) »[785], ou « Acte fondamental de transition (Congo-Brazzaville) » –, ne saurait en aucun cas recevoir la qualification de Constitution au sens formel, mais serait, à en croire Nicoletta Perlo (2015)[786], une norme « matériellement constitutionnelle ». En effet, à l'instar de la Constitution au sens matériel, appréhendée « à travers trois dimensions à savoir : les normes, les institutions et les libertés »[787], les chartes de transition sont, comme l'affirment certains, des normes qui « règlent les conditions de production d'autres normes de l'ordre transitoire »[788]. Elles déterminent, à ce titre, l'ensemble des règles relatives aux droits et libertés et fixent en même temps le cadre de l'action des institutions provisoires de la transition[789].

En outre, pour s'opposer à l'idée d'assimiler les chartes de transition à des Constitutions au sens formel, Nicoletta Perlo(2015)[790] pense que dans l'ordre juridique transitionnel, les normes provisoires doivent être identifiées non pas par leur forme, mais plutôt par leur objet, car elles ont un contenu spécifique.

---

[783] TUEKAM TATCHUM (Charles)., « Les chartes de transition dans l'ordre constitutionnel des États d'Afrique noire francophone : étude à partir des exemples du Burkina Faso et de la République centrafricaine », *Revue CAMES/SJP*, n°001/2016, *op. cit.*, pp. 25-50.
[784] *Ibidem*, *op. cit.*, pp. 25-50.
[785] *Ibidem*, *op. cit.*, pp. 25-50.
[786] PERLO (Nicoletta)., « Les constitutions provisoires, une catégorie normative au cœur des transitions constitutionnelles », *Revue Méditerranéenne de Droit Public*, Vol. 3, 2015, pp. 1-33.
[787] TUEKAM TATCHUM (Charles)., « Les chartes de transition dans l'ordre constitutionnel des États d'Afrique noire francophone : étude à partir des exemples du Burkina Faso et de la République centrafricaine », *Revue CAMES/SJP*, n°001/2016, *op. cit.*, pp. 25-50.
[788] *Ibidem*, *op. cit.*, pp. 25-50.
[789] *Ibidem*, *op. cit.*, pp. 25-50.
[790] PERLO (Nicoletta)., « Les constitutions provisoires, une catégorie normative au cœur des transitions constitutionnelles », *Revue Méditerranéenne de Droit Public*, Vol. 3, 2015, *op. cit.*, pp. 1-33.

Il s'agit, estime-t-elle, d'une catégorie normative qui fait appel à trois formes de décisions issues de la concertation entre les forces sociales et politiques en présence[791]. La première est celle qu'elle qualifie de décision dé-constituante, qui permet d'abroger l'ordre constitutionnel ancien[792]. La deuxième est la décision constituante, qui attribue et organise le pouvoir constituant[793]. Il s'agit de celle qu'Olivier Beaud (1994)[794] appelle décision attributive du pouvoir constituant. Enfin, la troisième est la décision constitutive, c'est-à-dire celle qui institue l'ordre juridique transitoire et fixe les règles relatives à l'organisation des institutions provisoires et la production de normes (N. Perlo, 2015)[795]. Partant de là, si l'on s'en tient à la théorie normativiste de Hans Kelsen (1997)[796] qui considère qu'une norme est juridique lorsque les conditions selon lesquelles elle a été adoptée sont elles-mêmes déterminées par une autre norme juridique, on peut affirmer que les chartes de transition ne peuvent être qualifiées de Constitutions, en ce sens que celles-ci ne sont pas adoptées selon un ordre constitutionnel existant. Il n'existe alors aucun lien juridique entre l'ordre constitutionnel ancien et l'ordre juridique de transition né à la suite d'une insurrection populaire ou armée. La Charte de transition est élaborée par un ensemble de forces qui s'emparent du pouvoir constituant (R. Carré de Malberg, 2003)[797]. À l'évidence, la théorie normativiste semble hostile à l'idée de considérer les Chartes de transition comme les Constitutions, puisque « la période de transition ne donne pas lieu à un ordre juridique »[798].

À partir de ces considérations, on notera que les chartes de transition, parce qu'elles sont définies par rapport à leur contenu, sont indubitablement des normes matériellement constitutionnelles. Ceci les éloigne de toute qualification de Constitution formelle, car n'exprimant « aucune volonté normative »[799] et parce que le peuple est exclu du « processus d'élaboration et

---

791 *Ibidem, op. cit.*, pp. 1-33.

792 *Ibidem, op. cit.*, pp. 1-33.

793 *Ibidem, op. cit.*, pp. 1-33.

794 BEAUD (Olivier)., *La puissance de l'État*, Paris, PUF, 1994, p. 265 et *sq*.

795 PERLO (Nicoletta)., « Les constitutions provisoires, une catégorie normative au cœur des transitions constitutionnelles », *Revue Méditerranéenne de Droit Public*, Vol. 3, 2015, *op. cit.*, pp. 1-33.

796 KELSEN (Hans)., *Théorie générale du droit et de l'État : suivi de la doctrine du droit naturel et le positivisme juridique*, Paris, LGDJ, 1997, p. 178 ; voir également PERLO (Nicoletta)., « Les constitutions provisoires, une catégorie normative au cœur des transitions constitutionnelles », *Revue Méditerranéenne de Droit Public*, Vol. 3, 2015, *op. cit.*, pp. 1-33.

797 CARRÉ DE MALBERG (Raymond)., *Contribution à la théorie générale de l'État*, Paris, Dalloz, 2003, p. 497.

798 PERLO (Nicoletta)., « Les constitutions provisoires, une catégorie normative au cœur des transitions constitutionnelles », *Revue Méditerranéenne de Droit Public*, Vol. 3, 2015, *op. cit.*, pp. 1-33.

799 CAYLA (Olivier)., « Le Conseil constitutionnel et la constitution de la science du droit », *in Le Conseil constitutionnel a 40 ans*, Paris, LGDJ, 1999, pp. 106 -141.

d'adoption »[800]. D'ailleurs, El Hadj Mbodj (2010)[801] affirme, à propos de la nature juridique de la Constitution de transition de la RDC, qu'il s'agit d'un cas atypique au regard des théories classiques du droit constitutionnel. Pour lui, les chartes de transition sont à la fois des Constitutions sans peuple et conditionnées[802], c'est-à-dire que leur élaboration n'est pas le résultat d'un travail exercé par une assemblée constituante désignée par le peuple détenteur du pouvoir constituant et dont l'objectif ne se rapporte qu'au rétablissement de l'ordre social. Elles sont, selon les mots de Charles Tuekam Tatchum, des « Constitutions octroyées »[803] en ce sens qu'elles sont inadaptées « à l'évolution actuelle des sociétés démocratiques qui mettent le peuple au centre de leur action à la fois comme un moyen et comme une fin »[804].

Toutefois, il est par ailleurs soutenu que les chartes de transition peuvent être érigées au rang des « conventions de Constitution » (Y. Mény, 1989)[805], des pré-Constitutions (I. Thumerel, 2008)[806] ou des Constitutions provisoires (N. Perlo, 2015)[807]. Tout d'abord, certains pensent qu'en Afrique francophone, même si les chartes de transition ne sont pas des Constitutions au sens propre, elles s'apparentent à tout le moins aux conventions de Constitution, en ce sens que sans détruire l'ordre constitutionnel ancien, elles le complètent[808]. Cette approche permet de définir les conventions de Constitution comme « *un ensemble de pratiques et d'usages qui visent soit à compléter les dispositions constitutionnelles, soit à s'y substituer* » (C. Tuekam Tatchum, 2016)[809]. À cet égard, les chartes de transition au Burkina Faso et au Congo-Brazzaville peuvent être considérées, d'une part, comme des conventions complémentaires, en ce qu'elles permettent de pallier les

---

800 MODJ (El Hadj)., « La constitution de transition et la résolution des conflits en Afrique. L'exemple de la République démocratique du Congo », *Revue du droit public et de la science politique en France et à l'étranger*, n° 2, 2010, p. 441.
801 *Ibidem*, p. 441.
802 *Ibidem*, p. 441.
803 TUEKAM TATCHUM (Charles)., « Les chartes de transition dans l'ordre constitutionnel des États d'Afrique noire francophone : étude à partir des exemples du Burkina Faso et de la République centrafricaine », *Revue CAMES/SJP*, n°001/2016, *op. cit.*, pp. 25-50.
804 *Ibidem, op. cit.*, pp. 25-50.
805 MÉNY (Yves)., « Les conventions de Constitution », *Pouvoirs*, n°50 - 1789-1989, Histoire constitutionnelle - septembre 1989, pp. 53-68 ; voir aussi AVRIL (Pierre)., *Les conventions de la Constitution*, Paris, PUF, 1997, 208 p.
806 THUMEREL (Isabelle)., *Les périodes de transition constitutionnelle : contribution à l'étude du pouvoir constituant et des actes pré-constituants*, Thèse, Lille II, 2008, p. 32.
807 PERLO (Nicoletta)., « Les constitutions provisoires, une catégorie normative au cœur des transitions constitutionnelles », *Revue Méditerranéenne de Droit Public*, Vol. 3, 2015, *op. cit.*, pp. 1-33.
808 TUEKAM TATCHUM (Charles)., « Les chartes de transition dans l'ordre constitutionnel des États d'Afrique noire francophone : étude à partir des exemples du Burkina Faso et de la République centrafricaine », *Revue CAMES/SJP*, n°001/2016, *op. cit.*, pp. 25-50.
809 *Ibidem, op. cit.*, pp. 25-50.

silences de la Constitution pour résoudre et prendre en compte les problèmes et les besoins qu'elle a occultés (Y. Mény, 1989)[810]. D'autre part, elles sont des conventions de substitution, car elles organisent « un véritable transfert de compétences et de pouvoirs au profit d'une autorité autre que celle désignée par la Constitution »[811]. Ensuite, contrairement aux chartes de transition du Burkina Faso et du Congo-Brazzaville, celles de la RDC et de la RCA peuvent être assimilées à des pré-Constitutions ou Constitutions provisoires parce qu'elles ont servi d'« intermédiaires entre la Constitution révolue et la Constitution future encore au stade de projet »[812]. Ainsi, en RDC tout comme en RCA, ces chartes ont non seulement régulé la période de transition et accompagné le processus d'adoption des nouvelles Constitutions, mais aussi fixé la durée de la transition dans ces pays. En RDC, l'article 196 de la Constitution de transition établit clairement que la durée de la transition est de vingt-quatre mois à compter de la formation du gouvernement de transition et prend fin à l'investiture du nouveau président de la République élu[813]. En RCA, après avoir énoncé à l'article 102 que la durée de la transition est de dix-huit mois, portée à vingt-quatre mois sur avis conforme du médiateur, la Charte précise à l'article 104 que pendant la transition, le chef de l'État de la transition ne porte pas le titre de président de la République et reste en fonction jusqu'à l'investiture du nouveau président élu[814].

En somme, force est de relever, à la lumière de ce qui précède, que le droit constitutionnel africain est en pleine transformation dans la mesure où, bien que ne s'assimilant pas à des Constitutions au sens formel, elles constituent un socle juridique non négligeable de régulation de situations de crise en Afrique. C'est donc ce droit constitutionnel transitoire qui a réveillé, chez les dirigeants africains, l'idée de prendre en compte dans leurs Constitutions post-transition les compromis politiques.

B - Les accords politiques

Dans la plupart des pays d'Afrique francophone, les compromis politiques adoptés au nom de l'unité et de la réconciliation nationale ont permis de rétablir l'ordre et la paix civile en mettant un terme aux différents conflits sociopolitiques. Ces compromis politiques, qui ont servi à la résolution des conflits en Afrique, peuvent avoir des formes diverses en fonction des pays.

---

810 MÉNY (Yves)., « Les conventions de Constitution », *Pouvoirs*, n°50 - 1789-1989, Histoire constitutionnelle - septembre 1989, *op. cit.*, pp. 53-68.
811 *Ibidem*, *op. cit.*, pp. 53-68.
812 FAVOREU (Louis), GAÏA (Patrick), MESTRE (Jean-Louis) *et al.*, *Droit constitutionnel*, Paris, Dalloz, 19e édition, 2017, pp. 102 et *sq.*
813 Voir la Constitution de transition de la RDC du 6 mars 2003, *op. cit.*, art. 196,
814 Voir la Charte constitutionnelle de transition de la RCA du 18 juillet 2013, *op. cit.*, art. 102 et 104,

Ainsi, dans certains pays, la résolution des conflits s'est faite par l'institution des conférences nationales souveraines (CNS), tandis que dans d'autres pays, elle s'est faite par la conclusion des accords inclusifs globaux. De ce fait, les accords politiques en Afrique sont vus comme un véritable instrument de sortie de conflits ethniques **(1)**. Ils ont, par ailleurs, fait l'objet d'une constitutionnalisation **(2)**.

1 - Les accords politiques comme moyen de sortie de conflits ethniques

L'histoire de la société africaine a toujours été jalonnée par des crises sociopolitiques désastreuses depuis les indépendances jusqu'à aujourd'hui. Ces crises proviennent des revendications de certaines communautés ethniques pour participer à la gouvernance des affaires publiques. Dans ce contexte, et pour assurer la prévention ou la résolution des conflits, certains dirigeants ont opté pour une politique de concertation avec les principaux antagonistes en présence pour trouver des compromis. Ainsi, ces compromis politiques se donnent à lire comme « tout accord conclu entre les protagonistes d'une crise politique interne ayant pour but de la résorber, quelle que soit sa dénomination »[815]. Jean du Bois de Gaudusson (2003)[816] ne dit pas autre chose lorsqu'il pense que ces accords ont une « finalité politique de sortie de crise ». Cette définition finaliste est largement admise par le professeur Miranda Metou[817], qui considère les accords politiques comme « *toute rencontre de volonté des parties à un conflit (interne ou international), qu'il soit consigné dans un ou plusieurs documents connexes destinés à régir les rapports entre ces parties pendant la crise en vue de faciliter le rétablissement de la paix dans l'État ou la région concernée* ». Il en résulte que l'objectif premier des compromis politiques en Afrique en général, et en Afrique francophone en particulier, est incontestablement la résolution des conflits sociopolitiques dont elle est souvent victime. La conclusion de ces compromis témoigne de

---

815 TUEKAM TATCHUM (Charles)., « Les chartes de transition dans l'ordre constitutionnel des États d'Afrique noire francophone : étude à partir des exemples du Burkina Faso et de la République centrafricaine », *Revue CAMES/SJP*, n°001/2016, *op. cit.*, pp. 25-50 ; ATANGANA AMOUGOU (Jean-Louis)., « Les accords de paix dans l'ordre juridique interne en Afrique », *Revue de la recherche juridique*, Vol. 33, n° 123, 2008, pp. 1723-1746.

816 DU BOIS DE GAUDUSSON (Jean)., « L'accord de Marcoussis, entre droit et politique », *Afrique contemporaine*, 2003/2, n° 206, pp. 41-55.

817 TUEKAM TATCHUM (Charles)., « Les chartes de transition dans l'ordre constitutionnel des États d'Afrique noire francophone : étude à partir des exemples du Burkina Faso et de la République centrafricaine », *Revue CAMES/SJP*, n°001/2016, *op. cit.*, pp. 25-50 ; voir aussi METOU (Miranda)., « La validité des accords de paix », *in De la Paix en Afrique au XXIe siècle : journées scientifiques du Centre d'études et de recherche en droit international et communautaire*, Yaoundé, Presse de l'Université Catholique d'Afrique Centrale, juillet 2006, p. 75.

l'engagement des acteurs politiques africains de choisir le dialogue comme l'ultime moyen de règlement pacifique des conflits.

Fort de cette vision finaliste, il n'est pas étonnant de relever que le règlement des conflits communautaires en Afrique francophone s'est fait par l'adoption de plusieurs types d'accords politiques. Certains pays tels que le Bénin, le Congo-Brazzaville, le Burkina Faso, le Mali, la RDC, le Tchad, le Togo, le Gabon (pour ne citer que ceux-là) ont choisi, dans les années 1990, les conférences nationales souveraines, véritables espaces de discussion, ayant pour mot d'ordre la paix et la réconciliation nationales pour résoudre les conflits sociopolitiques auxquels ils étaient confrontés. En RDC, par exemple, la Conférence nationale souveraine, organisée dans les années 1990, a permis essentiellement de sortir le pays de la crise et d'éviter le chaos[818]. Ces conférences se présentaient comme un vaste espace de discussion réunissant toutes les forces vives de la nation afin de débattre de la crise que traversaient ces États et d'y mettre fin, précisément par la mise en place de la démocratie pluraliste et de l'État de droit[819]. Il s'agit en réalité d'une période vécue comme un moment innovant de la sagesse africaine qui consiste à rechercher la résolution des conflits par des accords pacifiques. De ce fait, ces conférences ont joué un rôle déterminant dans la gestion des crises ethno-régionalistes qui ont prévalu dans les années 1990.

Par ailleurs, d'autres pays africains francophones comme le Burundi, le Rwanda ou encore le Cameroun ont emprunté la voie des accords globaux et inclusifs pour résoudre les crises sociopolitiques auxquelles ils étaient confrontés. Par exemple, au Rwanda et au Burundi, deux pays connus pour la récurrence des conflits interethniques et génocidaires, les dirigeants rwandais et burundais, pour y mettre fin, ont opté pour une politique de concertation. C'est ainsi qu'ont été signés respectivement en août 1993 (pour le Rwanda) et en août 2000 (pour le Burundi) les accords d'Arusha pour la paix et la réconciliation, sous l'égide du président Nelson Mandela, ayant réuni à Arusha, en Tanzanie, les représentants de la société civile, du gouvernement et des partis politiques, rassemblés en réalité sous la bannière ethnique[820] pour sortir leurs pays de l'impasse. De même, au Cameroun, ont été réunis, en octobre et en novembre 1991, le parti au pouvoir, les autres acteurs politiques

---

[818] KEUTCHA TCHAPNGA (Célestin)., « Droit constitutionnel et conflits politiques dans les États francophones d'Afrique noire », *Revue française de droit constitutionnel,* 2005/3, n° 63, *op. cit.*, pp. 451-491.

[819] *Ibidem*, *op. cit.*, pp. 451-491.

[820] Les accords d'Arusha pour la paix au Rwanda (août 1993). http://rwandadelaguerreaugenocide.univ-paris1.fr/wp-content/uploads/2010/01/Annexe_30.pdf, consulté en mars 2019 ; voir aussi KAIROUZ (Matthieu)., « Ce jour-là : le 28 août 2000, les accords d'Arusha donnent un espoir de paix au Burundi », *Jeune Afrique*, août 2016, consulté en février 2019.

et la société civile pour sortir le pays de la situation de crise qu'il traversait[821]. Cette concertation vient en complément des accords de Foumban de 1961 en vue de la réconciliation entre le nord anglophone et le sud francophone[822]. Dans la même optique, en RDC, afin de résoudre la crise sociale chronique et de reconstruire l'unité nationale, toutes les forces vives de la nation se sont réunies en dialogue inclusif intercongolais à Pretoria en Afrique du Sud, le 17 décembre 2002[823]. L'accord global et inclusif issu de cette concertation a débouché sur l'instauration d'un nouveau système politique, fondé sur la rédaction d'une nouvelle Constitution intégrant toutes les composantes politiques et sociologiques dans la gestion du pouvoir[824]. On notera également l'importance de l'accord de Marcoussis pour la Côte d'Ivoire en 2003, qui a réuni à Linas-Marcoussis, sous l'autorité du président Jacques Chirac, les forces politiques du pays et les rebelles du nord pour mettre fin à la guerre civile que connaissait le pays depuis 2002[825]. Au Mali, afin de sortir de l'impasse, plus précisément pour mettre un terme à la rébellion des Touaregs, un pacte national consacrant le statut particulier du Nord-Mali a été conclu entre le gouvernement de la République et les mouvements et fronts unifiés de l'Azawad (MFUA). Au demeurant, les accords politiques prévoient généralement un certain nombre de principes directeurs qui mettent en exergue l'esprit dans lequel ils doivent être compris, d'une part, et l'environnement qui a entouré les discussions, d'autre part[826].

Partant de cette grille, force est de conclure que face à la recrudescence des conflits ethniques, politiques et armés, les dirigeants africains ont fait recours à des mécanismes pacifiques de règlement des crises. Cette démarche qui consiste, en période de crise, à réunir tous les antagonistes autour d'une table a généralement abouti à la conclusion d'un accord de sortie de crise. Il s'agit en clair d'une démarche incontournable adoptée par certains États africains pour la résolution des conflits entre différentes composantes nationales, en ce sens que ces accords sont censés rétablir la paix et garantir le partage du pouvoir. Ceci témoigne d'ailleurs de la mobilisation des constituants africains en faveur de la constitutionnalisation des accords politiques.

---

821 KEUTCHA TCHAPNGA (Célestin)., « Droit constitutionnel et conflits politiques dans les États francophones d'Afrique noire », *Revue française de droit constitutionnel,* 2005/3, n° 63, *op. cit.*, pp. 451-491.

822 TCHAKOUNTÉ (Yves)., « Accords de Foumban : aux origines du problème anglophone au Cameroun », *Matango Club*, 30 novembre 2016.

823 Voir le texte intégral de l'Accord global et inclusif pour la paix en RDC signé à Pretoria le 17 décembre 2002, http://www.congoforum.be/.

824 *Ibidem.*

825 DU BOIS DE GAUDUSSON (Jean)., « L'accord de Marcoussis, entre droit et politique », *Afrique contemporaine,* 2003/2, n° 206, *op. cit.*, pp. 41-55.

826 MANZAN (Innocent-Ehueni)., *Les accords politiques dans la résolution des conflits armés internes en Afrique*, Thèse, Droit public, Université de La Rochelle, 2011, p. 172.

2 - La constitutionnalisation des accords politiques

L'actualité des conflits sociopolitiques en Afrique a donné, il y a quelques années, une lecture abondante en ce qui concerne les rapports entre la Constitution et les accords politiques qui ont permis la résolution des crises que le continent a connues. Certains dirigeants se sont interrogés sur la nécessité d'incorporer ces accords dans la Constitution, qui ont à un moment donné servi de base pour l'élaboration de nouveaux textes constitutionnels. L'article 1er de la Constitution de transition de la RDC de 2003 est parlant à cet égard, car il précise clairement que « la Constitution de transition de la RDC est élaborée sur la base de l'accord global et inclusif... »[827]. Dans le même ordre d'idées, la Constitution camerounaise du 2 juin 1972 a été profondément aménagée pour apporter des solutions aux conflits nés des revendications ethno-régionalistes, afin d'intégrer les compromis politiques trouvés entre les différents acteurs en présence. À cet effet, a été organisée, en 1991, une grande concertation nationale entre les dirigeants en place, les représentants de la société civile et ceux des formations politiques de l'opposition[828]. Cette concertation a abouti à la signature d'un accord qui a conduit par la suite à la réforme constitutionnelle du 18 janvier 1996.

Pour s'en convaincre, il suffit de se référer à l'actualité des révisions, voire des changements de Constitutions en Afrique, qui témoigne de la volonté des dirigeants politiques de vouloir intégrer les compromis politiques trouvés au sortir des crises ethno-régionalistes. Pour ce faire, en RDC, en vue de matérialiser l'accord global et inclusif de sortie de crise signé à Pretoria en 2002, et pour garantir son effectivité, le constituant du 18 février 2006, date de l'actuelle Constitution de la RDC, a décidé d'en faire référence dans l'exposé des motifs ayant conduit à l'adoption de cette Constitution[829]. Pour tout dire, au Burundi, l'alinéa 2 du préambule de la Constitution du 18 mars 2005 énonce clairement que le peuple burundais réaffirme sa « foi dans l'idéal de paix, de réconciliation et d'unité nationale conformément à l'accord d'Arusha pour la paix et la réconciliation au Burundi du 28 août 2000 et aux accords de cessez-le-feu »[830]. De même, l'exemple du Rwanda en ce qui concerne la constitutionnalisation des accords politiques en Afrique est également patent. En effet, après le génocide, les accords d'Arusha ayant servi de référence politique durant la transition dans ce pays, jusqu'à l'adoption de la Constitution du 4 juin 2003[831], ont été exprimés dans l'exposé des motifs

---

[827] Voir la Constitution de transition de la RDC du 6 mars 2003, *op. cit.*, art. 1er.

[828] KANKEU (Joseph)., *Droit constitutionnel, théorie générale*, Tome 1, Presses Universitaires de Dschang, 2003, p. 54.

[829] Voir l'exposé des motifs de la Constitution de la RDC du 18 février 2006, *op. cit.*

[830] Voir le préambule de la Constitution burundaise de 2005, *op. cit.*

[831] KANKEU (Joseph)., *Droit constitutionnel, théorie générale*, Tome 1, Presses Universitaires de Dschang, 2003, *op. cit.*, p. 10.

de cette Constitution en ces termes : « Vu la Loi fondamentale de la République rwandaise [...], spécialement l'accord de paix d'Arusha dans sa partie relative au partage du pouvoir, ainsi que dans sa partie relative aux questions diverses et dispositions finales... »[832] On constate la même chose dans le préambule de la Constitution du 24 décembre 2015, qui précise la détermination du peuple rwandais de « construire un État fondé sur [...] l'unité et la réconciliation du peuple rwandais [...] et la résolution des problèmes par la voie du dialogue »[833]. Au Congo-Brazzaville, non seulement le constituant de 2015 a reconnu le dialogue comme l'unique moyen de résolution pacifique des conflits, mais il a aussi constitutionnalisé la Charte de l'unité nationale et les accords inclusifs adoptés par la Conférence nationale en 1991[834].

En considération de ces analyses, on déduira que les compromis politiques en Afrique ont permis d'apporter des corrections aux différents textes constitutionnels dont l'application a révélé des failles, notamment en raison de leurs lacunes et de leur inadaptation aux réalités sociales et politiques africaines (C. Keutcha Tchapnga, 2005)[835]. De ce fait, la constitutionnalisation des compromis politiques traduit, dans une large mesure, une volonté du constituant de prendre en compte ce que l'on pourrait appeler « droit culturel africain » et ses valeurs. Ce faisant, il instaure un climat de paix et de stabilité, car en Afrique francophone, les conflits interethniques se règlent exclusivement par le dialogue. Par ce biais, la constitutionnalisation du dialogue politique, mieux encore, des accords politiques, peut être considérée comme une renaissance des nations africaines. Au demeurant, les mouvements en faveur de la prise en compte des compromis politiques par la Constitution ont indéniablement incité les dirigeants à rénover leurs institutions pour faciliter la résolution des conflits ethniques.

§2 - La création d'un cadre institutionnel rénové en Afrique

Dans ses travaux sur les pratiques constitutionnelles en Afrique noire francophone, Karim Dosso (2012)[836] montre que « *le constitutionnalisme africain, en dépit de quelques soubresauts parfois dramatiques, n'est pas figé. D'ailleurs, les observateurs les plus avisés ne manquent pas de voir dans la*

---

[832] Voir l'exposé des motifs de la Constitution rwandaise du 4 juin 2003, *op. cit.*

[833] Voir le préambule de la Constitution rwandaise du 24 décembre 2015, *op. cit.*

[834] Voir le préambule de la Constitution congolaise du 25 octobre 2015, *op. cit.*

[835] KEUTCHA TCHAPNGA (Célestin)., « Droit constitutionnel et conflits politiques dans les États francophones d'Afrique noire », *Revue française de droit constitutionnel,* 2005/3, n° 63, *op. cit.*, pp. 451-491.

[836] DOSSO (Karim)., « Les pratiques constitutionnelles dans les pays d'Afrique noire francophone : cohérences et incohérences », *Revue française de droit constitutionnel,* 2012/2, n° 90, *op. cit.*, pp. 57-85.

pratique constitutionnelle des succès. Le temps des regrets, marqué par des années de non-droit, semble bien loin de celui des espérances réelles. En témoignent l'aboutissement de la Conférence nationale et la création de comités pour la réforme des institutions ». Ces mots révèlent sans doute qu'au-delà des pratiques ou des manipulations dont elle est victime, la Constitution en Afrique est un texte en évolution permanente. Cela est d'autant plus vrai que depuis les années 1990, le constitutionnalisme africain connaît de nombreuses innovations qui permettent, pour la plupart, d'adapter les dispositions de la Constitution aux exigences sociales et politiques. Ainsi, pour en comprendre les contours, il convient de se référer aux outils de rénovation des institutions **(A)** qui ont permis l'institution du bicamérisme, entendu comme un moyen au service de la diversité nationale **(B)**.

A - Les outils de rénovation des institutions en Afrique

La rénovation des institutions est devenue presque un phénomène de mode dans les pays d'Afrique noire francophone. En effet, au Congo-Brazzaville, en RDC, au Rwanda, au Burundi, au Gabon, pour le cas de l'Afrique centrale, et en Côte d'Ivoire, au Mali, au Burkina Faso, au Sénégal, pour ce qui concerne la partie ouest de l'Afrique, la machine pour changer ou modifier la Constitution est en marche, bien que les enjeux diffèrent d'un État à un autre. Ainsi, dans les années 1990, certains d'entre eux, pour faire évoluer leurs institutions, ont postulé pour l'organisation de conférences nationales souveraines considérées comme un véritable pouvoir constituant originaire **(1)**. D'autres, en revanche, ont mis en place des comités chargés de réformer les institutions **(2)**.

1 - La Conférence nationale souveraine, un véritable « pouvoir constituant originaire »[837]

Les événements qui ont marqué l'histoire du monde au cours de ces dernières décennies, notamment la chute du mur de Berlin et l'effondrement du bloc de l'Est qui coïncident avec la fin de la guerre froide, ont provoqué une vague de démocratisation de la plupart des pays du monde. L'Afrique noire francophone, quant à elle, n'est pas restée en marge de cette démocratisation, après plusieurs années de régimes autoritaires, dictatoriaux et de partis uniques, ayant nourri le continent de conflits sociopolitiques d'une grande envergure. Ainsi, « *les années 1990 ont vu plusieurs pays africains se lancer dans l'aventure de la démocratie avec un enthousiasme renouvelé* »

---

[837] BESSE (Magalie)., « La Conférence nationale souveraine, un pouvoir constituant original », *Amitié entre les peuples*, *op. cit.*, 19 février 2017, consulté en mars 2018.

(T. Chanda, 2015)[838]. Il s'agit d'une période que l'on qualifie de « seconde libération »[839].

Ainsi, en Afrique francophone, tout commence avec le sommet France-Afrique qui a réuni à La Baule, du 19 au 21 juin 1990, le président François Mitterrand et les chefs des États africains francophones. Au cours de ce sommet, le président français, dans son discours[840], a appelé à la démocratisation de l'Afrique francophone, comme « une nouvelle thérapie »[841] pour sortir cette partie de l'Afrique de l'autoritarisme. C'est dans l'optique de créer un marché commun en Afrique, tout en condamnant la gabegie financière, la confiscation du pouvoir et des richesses par certains dirigeants africains, que le président français a souligné la nécessité d'aller vers le pluralisme politique. Ainsi a-t-il déclaré : « *Je conclurai en disant que la France liera tout son effort de contribution aux efforts qui seront accomplis pour aller vers plus de liberté.* » (G. Tété, 2013)[842] Cette déclaration vient à point nommé donner raison aux luttes des peuples africains qui revendiquent plus de liberté et plus de participation à la gestion des affaires publiques.

Embarqués dans cet enthousiasme, certains pays africains francophones ont organisé des conférences nationales souveraines (CNS), sortes d'assemblées constituantes réunissant toutes les « forces vives de la nation »[843], pour débattre des questions nationales, notamment celles de la gouvernance de l'État et de la nécessité d'instaurer un État de droit et la démocratie pluraliste. Il s'agissait en réalité d'une « reprise de la palabre africaine »[844]. D'ailleurs, Karim Dosso (2012)[845] affirme à juste titre que « *la Conférence nationale est un phénomène novateur, et même révolutionnaire* », car elle est considérée comme un moment « *d'irruption de la société civile, et*

---

[838] CHANDA (Tirthankar)., « Démocratie en Afrique : des palabres aux conférences nationales », *RFI Afrique, Histoire et Société*, publié le 15 septembre 2015, consulté en novembre 2019.
[839] *Ibidem*.
[840] Voir le discours de La Baule de 1990. Disponible sur : https://nsarchive2.gwu.edu/NSAEBB/NSAEBB461/docs/DOCUMENT%203%20-%20French.pdf
[841] Voir le titre de l'ouvrage de KONATÉ (Issoufou)., *Le discours de la Baule, 20 juin 1990 : une nouvelle thérapie pour l'Afrique*, Paris, L'Harmattan, 2015, 198 p.
[842] TÉTÉ (Godwin)., « Togo : la conférence nationale souveraine (CNS) (juillet / août 1991) », *Collectif pour la Vérité des Urnes (CVU)*, Lomé, 8 juillet 2013, pp. 1-55.
[843] BESSE (Magalie)., « La Conférence nationale souveraine, un pouvoir constituant original », *Amitié entre les peuples*, *op. cit.*, 19 février 2017, consulté en mars 2018.
[844] EBOUSSI BOULAGA (Fabien)., *Les conférences nationales en Afrique noire : une affaire à suivre*, Paris, Karthala, 2009, p. 123.
[845] DOSSO (Karim)., « Les pratiques constitutionnelles dans les pays d'Afrique noire francophone : cohérences et incohérences », *Revue française de droit constitutionnel*, 2012/2, n° 90, *op. cit.*, pp. 57-85.

plus largement du peuple sur la scène politique » (M. Kamto, 1997)[846], et comme une « modalité originale du renouveau constitutionnel »[847] africain. Ainsi, on constatera, à l'issue de ces conférences nationales souveraines, des changements politiques et institutionnels d'une grande ampleur dans les années 1990. En effet, inaugurée au Bénin en 1990, où elle a été considérée comme un acte révolutionnaire de confiscation du pouvoir constituant[848], la CNS a été également expérimentée à la même période dans d'autres pays, comme le Congo-Brazzaville, le Mali, le Niger, le Tchad, le Togo, l'ex-Zaïre (actuelle RDC) et le Gabon[849]. En RDC, par exemple, la CNS a pris un sens très particulier non seulement par sa durée (de 1990 à 1992), jugée comme la plus longue de l'histoire, mais aussi par le fait qu'elle constituait une réponse effective aux revendications ethniques et régionales, en ce sens qu'elle réunissait les délégués représentant toutes les communautés nationales ainsi que toutes les régions du pays[850], le tout sous l'autorité de l'Église catholique.

Partant de ce postulat, force est de constater que les conférences nationales souveraines ont conduit les dirigeants de certains pays africains à aménager leurs institutions. Ces conférences étaient alors considérées comme des assemblées créatrices d'institutions et de normes contraignantes[851], notamment du fait de leur caractère souverain. De ce point de vue, la CNS est une modalité originale du renouveau constitutionnel africain, une « création révolutionnaire des Constitutions » (M. Kamto, 1997)[852], et donc un véritable « pouvoir constituant originaire » (M. Besse, 2017)[853]. Au-delà du fait qu'elle constitue un outil de gestion des conflits politiques auxquels était confrontée l'Afrique francophone, la Conférence nationale a permis également la

---

846 KAMTO (Maurice)., « Les conférences nationales africaines ou la création révolutionnaire des Constitutions », *in* D. DARBON, J. DU BOIS DE GAUDUSSON (sous dir.), *La création du droit en Afrique*, Paris, Karthala, 1997, pp. 177-195.

847 *Ibidem*, pp. 177-195.

848 CONAC (Gérard), « Succès et échecs des transitions démocratiques en Afrique subsaharienne », *in* Jean WALINE, *Gouverner, administrer, juger – Liber amicorum*, Paris, Dalloz, 2002, pp. 29-47.

849 KEUTCHA TCHAPNGA (Célestin)., « Droit constitutionnel et conflits politiques dans les États francophones d'Afrique noire », *Revue française de droit constitutionnel,* 2005/3, n° 63, *op. cit.*, pp. 451-491.

850 Voir sur ce point : « Souvenir de la Conférence nationale souveraine au Zaïre et discours du Premier ministre M. Étienne TSHISEKEDI WA MULUMBA ». Disponible sur : https://www.dailymotion.com/video/xpmbja, consulté en juin 2018.

851 RAYNAL (Jean-Jacques)., « Les conférences nationales en Afrique : au-delà du mythe, la démocratie ? », *Penant : revue de droit des pays d'Afrique*, Vol. 104, n° 816, 1994, pp. 310-321.

852 KAMTO (Maurice)., « Les Conférences nationales africaines ou la création révolutionnaire des Constitutions », *in* D. DARBON, J. DU BOIS DE GAUDUSSON (sous dir.), *La création du droit en Afrique*, Paris, Karthala, 1997, *op. cit.*, pp. 177-195.

853 BESSE (Magalie)., « La Conférence nationale souveraine, un pouvoir constituant original », *Amitié entre les peuples*, *op. cit.*, 19 février 2017, consulté en mars 2018.

consécration officielle d'un État de droit, avec en filigrane la reconnaissance des libertés publiques[854]. C'est ce qui lui a valu le qualificatif de « disciple de la Déclaration française des droits de l'homme et du citoyen de 1789 »[855]. Pour étayer cette affirmation, il suffit de rappeler que la Conférence nationale avait un double objectif : d'une part, remplacer l'ordre constitutionnel existant par l'élaboration d'une nouvelle Constitution émanant de la volonté du peuple ; et d'autre part, faire un retour au peuple en soumettant la nouvelle Constitution au référendum, afin de renforcer sa légitimité et de permettre au peuple de s'assurer du respect de sa volonté. À l'évidence, les conférences nationales souveraines constituent incontestablement l'acte fondateur de la démocratie pluraliste en Afrique francophone, et ont également permis la mise en place, dans certains pays, de comités chargés des réformes institutionnelles.

2 – La mise en place de comités de réforme des institutions

« *Les conférences nationales ont plutôt ouvert l'ère du renouveau démocratique consolidée par la création de comités de réforme des Constitutions.* » (K. Dosso, 2012)[856] Cette pensée laisse entrevoir que malgré les « cohérences et les incohérences »[857] qu'elle connaît, s'agissant de la pratique qui en est faite, la Constitution en Afrique n'est pas un texte figé[858]. Ainsi, comme en France, notamment avec la création des comités Vedel en 1992 et Balladur en 2007, certains pays africains francophones tels que le Bénin, le Mali ou encore le Tchad ont mis en place chacun un comité chargé de la réforme des institutions. Cette nouveauté est une première en Afrique francophone, bien qu'elle soit décriée. Ces critiques découlent de la crise que connaît le constitutionnalisme africain, liée à la récurrence des révisions constitutionnelles, et donc à l'instabilité politique[859]. Ceci amène à l'idée selon laquelle « *la crise de la notion de Constitution en Afrique est en partie due à la facilité des révisions constitutionnelles* » (K. Dosso, 2012)[860], engendrant

---

[854] EBOUSSI BOULAGA (Fabien)., *Les Conférences nationales en Afrique noire : une affaire à suivre*, Paris, Karthala, 2009, *op. cit.*, p. 31.
[855] GLÉLÉ (Maurice Ahanhanzo)., « Le renouveau constitutionnel du Bénin, une énigme ? », *Un passeur entre les mondes, in Mélanges en l'honneur de M. Alliot*, publication de la Sorbonne, 2000, pp. 255-233.
[856] DOSSO (Karim)., « Les pratiques constitutionnelles dans les pays d'Afrique noire francophone : cohérences et incohérences », *Revue française de droit constitutionnel,* 2012/2, n° 90, *op. cit.*, pp. 57-85.
[857] *Ibidem, op. cit.*, pp. 57-85.
[858] DU BOIS DE GAUDUSSON (Jean)., « Point d'actualité sur les modalités de production du droit constitutionnel dans les États africains francophones », *in Mélanges en l'honneur de Patrice Gélard*, Montchrestien, 1999, p. 341.
[859] DOSSO (Karim)., « Les pratiques constitutionnelles dans les pays d'Afrique noire francophone : cohérences et incohérences », *Revue française de droit constitutionnel,* 2012/2, n° 90, *op. cit.*, pp. 57-85.
[860] *Ibidem, op. cit.*, pp. 57-85.

ainsi un « *malaise dans la Constitution* » (D. Rousseau, 2007)[861], en ce qu'elle deviendrait un instrument facilement manipulable par les acteurs politiques. Ainsi, lorsque la Constitution est manipulée pour satisfaire aux intérêts personnels, entendus ici comme des stratégies de pérennisation du pouvoir (A. Cabanis, M.-L. Martin, 2008)[862], le risque de crises sociopolitiques, de guerres civiles ou encore de soulèvements populaires est plus élevé. On peut l'observer dans la plupart des pays d'Afrique francophone, où cette stratégie emprunte systématiquement deux voies : les conditions d'éligibilité à la magistrature suprême de l'État et la manipulation du processus électoral (K. Dosso, 2012)[863]. C'est donc dans ces conditions, et dans le souci de rompre avec ces pratiques, que des pays comme le Bénin, le Sénégal, le Mali et le Tchad ont mis en place des comités de réformes institutionnelles.

Partant de cette nécessité d'assurer le bon fonctionnement des institutions, le président Thomas Boni Yayi a souligné l'importance de la commission Glélé, chargée des réformes des institutions pour son pays, le Bénin, en ces termes : « *On peut relire la Constitution sans toucher à ces dispositions (limitation du mandat et l'âge limite) et c'est ce que je vous demande, car dans la Constitution, il n'y a pas que des dispositions relatives aux personnes prises isolément. Il y a aussi et surtout toute la partie sur les rapports entre les différents pouvoirs.* » (K. Dosso, 2012)[864] Contrairement à ce que l'on pourrait qualifier de volonté du président de faire triompher son projet politique, et donc de mettre à son service le comité pour manipuler la Constitution à son gré, cette commission a permis de consolider les acquis de la Conférence nationale. Il s'agit en réalité des acquis de la démocratie pluraliste, de la limitation du nombre de mandats présidentiels et de l'âge limite à l'élection du chef de l'État, ainsi que de l'État de droit[865]. En outre, la commission a permis d'identifier les carences de la Constitution béninoise de 1990 et de faire des propositions en vue d'y remédier[866].

Par ailleurs, au Tchad, la mise en place du Haut Comité des réformes institutionnelles est intervenue après la réélection du président Idriss Déby

---

861 Expression utilisée par ROUSSEAU (Dominique)., « Le nouvel horizon du droit constitutionnel », *in Renouveau du droit constitutionnel, Mélanges en l'honneur de Louis Favoreu*, Paris, Dalloz, 2007, p. 887.
862 CABANIS (André), MARTIN (Michel-Louis)., « La pérennisation du chef de l'État : l'enjeu actuel pour les Constitutions d'Afrique francophone », *in Démocratie et liberté, tension, dialogue, confrontation, Mélanges en l'honneur de Slobodan Milacic,* Bruxelles, Bruylant, 2008, pp. 348-380.
863 DOSSO (Karim)., « Les pratiques constitutionnelles dans les pays d'Afrique noire francophone : cohérences et incohérences », *Revue française de droit constitutionnel,* 2012/2, n° 90, *op. cit.*, pp. 57-85.
864 *Ibidem, op. cit.*, pp. 57-85.
865 *Ibidem, op. cit.*, pp. 57-85.
866 *Ibidem, op. cit.*, pp. 57-85.

Itno en 2016. Créé par le décret n°681 du 25 octobre 2016, ce comité est composé de seize membres issus des partis politiques, de la haute administration et de la société civile. Il a pour mission essentielle de réfléchir et de proposer des réformes adaptées aux spécificités du pays. Ce procédé permet d'engager de profondes réformes institutionnelles pour renforcer la démocratie, le fonctionnement de l'État, l'unité nationale et la stabilité, gages d'un progrès socio-économique irrésistible. D'ailleurs, le Premier ministre, Albert Pahimi Padacké, président du Haut Comité des réformes institutionnelles, a déclaré qu'il s'agit d'un « processus participatif et inclusif parce que toutes les sensibilités sociopolitiques ont été consultées par le Comité technique et y ont apporté leurs contributions. C'est une œuvre utile pour la nation tchadienne »[867]. Il en va de même au Sénégal, où la Commission des réformes des institutions est chargée d'organiser des concertations avec l'ensemble des partis politiques, de la presse et des organisations de la société civile pour leur donner des informations sur les réformes à entreprendre.

Au Mali, le rapport de la commission Dada Diawara, portant réflexion sur la consolidation de la démocratie et l'appui aux réformes des institutions au Mali, mérite aussi d'être souligné. Dans son rapport, cette commission a prévu de maintenir le régime semi-présidentiel et le mandat de cinq ans, renouvelable une fois, pour le président de la République[868]. Au demeurant, les révisions constitutionnelles ou les changements institutionnels intervenus dans certains pays africains sont, dans la plupart des cas, liés à la volonté d'un homme de rester au pouvoir. Mais, on ne peut pas nier le fait que la mise en place des commissions des réformes des institutions par ces pays a permis d'éviter un tant soit peu la manipulation de la Constitution à des fins personnelles. L'institution du bicamérisme constitue un véritable exemple de cette entreprise de réformes institutionnelles.

B - L'institution du bicamérisme, un moyen au service de la diversité nationale

Dans la quasi-totalité des pays d'Afrique noire francophone, les constituants d'après les indépendances étaient réticents à l'idée d'instituer le bicamérisme. Cette réticence était justifiée par des raisons d'ordre budgétaire ou de surcharge parlementaire. Cependant, ce n'est qu'à partir des années 1990, avec l'avènement de la démocratie et du pluralisme politique, que les secondes chambres ont fait leur apparition dans certains pays d'Afrique

[867] Voir sur ce point : https://tchadinfos.com/politique/tchad-le-rapport-final-sur-les-reformes-institutionnelles-remis-au-haut-comite-pour-le-forum-national/, consulté en février 2018.
[868] DOSSO (Karim)., « Les pratiques constitutionnelles dans les pays d'Afrique noire francophone : cohérences et incohérences », *Revue française de droit constitutionnel*, 2012/2, n° 90, *op. cit.*, pp. 57-85.

francophone. C'est à juste raison que Célestin Keutcha Tchapnga (2005)[869] affirme que « *la consécration d'une seconde chambre au sein des Parlements est l'une des innovations majeures des réformes constitutionnelles en cours depuis les années 1990* ». En réalité, l'une des raisons de la mise en place du bicamérisme réside dans la prise en compte des composantes nationales, donc de tous les groupes ethniques dans la gestion des affaires publiques. De ce fait, bien qu'il soit remis en cause dans les premières décennies des indépendances **(1)**, le bicamérisme est considéré en Afrique comme un instrument de stabilisation de la vie politique **(2)**.

1 - L'émergence critique des secondes chambres en Afrique

Au sortir des indépendances, les dirigeants africains manifestaient leur hostilité à l'idée d'instituer le bicamérisme. Les constituants africains francophones des années 1960 avaient paradoxalement décidé d'ignorer cette question, alors même qu'ils se contentaient de calquer le modèle institutionnel du colon, particulièrement celui de la France, posé par la Constitution du 4 octobre 1958 qui consacre le bicamérisme. Ainsi, pour justifier ce refus de l'institution du bicamérisme, les dirigeants africains mettaient en avant l'argument de la surcharge parlementaire ou celui de la surcharge budgétaire[870]. Au Cameroun, par exemple, le président Ahmadou Ahidjo avait évoqué la raison de la surcharge budgétaire pour écarter le bicamérisme[871]. C'est pour cette raison qu'Ernest-Marie Mbonda (2009)[872] fait remarquer que « *de nombreux pays africains avaient d'abord opté pour le monocaméralisme, sans doute pour des raisons économiques, mais aussi par rapport à l'importance qui, dans ces pays peu démocratiques, était accordée aux appareils législatifs, réduits à de simples chambres d'enregistrement des décisions du chef de l'État* ». On comprend, à la suite des propos de cet auteur, qu'au-delà de ces raisons avancées, le refus du bicamérisme se justifiait par la volonté des chefs d'État africains de s'inscrire dans une logique de centralisation du pouvoir. Cela est d'autant plus vrai qu'au lendemain des indépendances, la concentration du pouvoir par le parti unique était au cœur de la gestion des affaires publiques.

Petit à petit, malgré la vague de critiques, la tendance en faveur du bicamérisme s'est installée dans certains pays africains francophones entre 1960 et 1970. Ainsi, des pays tels que le Cameroun et la RDC, tous deux

---

[869] KEUTCHA TCHAPNGA (Célestin)., « Droit constitutionnel et conflits politiques dans les États francophones d'Afrique noire », *Revue française de droit constitutionnel,* 2005/3, n° 63, *op. cit.*, pp. 451-491.
[870] *Ibidem*, *op. cit.*, pp. 451-491.
[871] *Ibidem*, *op. cit.*, pp. 451-491.
[872] MBONDA (Ernest-Marie)., *Justice ethnique : identités ethniques, reconnaissance et représentation politique*, Québec, Pul, 2009, *op. cit.*, p. 75.

exposés à des tentatives de sécession, ont été dans l'obligation d'instituer le bicamérisme, même si ce dernier, notamment au Cameroun, n'était limité qu'à une partie du territoire. Au Cameroun, à l'époque fédérale (1961-1972), alors même que le Parlement n'avait qu'une seule chambre, un bicaméralisme limité à la partie anglophone avait été mis en place, en particulier la « House of Chiefs » qui venait s'ajouter à l'Assemblée nationale[873]. En RDC, pour tempérer les velléités sécessionnistes et pour assurer la représentation des provinces, le constituant de 1960 a fait le pari de consacrer un Parlement bicaméral avec la Chambre des représentants, composée de 143 députés, et le Sénat, composé de 84 sénateurs et doté du pouvoir traditionnel[874].

Par la suite, on a assisté, après l'euphorie des années 1990 en Afrique, à une mobilisation massive en faveur du bicamérisme dans la quasi-totalité des États d'Afrique francophone. D'ailleurs, Kossi Somali (2008)[875] n'a pas manqué l'occasion de le rappeler, en notant que « *l'adoption du bicamérisme dans le nouveau constitutionnalisme africain reste l'une des innovations majeures des réformes institutionnelles entreprises sur le continent depuis les années 1990* ». Tel est le cas du Burkina Faso, où les articles 78 et 80 de la Constitution du 11 juin 1991 prévoient l'existence de deux chambres au Parlement : l'Assemblée nationale et le Sénat, composé de représentants des collectivités territoriales, des autorités coutumières et religieuses[876]. L'exemple du Gabon est également intéressant. En effet, décriée au départ pour des raisons économiques, l'idée d'instituer une seconde chambre a fini par s'imposer lors de la réforme constitutionnelle de 1994. Ainsi, après avoir consacré l'existence de la seconde chambre du Parlement, la Constitution gabonaise du 26 mars 1991 précise dans son article 35 que le Sénat représente les collectivités locales[877]. S'attachant à l'idée d'associer la diversité locale à la gestion des affaires publiques, Marcel Eloi Chambrier, alors président de l'Assemblée nationale gabonaise, a déclaré en 1994 : « *Dans notre pays, les collectivités locales ne disposent pas d'une véritable autonomie ; l'existence d'une seconde chambre peut être un contrepoids à la centralisation administrative actuelle. Le Sénat doit être à l'initiative des lois qui répondent aux besoins spécifiques de nos communes et nos départements.* » (K. Somali,

---

[873] *Ibidem*, *op. cit.*, p. 75.

[874] Voir l'analyse sur l'aperçu historique du Parlement congolais. https://congovirtuel.com/parlement.pdf, consulté en février 2018.

[875] SOMALI (Kossi)., *Le Parlement dans le nouveau constitutionnalisme en Afrique. Essai d'analyse comparée à partir des exemples du Bénin, du Burkina Faso et du Togo*, Thèse, Droit public, Université du Droit et de la Santé, Lille II, 2008, p. 188.

[876] La Constitution du Burkina Faso du 11 juin 1991, art. 78 et 80 ; voir aussi KIEMDE (Paul)., « Le bicaméralisme en Afrique et au Burkina Faso », *Revue burkinabè de droit*, n° 21, 1992, pp. 23-50.

[877] La Constitution gabonaise du 26 mars 1991, art. 35.

2008)[878] En outre, l'institution du Sénat au Togo, ou encore au Congo-Brazzaville, s'aligne aussi sur cette logique d'assurer la représentation des collectivités locales pour répondre aux attentes des différents groupes ethniques. Partant, il est vrai qu'on ne peut pas remettre en cause l'argument du coût financier ou de la surcharge budgétaire quant au fonctionnement des secondes chambres dans les pays d'Afrique francophone, qui sont souvent confrontés à des crises économiques et aux contraintes budgétaires imposées par des institutions financières internationales. Toutefois, la pratique a montré que cette argumentation ne pouvait être valable dans la mesure où la nécessité politique des années 1990 impliquait la prise en compte des populations locales dans la gestion des affaires publiques, afin de prévenir les conflits ethno-régionalistes. À cet effet, en instituant le bicamérisme, les constituants africains des années 1990 s'inscrivent dans la droite ligne des changements politiques et institutionnels entrepris au lendemain des conférences nationales souveraines.

2 - Le bicamérisme, un instrument de « stabilisation de la vie politique »[879]

De nos jours, tout le monde s'accorde pour affirmer que si l'Afrique connaît de moins en moins de crises interethniques, c'est parce que les dirigeants politiques ont mis en place des mécanismes permettant d'associer les groupes ethniques à la gestion des affaires publiques. La consécration du bicamérisme est l'une des preuves de cette politique ayant permis en partie de juguler les conflits ethnopolitiques. Cette position conduit à considérer le bicamérisme comme un outil qui contribue à la prévention et à la gestion des conflits sociopolitiques, notamment à travers le partage du gâteau national qui est souvent convoité par toutes les composantes nationales[880]. Autrement dit, le premier objectif poursuivi par les secondes chambres parlementaires en Afrique francophone est, au plus haut point, de garantir la paix et l'unité nationale chères aux États africains. Cela est d'autant plus vrai, comme le souligne Michel Debré, que « *le bon sens et la tradition républicaine justifient une deuxième Assemblée (dans un État unitaire), qu'elle se nomme Sénat et qu'elle assure la représentation des collectivités locales* » (F. Matinetti, 2003)[881]. Ce n'est que par ce biais que les crises sociopolitiques peuvent être en partie résolues. Ainsi, dans des pays tels que le Congo-Brazzaville, la RDC,

---

[878] SOMALI (Kossi)., *Le Parlement dans le nouveau constitutionnalisme en Afrique. Essai d'analyse comparée à partir des exemples du Bénin, du Burkina Faso et du Togo*, Thèse, Droit public, Université du Droit et de la Santé, Lille II, 2008, *op. cit.*, p. 201.

[879] *Ibidem*, *op. cit.*, p. 203.

[880] *Ibidem*, *op. cit.*, p. 204.

[881] MATINETTI (Françoise)., *La Constitution de la Vᵉ République*, Paris, Librio, 2003, p. 48 ; voir aussi sur ce point, KUAKUVI (Kodjo-Ahlin)., *Les secondes chambres du Parlement dans les États francophones : le cas du Burundi, de la France, du Gabon et du Sénégal*, Thèse, Droit public, Université de Gand (Belgique)/Université de Lomé (Togo), p. 38.

le Burkina Faso, la Côte d'Ivoire, le Togo, le Burundi, le Rwanda et la RCA, qui ont tous connu des guerres civiles, religieuses ou ethniques, l'adoption d'une seconde chambre est une solution visant à tempérer les crises sociopolitiques par la représentation des collectivités locales. À titre d'illustration, on peut citer le cas du Togo, où l'institution du Sénat par la réforme constitutionnelle de 2002 a été jugée salvatrice, en ce qu'elle garantit désormais la représentation de toutes les communautés ethniques. L'article 180 de la Constitution burundaise du 18 mars 2005 en est également un exemple parfait, en ce qu'il garantit une représentation paritaire au Sénat. Selon cet article, le Sénat est constitué de deux délégués de chaque région, provenant des différents groupes ethniques, élus selon des scrutins distincts par les membres des conseils communaux de la région considérée[882]. En assurant cette égalité, le constituant burundais n'a fait que consolider les exigences des accords de paix d'Arusha de 2000, qui prévoyaient que le futur Sénat devrait comprendre 50% de Hutu, représentant 85% de la population, et 50% de Tutsi, représentant quant à eux 14% de la population nationale. De plus, l'adoption des secondes chambres parlementaires au Burkina Faso, après la révolution (2015), et plus récemment en Côte d'Ivoire (2016), s'inscrit dans la droite ligne de prévention des violences sociopolitiques, mieux encore, de garantie de la prise en compte de la diversité nationale dans la gestion du pouvoir.

À ces positions s'ajoute l'argument selon lequel l'institution du bicamérisme en Afrique francophone a permis de répondre aux exigences de justice sociale, en ce sens que ce choix favorise le partage du gâteau national entre les différentes composantes du pays[883]. D'ailleurs, certains affirment l'originalité du bicamérisme dans la prise en compte des communautés ethniques et le souci de rétablir l'égalité, entendue comme une nécessité dans les pays affectés par les inégalités ethniques[884]. C'est dans cette approche qu'on peut soutenir que le modèle de la seconde chambre, du fait de son objectif représentatif des différents groupes sociaux, a aujourd'hui « *gagné en popularité et a été introduit dans un nombre croissant de pays africains profondément cloisonnés culturellement* » (K. Somali, 2008)[885], car il a incontestablement favorisé une redistribution équitable du pouvoir pour

[882] Voir la Constitution burundaise du 18 mars 2005, *op. cit.*, art. 180.
[883] MBONDA (Ernest-Marie)., « La justice ethnique comme fondement de la paix dans les sociétés pluriethniques. Le cas de l'Afrique », *in* J. BOULAD-AYOUB et L. BONNEVILLE (sous dir.), *Souverainetés en crise*, Collection « Mercure du Nord », Québec, L'Harmattan et Les Presses de l'Université Laval, 2003, pp. 451-500.
[884] KEUTCHA TCHAPNGA (Célestin)., « Droit constitutionnel et conflits politiques dans les États francophones d'Afrique noire », *Revue française de droit constitutionnel,* 2005/3, n° 63, *op. cit.*, pp. 451-491.
[885] SOMALI (Kossi)., *Le parlement dans le nouveau constitutionnalisme en Afrique. Essai d'analyse comparée à partir des exemples du Bénin, du Burkina Faso et du Togo*, Thèse, Droit public, Université du Droit et de la Santé, Lille II, 2008, *op. cit.*, p. 205.

maintenir la paix et la cohésion nationale. L'adoption du bicamérisme constitue alors l'une des originalités du nouveau constitutionnalisme africain des années 1990.

Partant de ces analyses, il y a lieu de retenir que les changements institutionnels et les réformes constitutionnelles observés partout dans les pays d'Afrique francophone marquent la volonté de leurs dirigeants d'assurer la représentation de la diversité nationale dans les organes de l'État. Ainsi, l'adoption de la seconde chambre parlementaire a permis d'affirmer cette volonté d'associer les minorités ethniques, souvent exclues dans la gestion du pouvoir, à la prise de décision au niveau national. À ce titre, mesurant l'importance de la seconde chambre, le professeur Patrice Gélard (2001)[886] affirme que « *cette chambre est irremplaçable pour assurer la représentation des collectivités locales dans la décentralisation, incontournable pour assurer la représentation des catégories spécifiques qui seraient éliminées par le jeu normal des élections* ». C'est dans cette optique que la seconde chambre constitue non seulement une instance qui rétablit l'égalité, mais aussi celle qui élabore des solutions aux conflits politiques entre les intérêts distincts des groupes sociaux. De plus, en reflétant la diversité nationale et ses spécificités, la seconde chambre s'inscrit dans l'esprit des conférences nationales des années 1990 et contribue au dosage des crises sociopolitiques. Dès lors, point n'est besoin de faire de longs détours pour comprendre que la réconciliation sociale et la stabilisation de la vie politique sont les raisons principales ayant conduit à l'adoption des secondes chambres parlementaires en Afrique francophone. La mise en place de la seconde chambre est venue consolider la politique entreprise dans les années 1990 pour favoriser la création d'un cadre institutionnel rénové, afin de prévenir les conflits sociopolitiques.

Section 2 : La prévention constitutionnelle des conflits ethniques

« *Aucune tâche ne revêt autant d'importance pour l'ONU [...] que la prévention et le règlement des conflits meurtriers. La prévention, en particulier, doit être au cœur de toute notre action, que ce soit [...] pour le renforcement des capacités nationales à gérer les conflits [...].* »[887] Il ressort de ces déclarations de Kofi Annan que pour éviter l'éclatement des conflits sociopolitiques, chaque État partie devra mettre en œuvre une politique de coexistence pacifique sur l'ensemble de son territoire national. Il est alors évident qu'en Afrique, face aux risques que peuvent générer les conflits

---

[886] GÉLARD (Patrice)., « À quoi peut donc bien servir une seconde chambre en démocratie ? », *in Le nouveau constitutionnalisme, Mélanges en l'honneur de Gérard CONAC*, Paris, Economica, 2001, pp. 139-148.

[887] Voir le point 106 du rapport du secrétaire général de l'ONU du 21 mars 2005. Disponible sur : https://www.un.org/french/largerfreedom/three.html, consulté en janvier 2018.

sociopolitiques, les dirigeants politiques ne manifestent leur attachement qu'à la préservation de la paix et à la prévention des conflits, avec pour mot d'ordre le rétablissement de l'unité nationale. Dès lors, la prévention apparaît comme le meilleur outil d'évitement des conflits sociopolitiques en Afrique. Cela est d'autant plus vrai que l'actualité politique africaine de ces dernières décennies est marquée par l'existence de violents conflits politiques, militaires et ethniques. Les exemples du Rwanda en 1994, du Burundi en 1996, du Congo-Brazzaville en 1997, de la Côte d'Ivoire en 1999 et en 2010, de la RCA en 2003 et 2013 et du Burkina Faso en 2015[888] sont assez révélateurs. De ce fait, considérée comme l'un des piliers essentiels à la mise en place d'un État de droit, la prévention des conflits est aujourd'hui au cœur de l'activité des constituants africains qui, par l'adoption d'un certain nombre de dispositions constitutionnelles, prévoient des mesures nécessaires pour garantir la prévention des conflits sociopolitiques. Cet objectif coïncide avec l'institution du pluralisme dans les années 1990, qui s'est accompagnée, d'une part, de la proclamation et de la garantie des droits et des libertés des différents groupes nationaux par les constituants africains francophones **(§1)** et, d'autre part, d'une volonté d'associer ces groupes à la prise de décision quant à la gestion des affaires publiques **(§2)**.

§1 – La protection constitutionnelle de la diversité nationale

La consécration constitutionnelle des droits et libertés de chaque groupe ethnique est une des exigences du pacte relatif aux droits civils et politiques de 1966[889], qui permet à chaque individu ou à un groupe d'individus de faire valoir ses valeurs culturelles, en l'occurrence la langue, l'histoire et la religion, liées à son identité (G. Koubi, A. Fenet, I. Schulte-Tenckhoff, 2000)[890]. Ainsi, les États parties à ce pacte s'engagent non seulement à garantir les droits reconnus, conformément à leurs procédures constitutionnelles, mais également à supprimer toute distinction fondée sur la religion, l'opinion politique et l'origine nationale de l'individu, voire son appartenance à une ethnie. En Afrique francophone, c'est à partir des années 1990, qui coïncident avec l'avènement de la démocratie, que l'on assiste à la consécration effective des droits et libertés des différents groupes ethniques par les textes constitutionnels. L'on notera ainsi, à titre d'illustration, la saisie négative des discriminations ethniques par des dispositions constitutionnelles **(A)** et la protection constitutionnelle des minorités ethniques **(B)**.

---

[888] GUEYE (Babacar)., « La démocratie en Afrique : succès et résistances », *Pouvoirs*, 2009/2, n° 129, *op. cit.*, pp. 5-26.

[889] Voir le Pacte international relatif aux droits civils et politiques du 16 décembre 1966, art. 2.

[890] KOUBI (Geneviève), FENET (Alain), SCHULTE-TENCKHOFF (Isabelle)., *Le droit et les minorités. Analyses et textes*, Bruxelles, Bruylant, 2000, p. 293.

A - La saisie négative du fait ethnique par la Constitution

Selon Alphonse Ntumba Luaba (2002)[891], « *l'État africain est présenté comme accoucheur de la nation et l'ethnie perçue comme le rival de l'État, détourneuse d'allégeances. Aussi est-ce en des termes ultra-jacobins que plusieurs Constitutions africaines proclament l'unité et l'indivisibilité de l'État, en particulier de la souveraineté* ». Ces mots révèlent que l'ethnicité est à la fois un facteur de désunion nationale et de déstabilisation de certains États africains. Elle est considérée comme le point de départ du sous-développement du continent africain, en ce sens que depuis les années 1960, l'absence de textes constitutionnels faisant référence à ce phénomène ethnique a favorisé les crises sociopolitiques (P. Moudoudou, 2015)[892]. C'est à juste titre que dans le souci de construire une nation solide, certains pays africains francophones ont décidé d'intégrer dans leurs Constitutions des dispositions visant à interdire, d'une part, les discriminations ethniques **(1)** et, d'autre part, les partis politiques à base ethnique **(2)**.

1 - La prohibition constitutionnelle des discriminations ethniques

L'un des enjeux principaux de la lutte contre les conflits interethniques réside dans l'interdiction constitutionnelle des discriminations fondées sur l'appartenance ethnique. Il faut d'emblée noter qu'en droit international public, certains textes prohibent les discriminations raciales, religieuses, tribales ou ethniques. D'ailleurs, la Convention des Nations unies relative à l'élimination des discriminations raciales du 21 décembre 1965 définit l'expression « discrimination raciale » comme « *toute distinction, exclusion, restriction ou préférence fondée sur la race, la couleur, l'ascendance ou l'origine nationale ou ethnique...* »[893]. Ce dispositif vient compléter la Déclaration universelle des droits de l'homme (DUDH) des Nations unies de 1948, qui proclame que « *tous les êtres humains naissent libres et égaux en dignité et en droit [...] sans distinction aucune, notamment de race, de couleur ou d'origine nationale (ethnique)* »[894]. Dans la même perspective, la Charte africaine des droits de l'homme et des peuples de 1981 impose aux États parties de prévoir dans leurs ordres juridiques des mesures visant à interdire les discriminations raciales et ethniques[895]. Ces textes visent à promouvoir sans doute un principe général d'égalité de droit permettant aux différentes

---

891 NTUMBA LUABA (Alphonse)., « Ethnicité et gouvernementalité dans le contexte du renouveau constitutionnaliste africain », *Revue africaine des sciences sociales et humaines*, n°2, juillet 2002, *op. cit.*, pp. 43-60.

892 MOUDOUDOU (Placide)., « L'État africain : entre constitutionnalisme libéral et constitutionnalisme identitaire », *Revue CAMES/SJP*, n°002/2015, *op. cit.*, pp. 113-140.

893 Voir la Convention des Nations unies sur l'élimination de toutes les formes de discrimination raciale du 21 décembre 1965, art. 1er.

894 Voir la DUDH de 1948, *op.cit.*, art. 1er.

895 Voir la Charte africaine des droits de l'homme et des peuples de 1981, art. 2.

communautés ethniques, tribales et raciales de participer au développement socio-économique des États. De ce fait, ils obligent les États parties à œuvrer pour l'élimination de toute forme de discrimination et de nettoyage ethnique.

Toutefois, l'effectivité de la lutte contre les discriminations ethniques conduit tout d'abord à s'interroger sur l'identification juridictionnelle de ces discriminations, car bien que cette lutte soit considérée comme un objectif de politique publique, elle est souvent abordée sans aucune précision[896]. Ainsi, si la discrimination se rapporte à l'idée de la distinction, ce critère substantiel justifie le fait que « *la discrimination produit nécessairement de l'inégalité (si l'on met à part la question des discriminations dites positives qui visent à rétablir l'égalité)* » (D. Lochak, 2003-2004)[897], même si « *l'inégalité n'est pas nécessairement la conséquence d'une discrimination* »[898]. La discrimination ne consiste pas seulement à écarter ; c'est aussi catégoriser, ou encore « traiter plus mal ceux qui, précisément, seront dits victimes d'une discrimination »[899]. Danièle Lochak (2003-2004)[900] affirme à ce titre que « *l'adjectif discriminatoire désigne ainsi exclusivement un acte ou un agissement qui vise à distinguer un humain ou une personne des autres, à son détriment* ». De ce fait, pour qualifier un comportement ou un acte de discriminatoire, il faut non seulement que celui-ci constitue une distinction fondée sur un élément prohibé dans un domaine donné, mais aussi qu'il ne corresponde aucunement à une hypothèse pouvant légitimer le caractère discriminatoire d'un tel acte (T. Gründler, J.-M. Thouvenin, 2016)[901]. Ainsi, pour faire constater une action en justice pour le motif d'une discrimination subie, la comparaison des situations est nécessaire[902]. La comparaison est le « nœud gordien de la discrimination »[903] en ce qu'elle permet « *de déterminer si le motif illégal est un facteur déterminant et les effets de la mesure suspecte sur les catégories considérées, donc établir la différence de traitement* »[904]. Constitue alors une discrimination la situation dans laquelle une personne, en raison de son appartenance ethnique ou religieuse ou de son origine, est « *traitée de manière*

---

896 GRÜNDLER (Tatiana), THOUVENIN (Jean-Marc)., « La lutte contre les discriminations à l'épreuve de son effectivité. Les obstacles à la reconnaissance juridique des discriminations », *Rapport de recherche*, Université Paris-Ouest Nanterre La Défense, 2016, p. 193.
897 LOCHAK (Danièle)., « La notion de discrimination », *Confluences Méditerranée*, n°48, hiver 2003-2004, pp. 13-23.
898 *Ibidem, op. cit.*, pp. 13-23.
899 *Ibidem, op. cit.*, pp. 13-23.
900 *Ibidem, op. cit.*, pp. 13-23.
901 GRÜNDLER (Tatiana), THOUVENIN (Jean-Marc)., « La lutte contre les discriminations à l'épreuve de son effectivité. Les obstacles à la reconnaissance juridique des discriminations », *Rapport de recherche*, Université Paris-Ouest Nanterre La Défense, 2016, *op. cit.*, p. 91.
902 *Ibidem, op. cit.*, p. 92.
903 *Ibidem, op. cit.*, p. 92.
904 *Ibidem, op. cit.*, p. 92.

moins favorable qu'une autre ne l'est, ne l'a été ou ne l'aura été dans une situation comparable »[905].

Il n'est donc pas surprenant de voir que l'interdiction des discriminations à base ethnique est une donnée vivante dans le constitutionnalisme africain. En effet, les textes constitutionnels des pays d'Afrique francophone contiennent des dispositions relatives aux principes de la non-discrimination et de l'égalité de tous les citoyens devant la loi (O. Narey, 2013)[906]. Ces deux principes, qui tirent leur origine de l'article 1er de la Déclaration des droits de l'homme et du citoyen de 1789 (DDHC)[907], ont été repris par différents textes juridiques internationaux relatifs aux droits de l'homme susmentionnés[908]. À titre d'exemple, en Afrique, le principe d'égalité entre les citoyens avait déjà fait l'objet d'une application juridictionnelle[909], notamment dans l'affaire opposant la *Malawi African Association* à la Mauritanie, dans laquelle la Commission africaine des droits de l'homme et des peuples a considéré : « *La discrimination contre les Mauritaniens de race noire résultant d'une négation du principe fondamental de l'égalité entre les peuples aux termes de l'article 19 de la Charte africaine des droits de l'homme et des peuples, est une violation de ce même article.* » (O. Narey, 2013)[910]

Dès lors, si, ailleurs, précisément en France, la Constitution pose le principe d'égalité de tous devant la loi et interdit toute forme de discrimination fondée sur l'origine, l'appartenance religieuse ou raciale[911], les Constitutions africaines, quant à elles, empruntent également la même voie pour interdire les discriminations fondées sur l'ethnie (A. Ntumba Luaba, 2002)[912]. C'est le cas de certains pays comme le Cameroun, où la Constitution du 18 janvier 1996 marque l'attachement du peuple camerounais aux valeurs fondamentales protégées par les textes juridiques internationaux. Elle atteste dès lors la

---

905 *Ibidem, op. cit.*, p. 92.

906 NAREY (Oumarou)., « Les droits des minorités en Afrique : jeu et enjeux », *Revue en ligne Afrilex (Revue d'étude et de recherche sur le droit et l'administration dans les pays d'Afrique)*, avril 2013, consulté en mars 2018.

907 Voir l'article 1er de la Déclaration des droits de l'homme et du citoyen de 1789. Disponible sur : https://www.legifrance.gouv.fr, consulté en mars 2018.

908 DUDH du 10 décembre 1948, *op.cit.*, art. 7.

909 NAREY (Oumarou)., « Les droits des minorités en Afrique : jeu et enjeux », *Revue en ligne Afrilex (Revue d'étude et de recherche sur le droit et l'administration dans les pays d'Afrique)*, avril 2013, *op. cit.*, consulté en mars 2018.

910 *Ibidem, op. cit.* ; voir aussi Communication *Malawi African Association et Autres c. Mauritanie, in Sélection de documents clés de l'Union africaine relatifs aux droits de l'homme*, Faculty of Law, University of Pretoria, Pretoria University Law Press, 2008, pp. 139-142, http://www.achpr.org/communications/.

911 Voir l'article 1er de la Constitution française du 4 octobre 1958.

912 NTUMBA LUABA (Alphonse)., « Ethnicité et gouvernementalité dans le contexte du renouveau constitutionnaliste africain », *Revue africaine des sciences sociales et humaines*, n°2, juillet 2002, *op. cit.*, pp. 43-60.

constitutionnalisation des principes d'égalité et de non-discrimination ethnique, puisqu'elle prévoit dans son préambule que « tous les hommes sont égaux en droits et en devoirs. L'État assure à tous les citoyens les conditions nécessaires à leur développement »[913]. De même, en RDC, les articles 11 et 12 de la Constitution du 18 février 2006 reconnaissent que « tous les hommes naissent libres et égaux en dignité et en droit ; tous les Congolais sont égaux devant la loi... »[914]. Aussi, l'article 13 de la même Constitution énonce qu'« *aucun Congolais ne peut, en matière d'éducation et d'accès aux fonctions publiques ni en aucune manière, faire l'objet d'une mesure discriminatoire [...] en raison de sa religion, de son appartenance à une race, à une ethnie, à une tribu, à une minorité culturelle ou linguistique* »[915]. On remarque la même chose dans le préambule de la Constitution gabonaise de 1991, qui énonce que « *tout acte de discrimination raciale, ethnique ou religieuse [...], pouvant porter atteinte à la sécurité intérieure ou extérieure de l'État ou à l'intégrité de la République sont punis par la loi* »[916]. De surcroît, en Afrique de l'Ouest, on trouve également dans les Constitutions du Togo de 1992, du Mali de 1992 ou encore de la d'Ivoire de 2016 des dispositions telles que : « *Tous les êtres humains sont égaux en dignité et en droit [...]. Nul ne peut être favorisé ou désavantagé en raison de son origine familiale, ethnique...* »[917] ; ou encore : « *Toute discrimination fondée sur l'ethnie, la race, la religion est prohibée.* »[918] Il ressort de ces différentes dispositions constitutionnelles que tout acte de discrimination fondé sur l'ethnie s'analyserait en une atteinte au principe d'égalité de tous devant la loi, garanti par la Constitution. Il faut clairement dire que l'alignement des Constitutions africaines sur la voie des textes internationaux relatifs à l'interdiction des discriminations ethniques traduit une volonté politique d'éviter les conflits ethniques. Cette volonté permet de décimer le particularisme identitaire dans le partage de la chose publique.

Par ailleurs, la problématique des discriminations ethniques a pris un sens aussi fondamental au Rwanda après le génocide. En effet, le génocide rwandais suivait une logique purement ethnique dans la mesure où l'objectif affiché était l'extermination totale d'une « population définie par une identité ethnique »[919], en l'occurrence les Rwandais tutsi. Il est d'ailleurs considéré

---

[913] Voir le préambule de la Constitution camerounaise du 18 janvier 1996, *op. cit.* ; voir aussi DONFACK SOKENG (Léopold)., « Existe-t-il une identité démocratique camerounaise ? La spécificité camerounaise à l'épreuve de l'universalité des droits fondamentaux », *Polis*, numéro spécial, « Identité politique et démocratisation au Cameroun », vol. I, février 1996, pp. 25-44.
[914] Voir la Constitution de la RDC du 18 février 2006, *op. cit.*, art. 11 et 12.
[915] *Ibidem*, *op. cit.*, art. 13.
[916] Voir le préambule de la Constitution gabonaise du 26 mars 1991, *op. cit.*
[917] Voir la Constitution du Togo de 1992, *op. cit.*, art. 11.
[918] Voir la Constitution du Mali de 1992, art. 2.
[919] BAILLETTE (Frédéric)., « Figures du corps, ethnicité et génocide au Rwanda », *Quasimodo*, n° 6, printemps 2000, pp. 7- 37.

que le génocide des Tutsi consistait « *à les faire disparaître pour de bon [...], de les rayer de la mémoire des gens [...], de faire exterminer les Tutsi du globe...* » (J.-P. Chrétien, 1995)[920]. À ce titre, face à ce déchirement entre Hutu et Tutsi, la préoccupation principale est de songer à des mesures constitutionnelles permettant non seulement de rétablir l'égalité entre les groupes majoritaires et minoritaires, mais aussi de mettre un terme à toute référence fondée sur l'appartenance ethnique au sein de la société rwandaise. On trouve ainsi, dans l'article 16 de la Constitution du 26 mai 2003, la confirmation des principes d'égalité et de non-discrimination. Selon l'alinéa 2 de cet article, « *toute discrimination ou toute propagande discriminatoire fondées notamment sur l'ethnie ou la race, la région [...] sont prohibées et punies par la loi* »[921]. Ce texte vient consolider la protection contre la discrimination ethnique déjà prévue par la loi n°47/2001 de décembre 2001 portant répression des crimes de discrimination et de la pratique du sectarisme. Ainsi, l'article 3 de cette loi prévoit que « *la discrimination est un crime commis au moyen de l'expression orale, écrite ou tout acte, fondé sur l'ethnie, l'origine...* »[922]. Aux termes de l'article 5 de la même loi, « *est punie d'une peine d'emprisonnement de trois mois à deux ans et d'une amende de cinquante mille (50 000) à trois cent mille (300 000) francs rwandais [...], toute personne coupable de discrimination ou de la pratique du sectarisme* »[923]. Une telle entreprise est donc compatible avec la logique de l'État-nation et est considérée comme salutaire pour les minorités rwandaises. Pour mieux dire, en éliminant le droit à la différence dans leurs Constitutions, les dirigeants africains francophones ont fait un pas vers la construction de l'unité. En effet, l'interdiction constitutionnelle des discriminations constitue une solution idoine permettant la protection des minorités nationales. Bien plus encore, elle permet, dans un État plural, l'agencement de volontés de diverses communautés nationales d'embrasser un destin commun. Dès lors, la République interdit la formation de partis politiques fondés sur l'appartenance ethnique.

2 - L'interdiction des partis politiques à base ethnique

Traditionnellement, à chaque conflit ou crise sociopolitique en Afrique, la mobilisation des groupes ethniques a toujours été fortement observée. Ainsi, il est communément admis qu'au sortir de la colonisation, on a pu constater l'existence de plusieurs groupements ethniques qui se sont par la suite

---

920 CHRÉTIEN (Jean-Pierre)., *Rwanda : les médias du génocide*, Paris, Karthala, 1995, p. 205.

921 Voir la Constitution rwandaise du 26 mai 2003, art. 16.

922 Loi n° 47/2001 de décembre 2001 portant répression des crimes de discrimination et de la pratique du sectarisme, art. 3.

923 *Ibidem*, *op.cit.*, art. 5.

transformés en partis politiques[924]. D'ailleurs, le professeur Koffi Ahadzi-Nonou (2011) [925] fait remarquer en termes plus clairs que le tribalisme ou l'ethnicité est « *un terreau des activités politiques* », en ce sens que les partis politiques, dans leur composition, reflètent de moins en moins l'ensemble de la diversité nationale. C'est ainsi que « *leurs bases sociales respectives demeurent fondamentalement tribales et le pouvoir réel appartient au fondateur ou principal dirigeant entouré d'un petit noyau occulte de conseillers ethniquement proches agissant en marge des organes officiels au profil tribal très avenant* » (K. Ahadzi-Nonou, 2011)[926]. C'est dire que les analyses de la vie politique dans les pays d'Afrique francophone depuis les indépendances mettent en évidence le primat de l'ethnicité dans la formation et le fonctionnement des partis politiques. Autrement dit, au lieu de refléter le paysage socio-ethnique du pays, ces partis politiques se dotent le plus souvent d'instances dirigeantes dont la composition obéit à une logique ethno-régionaliste.

De plus, lorsque est apparu le pluralisme politique en Afrique dans les années 1990, nombreux sont les partis politiques qui se sont formés sur l'appartenance ethnique dans le but de conquérir le pouvoir. Ceci écarte d'office, dans une compétition électorale, l'ethnie minoritaire au profit des groupes majoritaires qui tentent d'arracher le pouvoir (E.-M. Mbonda, 2009)[927]. Une telle pratique pourrait s'analyser en termes de danger par rapport à la construction de l'unité nationale, notamment en raison des conflits ethniques qu'elle pourrait engendrer. Ernest-Marie Mbonda[928] affirme à cet effet que « *les moments de compétitions politiques apparaissent toujours comme des moments de grandes mobilisations ethniques et les compétitions électorales peuvent se transformer en guerres de tranchée interethniques* ». On relève à ce propos le rôle non négligeable du déterminant ethnique dans la formation des partis politiques, donc dans la conquête du pouvoir. Ainsi, si la plupart des Constitutions du monde posent le principe selon lequel les partis politiques ne doivent pas, à travers leurs objectifs ou le comportement de leurs adhérents, constituer un danger pour l'unité nationale, on n'est pas étonné de trouver, dans certaines Constitutions africaines, des dispositions prohibant des

---

[924] NTUMBA LUABA (Alphonse)., « Ethnicité et gouvernementalité dans le contexte du renouveau constitutionnaliste africain », *Revue africaine des sciences sociales et humaines*, n°2, juillet 2002, *op. cit.*, pp. 43-60.

[925] AHADZI-NONOU (Koffi)., « Réflexions sur un tabou du constitutionnalisme négro-africain : le tribalisme », *in Les voyages du droit. Mélanges en l'honneur du professeur Dominique Breillat*, Faculté de droit et sciences sociales, Université de Poitiers, Paris, LGDJ, 2011, *op. cit.*, pp. 19-25.

[926] *Ibidem*, *op. cit.*, pp. 19-25.

[927] MBONDA (Ernest-Marie)., *Justice ethnique : identités ethniques, reconnaissance et représentation politique*, Québec, Pul, 2009, *op. cit.*, p. 30.

[928] *Ibidem*, *op. cit.*, p. 30.

formations politiques à base ethnique (A. Ntumba Luaba, 2002)[929]. Les cas du Rwanda et du Burundi méritent d'être signalés sur ce point. En effet, la Constitution rwandaise exclut du champ politique toute référence à l'ethnie. Elle interdit, plus précisément dans son article 57, aux partis politiques de s'identifier à une tribu, une ethnie, une région, ou à toute autre pratique pouvant servir de base de discrimination[930]. Ces partis politiques doivent au contraire poursuivre l'unité nationale dans toutes leurs activités. Dans le même esprit, l'article 78 de la Constitution burundaise de 2005 exige que les partis politiques répondent aux principes démocratiques et reflètent la diversité nationale tant dans leur organisation que dans leur fonctionnement. Ils ne peuvent donc prôner la haine et la discrimination basées sur l'appartenance ethnique[931]. Dans la même lancée, au Niger, l'article 9 de la Constitution du 25 décembre 2010 interdit la création de partis politiques à base régionaliste, ethnique ou religieuse[932]. Par ailleurs, au Cameroun, c'est l'article 5, alinéa 4 du Code électoral de 1991 qui impose aux partis politiques, dans leur formation, de prendre en compte toutes les composantes sociologiques de la circonscription concernée[933]. Cette exigence est consolidée par l'article 57 de la Constitution du 18 janvier 1996 qui exige que les instances locales, particulièrement le Conseil régional, reflètent les différentes composantes sociologiques de la région[934]. On relèvera sur ce point que toutes les formations politiques sont tenues d'incarner la diversité nationale dans leur composition. Comme on peut le lire dans l'article 7 de la Constitution togolaise de 1992, les partis politiques et les regroupements de partis politiques doivent respecter la composition nationale, et il leur est interdit de s'identifier à une ethnie[935]. On comprend, à travers ces différentes dispositions, que sont déclarées inconstitutionnelles les formations politiques qui, d'après leurs objets ou leur mode de fonctionnement ou d'organisation, visent à porter atteinte à l'ordre constitutionnel libéral et démocratique, ou qui représentent une menace pour l'unité nationale. En revanche, elles doivent, dans leur composition et leur fonctionnement, se plier aux principes démocratiques et à l'unité nationale en tenant compte de la diversité nationale, c'est-à-dire de toutes les ethnies. Cette exigence est d'autant plus vraie que l'article 57 de l'Acte constitutionnel de transition du Burundi du 6 juin 1998 soumet l'agrément des partis politiques au respect de la Charte de l'unité nationale et de certains principes fondamentaux, notamment la consolidation

[929] NTUMBA LUABA (Alphonse)., « Ethnicité et gouvernementalité dans le contexte du renouveau constitutionnaliste africain », *Revue africaine des sciences sociales et humaines*, n°2, juillet 2002, *op. cit.*, pp. 43-60.

[930] Voir la Constitution rwandaise de 2015, *op. cit.*, art. 57.

[931] Voir la Constitution burundaise du 18 mars 2005, *op. cit.*, art. 78.

[932] Voir la Constitution du Niger du 25 décembre 2010, art. 9.

[933] Voir le Code électoral camerounais de 1991, art. 5, al. 4.

[934] Voir la Constitution camerounaise du 18 janvier 1996, *op. cit*, art. 57.

[935] Voir la Constitution togolaise de 1992, *op. cit.*, art. 7.

de l'unité nationale, l'interdiction de l'idéologie de génocide et de l'ethnicisme[936].

De ce point de vue, l'on notera que l'interdiction des partis politiques fondés sur l'ethnie est justifiée par la crainte de voir un groupement politique ou un clan ethnique dissoudre l'unité nationale chère à ces pays pour leur développement économique et social. Les formations politiques ont le devoir de contribuer à la construction et à la consolidation de l'unité nationale. Une telle exigence constitue, pour reprendre les mots de Didier Olinga (1996)[937], un facteur d'apaisement, de confiance et de sécurité politique pour tous. Ce faisant, elle vise à éviter les conflits dévastateurs entre les différentes composantes nationales. C'est dans le même esprit que certains États comme le Nigeria conditionnent la reconnaissance des formations politiques par leur implantation dans les deux tiers au moins des régions du pays[938]. Autrement dit, dans leur composition, les partis politiques doivent refléter toutes les communautés ethniques du pays. En outre, la prohibition constitutionnelle des partis politiques à base ethnique peut s'expliquer aisément, en ce sens qu'elle vise à assurer l'équilibre au sein du corps politique et est fondée sur une conception patrimoniale du pouvoir politique, considérée comme « le partage du butin pour tous » (L. Sindjoun, 1996)[939]. De ce fait, consolider l'unité nationale ou gérer les affaires publiques sans les ethnies, c'est faire fausse route (A. Ntumba Luaba, 2002)[940]. Dès lors, il n'est pas étonnant de voir que certains constituants africains, notamment francophones, ont pu consacrer non seulement la reconnaissance de la diversité ethnique, mais aussi sa protection par la Constitution.

B - La protection constitutionnelle des minorités nationales

Longtemps occultée par les constituants africains, la question de la protection juridique de la diversité ethnique est aujourd'hui au cœur de nombreuses préoccupations, en ce sens qu'elle est vue comme un moyen de prévention des conflits. Comme on a pu le remarquer, la plupart des

---

936 Voir l'article 57 de l'Acte constitutionnel de transition du 6 juin 1998.

937 OLINGA (Alain Didier)., « L'exigence de la prise en compte des composantes sociologiques de la circonscription en droit électoral camerounais », *Juridis Périodique*, 1996, n° 28, pp. 67-72.

938 NTUMBA LUABA (Alphonse)., « Ethnicité et gouvernementalité dans le contexte du renouveau constitutionnaliste africain », *Revue africaine des sciences sociales et humaines*, n°2, juillet 2002, *op. cit.*, pp. 43-60.

939 SINDJOUN (Luc)., « Identité nationale et révision constitutionnelle du 18 janvier 1996 : comment constitutionnalise-t-on le "Nous" au Cameroun dans l'État post-unitaire ? », *Polis / Revue camerounaise de science politique*, Vol. 1, n° spécial février 1996, pp. 1-16.

940 NTUMBA LUABA (Alphonse)., « Ethnicité et gouvernementalité dans le contexte du renouveau constitutionnaliste africain », *Revue africaine des sciences sociales et humaines*, n°2, juillet 2002, *op. cit.*, pp. 43-60.

Constitutions africaines énoncent que l'État assure l'égalité de tous devant la loi et la protection des minorités nationales. Cette protection reflète la volonté des constituants africains de se conformer aux exigences imposées par certains textes internationaux relatifs à la question des minorités ethniques auxquels l'Afrique est partie. Dès lors, nous envisagerons la protection juridique des minorités ethniques **(1)** avant d'examiner la reconnaissance constitutionnelle de l'autochtonie **(2)**.

1 - La protection juridique des minorités ethniques

Il est souvent soutenu que la question de la protection des minorités ethniques, bien que devenue au cœur des préoccupations actuelles, reste un problème de fait[941]. Il n'existe dès lors aucune définition juridique des minorités. Mais, telle qu'elle est employée, la notion de minorité renvoie sans doute aux petites communautés ethniques, religieuses, linguistiques, voire autochtones[942]. C'est à juste titre qu'il est nécessaire de se référer à la définition du *Dictionnaire de droit international public,* proposée par Francesco Capotorti, selon laquelle « *une minorité est un groupe numériquement inférieur au reste de la population d'un État, en position non dominante, dont les membres, ressortissants de l'État, possèdent du point de vue ethnique, religieux ou linguistique des caractéristiques qui diffèrent de celles du reste de la population et manifestent même de façon implicite un sentiment de solidarité, à l'effet de préserver leur culture, leurs traditions, leur religion ou leur langue* »[943]. Il est alors clairement établi, à partir de cette définition, que la notion de minorité ethnique se rapporte au critère de position non dominante ainsi qu'à la situation numérique d'un groupe ethnique. À l'appui de ce constat, se trouvent certains textes internationaux ou régionaux qui considèrent que le développement mondial passe inéluctablement par protection et la promotion des groupes minoritaires[944].

Pour comprendre cet état de choses, certains textes internationaux, en particulier ceux issus de l'ONU, prévoient des mesures de protection des minorités. Ainsi, comme on peut le noter, la Déclaration des droits des personnes appartenant à des minorités nationales ou ethniques, religieuses et linguistiques, adoptée en 1992, en constitue une source essentielle. Elle

---

941 Droits des minorités : Normes internationales et indications pour leur mise en œuvre, *Nations unies,* 2010, p. 2.

942 *Ibidem*, *op. cit.*, p. 2.

943 http://www.africa21.org/wp/wp-content/uploads/2019/04/Minorit%C3%A9s-et-Agenda-2030-revue-Afrique-durable-2030-n%C2%B06-ann%C3%A9e-2018-2019.pdf, consulté en janvier 2019 ; voir aussi Droits des minorités : Normes internationales et indications pour leur mise en œuvre, *Nations unies,* 2010, *op. cit.*, p. 2.

944 KAHOMBO (Balingené)., « La protection des minorités ethniques en République démocratique du Congo. Entre rupture et continuité des ordres constitutionnels antérieurs », *in* Konrad Adenauer Stiftung, *Librairie africaine d'études juridiques,* Vol. 2, 2010, pp. 1-22.

dispose que « *les États protègent l'existence et l'identité nationale ou ethnique, culturelle, religieuse ou linguistique des minorités, sur leurs territoires respectifs, et favorisent l'instauration des conditions propres à promouvoir cette identité* »[945]. Ce texte vient renforcer le Pacte international relatif aux droits civils et politiques de 1966, qui prévoit que les minorités, dans les pays où elles existent, ne peuvent être privées du droit de pratiquer leur propre religion, d'employer leur propre langue, ou d'avoir leur propre vie culturelle[946]. Il en découle que concernant ces instruments internationaux, bien qu'ils protègent les populations minoritaires, leur application est avant tout soumise à la ratification par les États parties. De ce fait, les États sont tenus, dans leurs ordres juridiques, de prendre les mesures nécessaires permettant de mettre en avant la protection et la sécurité des populations minoritaires, d'un côté, et de pallier les inégalités dont elles sont victimes, de l'autre côté.

Par ailleurs, la Charte africaine des droits de l'homme et des peuples de 1981 est considérée comme le premier instrument juridique qui assure la garantie des droits et des spécificités traditionnelles propres à chaque minorité ethnique en Afrique. Elle prévoit que « *la promotion et la protection de la morale et des valeurs traditionnelles reconnues par la Communauté (Union africaine) constituent un devoir de l'État dans le cadre de la sauvegarde des droits de l'homme* »[947]. De ce fait, il n'est pas surprenant de constater que dans un pays multiethnique, le risque de conflits entre les groupes majoritaires et minoritaires reste vivant et peut entraîner l'extermination d'une ethnie par une autre. La barbarie génocidaire des Tutsi enregistrée au Rwanda dans les années 1990 en constitue une référence d'école. On peut dès lors comprendre Kofi Annan, ancien secrétaire général des Nations unies, lorsqu'il affirmait : « *Nous devons protéger tout particulièrement les droits des minorités, qui sont les plus fréquemment visées par les génocides.* »[948] Par ces mots, il souligne à quel point la non-protection des minorités ethniques considérées comme vulnérables peut conduire à des risques, voire à leur extermination. Ce faisant, il confirme les termes de certains textes des Nations unies qui interdisent la haine raciale, le nettoyage ethnique et le génocide[949]. Pourtant, cette problématique a longtemps été ignorée par le droit public africain, particulièrement les constituants africains, car, au lieu de reconnaître les

---

945 Déclaration des Nations unies sur les droits des minorités de 1992, art. 1er.

946 Pacte international relatif aux droits civils et politiques de 1966, art. 1er.

947 Voir la Charte africaine des droits de l'homme et des peuples, art. 17, al. 3.

948 Voir sur ce point : https://www.un.org/africarenewal/fr/magazine/avril-2004/r%C3%A9flexion-mondiale-sur-le-g%C3%A9nocide-rwandais, consulté en mai 2018.

949 Voir sur ce point la Convention des Nations unies du 9 décembre 1948 relative à la prévention et la répression du crime de génocide, ainsi que la résolution 47/80 de l'Assemblée générale des Nations unies sur le nettoyage ethnique et la haine raciale.

spécificités de certains groupes minoritaires, ils se sont bornés à exacerber les tendances séparatistes. Ceci a plongé certains pays dans le chaos.

Mesurant cependant l'ampleur des conflits interethniques et le risque imminent de l'extinction des groupes minoritaires, les constituants africains se sont saisis de la problématique des minorités ethniques. À cet égard, en RDC, l'article 51, alinéa 2 de la Constitution énonce le devoir de l'État de garantir à la fois la protection et la promotion des groupes vulnérables, y compris de toutes les minorités ethniques du pays[950]. Au Cameroun, le préambule de la Constitution de 1996 rappelle que l'État assure la protection des minorités et garantit les droits des populations autochtones[951]. Ces dispositions permettent de garantir les droits des groupes non dominants, donc d'assurer leur place dans la société. En clair, il convient de donner effet aux différents textes internationaux ou régionaux qui rappellent l'obligation des États de protéger les groupes minoritaires. Cette obligation apparaît dès lors comme une retranscription « négative du principe d'égalité »[952]. Il nous faut comprendre par là qu'en responsabilisant les États quant à la nécessité de garantir la protection effective des communautés ethniques minoritaires, ces Constitutions sont venues résoudre l'équation de la diversité ethnique. Très concrètement, la protection juridique des droits des communautés ethniques, en particulier des minorités, vise à rechercher des techniques de partage du pouvoir entre les composantes sociologiques de l'État[953]. Ceci permet, par voie de conséquence, d'assurer la prévention et la résolution des conflits entre les différentes composantes nationales. Ainsi, si la protection des minorités ethniques par les dispositions constitutionnelles permet la construction de sociétés stables, *quid* alors de la reconnaissance constitutionnelle de l'autochtonie ?

2 - La reconnaissance constitutionnelle de l'autochtonie

La consécration juridique des populations autochtones soulève une problématique sérieuse dans la mesure où il convient d'abord de préciser les contours de la notion d'autochtonie, très peu évoquée en droit. Est-elle rattachée à l'histoire ou à l'antériorité de l'occupation du territoire ? Est-ce

---

[950] Voir la Constitution de la RDC du 18 février 2006, *op. cit.*, art. 51, al. 2.

[951] https://journals.openedition.org/droitcultures/3256, consulté en janvier 2019 ; voir aussi le préambule de la Constitution camerounaise du 18 janvier 1996, *op. cit.*

[952] NGOIE TSHIBAMBE (Germain)., *La République démocratique du Congo dans les relations internationales. La trajectoire d'une impossible quête de puissance*, Lubumbashi, Laboratoire des sciences sociales appliquées, 2005, p. 88.

[953] NGANDO SANDJE (Rodrigue)., « Le droit des minorités et des peuples autochtones au Cameroun : une lecture actuelle et éventuelle », *Droit et cultures*, 66/2013-2, pp. 148-178.

une tribu ou une ethnie fondée sur les spécificités linguistiques ou culturelles ?[954]

Pour tenter de répondre à ces épineuses interrogations, il convient de se référer à la définition donnée par Jean-François Bayart, Peter Geschiere et Francis Nyamnjoh[955], pour qui la notion d'autochtonie peut se donner à lire comme « *la revendication par les premiers habitants d'un espace géographique d'une garantie (sinon d'une primauté) de leur représentation politique dans le cadre de la compétition démocratique* ». Généralement, le critère utilisé pour désigner la population autochtone se rapporte à son antériorité historique, à son ancienneté sur un territoire donné ou à son origine. Il s'agit des premiers occupants ou des occupants les plus anciens d'un territoire donné[956]. Le critère d'ancienneté est également retenu dans certains pays, notamment au Canada, où les autochtones sont considérés comme les « premières nations »[957]. On pourrait également se référer aux critères retenus par la Convention de l'Organisation internationale du travail (OIT) de 1989, qui considère les autochtones comme descendants de populations qui « *habitaient le pays, ou une région géographique à laquelle appartient le pays, à l'époque de la conquête ou de la colonisation ou de l'établissement des frontières actuelles de l'État, et qui, quel que soit leur statut juridique, conservent leurs institutions sociales, économiques, culturelles et politiques propres ou certaines d'entre elles* »[958]. Il en résulte qu'en l'absence de critère standard pour les définir, les populations autochtones se caractérisent, au regard des critères ci-dessus mentionnés, non seulement par leur attachement à un territoire ancestral ou par leur ancienneté sur ledit territoire, mais aussi par leurs spécificités culturelles et politiques. Dès lors, on comprend mieux les mots d'Ernest-Marie Mbonda[959] lorsqu'il considère que ces populations ne sont pas seulement les premiers occupants, mais constituent, par leurs pratiques ancestrales ou traditionnelles et en dépit de la marginalisation dont elles sont victimes de la part du reste de la société, des communautés homogènes. Or, cette marginalisation est dans une certaine mesure vue comme la source de leur pauvreté, en ce sens qu'elle les prive de la maîtrise

---

954 KAMTO (Maurice)., « Dynamique constitutionnelle du Cameroun indépendant », *Revue juridique africaine*, 1995, p. 46.

955 BAYART (Jean-François) *et al.*, « Autochtonie, démocratie et citoyenneté en Afrique », *Critique internationale,* 2001/1, n° 10, pp. 177-194.

956 MBONDA (Ernest-Marie)., *Justice ethnique : identités ethniques, reconnaissance et représentation politique*, Québec, Pul, 2009, *op. cit.*, p. 93.

957 POOLE (Ross)., « Autonomie gouvernementale et peuples autochtones : libération nationale ou citoyenneté ? », *in* M. SEYMOUR., *Nationalité, citoyenneté et solidarité*, Montréal, Liber, pp. 335-378.

958 La Convention de l'OIT relative aux peuples indigènes et tribaux, 1989, n° 169, art. 1er (b).

959 MBONDA (Ernest-Marie)., *Justice ethnique : identités ethniques, reconnaissance et représentation politique*, Québec, Pul, 2009, *op. cit.*, p. 95.

de leurs territoires et de leurs richesses naturelles, qui leur appartenaient traditionnellement[960].

De ce fait, il est dans l'intérêt des dirigeants des pays d'Afrique francophone de garantir l'intégration des populations autochtones dans la gestion de leurs États et de les considérer comme porteuses de sens pour les Africains, qui se caractérisent souvent eux-mêmes en termes d'appartenance à un groupe d'individus ou à une communauté ethnoculturelle donnée (2009)[961]. C'est dans ce sens que certains pays africains ont fait le pari de la constitutionnalisation de l'autochtonie. L'exemple du Cameroun mérite une attention particulière, car l'autochtonie est expressément consacrée par la Constitution de 1996. En effet, cette Constitution rappelle, dans son préambule, que l'État garantit la protection des populations autochtones[962]. Cette consécration est encore affirmée à alinéa 3 de l'article 57 de la même Constitution, selon lequel le Conseil régional, entendu comme organe représentatif des groupes sociaux de la région, doit être présidé par une personnalité autochtone[963]. Ce dispositif vient compléter la loi n° 92-002 du 14 août 1992 relative aux conditions d'élections des conseillers locaux, qui exige la prise en compte de tous les différents groupes sociologiques de la circonscription dans la constitution des listes électorales[964]. De même, au Rwanda, la Constitution reconnaît l'existence des populations autochtones Batwa[965] et garantit leur protection, car elles sont considérées comme vulnérables. Ainsi, l'article 80, alinéa 2 de la Constitution rwandaise de 2015 confie cette charge au président de la République qui, dans son pouvoir de nomination de certains membres du Sénat, doit prendre en compte des groupes nationaux historiquement marginalisés[966]. Au Congo-Brazzaville, c'est l'article 16 de la Constitution de 2015 qui prévoit que « la loi garantit et assure la promotion et la protection des peuples autochtones »[967]. Ces dispositions consacrent sans ambages la reconnaissance constitutionnelle des populations autochtones historiquement défavorisées, et garantissent par conséquent une meilleure condition de vie et favorisent leur intégration dans la société. Elles témoignent de la volonté de ces États de venir au chevet des populations autochtones longtemps marginalisées.

---

960 Voir la proposition de loi portant promotion et protection des peuples autochtones de décembre 2012, exposé des motifs, alinéa 9.

961 MOUDOUDOU (Placide)., « L'État africain : entre constitutionnalisme libéral et constitutionnalisme identitaire », *Revue CAMES/SJP*, n°002/2015, *op. cit.*, pp. 113-140.

962 Voir le préambule de la Constitution camerounaise du 18 janvier 1996, *op. cit.*

963 Voir la Constitution camerounaise du 18 janvier 1996, *op. cit.*, art. 57, al. 3.

964 Loi électorale n° 92-002 du 14 août 1992 relative aux conditions d'élection des conseillers locaux au Cameroun, art. 3.

965 Les Batwa sont des peuples de la forêt, vivant de la chasse et de la cueillette.

966 Voir la Constitution rwandaise de 2003 révisée en 2015, *op. cit.*, art. 80, al. 2

967 Voir la Constitution congolaise de 2015, *op. cit.*, art. 16.

À cette nécessité s'ajoute l'obligation d'assurer l'éducation et la formation des jeunes autochtones sans discrimination aucune, telle que prévue dans la Déclaration des Nations unies sur les peuples autochtones. Aux termes de l'article 14 de cette Déclaration les peuples autochtones ont le « *droit d'établir et de contrôler leurs propres systèmes et établissements scolaires où l'enseignement est dispensé dans leur propre langue, d'une manière adaptée à leurs méthodes culturelles d'enseignement* »[968]. En s'appuyant sur cet article, on peut déduire que les États doivent, de connivence avec les représentants autochtones, mobiliser les moyens nécessaires pour assurer l'éducation de ces populations en fonction de leurs spécificités, en particulier leurs coutumes et leur langue[969]. Il est de ce fait intéressant d'illustrer cette analyse en prenant l'exemple du Cameroun. En effet, le rapport supplémentaire périodique rendu en 2010, relatif aux droits des autochtones, souligne des avancées législatives enregistrées au Cameroun en matière d'éducation de ces peuples. Tel a déjà été le cas en 2008, à travers un rapport soumis au comité chargé de lutter contre les discriminations ethniques ou raciales, qui affirmait : « *La scolarisation des enfants Baka/Bakola*[970] *représente 0,5% des effectifs des élèves dans la province de l'Est, soit 150 enfants scolarisés, et les enfants Baka sont admis dans les lycées et collèges sans concours dans cette province.* »[971] En RDC, la loi garantit l'éducation des enfants autochtones. L'État « *garantit le droit d'accès des enfants autochtones [...] à toutes les formes d'enseignement relevant du système éducatif national, il développe et met en œuvre des programmes d'éducation [...] qui correspondent au mode de vie des populations autochtones* »[972]. En se référant à ces textes, il n'est pas surprenant de constater qu'en consacrant l'éducation des enfants autochtones, ces États s'engagent à reconnaître la Déclaration des Nations unies relative aux peuples autochtones comme un des objectifs importants pour garantir l'équilibre national. Or, l'enseignement dont il est question ici doit être dispensé en tenant compte des particularités propres aux peuples autochtones. Ce faisant, et paradoxalement, ces États acceptent le droit à la différence entre les différentes communautés nationales. On peut donc affirmer à ce titre qu'en Afrique francophone, c'est le droit qui doit s'adapter aux spécificités propres à chaque groupe.

---

968 La Déclaration des Nations unies sur les peuples autochtones, art. 14., al. 1er.

969 MBONDA (Ernest-Marie)., *Justice ethnique : identités ethniques, reconnaissance et représentation politique*, Québec, Pul, 2009, *op. cit.*, pp. 95 et *sq*.

970 Les pygmées Baka/Bakola sont des peuples autochtones qui habitent dans l'est du Cameroun.

971 http://www.gitpa.org/web/cameroonachprsubmissionmay10fr.pdf, consulté en novembre 2019.

972 Voir la proposition de loi portant promotion et protection des peuples autochtones, 2012, *op. cit.*, art. 34 et 35.

Partant de là, on peut comprendre cette consécration constitutionnelle des populations autochtones dans la mesure où celles-ci se sont vu imposer des modes de vie autres que ceux qui leur sont traditionnels[973]. Il y a là, sans doute, une volonté de la part de certains États africains de permettre à ces populations de se réapproprier leur existence, car elles ne revendiquent rien d'autre que la conservation de leurs spécificités culturelles et sociopolitiques. En réalité, c'est le combat pour l'unité nationale et la recherche du principe d'égalité des citoyens qui a conduit les dirigeants africains à la reconnaissance des populations autochtones. C'est le cas en RDC, où la proposition de loi relative à la protection et la promotion des autochtones de 2012 prohibe les discriminations à l'égard de ces peuples, d'une part, et affirme leur pleine jouissance des droits fondamentaux garantis par la Constitution de ce pays et d'autres instruments juridiques internationaux ou régionaux, d'autre part[974]. L'adoption de cette loi a été jugée salutaire pour ces populations, car elle vient protéger leurs droits, leurs traditions et leurs richesses naturelles.

Par ailleurs, l'on notera que l'idée de prendre en compte les droits des peuples autochtones tient tout son sens dans l'exigence du développement des pays où ils vivent, en ce sens que le développement d'un État, soutient-on, exige l'intégration de toute la diversité nationale. C'est à juste titre qu'en 2005, la Commission africaine a rendu un rapport dans lequel elle relève l'extension du terme « peuples » présente dans la Charte africaine des droits de l'homme aux peuples autochtones, et considère en même temps que les communautés autochtones d'Afrique peuvent contribuer au développement économique, politique, social et culturel des pays dans lesquels elles vivent[975]. En somme, la reconnaissance juridique de la diversité nationale permet d'assurer l'égalité de toutes les communautés ethniques. Cette égalité a par ailleurs débouché sur une distribution constitutionnelle du pouvoir entre les différentes communautés ethniques du pays.

§2 - De la distribution constitutionnelle du pouvoir

Les réformes constitutionnelles enregistrées en Afrique depuis les années 1990 jusqu'à nos jours portent la volonté des dirigeants politiques de résoudre l'équation de la problématique ethnique. De ce fait, les dirigeants africains entendent répondre aux revendications de certaines communautés ethniques désireuses de prendre part à la gestion des affaires publiques. La raison d'être

---

973 MBONDA (Ernest-Marie)., *Justice ethnique : identités ethniques, reconnaissance et représentation politique*, Québec, Pul, 2009, *op. cit.*, pp. 95 et *sq*.

974 Voir la proposition de loi portant promotion et protection des peuples autochtones, 2012, *op. cit.*, art. 1er et 2.

975 Rapport du groupe de travail d'experts de la Commission africaine des droits de l'homme et des peuples sur les populations/communautés autochtones, 28e session ordinaire, 2005, p. 18 et *sq*.

de ces réformes est l'évitement ou plus encore la résolution des conflits interethniques. C'est ainsi que certains pays ont fait le choix d'assurer la participation des groupes ethniques dans la gestion de l'État **(A)**. Ils ont par ailleurs opté pour un système de décentralisation à base ethnique afin de permettre à ces groupes ethniques de gérer leurs affaires au niveau local **(B)**.

A - La participation des groupes ethniques à la gestion des affaires publiques

Les conflits sociopolitiques que connaissent plusieurs pays africains francophones aujourd'hui se traduisent souvent par l'exclusion de certains groupes ethniques dans la gestion des affaires publiques. En effet, on note généralement dans ces pays une sous-représentation ou encore une surreprésentation de tel ou tel groupe ethnique dans les institutions étatiques[976]. Il est donc admis que c'est au nom des appartenances ethniques que les institutions politiques africaines sont aujourd'hui taxées de ne pas être assez représentatives[977]. Ainsi, associer les composantes nationales à la prise de décision devient un enjeu majeur pour les pays africains. Dans cette hypothèse, l'institutionnalisation de la fragmentation culturelle permet d'assurer la stabilité de la société, en ce sens que le Parlement et le gouvernement, y compris les instances locales, doivent être le reflet de la diversité nationale, comme l'affirme Thierry Michalon (2003)[978]. Dès lors, il convient de montrer, à la lumière de différents textes juridiques, la représentation des communautés ethniques tant au niveau des organes de l'État **(A)** qu'au niveau des instances locales **(B)**.

1 - La représentation des communautés ethniques dans les organes de l'État

La représentation ethnique peut se définir comme « *le fait que tel ou tel individu agit "au nom" d'un autre ou encore que telle personne parle non pas en son nom propre mais "au nom" de tel groupe, de telle organisation* » (J.-R. Keudjeu de Keudjeu, 2016)[979]. Ainsi, dans une société pluriethnique, chaque communauté ethnique se constitue et s'organise sur une logique de partage du pouvoir et des biens entre ses membres, en excluant les non-membres. Cette logique implique une fonction identitaire. Danièle Lochak

---

976 MBONDA (Ernest-Marie)., *Justice ethnique : identités ethniques, reconnaissance et représentation politique*, Québec, Pul, 2009, *op. cit.*, p. 46.

977 *Ibidem*, *op. cit.*, p. 46.

978 MICHALON (Thierry)., « L'Afrique au défi de l'État pluricommunautaire », *Le Monde diplomatique*, décembre 2003, pp. 16-17.

979 KEUDJEU DE KEUDJEU (John-Richard)., « Citoyenneté et République dans le constitutionnalisme africain », *Revue CAMES/SJP*, n° 001/2016, pp. 101-122.

(2004)[980] écrit à juste titre que « *tout groupe humain se constitue et fonctionne sur la base d'un partage entre "nous" et "les autres" [...], désigner l'autre est une façon de se définir soi-même, de cerner, en creux, ce qui fait l'identité propre du groupe* ». À partir de cette pensée, on peut comprendre que le sentiment d'appartenance d'un individu à un groupe ethnique est avant tout ce qui le définit par rapport à son statut dans la société[981]. C'est donc ce qui lui permet de s'identifier dans le « nous ».

Cependant, la représentation des communautés ethniques dans les structures étatiques en Afrique constitue encore une pierre d'achoppement, en ce sens que la question de l'appartenance d'un individu à une communauté ethnique quelconque est elle-même révélatrice d'une problématique de fond sur la nécessité de savoir qui décide, et en fonction de quels critères[982]. Est-ce l'origine de l'individu qui conditionne son appartenance à une ethnie ? Est-ce parce qu'il s'y identifie en fonction de sa durée de résidence sur un territoire donné ?

Il est vrai qu'aujourd'hui, la question de l'appartenance en Afrique est résolue par le droit. C'est donc le droit national de chaque État qui fixe les critères de l'appartenance d'un individu à telle ou telle ethnie. Ainsi, dans sa réflexion sur « l'appartenance saisie par le droit »[983], Danièle Lochak (2004)[984] montre que c'est le droit qui « *fixe les conditions de l'appartenance d'un individu à telle ou telle communauté (ethnique), en détermine les procédures et officialise le cas échéant l'existence d'un groupe (ethnique)* ». Dès lors, l'appartenance à une communauté ethnique est déterminée, d'une part, par le rattachement territorial (*jus soli*) et, d'autre part, par le lien de sang (*jus sanguinis*)[985]. Le rattachement territorial se caractérise par la naissance, la durée de résidence ou la domiciliation sur un territoire donné[986]. C'est le cas des Banyamulenge en RDC. En effet, il s'agit d'un groupe ayant une origine rwandaise (Tutsi) mais qui s'est vu reconnaître, sous la présidence de Mobutu, la qualité d'une communauté ethnique en raison de la durée de sa domiciliation en RDC, en particulier dans la province du Sud-Kivu[987]. Le critère du lien de sang implique que seuls les descendants des membres de

---

980 LOCHAK (Danièle)., « L'appartenance saisie par le droit », *Éditions de la Maison des sciences de l'homme*, 2004, *op. cit.*, pp. 33-49.
981 *Ibidem, op. cit.*, pp. 33-49.
982 *Ibidem, op. cit.*, pp. 33-49.
983 *Ibidem, op. cit.*, pp. 33-49.
984 *Ibidem, op. cit.*, pp. 33-49.
985 *Ibidem, op. cit.*, pp. 33-49.
986 LOCHAK (Danièle)., « L'appartenance saisie par le droit », *Éditions de la Maison des sciences de l'homme*, 2004, *op. cit.*, pp. 33-49.
987 LEMARCHAND (René), « Ruhimbika, Manassé (Müller). – Les Banyamulenge (Congo-Zaïre) entre deux guerres » (préface de B. Jewsiewicki), *Cahiers d'études africaines*, pp. 683-685 [en ligne], 171 | 2003, mis en ligne le 15 février 2007, consulté le 21 mars 2017.

telle ou telle ethnie peuvent revendiquer leur appartenance à telle ou telle ethnie. Il s'agit en clair d'un critère fondé sur la famille ou les relations de parenté, qui peut être prouvé par l'acte de naissance de l'individu[988], voire dans une certaine mesure par la carte d'identité. Le cas du Cameroun apparaît à ce titre intéressant dans la mesure où le décret présidentiel n° 82/407 du 7 septembre 1982, modifiant le décret n° 75/496 du 3 juillet 1975 qui fixe les critères de représentation des communautés nationales du pays, fait référence à la province (ou à l'ethnie) d'origine des parents[989]. Ce critère d'origine reste celui qui est le plus souvent utilisé en Afrique pour caractériser l'appartenance à une ethnie, et il joue par conséquent un rôle déterminant dans la représentation des communautés ethniques dans les organes de l'État.

À ce sujet, depuis l'apparition du nouveau constitutionnalisme dans les années 1990, certains États africains s'efforcent de répondre aux attentes des différentes communautés ethniques à travers la mise en place de mécanismes institutionnels adaptés, en particulier pour assurer la représentation de ces communautés dans les structures étatiques. Il convient dès lors de poser la question de savoir comment se fait cette représentation, et selon quel critère. On comprend mieux les difficultés que soulève cette question quand on se réfère aux expériences observées dans les pays aux sociétés plurales. Les exemples de la représentation identitaire les plus cités sont ceux du Liban, du Canada, des Pays-Bas ou encore de la Belgique, réputés pour avoir institutionnalisé les différentes fragmentations culturelles. Ainsi, l'exemple du Liban est particulièrement intéressant. En effet, le caractère pluriconfessionnel de sa société a été souvent à l'origine des divisions que ce pays a connues. Pour y remédier, il a adopté un modèle « consociatif » centré sur le partage du pouvoir entre les différentes confessions religieuses du pays. Ainsi, au niveau du pouvoir exécutif, le président doit être un chrétien maronite et le Premier ministre un sunnite. De même, de la Chambre des députés, les sièges sont repartis à égalité et proportionnellement entre chrétiens et musulmans[990].

Par ailleurs, cette question de la représentation des communautés ethniques a également eu un écho en Afrique, qui offre plusieurs exemples. À ce titre, il est nécessaire de se référer à la situation du Burundi, qui constitue un cas d'école de représentation des groupes ethniques dans les organes étatiques en Afrique. Tout comme le Rwanda, le Burundi a connu des conflits ethniques entre les Hutu majoritaires, soit 85% de la population nationale, et les Tutsi

---

988 LOCHAK (Danièle)., « L'appartenance saisie par le droit », *Éditions de la Maison des sciences de l'homme*, 2004, *op. cit.*, pp. 33-49.

989 Voir le décret présidentiel n° 82/407 du 7 septembre 1982, modifiant le décret n° 75/496 du 3 juillet 1975, art. 56.

990 Voir la Constitution libanaise de 1926, *op. cit.,* art. 24.

minoritaires, soit 14%[991]. Face à cette réalité, et après la signature de l'accord d'Arusha pour la paix en 2000, ce pays a adopté, le 18 mars 2005, une Constitution garantissant l'équilibre dans la gestion du pouvoir[992]. Cet équilibre a été réaffirmé et consolidé par le constituant de 2018. Ainsi peut-on lire à l'article 128, alinéa 1er de la Constitution du 18 mai 2018 : « *le gouvernement est ouvert à toutes les composantes ethniques. Il comprend au plus 60% de ministres et de vice-ministres Hutu et au plus 40% de ministres et de vice-ministres Tutsi »[993]. Au niveau des instances parlementaires, l'article 164 prévoit que « l'Assemblée nationale est composée d'au moins cent députés à raison de 60% de Hutu et de 40% de Tutsi... »*[994]. Aux termes de l'article 180 de la même Constitution, le Sénat est constitué de deux délégués de chaque province du pays, élus par des Conseils communaux de la province considérée, provenant des communautés ethniques différentes et élus par des scrutins distincts ; il doit aussi comporter trois personnes issues de l'ethnie Twa[995]. Enfin, au plan judiciaire, le constituant burundais de 2018 assure aussi l'équilibre, en précisant que la magistrature comprend 60% de Hutu et 40% de Tutsi[996]. De ce point de vue, il est clair que ces dispositions constitutionnelles non seulement ont vocation à assurer la représentation des communautés ethniques dans les organes de l'État, mais manifestent aussi la volonté du constituant qui est de permettre à ces communautés de bénéficier du partage du « gâteau national », c'est-à-dire le partage de la chose publique, en prenant en compte le critère de l'importance démographique de chaque ethnie.

Ainsi, on constatera qu'au Cameroun, c'est le Parlement, constitué de l'Assemblée nationale et du Sénat, qui est considéré comme l'organe chargé d'assurer la représentation des communautés ethniques au niveau national[997]. Au niveau de l'Assemblée nationale, la loi n° 91-20 du 16 décembre 1991 fixant les conditions d'élection des députés prévoit deux mécanismes de représentation[998]. Le premier concerne les découpages spéciaux des circonscriptions (départements) électorales[999]. Le deuxième mécanisme est

---

991 MBONDA (Ernest-Marie)., *Justice ethnique : identités ethniques, reconnaissance et représentation politique*, Québec, Pul, 2009, *op. cit.*, p. 59.
992 *Ibidem, op. cit.*, p. 60.
993 Voir la Constitution burundaise du 18 mai 2018, *op. cit.*, art. 128.
994 Voir la Constitution burundaise du 18 mai 2018, *op. cit.*, art. 169.
995 http://theburundianeye.online/constitution-du-burundi/, consulté en juin 2019 ; voir la Constitution burundaise du 18 mai 2018, *op. cit.*, art. 185.
996 *Ibidem*, art. 213.
997 MBONDA (Ernest-Marie)., *Justice ethnique : identités ethniques, reconnaissance et représentation politique*, Québec, Pul, 2009, *op. cit.*, p. 74.
998 *Ibidem, op. cit.*, p. 74.
999 Voir l'article 3 de la loi n°91-20 du 16 décembre 1991 fixant les conditions d'élection des députés à l'Assemblée nationale, modifiée et complétée par la loi n°97-13 du 19 mars 1997 et par la loi n°2006/009 du 29 décembre 2006.

prévu par l'article 5, alinéa 4 du Code électoral qui impose aux partis politiques de prendre en compte, dans la constitution des listes électorales, les différentes composantes sociologiques ou ethniques de la circonscription[1000]. À la lecture de ces textes, on déduit que l'Assemblée nationale camerounaise est l'un des organes qui assure la représentation des communautés ethniques. On peut dès lors comprendre Ernest-Marie Mbonda (2009)[1001] lorsqu'il estime que « *l'objectif non mentionné, mais implicite dans ces dispositions est d'assurer la représentation de certaines minorités ethniques* ». Au niveau du Sénat, la question de la représentation des communautés ethniques est réglée par l'article 20 de la Constitution de 1996, aux termes duquel « *le Sénat représente les collectivités territoriales décentralisées. Chaque région est représentée au Sénat par dix (10) sénateurs dont sept (7) sont élus au suffrage universel indirect sur la base régionale et trois (3) nommés par le président de la République* »[1002]. En s'appuyant sur ce qui précède, on peut souligner que la mise en place du bicaméralisme au Cameroun n'avait sans doute pour objectif que d'assurer la représentation des groupes ethniques dans les instances législatives du pays. Ainsi, l'institution du Sénat avec la révision constitutionnelle de 1996, qui est venue s'ajouter à l'Assemblée nationale, seule chambre existant jusqu'ici[1003], peut témoigner de la nécessité de prendre en compte les groupes ethniques dans la gestion du pouvoir. Tel est le cas au Burkina Faso, où le Sénat est considéré comme l'instance représentative des groupes ethniques, comme le fait savoir l'article 80 de la Constitution de 1991. Le Sénat burkinabé est alors composé de représentants des collectivités territoriales et des autorités coutumières. Les sénateurs représentant les autorités coutumières sont désignés par leurs structures respectives, c'est-à-dire selon leurs spécificités traditionnelles[1004].

Dans la même perspective, en RDC, la représentation des groupes ethniques dans les structures étatiques est garantie par la Constitution du 18 février 2006. Au niveau national, cette représentation est assurée par le gouvernement et le Sénat. Aux termes de l'article 90 de la Constitution, « la composition du gouvernement tient compte de la représentativité nationale »[1005], et selon l'article 104, « le sénateur représente sa province… »[1006]. En outre, l'une des originalités opérées par le constituant

---

[1000] Voir l'article 3 de la loi n°91-20 du 16 décembre 1991 fixant les conditions d'élection des députés à l'Assemblée nationale, modifiée et complétée par la loi n°97-13 du 19 mars 1997 et par la loi n°2006/009 du 29 décembre 2006, *op. cit.*, art. 5, al. 4.

[1001] MBONDA (Ernest-Marie)., *Justice ethnique : identités ethniques, reconnaissance et représentation politique*, Québec, Pul, 2009, *op. cit.*, p. 74.

[1002] Constitution camerounaise du 18 janvier 1996, *op. cit.*, art. 20.

[1003] MBONDA (Ernest-Marie)., *Justice ethnique : identités ethniques, reconnaissance et représentation politique*, Québec, Pul, 2009, *op. cit.*, p. 74.

[1004] Voir la Constitution du Burkina Faso de 1991, *op. cit.*, art. 80.

[1005] Voir la Constitution de la RDC du 18 février 2006, *op. cit.*, art. 90.

[1006] Constitution de la RDC du 18 février 2006, *op. cit.*, art. 104.

congolais en matière de représentation des communautés ethniques se rapporte à la constitutionnalisation du pouvoir coutumier. Ainsi, l'article 207 de la Constitution de ce pays énonce que « l'autorité coutumière est reconnue. Elle est dévolue conformément à la coutume locale... »[1007]. On peut aussi noter l'existence, dans ce pays, du « ministère des Affaires coutumières » depuis 2017. Là encore, le droit et la politique doivent suivre les particularités des groupes ethniques. Il en va de même au Congo-Brazzaville, où la Constitution adoptée en 2015 institue le Conseil consultatif des sages et des notabilités au même titre que tous les organes représentatifs de l'État. De ce fait, les chefs coutumiers de chaque province ou de chaque ethnie forment l'organe de « Palabre », considéré comme l'organe intermédiaire entre le Parlement et le gouvernement[1008]. Dès lors, ces chefs coutumiers ont pour rôle d'assurer la promotion de l'unité nationale et le fonctionnement normal des institutions[1009]. Ce faisant, la « Palabre » constitue sans doute une représentation des différentes composantes ethniques, en ce sens qu'elle est composée des chefs coutumiers issus de chaque province du pays. Dans le même esprit, au Rwanda, on lit également, à l'article 80, alinéa 2 de la Constitution de 2015, que « *le Sénat est composé de vingt-six (26) membres dont huit (8) sont nommés par le président de la République, en tenant compte en particulier de l'unité nationale, de la représentation des groupes historiquement marginalisés et des autres intérêts nationaux* »[1010]. En réalité, les organes chargés de nommer les membres du Sénat doivent prendre en compte toute la représentation nationale[1011]. Ce mécanisme introduit par la Constitution a été jugé salutaire pour un pays qui a connu des conflits interethniques et le génocide, car il permet aux groupes marginalisés de participer à la gestion du pouvoir.

Au regard de ces analyses, il y a lieu de relever que la représentation des communautés ethniques dans les organes étatiques vise essentiellement à permettre à ces dernières de participer réellement à la gestion des affaires publiques. En effet, la présence de ces groupes dans les structures de l'État leur donne la possibilité de faire entendre leur voix et permet en même temps la prise en compte de leurs intérêts et leur participation à la gestion du pays au plan national. Cette participation permet, en conséquence, à ces communautés de prendre part à la prise de décision au niveau des instances étatiques, et elle vise à ce titre à consolider la démocratie et l'unité nationale afin de garantir la

---

[1007] *Ibidem*, *op. cit.*, art. 207.

[1008] AUNDU MATSANZA (Guy)., « La nouvelle édification de l'État à l'épreuve de l'ethnicité : esquisse de solutions pour la République démocratique du Congo », *Fédéralisme Régionalisme* [en ligne], Volume 5, 2004-2005, La IIIe République démocratique du Congo, *op. cit.*, URL : http://popups.ulg.ac.be/1374-3864/index.php?id=207, consulté en janvier 2018.

[1009] *Ibidem.*

[1010] Voir la Constitution rwandaise de 2015, *op. cit.*, art. 80, al. 2.

[1011] *Ibidem*, *op.cit.*, art. 80.

légitimité des organes de l'État et d'éviter les conflits. Par ailleurs, les réformes relatives à la politique de décentralisation de ces dernières décennies témoignent également de la volonté des dirigeants africains d'assurer la représentation de toutes les composantes nationales dans la gestion des affaires publiques au niveau local.

2 - La représentation des communautés ethniques au niveau local

Dans un État pluriethnique, l'association de toutes les communautés ethniques à la prise de décision au plan local fait partie du processus de résolution de l'équation de la diversité ethnique, entendu comme un élément incontournable qui assure la cohésion sociale et la stabilité politique. Ainsi, les instances locales doivent être le reflet de la composition ethnique de la collectivité locale. Cette position est la plus soutenue aujourd'hui, car elle permet de responsabiliser chaque groupe ethnique dans la gestion des affaires publiques. C'est dans ce sens que certains pays d'Afrique francophone ont consacré la représentation des groupes ethniques dans les instances locales. Pour étayer cette argumentation, on peut se référer à l'article 57 de la Constitution camerounaise qui prévoit que « *le Conseil régional doit refléter les différentes composantes sociologiques de la région [...], il est présidé par une personnalité autochtone de la région élue en son sein pour la durée du mandat (5 ans, renouvelable) du Conseil* »[1012]. Cet article permet d'associer les minorités ethniques, en particulier les populations autochtones, à la gestion du pouvoir au niveau local. Par ailleurs, le droit électoral camerounais impose aux partis politiques de respecter, dans le cadre de la constitution des listes des candidats aux élections locales, toute la diversité sociologique de la circonscription électorale. Cette exigence est l'une des innovations majeures introduites par la loi n° 92/002 du 14 août 1992 qui fixe les conditions relatives à l'organisation des élections municipales. En effet, elle prévoit en son article 3, alinéa 2, que la formation de chaque liste des candidats à l'élection des conseillers municipaux doit tenir compte de la diversité ethnique de la circonscription[1013]. Dès lors, chaque conseiller doit représenter son groupe ethnique au niveau des instances municipales. La Cour suprême du Cameroun veille scrupuleusement au respect de cette exigence. En témoigne par exemple sa décision *Front Social Démocratique c. État du Cameroun*, rendue le 9 juin 2004. Il s'agissait en l'espèce de la question relative à la nécessité de respecter l'exigence constitutionnelle de l'intégration de tous les groupes sociaux de la circonscription dans la formation des listes de candidats aux élections au Cameroun (R. Ngando Sandjè, 2013)[1014]. La Cour a ainsi sanctionné le Front

[1012] Constitution camerounaise du 18 janvier 1996, *op. cit.*, art. 57, al. 2 et 3.

[1013] Voir la loi n° 92/002 du 14 août 1992 fixant les conditions d'élection des conseillers municipaux, art. 3., al. 2.

[1014] NGANDO SANDJE (Rodrigue)., *État et nation dans le constitutionnalisme africain. Étude thématique*, Thèse, Droit public, Université de Bourgogne, 2013, *op. cit.*, p. 446.

Social Démocratique en considérant qu'il avait méconnu cette exigence constitutionnelle en excluant l'ethnie Bamiléké de la constitution de ses listes électorales[1015]. Cette décision est lourde de valeur en ce qu'elle garantit la représentation des groupes ethniques dans les instances locales. En effet, le juge électoral, en condamnant la non-intégration dans la liste du Front Social-Démocrate des Bamiléké, l'une des trois grandes communautés ethniques du pays, a permis « *à la suite de l'administration, d'affirmer que l'exigence de prise en compte de la composante sociologique des circonscriptions électorales protège aussi la représentation politique des grandes communautés dans les zones où elles ne constituent pas la majorité* » (J. Mouangué Kobila, 2008)[1016]. Ces mots témoignent sans doute de la volonté du juge camerounais d'assurer la participation effective des groupes ethniques à la gestion du pouvoir. Ceci permet, de ce fait, une meilleure gestion des conflits ethniques, car cette exigence vient confirmer l'interdiction faite aux partis politiques de porter atteinte aux principes de l'unité nationale et de l'intégrité territoriale.

Dans le même ordre d'idée, l'article 198, alinéa 4 de la Constitution de la RDC de 2006 exige que la composition du gouvernement provincial tienne compte de toute la composition sociologique de la province[1017]. Il n'est donc pas anodin de constater que la Constitution de 2006 est venue rompre avec le dispositif constitutionnel antérieur, puisqu'elle instaure un modèle consociatif permettant de garantir la légitimité des organes au niveau local. En outre, on relèvera que dans certains pays tels que le Bénin, le Mali, le Niger ou encore le Burkina Faso, le conseil communal est l'instance locale où s'exerce la démocratie participative. Au Bénin, par exemple, la loi n° 97-029 du 15 janvier 1999 portant organisation des communes en République du Bénin énonce que « *la commune constitue le cadre institutionnel pour l'exercice de la démocratie à la base. Elle est l'expression de la décentralisation et le lieu privilégié de la participation des citoyens à la gestion des affaires publiques locales* »[1018]. Au Burundi, ce sont les articles 143 et 148 de la Constitution qui précisent la façon dont l'administration locale doit s'organiser. Ils prévoient que le gouvernement provincial et l'administration provinciale doivent être largement représentatifs de toute la diversité provinciale. Ainsi, selon ces

---

1015 Cour suprême/Assemblée plénière, arrêt n° 96/A/2003-2004 du 9 juin 2004, *SDF c. Cameroun.*

1016 MOUANGUE KOBILA (James)., « Droit de la participation politique des minorités et des populations autochtones. L'application de l'exigence constitutionnelle de la prise en compte des composantes sociologiques de la circonscription dans la constitution des listes de candidats aux élections au Cameroun », *Revue française de droit constitutionnel*, 2008/ 3, n° 75, *op. cit.*, pp. 629-664.

1017 Voir la Constitution de la RDC du 18 février 2006, *op. cit.*, art. 198, al. 4.

1018 Voir la loi n°97-029 du 15 janvier 1999 portant organisation des communes en République du Bénin, *JO* n° bis, numéro spécial du 1er février 1999, art. 2.

dispositions, le gouverneur de province doit être burundais civil, natif, établi ou ressortissant de l'entité territoriale qu'il est appelé à administrer[1019]. De même, la représentation ethnique dans les entreprises publiques au niveau national comme au niveau local est pourvue « à raison de 60% au plus pour les Hutu et 40% au plus pour les Tutsi »[1020]. En matière électorale, l'article 273 de la même Constitution impose à la commission électorale nationale indépendante d'assurer le respect du principe selon lequel les conseils communaux reflètent la diversité ethnique de leur électorat, et qu'aucune des principales ethnies ne doit être représentée à plus de 67% dans les instances communales[1021].

À cette fin, il faut retenir que la représentation ethnique dans les instances locales doit non seulement observer des critères de compétences, mais aussi corriger les déséquilibres, et donc garantir une large représentation ethnique. Par ailleurs, pour faire face aux revendications des mouvements séparatistes ethno-régionalistes, et pour responsabiliser les communautés ethniques à gérer leurs affaires elles-mêmes, certains États africains ont préféré adopter un système de décentralisation à base ethnique.

B - La consécration constitutionnelle d'une décentralisation à base ethnique

Le principe de l'indivisibilité du territoire « *ne fait nullement obstacle à une décentralisation même poussée. L'essentiel est que la collectivité inférieure tienne ses compétences de l'État et que celui-ci puisse toujours les reprendre* » (J.-C. Maestre, 1958)[1022]. D'ailleurs, la plupart des pays démocratiques, à l'instar de la France, ont adopté « la décentralisation des pouvoirs, assortie du principe de subsidiarité »[1023] comme mode d'organisation de l'administration du territoire, ayant pour objet d'assurer la participation des citoyens à la gestion des affaires publiques au niveau local. Dans le cas des pays d'Afrique francophone, la décentralisation permet aux différents groupements ethniques non seulement de faire entendre leur voix dans la gestion des affaires publiques, mais également de s'administrer

---

[1019] Voir la Constitution burundaise du 18 mai 2018, *op. cit.*, art. 143 et suiv.
[1020] Voir la Constitution burundaise du 18 mars 2018, *op. cit.*, art. 148.
[1021] *Ibidem, op. cit.*, art. 273.
[1022] MAESTRE (Jean-Claude)., « Commentaire de l'article 2 de la Constitution française du 4 octobre 1958 », *in* François LUCHAIRE, Gérard CONAC et Xavier PRÉTOT., *La Constitution de la République française. Analyses et commentaires*, Paris, Economica, Tome 2, 1979, p. 71 ; voir également GUIMDO (Bertrand-Raymond)., « Les bases constitutionnelles de la décentralisation au Cameroun. (Contribution à l'étude de l'émergence d'un droit constitutionnel des collectivités territoriales décentralisées) », *Revue générale de droit*, Vol. 29, n° 1, décembre 1998, pp. 79-100.
[1023] MBONDA (Ernest-Marie)., *Justice ethnique : identités ethniques, reconnaissance et représentation politique*, Québec, Pul, 2009, *op. cit.*, p. 83.

librement en leur accordant une autonomie personnelle **(1)**. Ce faisant, la décentralisation favoriserait, en Afrique, l'émergence d'une démocratie locale participative **(2)**.

1 - Vers une autonomie personnelle des communautés ethniques

La consécration constitutionnelle d'une décentralisation à base ethnique traduit la volonté politique des dirigeants africains d'associer les communautés ethniques à la gestion de la chose publique. Le système de décentralisation, dans un cas comme celui de l'Afrique, considérée comme une mosaïque d'ethnies, apparaît nécessaire dans la mesure où il permet de répartir la gestion du pouvoir avec les autorités locales. Dans une démarche plus explicative, Ernest-Marie Mbonda (2009)[1024] souligne l'importance de la décentralisation dans les sociétés africaines en estimant que « *la répression des revendications identitaires et les crises sociopolitiques qui ont marqué l'histoire récente de l'Afrique sont venues faire de la décentralisation une nécessité* ». Il en résulte que les conflits observés dans certains pays africains, notamment dans les années 1990, ont été le fait de revendications identitaires ou de certaines communautés ethniques désireuses de participer à la gouvernance de l'État, précisément de gérer leurs affaires au plan local afin de consolider l'unité nationale.

Partant de ces considérations, on peut se poser la question de savoir comment la décentralisation est devenue un vecteur de l'unité nationale. Cette question répond sans doute à une exigence fondamentale d'associer la diversité nationale à la gestion du pouvoir, considérée en Afrique comme un moyen de lutter contre les fractions sociales. Il s'agit en réalité d'un mécanisme qui s'impose avec force dans la plupart des sociétés pluriethniques pour permettre à chaque communauté ethnique de disposer d'une autonomie personnelle lui permettant de s'administrer librement, de promouvoir ses valeurs culturelles, économiques et sociales. On peut citer l'exemple de la Belgique, de la Suisse ou encore du Canada, pour avoir mis en place un système de décentralisation quasi fédéraliste, afin de garantir la répartition équitable du pouvoir, comme l'affirme Will Kymlicka (2004)[1025].

De ce point de vue, pour résoudre la question de la diversité ethnique, et notamment celle d'assurer la participation des communautés ethniques à la prise de décision concernant leurs propres affaires au niveau local, la décentralisation est apparue à cet effet comme une garantie. C'est dans ce sens

[1024] *Ibidem*, *op. cit.*, p. 84.

[1025] KYMLICKA (Will)., "Nation-Building and Minority Rights: Comparing Africa and the West", *in* Bruce Berman, Dickson Eyoh and Will Kymlicka eds., *Ethnicity and Democracy in Africa*, James Curry/Ohio University Press, 2004, pp. 54-71.

que dès le début des années 1990, certains États d'Afrique francophone ont procédé à quelques révisions constitutionnelles, voire à l'adoption de nouvelles Constitutions ouvrant la possibilité aux autorités locales de s'administrer elles-mêmes[1026]. À cet égard, on peut noter la réforme constitutionnelle du 18 janvier 1996 portant révision de la Constitution du 2 juin 1972 au Cameroun. Selon l'article 55, alinéa 2 de cette Constitution, « *les collectivités territoriales décentralisées (régions et communes) sont des personnes morales de droit public. Elles jouissent de l'autonomie administrative et financière pour la gestion des intérêts régionaux et locaux. Elles s'administrent librement par des conseils élus et dans les conditions fixées par la loi* »[1027]. Ensuite, en vertu de l'article 56, alinéa 1er, « *l'État transfère aux régions [...] les compétences dans les matières nécessaires à leur développement économique, social, sanitaire, éducatif, culturel et sportif* »[1028]. On constate à cet effet que ces dispositions répondent à l'exigence de prendre en compte des revendications ethno-régionalistes, en ce sens qu'elles consacrent une décentralisation fondée sur la solidarité nationale, les potentialités régionales et l'équilibre interrégional. Ceci a conduit certaines tendances séparatistes ou fédéralistes à renoncer à leurs mouvements. De plus, l'une des originalités de la politique de décentralisation prévue par la Constitution camerounaise de 1996 réside dans l'idée d'associer les autochtones à la gestion des affaires publiques. C'est ce qui ressort de l'article 57 de cette Constitution, qui dispose que « *le Conseil régional doit refléter les différentes composantes sociologiques de la région ; il est présidé par une personnalité autochtone de la région élue en son sein pour une durée de mandat de cinq ans renouvelable du Conseil* »[1029]. En se référant à cette disposition, force est de souligner qu'elle traduit sans doute la volonté du constituant camerounais de donner à chaque communauté ethnique minoritaire et autochtone l'opportunité de prendre part à la gestion du pouvoir au plan local. Dès lors, on peut affirmer que la notion de « composantes sociologiques » revient à désigner les groupes ethniques qui peuvent cohabiter dans les différentes régions du pays[1030].

De même, au Rwanda, l'article 6 de la Constitution du 24 décembre 2015 prévoit que « les pouvoirs publics sont décentralisés au profit des entités administratives locales conformément aux dispositions légales »[1031]. La consécration constitutionnelle d'une décentralisation au Rwanda est

---

[1026]MBONDA (Ernest-Marie)., *Justice ethnique : identités ethniques, reconnaissance et représentation politique*, Québec, Pul, 2009, *op. cit.*, p. 87.
[1027] Voir la Constitution camerounaise du 18 janvier 1996, *op. cit.*, art. 55.
[1028] *Ibidem*, *op. cit.*, art. 56.
[1029] Constitution camerounaise du 18 janvier 1996, *op. cit.*, art. 57.
[1030] MBONDA (Ernest-Marie)., *Justice ethnique : identités ethniques, reconnaissance et représentation politique*, Québec, Pul, 2009, *op. cit.*, p. 88.
[1031] Constitution rwandaise du 24 décembre 2015, *op. cit.*, art. 6.

l'aboutissement d'une politique visant à améliorer la qualité de la gouvernance dans ce pays et de permettre, en conséquence, la participation de toutes les composantes ethniques à la gestion du pouvoir au niveau de leurs localités respectives. Alexis Gakuba (2003)[1032] montre qu'au Rwanda, « *l'objectif global de la politique de décentralisation est d'assurer l'habilitation politique, économique, sociale, administrative et technique de la population locale à lutter contre la pauvreté en participant dans la planification et dans la gestion de son processus de développement* ». Il s'agit en réalité de permettre au gouvernement et au peuple rwandais de lutter contre la pauvreté à travers la responsabilisation des populations locales, c'est-à-dire des groupes ethniques. On constate la même politique de décentralisation à base ethnique en RDC. En effet, étant toujours en quête de l'équilibre national ou interethnique, ce pays s'est doté d'une Constitution digne d'assurer la participation des différents groupes ethniques à la gestion de leurs affaires au niveau des provinces. C'est ce que l'on trouve dans les articles 2 et 3 de la Constitution du 18 février 2006. À lire ces articles, la RDC est composée de vingt-cinq provinces dotées chacune de la personnalité juridique et jouissant de la libre administration et de l'autonomie de gestion de leurs ressources, notamment humaines, financières et économiques[1033]. Cette Constitution consacre une décentralisation très poussée, avec une autonomie considérable qu'elle confère aux différentes provinces du pays. En témoigne l'article 195 qui institue au niveau de chaque province une assemblée provinciale et un gouvernement provincial comme les institutions chargées de la gouvernance au niveau des provinces[1034]. Ces deux institutions représentent toutes les communautés ethniques au niveau local. La composition du gouvernement provincial doit refléter la représentativité provinciale[1035]. Il en résulte qu'en RDC, l'adoption de la Constitution du 18 février 2006 a été un fait majeur, en particulier parce qu'elle consacre un État unitaire très décentralisé dont les composantes sont les provinces. Or, la notion de « province », ici, sous-entend les groupes ethniques qui habitent les différentes provinces du pays. Il en va de même pour le Congo-Brazzaville qui, après plusieurs conflits ethniques, est passé, grâce à l'adoption d'une nouvelle Constitution en 2015, d'un État unitaire centralisé à un État unitaire décentralisé sur une base quasi ethnique.

Par ailleurs, il est important de remarquer la même politique de décentralisation sur fond ethnique en Afrique de l'Ouest. Au Togo, par exemple, les articles 141 et 142 de la Constitution énoncent que les collectivités locales que sont les communes, les préfectures et les régions s'administrent librement par des organes élus, représentant toutes les

---

1032 GAKUBA (Alexis)., « La décentralisation et le développement. Le cas du Rwanda », article paru dans *la Nouvelle Relève*, n° 460, 28/02-15/2003, consulté en mai 2018.
1033 Voir la Constitution de la RDC du 18 février 2006, *op. cit.*, art. 2 et 3.
1034 Constitution de la RDC du 18 février 2006, *op. cit.*, art. 195.
1035 *Ibidem*, *op. cit.*, art. 198.

solidarités et potentialités locales, ainsi que l'équilibre interrégional[1036]. Il en est de même au Burkina Faso, au Mali et en Côte d'Ivoire, où la Constitution prévoit également la libre administration des populations locales à travers les instances locales.

À la faveur de ce qui précède, tout porte à croire que le choix de la décentralisation à base ethnique par certains pays africains francophones est apparu comme une solution idoine pour apporter une réponse aux revendications des groupes ethno-régionalistes souhaitant gérer eux-mêmes leurs affaires au niveau local et, partant, pour tempérer leur « irrédentisme » séparatiste[1037]. Ainsi, on relèvera qu'au nom de la politique de décentralisation administrative garantissant l'association des populations locales à la gouvernance des affaires publiques, plusieurs mouvements fédéralistes ou séparatistes ont été contraints de renoncer à leurs revendications. Même si, dans certains pays comme le Cameroun, les mouvements anglophones demeurent encore réticents vis-à-vis de cette politique de décentralisation mise en place par la réforme constitutionnelle de 1996, il n'en demeure pas moins que celle-ci a pu permettre d'atténuer les velléités séparatistes. Dès lors, en reconnaissant l'autonomie personnelle des différentes régions de s'administrer elles-mêmes, et surtout dans le cadre d'une décentralisation très poussée, ce système permet de garantir la paix et la stabilité sociale, car c'est souvent sur l'autel de la décentralisation que les protagonistes en présence vont trouver un terrain d'entente. À cet effet, point n'est besoin de faire plusieurs détours pour comprendre qu'en Afrique francophone, le fait ethnique a conduit certainement à la modification de la structure ou de la

---

[1036] Voir la Constitution togolaise du 27 septembre 1992 révisée, art. 141 et 142.

[1037] NACH MBACK (Charles)., « La décentralisation en Afrique : enjeux et perspectives », *in L'État en Afrique : entre le global et le local*, *Afrique contemporaine*, n° 199, 2001, pp. 95-114 ; voir aussi MARIE (Jérôme), IDELMAN (Éric)., « La décentralisation en Afrique de l'Ouest : une révolution dans les gouvernances locales ? », *EchoGéo* [en ligne], 13 | 2010, mis en ligne le 20 septembre 2010, consulté le 1er mai 2019. URL : http://journals.openedition.org/echogeo/12001 ; DOI : 10.4000/echogeo.120 ; voir encore POULIN (Yves)., « Les décentralisations en Afrique, qu'avons-nous appris ? », *in La décentralisation administrative en Afrique subsaharienne*, Télescope, Vol. 11, n° 3, juin 2004, pp. 2-6 ; HALIDOU (Saïdou)., « Une décentralisation inachevée au Niger », *in La décentralisation administrative en Afrique subsaharienne*, Télescope, Vol. 11, n° 3, juin 2004, pp. 7-12 ; voir également pour plus de précisions, BIDAN NIGNAN (Francis), YIRDON DABIRE (Jean-Emmanuel), SAXADODOGO (Baba)., « Au Burkina Faso, la décentralisation s'applique d'abord aux villes », *in La décentralisation administrative en Afrique subsaharienne*, Télescope, Vol. 11, n° 3, juin 2004, pp. 13-17 ; TANG ESSOMBA (Auguste Claude), FORBAH TANJONG (Martin), NDONGO (André Marie)., « La décentralisation au Cameroun : un grand chantier démocratique », *in La décentralisation administrative en Afrique subsaharienne*, Télescope, Vol. 11, n° 3, juin 2004, pp. 18-21 ; KOUROUMA (Sékou)., « La décentralisation, projet de la société guinéenne », *in La décentralisation administrative en Afrique subsaharienne*, Télescope, Vol. 11, n° 3, juin 2004, pp. 22-25 ; Voir enfin AKOUETE (David Coffi)., *Décentralisation et politiques sportives locales au Bénin (2003-2008)*, Thèse, Droit public, Université de Toulouse, 308 p.

nature de plusieurs États. Ainsi, qu'il s'agisse de la décentralisation ou du système fédéral ou régional, les trois constituent à n'en point douter des moyens efficaces pour la résolution des conflits ethniques. Ce faisant, comme il a déjà été évoqué, les pays africains francophones sont dans une démarche tendant vers ce que l'on pourrait qualifier de démocratie locale participative.

2 - Vers la naissance d'une « démocratie locale participative »[1038]

« La loi organise la participation démocratique des populations à la libre administration des collectivités territoriales. »[1039] Cette disposition est l'un des nombreux exemples que compte l'Afrique en matière de consécration de la démocratie participative au plan local. La viabilité de la démocratie dans un pays fortement diversifié se mesure aussi par sa capacité à associer toutes les couches de la société à la gestion des affaires publiques tant au plan national qu'au plan local. Cette exigence est une condition permettant de réaliser la « démocratie locale participative »[1040], entendue comme un processus qui repose localement sur la participation plus directe de toutes les composantes locales à la prise de décision. En Afrique, cette démocratie a permis, dans certains pays, l'organisation de plusieurs réunions publiques, notamment dans les quartiers ou dans les villages, pour formuler des revendications et établir des listes de besoins pour les faire connaître aux autorités[1041]. Ceci permet de favoriser l'émergence d'une politique d'initiative populaire.

À cet égard, l'exemple du Niger mérite une attention particulière. En effet, l'ordonnance n° 83-26 du 4 août 1983 portant organisation de la société de développement, qui vient consolider le décret n° 74-207/PCMS/MI du 13 août 1974 relatif à l'organisation de la participation des populations à la gestion des affaires publiques, a institué la démocratie participative fondée sur les concertations et les consultations, généralement présidées par les chefs coutumiers, chefs de village ou de tribu[1042]. Au Bénin, la loi n° 97-029 du 15

[1038] GERVAIS-LAMBONY (Philippe)., « Conditions spatiales de la démocratie participative. "Meetings" à Vosloorus (Ekurhuleni, Afrique du Sud) », *EchoGéo* [en ligne], 22 | 2012, mis en ligne le 30 janvier 2013, consulté le 4 octobre 2017. URL : http://echogeo.revues.org/13267 ; DOI : 10.4000/echogeo.13267.

[1039] Voir la Constitution du Burkina Faso de 1991, *op. cit.*, art. 145.

[1040] GERVAIS-LAMBONY (Philippe)., « Conditions spatiales de la démocratie participative. "Meetings" à Vosloorus (Ekurhuleni, Afrique du Sud) », *EchoGéo* [en ligne], 22 | 2012, *op. cit.*, mis en ligne le 30 janvier 2013, consulté le 4 octobre 2017. URL : http://echogeo.revues.org/13267 ; DOI : 10.4000/echogeo.13267.

[1041] GERVAIS-LAMBONY (Philippe)., « Conditions spatiales de la démocratie participative. "Meetings" à Vosloorus (Ekurhuleni, Afrique du Sud) », *EchoGéo* [en ligne], 22 | 2012, *op. cit.*, mis en ligne le 30 janvier 2013, consulté le 4 octobre 2017. URL : http://echogeo.revues.org/13267 ; DOI : 10.4000/echogeo.13267.

[1042] SALIFOU (Maman)., *Historique de la décentralisation au Niger*, Direction générale de l'administration territoriale et des collectivités locales, Niamey, Niger, mai 2008, pp. 5-6 ; voir

janvier 1999 portant organisation des communes en République du Bénin précise, en son article 4, que la commune est constituée d'arrondissements divisés en villages dans les zones rurales ou en quartiers dans les zones urbaines[1043]. Ces entités sont des espaces qui permettent aux populations locales de participer à la prise de décision dans la gestion des affaires locales.

Dans le même esprit, on notera qu'au Burkina Faso ou encore au Mali, la commune rurale est constituée de villages ou de fractions, alors que la commune urbaine est composée de quartiers. Chaque quartier ou village est dirigé par un chef désigné selon les coutumes et traditions reconnues dans chaque localité, et est assisté dans ses fonctions par un conseil[1044]. À titre d'exemple, au Burkina Faso, est mis en place dans chaque village un conseil villageois de développement (CVD), supervisé par le conseil municipal[1045] et « *chargé d'élaborer des programmes annuels d'investissement du village qui sont soumis à l'approbation du conseil municipal sur la base des orientations du plan communal de développement* ». D'ailleurs, dans la plupart des pays d' Afrique francophone, « *le quartier et le village sont les lieux d'exercice et d'expression de la participation locale dans les pays d'Afrique francophone* »[1046]. Il en résulte dès lors que l'institution de cette démocratie en Afrique implique plusieurs mécanismes de participation des citoyens à la gestion des affaires publiques au niveau local. Premièrement, on note le droit à l'information ou à la consultation, qui est considéré comme le premier degré d'exercice et de participation des citoyens à la politique locale. Ce droit à l'information permet aux élus locaux d'« évaluer les attentes locales (information ascendante) »[1047], mais aussi de rendre compte aux populations locales du contenu des décisions qui sont prises (information descendante) (M. Le Galic, 2004)[1048]. Par ce biais, l'information des citoyens sur la gestion des affaires au niveau des communes peut être considérée comme un principe fondamental de la démocratie locale. Comme au Burkina Faso, la loi n° 55-

---

aussi NANAKO (Cossoba)., *La libre administration des collectivités territoriales au Bénin et au Niger*, Thèse, Droit public, Université d'Abomey-Calavi (Bénin), 2016, pp. 55-56.

1043 Loi n° 97-029 du 15 janvier 1999 portant organisation des communes en République du Bénin, *op. cit.*, art. 4, *JO* n° bis, numéro spécial du 1er février 1999.

1044 Loi n° 06-023 du 28 juin 2006 relative à la création et à l'administration des villages, fractions et quartiers, *Journal officiel* du 31 août 2006, art. 7 ; Voir aussi loi n° 95-034 du 1er avril 1995 portant code des collectivités territoriales en République du Mali, art. 2.

1045 Décret n° 2007-032/PRES/PM/MATD du 22 janvier 2007 portant organisation et fonctionnement des conseils villageois et de développement (CVD), *Journal officiel*, n° 7 du 15 février 2007, art. 1er.

1046 NZE BEKALE (Ladislas)., « Aspects de la démocratie participative en Afrique francophone. Esquisse de l'organisation juridique de la participation locale, au Bénin, au Burkina Faso et au Mali », article disponible sur : https://fr.slideshare.net/Nomadaid/aspects-de-la-democratie-participative-en-afrique, consulté en mars 2018.

1047 *Ibidem.*

1048 LE GALIC (Mathias)., *La démocratie participative : le cas nantais*, Paris, L'Harmattan, 2004, p. 17.

2004/AN du 21 décembre 2004 portant Code général des collectivités territoriales exige que les autorités locales fassent connaître aux habitants de la collectivité locale toutes les décisions qu'elles prennent concernant la gestion des affaires locales. Elle précise par ailleurs que le droit à l'information s'exerce, d'une part, par la participation des populations locales aux débats publics sur le budget, les grands projets et programmes de développement au niveau local et, d'autre part, par l'accès du public aux séances des conseils des collectivités territoriales, ainsi que par la publication des délibérations et du bilan annuel d'activités du conseil de la collectivité[1049]. De même, au Mali, tout habitant ou contribuable de la commune peut demander consultation ou communication des documents tels que les procès-verbaux, les arrêtés communaux, les délibérations du conseil, le budget de la commune. Il est également prévu que le conseil communal puisse être consulté par toute personne dont l'avis pourrait être utile[1050]. Deuxièmement, la démocratie participative implique une concertation qui exige la participation des habitants ou de leurs représentants dans la gestion des affaires locales. Ce procédé a tout son sens en Afrique francophone, car il permet non seulement aux conseils de village ou de quartier de ville de formuler des recommandations écrites au conseil d'arrondissement ou au conseil communal, mais aussi aux autorités locales d'agir en connaissance de cause. Ceci implique nécessairement et préalablement une concertation afin d'aboutir à un consensus. À titre d'illustration, au Bénin, « *le conseil de village ou de quartier de ville se prononce sur les affaires pour lesquelles il est requis. Il peut adresser des questions écrites au conseil d'arrondissement sur toutes les affaires intéressant le village ou le quartier de ville* »[1051]. Au Mali et au Burkina Faso, la loi donne la possibilité aux conseils de village et de quartier, à l'issue d'une concertation, de formuler des recommandations sur toutes mesures qu'ils estiment nécessaires de voir mettre en œuvre par les autorités locales[1052]. Troisièmement, l'implication est l'une des modalités indispensables dans la réalisation d'une démocratie locale, car elle permet d'établir une logique de partage du pouvoir au niveau local. C'est le « niveau supérieur de participation »[1053]. Concrètement, « *une partie de la population est amenée à participer directement à la prise de décision ou au partage d'une*

[1049] Loi n° 055-2004/AN du 21 décembre 2004 portant code général des collectivités territoriales au Burkina Faso, *Journal officiel*, spécial n°2 du 20/4/2005, *op. cit.*, art. 11.

[1050] Loi n° 95-034 du 1er avril 1995 portant code des collectivités territoriales en République du Mali, *op. cit.*, art. 33 et 36.

[1051] La loi n° 97-029 du 15 janvier 1999 portant organisation des communes en République du Bénin, *Journal officiel*, n° bis, numéro spécial du 1er février 1999, *op. cit.*, art. 138 et 139.

[1052] Loi n° 95-034 du 1er avril 1995 portant code des collectivités territoriales en République du Mali, *op. cit.*, art. 72 ; voir aussi le décret n° 2007-032/PRES/PM/MATD du 22 janvier 2007 portant organisation et fonctionnement des conseils villageois et de développement au Burkina Faso (CVD), *Journal officiel*, n° 7 du 15 février 2007, *op. cit.*, art. 9 et 10.

[1053] HARTEREAU (André)., « Communication publique territoriale et démocratie participative », *Lettre du cadre territorial*, mai 2002, p. 78.

action. L'implication se trouve souvent sous forme de délégation, de contractualisation avec la vie associative »[1054]. Il ressort que les élus peuvent dans une certaine mesure, notamment dans le cadre de l'implication, déléguer à une autre entité (association) le pouvoir d'agir à leur place. Ainsi, au Mali, au Cameroun, au Burkina ou encore au Bénin, la participation et l'implication des citoyens dans la vie publique locale sont effectives. Au Mali, par exemple, le projet d'appui aux communes rurales témoigne de cette effectivité dans la mesure où toutes les composantes de la commune, c'est-à-dire les fractions, les quartiers, les villages, ainsi que certaines organisations diverses, doivent être consultées par les autorités communales[1055] sur les questions relevant de la politique locale, spécialement dans le cadre de l'élaboration des plans de développement local.

Au demeurant, la démocratie locale participative est l'œuvre de la politique de décentralisation qui a prévalu dans la quasi-totalité des pays africains francophones avec l'avènement de la démocratie pluraliste. Elle est indiscutablement un moyen d'associer les différents groupes ethniques à la gestion des affaires publiques au plan local. À ce titre, la démocratie locale participative s'inscrit dans la « problématique traditionnelle du gouvernement du peuple par le peuple »[1056], car elle favorise la prise en compte des particularités propres à chaque groupe ethnique dans la gestion de la vie publique locale. Finalement, la politique de décentralisation en Afrique, puisqu'elle vise la prévention des conflits ethniques, corrobore la reconnaissance juridique du particularisme ethnique.

1054 Voir sur ce point : https://fr.slideshare.net/Nomadaid/aspects-de-la-democratie-participative-en-afrique, *op. cit.*, consulté le 21 mars 2018.

1055 Loi n° 95-034 du 1er avril 1995 portant code des collectivités territoriales en République du Mali, *op. cit.*, art. 72.

1056 DENQUIN (Jean-Marie)., « La démocratie participative et démocratie semi-directe », *Cahiers du Conseil constitutionnel*, n° 23, 2007, pp. 95-98.

Chapitre 2 :

La reconnaissance juridique du particularisme ethnique

Au sortir des indépendances des pays d'Afrique noire francophone, les dirigeants politiques, contre toute aspiration, décident d'adopter les principes juridiques légués par le colon, principes qui ignorent les particularités coutumières de leurs populations, « magnifiant à la limite de l'inconscience le droit écrit d'inspiration française »[1057]. D'où l'hypothèse qui compare l'homme africain à un déraciné qui se retrouve, à cause de son envie de s'approprier ce qui lui est étranger, « perdu entre la civilisation occidentale qu'il est incapable d'assimiler et sa propre culture à l'égard de laquelle il a pris ses distances »[1058]. Cette pensée est assez révélatrice dans la mesure où la coutume ancestrale, entendue comme un ensemble de valeurs et principes qui garantissent l'organisation et le fonctionnement des sociétés traditionnelles africaines, est, après la décolonisation, comme l'affirment certains, « *dédaigneusement appelée le droit indigène, vecteur de la légitimité traditionnelle, et déclassée ex officio par divers textes de droit public moderne* » (C. Sietchoua Djuitchoko, 2000 ; A. Kontchou Kouomegni, 1979)[1059]. Cette ignorance délibérée des spécificités proprement africaines a plongé la plupart des pays dans les crises et a freiné leur développement culturel et socio-économique. Cependant, pour faire face à cette réalité, les pouvoirs publics se sont engagés dans une vaste opération de reconnaissance des spécificités coutumières inhérentes aux sociétés traditionnelles africaines. C'est désormais à un changement de perspective que l'on assiste, dans certains pays d'Afrique francophone, avec l'émergence de plusieurs textes juridiques

---

[1057] SIETCHOUA DJUITCHOKO (Célestin)., « Du nouveau pour la coutume en droit positif camerounais : la constitutionnalisation de la coutume et ses conséquences », *Revue juridique Thémis*, 2000, pp. 130-157.

[1058] *Ibidem*, pp. 130-157.

[1059] SIETCHOUA DJUITCHOKO (Célestin)., « Aspects de l'évolution des coutumes ancestrales dans le droit public des chefferies traditionnelles au Cameroun », *Revue générale de droit*, Volume 32, numéro 2, 2002, pp. 359-381 ; voir aussi KONTCHOU KOUOMEGNI (Augustin)., « Le droit public camerounais, instrument de construction de l'unité nationale », *Revue juridique et politique, indépendance et coopération (RJPIC)*, Volume 33 (4), 1979, pp. 415-441.

relatifs à la reconnaissance de la coutume. Ce faisant, le particularisme ethnique, qui ne bénéficiait d'aucun statut juridique, y acquiert non seulement une base légale, mais aussi un fondement constitutionnel. Cette innovation peut s'expliquer, d'une part, par le respect des exigences du pluralisme politique issues de la nouvelle vague du constitutionnalisme en Afrique francophone, plus spécialement des conférences nationales souveraines et, d'autre part, par la nécessité de refonder le pacte républicain à travers la place que l'on accorde aux chefferies traditionnelles dans l'organisation et la gestion de l'État. Il convient alors d'envisager successivement la consécration juridique du pouvoir coutumier **(Section 1)** et la reconnaissance juridique des mécanismes traditionnels de règlement des conflits ethniques **(Section 2)**.

Section 1 : La consécration juridique du pouvoir coutumier

Si, depuis les indépendances dans les années 1960, la question de la prise en compte du pouvoir coutumier par le droit public n'a pas fait l'objet d'un réel débat au sein des sociétés africaines, il n'en demeure pas moins qu'aujourd'hui, sa consécration juridique est au cœur du discours politique. Ainsi, depuis la démocratisation de la vie politique dans les années 1990, les pays d'Afrique francophone ont connu l'apparition simultanée d'un nombre accru de textes juridiques dont la plupart sont relatifs à la prise en compte des spécificités proprement africaines. En témoignent les réformes relatives à la réorganisation de la vie administrative et politique engagées après la vague des conférences nationales souveraines, qui n'ont fait que renforcer cet objectif dans le souci d'assurer l'unité nationale et de souder le tissu social. La décentralisation est alors apparue comme un moyen indispensable pour assurer la reconnaissance juridique des spécificités traditionnelles. On notera à ce titre que la plupart des textes juridiques, notamment constitutionnels, adoptés au cours des trois dernières décennies, font référence au pouvoir coutumier. Cette reconnaissance a eu pour conséquence de conférer aux chefferies traditionnelles un rôle considérable sur la scène politique et dans le développement socio-économique des pays africains. Dès lors, pour appréhender la consécration juridique du pouvoir coutumier, il convient de l'analyser au regard de ses fondements **(§1)**, avant de montrer sa prise en compte par le droit public **(§2)**.

§1 - Le pouvoir politique traditionnel et ses fondements en Afrique

Dans une analyse plus constructive, Augustin Avochi (2010)[1060] tente de démontrer qu'il est impossible de « *s'intéresser au continent africain dans ses dynamiques sociopolitiques sans être frappé par les références constantes au*

[1060] AVOCHI (Augustin)., « Origine divine et exercice du pouvoir en Afrique », in *augavochi.over-blog.com*, 28 octobre 2010, consulté en octobre 2018.

pouvoir traditionnel et à ses fondations sacrées dans le discours des responsables politiques et dans l'imaginaire de leurs peuples [...]. Aux yeux de beaucoup de leaders africains, le pouvoir moderne ne peut s'assumer réellement sur le continent que s'il est légitimé par les forces de l'invisible ». Il s'agit des forces qui permettent de conférer au président les vrais attributs du chef, c'est-à-dire d'un homme investi de pouvoirs sacrés et mystérieux qui le placent au-dessus de son peuple[1061]. Ces forces spirituelles suscitent, dans l'imaginaire des populations, un sentiment de crainte et d'obéissance à l'égard du chef. On comprendra, à la suite de cette analyse, que le pouvoir traditionnel est au fondement du pouvoir moderne dans la plupart des pays africains. Dès lors, pour appréhender les contours du pouvoir politique traditionnel, et notamment ses fondements, il convient tout d'abord de préciser sa signification **(A)**, avant de relever son apport dans la vie politique en Afrique **(B)**.

A - De la signification à la pratique du pouvoir traditionnel

En Afrique, en général, le pouvoir coutumier est exercé au niveau des systèmes politiques traditionnels (H. Mambi Tunga-Bau, 2010)[1062], notamment ceux qui connaissent déjà un certain degré de différenciation structurelle, ayant « *atteint le stade de la culture politique de sujétion* » (B. Badié, 1994)[1063] qui implique, de la part des membres du système, le sacrifice de leurs droits au profit du chef. Le pouvoir traditionnel est alors caractérisé, en Afrique, par un binôme : commandement et obéissance. L'exercice de ce pouvoir est fondé sur les pratiques telles que les mœurs, les habitudes, les usages, qui se transforment par la suite en règles. À cet effet, il y a lieu d'envisager successivement la notion de chefferie traditionnelle **(1)** et son exercice en Afrique francophone **(2)**.

1 - La notion de chefferie traditionnelle en Afrique

Depuis longtemps, la chefferie traditionnelle est considérée comme « *la seule organisation administrative territoriale africaine originairement connue* » (A.-T. Koko, 2017)[1064]. Cette notion fait cependant l'objet d'une appréhension diversifiée[1065]. Tout d'abord, le pouvoir chefferial traditionnel

---

[1061] *Ibidem.*

[1062] MAMBI TUNGA-BAU (Héritier)., *Pouvoir traditionnel et pouvoir d'État en République démocratique du Congo. Esquisse d'une théorie d'hybridation des pouvoirs politiques,* Kinshasa, Mediaspaul, *op.cit.*, 2010, p. 21.

[1063] BADIE (Bertrand)., *Le développement politique*, 5e édition, Paris, Economica, 1994, p. 49.

[1064] KOKO (Adiki Tovenim)., *Les chefferies traditionnelles africaines face à la dynamique des réformes territoriales : contribution à l'étude des processus de décentralisation,* Thèse, Droit public, Université de Perpignan, 2017, p. 19.

[1065] *Ibidem*, p. 5.

en Afrique renvoie à l'ensemble de pratiques et croyances qui donnent à l'individu, et dans une large mesure à une « *famille ou un clan, l'autorité nécessaire à commander un groupe d'individus plus ou moins homogène et obtenir d'eux l'obéissance* »[1066]. Il instaure dès lors chez les individus, membres du groupe, un sentiment de domination incarné par le chef traditionnel. Ainsi, puisque la légitimité du pouvoir traditionnel relève de son caractère sacré, le détenteur de ce pouvoir dispose d'un statut divin qui le distingue de l'ensemble de la population de sa communauté. Celle-ci lui doit donc obéissance en vertu de ce statut qui lui est conféré par le pouvoir traditionnel. Le chef traditionnel n'est donc pas assis *« sur un fauteuil éjectable »* (J. Takougang, 2007)[1067], c'est un souverain régnant à vie, dont l'hérédité reste le mode unique de dévolution du pouvoir en cas de décès. Il tire son pouvoir de l'acceptation légitimée par la coutume et justifiée par l'ordre naturel et divin.

Ensuite, le pouvoir traditionnel en Afrique francophone est un ensemble de pratiques traditionnellement reconnues et consacrées qui concourent, dans une communauté donnée, à la dévolution, à l'exercice et à la légitimation du pouvoir coutumier. Il s'agit en réalité des pratiques comme des usages ou des mœurs qui se sont érigés, en raison de leur importance dans les sociétés africaines, en normes ou règles applicables à tous les membres de la communauté (H. Mambi Tunga-Bau, 2010)[1068]. En d'autres termes, ces pratiques se transforment en coutumes, entendues comme « *un ensemble de vérités de foi transmises oralement à travers les institutions (traditionnelles) d'une communauté déterminée* »[1069]. Toutefois, ces pratiques nombreuses peuvent différer, au regard de leur application, d'un groupe ethnique à un autre. Ceci laisserait entendre que le pouvoir traditionnel s'inscrit dans une conception ethnocentriste dans la mesure où seuls le chef coutumier et sa famille, appartenant à une ethnie donnée, exercent leur domination sur les autres ethnies vues comme des sujets[1070]. Partant de ces considérations, la chefferie traditionnelle peut se donner à lire, selon Jean Takougang (J. Takougang, 2007)[1071], comme une « *unité de commandement dont le pouvoir s'exerce sur un territoire appelé village, groupement, avec des frontières bien définies et reconnues par les chefferies ou villages limitrophes et parfois*

[1066] www.africmemoire.com/.../part.6-section-2-d...ondements-592.html, *op. cit.,* consulté en janvier 2018.

[1067] TAKOUGANG (Jean)., « Des titres et des chefs. De la sacralisation à la banalisation », *Ecovox*, n° 38, juillet-décembre 2007, consulté en septembre 2018.

[1068] MAMBI TUNGA-BAU (Héritier)., *Pouvoir traditionnel et pouvoir d'État en République démocratique du Congo. Esquisse d'une théorie d'hybridation des pouvoirs politiques,* Kinshasa, Mediaspaul, 2010, *op.cit.*, p. 22.

[1069] *Ibidem, op. cit.*, p. 22.

[1070] *Ibidem, op. cit.*, p. 24.

[1071] TAKOUGANG (Jean)., « Des titres et des chefs. De la sacralisation à la banalisation », *Ecovox*, n° 38, juillet-décembre 2007, *op.cit.*, consulté en septembre 2018.

même, bien au-delà, selon la valeur intrinsèque, la puissance et le rayonnement de son chef ou de ses populations ». On comprend, à partir de cette définition, que trois éléments objectifs caractérisent la notion de chefferie traditionnelle. Il s'agit d'un territoire encadré par des institutions coutumières fonctionnelles, d'une population homogène partageant la même langue et la même histoire, et enfin d'une unité politique concentrée autour du chef coutumier[1072].

En outre, bien qu'il n'existe aucune définition juridique universelle consacrée à la notion de chefferie traditionnelle, celle-ci semble trouver une base juridique dans le cadre des politiques d'aménagement des territoires entreprises dans certains États d'Afrique francophone depuis la période coloniale, mais sans lui donner une définition exacte. D'ailleurs, l'expression « commandement ou autorité indigène » (H. Mambi Tunga-Bau, 2010)[1073] utilisée pendant la période coloniale, notamment au Togo, en RDC, au Cameroun et au Congo-Brazzaville, désignait les chefs investis du pouvoir traditionnel. On trouve par exemple, au Togo, le décret ministériel du 21 mai 1919 créant les conseils des notables en Afrique occidentale française (AOF), composés d'élites et de chefs coutumiers (K. Obuibe Bassa, 2011)[1074]. Ce décret est consolidé par l'arrêté du 17 février 1922 pris par Auguste Bonnecarrère, alors commissaire de la République française au Togo, venu fixer les contours de ces conseils dont les membres étaient choisis par le commissaire parmi les chefs de famille ou de village[1075]. L'article 143 de la Constitution togolaise du 14 octobre 1992 se borne à définir la chefferie traditionnelle par sa fonction de « gardien des us et coutumes »[1076]. La loi n° 2007-002 relative à la chefferie traditionnelle et au statut des chefs traditionnels au Togo précise, en son article 4, que le chef traditionnel est une « *personne physique désignée à la tête d'une unité administrative de base, à savoir le canton, le village ou le quartier* »[1077]. De même, on peut également trouver une définition juridique de la notion de chefferie traditionnelle dans la

---

[1072] *Ibidem.*
[1073]MAMBI TUNGA-BAU (Héritier)., *Pouvoir traditionnel et pouvoir d'État en République démocratique du Congo. Esquisse d'une théorie d'hybridation des pouvoirs politiques,* Kinshasa, Mediaspaul, 2010, *op.cit.*, p. 24 ; voir aussi KOKO (Adiki Tovenim)., *Les chefferies traditionnelles africaines face à la dynamique des réformes territoriales : contribution à l'étude des processus de décentralisation*, Thèse, Droit public, Université de Perpignan, 2017, *op. cit.*, p. 19.
[1074] OBUIBE BASSA (Komla)., « Les conseils des notables au Togo. Du mandat à la tutelle (1922-1958) : tribunes d'expression d'une future opposition », *Outre-mers*, tome 98, n°370-371, 1er semestre 2011. Le contact colonial dans l'empire français : XIXe-XXe siècles, pp. 83-98.
[1075] *Ibidem*, pp. 83-98.
[1076] Voir la Constitution togolaise du 14 octobre 1992, art. 143.
[1077] Voir l'article 4 de la loi n° 2007-002 relative à la chefferie traditionnelle et au statut des chefs traditionnels au Togo.

Charte nationale sur la gouvernance locale en République du Bénin qui prévoit, en son article 1er, que « la chefferie traditionnelle est un ensemble formé par les rois, les têtes couronnées, les dignitaires et les sages, gardiens de la tradition »[1078].

De plus, on trouve dans la Constitution du Ghana de 1979, précisément en son article 20, une définition juridique de la notion de chef traditionnel. Aux termes de cet article, le « chef signifie une personne descendante de la famille appropriée et qui a été légitimement nommée, élue ou choisie et intronisée ou installée en tant que chef ou reine mère selon le droit coutumier »[1079]. La même définition est confirmée par l'article 277 de la Constitution ghanéenne de 1992[1080]. Plus clairement encore, en RDC, l'article 1er de la loi n° 15/015 du 25 août 2015 relative au statut des chefs coutumiers définit le chef coutumier comme toute « *personne désignée conformément à la coutume locale, reconnue par les pouvoirs publics et chargée de la gestion d'une entité coutumière* »[1081]. L'article 2 de la même loi apporte une définition claire du pouvoir coutumier en ces termes : « *Il faut entendre par pouvoir coutumier, au sens de la loi, un ensemble de mécanismes d'administration d'une communauté fondés sur les us et coutumes.* »[1082] Il en va de même pour la loi organique n° 08/016 du 7 octobre 2008 relative à la composition et à l'organisation des provinces, qui définit « *la chefferie comme un ensemble généralement homogène de communautés traditionnelles organisées sur base de la coutume et ayant à sa tête un chef désigné par la coutume, reconnu et investi par les pouvoirs publics* »[1083].

De surcroît, au Niger, la loi n° 2015-01 du 13 janvier 2015 portant statut de la chefferie traditionnelle en République du Niger conçoit la chefferie traditionnelle comme la structure constituée des chefs coutumiers dépositaires de l'autorité coutumière[1084]. Il résulte de ces textes que le pouvoir coutumier est reconnu à une personne revêtue d'une autorité coutumière conformément aux usages, valeurs et pratiques qui, par nécessité, deviennent des règles

---

1078 Voir l'article 1er de la Charte nationale sur la gouvernance locale en République du Bénin ; DE SOUZA (Waldemar)., *La place des élites religieuses et traditionnelles au Bénin : l'impact de leurs relations avec les élites politiques sur le maintien de l'État démocratique*, Thèse, Science politique, Université de Bordeaux, 2014, p. 31.

1079 Voir la Constitution du Ghana de 1979, art. 20.

1080 Voir la Constitution du Ghana de 1992, art. 277.

1081 Voir l'article 1er de la loi n°15/015 du 25 août 2015 fixant le statut des chefs coutumiers en RDC.

1082 *Ibidem*, art. 2.

1083 La loi organique n° 08/016 du 7 octobre 2008 portant composition, organisation et fonctionnement des entités territoriales décentralisées et leurs rapports avec l'État et les provinces, art. 67.

1084 Voir l'article 2 de la loi n° 2015-01 du 13 janvier 2015 portant statut de la chefferie traditionnelle en République du Niger.

obligatoires au sein d'une communauté déterminée. Par ailleurs, la définition de la chefferie traditionnelle que l'on peut retenir des juristes peut être celle proposée par le professeur Maurice Ahanhanzo Glélé (1974), qui estime qu'il s'agit d'un « *système par lequel s'exercent l'autorité et le commandement. Le chef est la personne investie de ce commandement responsable dans un groupe social donné. La chefferie, ce sont à la fois le commandement et tous les attributs attachés à la personne, inhérents à la fonction de chef ; c'est également la circonscription que couvre l'autorité du chef* »[1085]. Il ressort en substance que la notion de pouvoir traditionnel implique l'existence d'un groupement humain établi sur une partie du territoire d'un pays sur lequel s'exerce l'autorité coutumière incarnée par un chef traditionnel.

2 - L'exercice du pouvoir coutumier en Afrique francophone

En Afrique, le pouvoir coutumier s'exerce au sein des entités territorialement définies, notamment la chefferie, le groupement, le village ou le canton, organisées conformément à la coutume locale. Le chef coutumier réside généralement au chef-lieu de ces entités. Il est également assisté, conformément à la coutume locale, par des structures de concertation ou de consultation[1086]. Abordé sous cet angle, le pouvoir coutumier renvoie aux différentes pratiques et aux comportements liés à son exercice et qui varient d'un groupe social à un autre. Cela est d'autant plus vrai que tout pouvoir coutumier est centré sur la famille qui est l'unité de base du pouvoir et permet de générer l'hérédité des charges politiques. À titre d'exemple, la construction des institutions politiques chez les Kongo de la RDC s'est faite à partir de l'unité familiale appelée « di-kanda » (H. Mambi Tunga-Bau, 2010)[1087]. La tradition présente ainsi certaines valeurs qui s'apparentent à ce que l'on pourrait qualifier, d'« oligarchie traditionnelle »[1088] qui s'appuie sur des croyances et des considérations de parenté liées à l'organisation traditionnelle de la société[1089]. Ainsi, il est vrai que le pouvoir coutumier en Afrique francophone s'exerce en fonction de certains indicateurs tels que l'hérédité des charges politiques, l'absence d'alternance, l'oralité ou encore le culte de la personnalité[1090].

[1085] AHANHANZO GLELE (Maurice), *Le Danxome : du pouvoir aja à la nation fon*, Paris, Nubia, 1974, p. 31.

[1086] Voir l'article 8 de la loi n°15/015 du 25 août 2015 fixant le statut des chefs coutumiers en RDC, précitée.

[1087] MAMBI TUNGA-BAU (Héritier)., *Pouvoir traditionnel et pouvoir d'État en République démocratique du Congo. Esquisse d'une théorie d'hybridation des pouvoirs politiques,* Kinshasa, Mediaspaul, 2010, *op.cit.*, p. 26.

[1088] *Ibidem, op. cit.*, p. 27.

[1089] *Ibidem, op. cit.*, p. 27.

[1090] *Ibidem, op. cit.*, p. 27.

Premièrement, dans les sociétés traditionnelles africaines, le pouvoir est coutumièrement prédestiné à une famille qui en détient le monopole conformément à certaines règles dont l'hérédité, qui fait appel à des principes tels que la parenté perpétuelle et la succession positionnelle ou la primogéniture. La parenté perpétuelle exige, de la part de celui qui accède au pouvoir, de faire preuve de responsabilité au regard de sa fonction et des privilèges qui y sont rattachés, dans la mesure où il devient non seulement le leader de la famille au pouvoir, mais également le chef de ses sujets, donc le chef du groupe social sur lequel il exerce son autorité. Par conséquent, il doit se comporter en bon père de famille. Par ailleurs, la dévolution du pouvoir dans ce cadre se fait suivant la succession positionnelle de la famille, c'est-à-dire que l'accession au pouvoir doit tenir compte de la position de la famille et de l'âge du candidat dans la lignée chefferiale. Autrement dit, c'est l'aîné de la famille qui doit, en principe, accéder en priorité au trône. Luc de Heusch le dit clairement lorsqu'il écrit que « *les "lignages patrilinéaires"*[1091] *maximaux sont classés dans un certain ordre hiérarchique selon l'ordre de naissance supposée des ancêtres de l'aîné au benjamin* » (J.-C. Muller, 2008)[1092]. C'est l'exemple des Téké au Congo-Brazzaville, où l'accession au pouvoir doit tenir compte de la règle de la primogéniture masculine. Seul le fils aîné de la lignée a le droit d'accéder au trône. Toutefois, le droit d'aînesse n'est pas une règle générale dans l'accession au pouvoir chez certains groupes ethniques. Il en est ainsi du groupe ethnique Mbosi au Congo-Brazzaville, où l'on exige du candidat les qualités nécessaires pour accéder au pouvoir. Le candidat doit avoir une bonne conduite et une connaissance des principes coutumiers, ainsi qu'une sagesse ancestrale. Dans ces conditions, l'aîné n'est donc plus celui qui est le plus âgé, mais celui qui présente ces atouts. Dans le même sens, dans la chefferie Pelendé au nord de la RDC, l'accession au pouvoir traditionnel se fait par une élection organisée entre les ayants droit, qui exclut « *toute compétition large au sein de la population aussi bien en termes d'éligibilité des candidats que de la population électrice* »[1093]. Ainsi, l'électorat du chef Pelendé est composé de vingt-cinq chefs de groupements désignés selon la coutume locale[1094]. Les personnes extérieures à la famille

[1091] La famille *patrilinéaire* est un système de filiation où chacun relève du lignage de son père. Cela signifie que la transmission, par héritage, de la propriété, des noms de famille et des titres passe par le lignage masculin.

[1092] MULLER (Jean-Claude)., « Luc de Heusch, *Du pouvoir. Anthropologie politique des sociétés d'Afrique centrale* », *L'Homme* [en ligne], 165 | janvier-mars 2003, mis en ligne le 27 mars 2008, consulté le 6 janvier 2018. URL : http://lhomme.revues.org/15942.

[1093] MAMBI TUNGA-BAU (Héritier)., *Pouvoir traditionnel et pouvoir d'État en République démocratique du Congo. Esquisse d'une théorie d'hybridation des pouvoirs politiques,* Kinshasa, Mediaspaul, 2010, *op.cit.*, p. 29.

[1094] *Ibidem, op. cit.*, p. 29.

sont exclues de l'exercice du pouvoir[1095]. Il s'agit d'une forme de patrimonialisation du pouvoir traditionnel par une famille.

Deuxièmement, l'exercice du pouvoir coutumier en Afrique réside dans l'absence d'alternance. Il s'agit du système des mandats illimités des chefs traditionnels dans le temps et dans l'espace. Les chefs qui « *ont abdiqué l'ont fait, sans doute par contraintes sociales, pour préserver leur vie après avoir transgressé les règles coutumières. Celles-ci ne déterminent pas le nombre d'années qu'un chef est censé passer au pouvoir* »[1096]. En dehors de ce cas très particulier, la succession au pouvoir n'est rendue possible qu'en cas de décès du chef coutumier.

Troisièmement, le culte de la personnalité est un des véritables éléments caractérisant l'exercice du pouvoir coutumier. Étant considéré comme le « seul vivant qui rentre légitimement en contact avec les morts »[1097], le chef coutumier est voué à une sorte de louange et d'adoration par ses sujets. C'est au chef qu'échoit la responsabilité de rendre culte aux ancêtres qu'il a également la charge de représenter, car il est à la fois l'autorité à qui sont reconnus certains attributs ancestraux et l'incarnation du pouvoir traditionnel qu'il tire des ancêtres[1098]. Il résulte que le culte de la personnalité peut paraître comme un élément crucial qui fonde et justifie le pouvoir coutumier[1099].

Quatrièmement, la culture de l'oralité demeure le critère essentiel dans l'exercice du pouvoir coutumier, et elle « s'impose comme une des règles de gestion au sein du pouvoir traditionnel »[1100] souvent pour faute de maîtrise de l'écriture par les chefs coutumiers. Toutes les institutions coutumières fonctionnent sur la base de cette culture, y compris la justice qui est aussi rendue oralement. Cependant, il faut préciser que l'oralité se démarque du langage courant, car elle s'exerce sous la forme de proverbes, contes, dictons, et est uniquement réservée aux initiés[1101], particulièrement ceux qui disposent du pouvoir traditionnel, donc de la sagesse ancestrale. À titre d'illustration, la palabre africaine, les dots, les rituels se déroulent par des dictons, des contes et des proverbes. Il s'agit d'un langage codé qui exige des autorités une part

---

[1095] *Ibidem, op. cit.*, p. 29.

[1096] *Ibidem, op. cit.*, p. 26.

[1097] *Ibidem, op. cit.*, p. 33.

[1098] BAMESA ZAKAMA (Tshungu)., *Migrations et édification des institutions politiques Kongo*, Thèse, Université Nationale du Zaïre, Campus de Lubumbashi, 1979, p. 185.

[1099] MAMBI TUNGA-BAU (Héritier)., *Pouvoir traditionnel et pouvoir d'État en République démocratique du Congo. Esquisse d'une théorie d'hybridation des pouvoirs politiques*, Kinshasa, Mediaspaul, 2010, *op.cit.*, p. 33.

[1100] *Ibidem, op. cit.*, p. 34.

[1101] *Ibidem, op. cit.*, p. 34.

de sagesse, de prudence et de secret, car il n'est révélé qu'aux initiés et non au commun des mortels[1102].

À cette fin, on relèvera que la culture de l'oralité et des pratiques liées à l'exercice du pouvoir coutumier implique l'idée d'une solidarité entre les chefs coutumiers pour préserver, quel qu'en soit le prix, le secret du pouvoir. Seuls les initiés ont le pouvoir et la sagesse nécessaires afin de fournir aux non-initiés les interprétations. De ce point de vue, cette exigence s'inscrit dans la logique de pérennisation du pouvoir coutumier, en ce sens que derrière cette obligation de secret se cache une volonté des chefs coutumiers de valoriser leurs traditions. Ainsi, eu égard à son importance dans les sociétés francophones d'Afrique, le pouvoir coutumier est depuis quelque temps l'objet de débats entre les élites politiques africaines. Tout compte fait, les chefferies traditionnelles influencent, par leur pouvoir de mobilisation, la vie politique africaine.

B - L'apport des chefferies traditionnelles dans la vie politique

En Afrique, plus spécialement dans les pays d'expression française, les transformations sociales ont souvent favorisé l'irruption des chefs traditionnels dans la sphère politique. Ces derniers participent activement à la vie politique de leurs pays. C'est d'ailleurs à cet égard que certains parlent d'une « *hybridation des pouvoirs politiques* » (M. Kamba Mutu, 1996)[1103] en Afrique. Le chef traditionnel n'est donc pas une autorité à côté des autorités étatiques. Il est plutôt une autorité de l'État qu'il convient de regarder comme telle. Il sera donc ici question d'évoquer d'abord l'implication du chef traditionnel dans la vie politique sur le plan local **(1)**, avant de relever que le chef traditionnel est un acteur politique concurrent en Afrique **(2)**.

1 - Le chef traditionnel, un acteur politique sur le plan local

L'un des enjeux poursuivis par les États africains en adoptant la décentralisation comme mode de gouvernance est d'assurer le développement des entités locales, puisque celle-ci permet à l'État central d'associer ces entités aux politiques de développement[1104], notamment en leur transférant à la fois des compétences et des ressources, nécessaires à la mise en œuvre des projets en vue de leur développement. On relèvera de ce point de vue que c'est en réaction aux nombreux échecs des politiques menées au niveau national qu'il est désormais admis que le développement des pays africains passe

---

1102 KAMBA MUTU (Matadi)., *Proverbes Pelende*, Bandundu, Centre d'études ethnographiques de Bandundu, 1996, p. 47.

1103 *Ibidem*, *op. cit.*, p. 57.

1104 KOKO (Adiki Tovenim)., *Les chefferies traditionnelles africaines face à la dynamique des réformes territoriales : contribution à l'étude des processus de décentralisation*, Thèse, Droit public, Université de Perpignan, 2017, *op. cit.*, p. 210.

nécessairement par une participation active des populations au plan local. C'est en cela qu'Adiki Tovenim Koko (2017)[1105] constate que le développement de certains États en Afrique nécessite « *une mise en place active des pouvoirs publics, des projets de développements locaux offrant une large place aux citoyens des localités les plus reculées du pays* ». Un tel constat n'étonne pas puisqu'il est patent que l'efficacité des politiques de développement des collectivités territoriales implique la mobilisation de toutes les populations et de tous les acteurs locaux, notamment les chefs traditionnels.

À partir de ce constat, les chefferies traditionnelles sont, pour reprendre les mots d'Adiki Tovenim Koko(2017)[1106], « associées à cette nouvelle dynamique » de développement, en ce sens que les chefs traditionnels sont considérés comme les premières autorités locales pouvant légitimement jouer le rôle d'agent de développement local grâce à leur pouvoir de mobilisation des masses. Il s'agit en réalité d'une contribution au renforcement du principe de participation des citoyens cher à la décentralisation[1107]. À cet égard, vue comme une institution gardienne des valeurs traditionnelles africaines, la chefferie continue à prendre de l'ampleur dans la vie politique des États africains. En s'appuyant sur cette analyse, l'on comprendra alors l'idée selon laquelle « *la chefferie a toujours été au cœur de la stratégie de la scène politique* » (M. Tidjani Alou, 2009)[1108] dans la plupart des pays africains francophones. Il est de ce fait intéressant d'illustrer cette analyse en prenant l'exemple du Togo. En effet, en 2012, pour compléter l'arsenal des textes juridiques déjà existant en matière d'organisation de l'administration territoriale[1109], le gouvernement a adopté un décret relatif aux comités villageois de développement à la base (CVD), qui a permis de renforcer l'influence de la chefferie traditionnelle sur la vie publique au niveau local. À lire ce décret, c'est sous l'autorité des chefs traditionnels que ces comités sont considérés comme de véritables outils pouvant assurer le développement des collectivités locales. De même, au Niger, certains chercheurs, à l'instar

---

1105 *Ibidem*, *op. cit.*, p. 199.
1106 *Ibidem*, *op. cit.*, p. 199.
1107 *Ibidem*, *op. cit.*, p. 199.
1108 TIDJANI ALOU (Mahaman)., « La chefferie au Niger et ses transformations. De la chefferie coloniale à la chefferie postcoloniale », *Laboratoire d'études et recherches sur les dynamiques sociales et le développement local (LASDEL)*, Études et travaux n° 76, mai 2009, p. 2.
1109 Voir la loi n° 2007-001 du 8 janvier 2007 portant organisation de l'administration territoriale déconcentrée au Togo ; la loi n° 2007-002 du 8 janvier 2007 relative à la chefferie traditionnelle et au statut des chefs traditionnels au Togo ; voir aussi la loi n° 2007-011 du 13 mars 2007 relative à la décentralisation et aux libertés locales.

d'Olivier Sardan (1999)[1110], Souleymane Abba (1990)[1111], Kimba Idrissa (2000)[1112] ou encore Mahaman Tidjani Alou (2009)[1113], montrent que la chefferie traditionnelle nigérienne est une institution qui ne cesse de connaître des transformations depuis l'époque coloniale. Ces mutations, estiment-ils, peuvent s'analyser par la permanence et le poids de cette institution dans la vie sociopolitique du pays, plus spécialement au niveau des localités comme les villages, cantons ou quartiers. Dans cette optique, le chef traditionnel étant la première figure politique au sein des villages, des cantons et des quartiers, il y joue un rôle important dans la mise en œuvre des politiques de développement local. On relèvera par ailleurs les mêmes mutations de la figure du chef traditionnel en Côte d'Ivoire, au Congo-Brazzaville, au Cameroun, en Guinée-Conakry ainsi qu'au Burkina Faso, où les fonctions autrefois symboliques des chefs traditionnels tendent à disparaître au profit du rôle politique qu'ils jouent. Ceci peut s'expliquer par le fait que ces pays accordent, à travers les politiques de décentralisation et de modernisation des localités, qui visent à assurer le développement des localités, une place de choix aux institutions traditionnelles.

En définitive, les chefferies traditionnelles sont de véritables canaux politiques par lesquelles passe le développement local en Afrique francophone. Elles permettent la participation active des populations locales à la vie politique, économique, sociale et culturelle, notamment par le biais des comités de développement de villages ou de quartiers. Ainsi, « *l'implication des chefs traditionnels dans le fonctionnement et la coordination de ces entités locales permet aux populations des localités reculées de s'identifier dans les actions menées par ces dernières* » (A.-T. Koko, 2017)[1114]. Le chef traditionnel lui-même, « citoyen local et par le jeu de la légitimité démocratique, participe et fait participer la collectivité

1110 OLIVIER DE SARDAN (Jean-Pierre)., « L'espace public introuvable. Chefs et projets dans les villages nigériens », *Tiers-Monde*, Tome 40, n°157, 1999, Le libéralisme en questions, pp. 139-167 ; OLIVIER DE SARDAN (Jean-Pierre)., « Chefs et projets au village (Niger) », *Bulletin de l'APAD* [en ligne], 15 | 1998, mis en ligne le 20 décembre 2006, consulté le 21 septembre 2018. URL : http://journals.openedition.org/apad/563.

1111 ABBA (Souleymane)., « La chefferie traditionnelle en question », *Politique Africaine*, n° 38, juin 1990, pp. 51-60.

1112 IDRISSA (Kimba)., « La dynamique de la gouvernance : administration politique et ethnicité au Niger », *in Chefferie traditionnelle et l'État postcolonial en Afrique de l'Ouest*, Actes du colloque international, 19-22 mars 2000, Niamey (Niger), pp. 20-24.

1113 TIDJANI ALOU (Mahaman)., « La chefferie au Niger et ses transformations. De la chefferie coloniale à la chefferie postcoloniale », *Laboratoire d'études et recherches sur les dynamiques sociales et le développement local (LASDEL)*, Études et travaux n° 76, mai 2009, *op. cit.*, 10 p.

1114 KOKO (Adiki Tovenim)., *Les chefferies traditionnelles africaines face à la dynamique des réformes territoriales contribution à l'étude des processus de décentralisation*, Thèse, Droit public, Université de Perpignan, 2017, *op. cit.*, p. 220.

villageoise au développement local »[1115]. Ce faisant, en reconnaissant aux chefferies traditionnelles un rôle politique, les dirigeants africains francophones répondent aux exigences des politiques de décentralisation qui visent à associer le citoyen local à la prise de décision au plan local. Pour s'en convaincre, il est souvent prouvé qu'en Afrique francophone, les dirigeants politiques s'appuient sur les chefferies traditionnelles, entendues comme l'unique moyen d'exercice du pouvoir local dans les localités villageoises. Au demeurant, on relèvera qu'au-delà d'être considérées comme de simples institutions culturelles chargées de garantir les us et coutumes, les chefferies traditionnelles sont également vues, de nos jours, précisément au regard des règles relatives à l'organisation territoriale, comme de véritables acteurs politiques concurrents.

2 - Le chef traditionnel, « un acteur politique concurrent »[1116]

À en croire Adiki Tovenim Koko, « *les chefferies traditionnelles comme entités territoriales décentralisées peuvent se présenter comme un obstacle au pouvoir public central. Ces obstacles peuvent s'appréhender sur deux plans : au niveau local et au niveau national.* » (A.-T. Koko, 2017)[1117] Ces mots montrent que la permanence des chefs traditionnels dans la sphère politique dans certains États d'Afrique francophone fait de ces derniers de véritables acteurs politiques concurrents tant sur le plan local que sur le plan national. Au fond, cette argumentation résulte de la prééminence des appartenances identitaires dans la vie politique de la plupart des pays africains francophones, en ce sens qu'en Afrique, l'appartenance ethnique est quasiment devenue une garantie d'une carrière politique, voire d'une situation sociale plus aisée. Cela peut s'expliquer par la confiscation du pouvoir politique par un groupe ethnique, voire par l'exclusion par ce groupe de la gestion des affaires publiques des autres groupes.

Partant de ce postulat, si les chefferies traditionnelles, telles qu'organisées au sein des sociétés africaines, se conçoivent comme le lieu où se cristallisent les appartenances identitaires, notamment ethniques, il est alors nécessaire de s'interroger sur les conséquences que celles-ci pourraient engendrer sur la sauvegarde de l'unité nationale. C'est à partir de cette interrogation que l'on notera que l'implication des chefs traditionnels dans la vie politique favoriserait l'expansion des partis politiques à base ethnique, d'une part, et

[1115] *Ibidem*, *op. cit.*, p. 220.
[1116] *Ibidem*, *op. cit.*, p. 225.
[1117] *Ibidem*, *op. cit.*, p. 225.

pourrait avoir pour conséquence un « excès de décentralisation »[1118], d'autre part.

Tout d'abord, si l'on considère ces chefferies comme des entités décentralisées, librement administrées par un chef traditionnel, elles devront alors se soumettre aux jeux de la démocratie, en l'occurrence, l'élection du chef traditionnel au suffrage universel. Tel est déjà le cas dans certains pays comme le Cameroun et la RDC. Au Cameroun, par exemple, la Constitution soumet au suffrage universel indirect la désignation des représentants du commandement traditionnel au sein des conseils régionaux pour un mandat de cinq (5) ans[1119]. Dans le même esprit, en RDC, la Constitution donne la possibilité à tout chef coutumier d'exercer un mandat public électif[1120]. Le chef coutumier pourra ainsi concurrencer les autorités politiques à la fois sur le plan national et sur le plan local. Vue sous cet angle, cette approche apparaît, à n'en point douter, contraire à la logique même du fonctionnement des chefferies traditionnelles, limitées à être gardiennes des us et coutumes de l'ethnie. Dès lors, la « *politisation des chefferies conduirait à une course à l'élection au poste du chef traditionnel afin de maintenir la domination de son ethnie sur les autres. Chaque groupe ethnique installé sur le territoire de la chefferie formerait alors un parti politique* » (A.-T. Koko, 2017)[1121]. Il en résulte qu'en Afrique, l'appartenance à une ethnie est un élément déterminant en matière électorale, donc dans la course au pouvoir, dans la mesure où l'intégration des chefs traditionnels dans les institutions locales pourrait aboutir non seulement à une ethnicisation de ces institutions, mais également au renforcement du vote ethnique[1122]. En conséquence, le risque est d'engendrer des conflits interethniques. À vrai dire, les dirigeants politiques africains redoutent que chaque famille, chaque groupe ethnique se transforme en parti politique. D'ailleurs, Guy-Adjéké Kouassigan (1966)[1123] le souligne en des termes plus clairs lorsqu'il écrit : « *L'élément familial ne peut plus servir de support à l'élément politique.* » Autrement dit, il faut éviter que le paysage politique africain soit teinté des sentiments ethniques et des liens de parenté. Il convient dès lors de se soustraire à l'idée selon laquelle en Afrique

---

[1118] *Ibidem*, *op. cit.*, p. 232.
[1119] Voir la Constitution camerounaise du 18 janvier 1996, *op. cit.*, art. 57, al. 2.
[1120] Voir la Constitution de la RDC du 18 février 2006, *op. cit.*, art. 207, al. 3.
[1121] KOKO (Adiki Tovenim)., *Les chefferies traditionnelles africaines face à la dynamique des réformes territoriales : contribution à l'étude des processus de décentralisation*, Thèse, Droit public, Université de Perpignan, 2017, *op. cit.*, p. 227.
[1122] *Ibidem*, *op. cit.*, pp. 227-228.
[1123] KOUASSIGAN (Guy-Adjéké)., *L'homme et la terre. Droits fonciers coutumiers et droit de la propriété en Afrique occidentale*, Office de la recherche scientifique et technique outre-mer (ORSTOM), Nancy, 1966, p. 74.

francophone, « *l'élément politique et l'élément famille ne font qu'un* » (G.-A. Kouassigan, 1966)[1124].

Ensuite, au-delà du risque sur la mutation des groupes ethniques en partis politiques, la seconde crainte de l'implication des chefferies traditionnelles dans la politique en Afrique francophone résiderait dans l'idée d'assister à un morcellement de l'État, plus précisément par un excès de décentralisation[1125]. En d'autres termes, ériger les chefferies au rang des entités territoriales décentralisées conduirait à une « multiplication de personnalités juridiques face à l'État »[1126]. Ainsi, si, dans la plupart des États africains francophones, plus précisément au Congo-Brazzaville, au Cameroun, au Togo et en Côte d'Ivoire, les régions, les départements et les communes sont des collectivités décentralisées, intégrer la chefferie dans cette catégorie, comme en RDC ou au Rwanda, pourrait non seulement entraîner la division de l'État en trop d'entités locales, mais aussi engendrer une difficulté financière dans l'organisation et la gestion de l'administration du territoire. Cette argumentation semble logique dans l'hypothèse où chaque entité territoriale décentralisée devrait disposer d'une autonomie administrative et budgétaire. En tout état de cause, les politiques de décentralisation menées dans la plupart des pays africains témoignent, dans une certaine mesure, de la volonté de leurs dirigeants politiques de procéder à la consécration juridique de la chefferie traditionnelle.

§2 - La prise en compte des chefferies traditionnelles par le droit public

Le processus de démocratisation de la vie politique africaine dans les années 1990 a très vite soulevé la question de la prise en considération des chefferies traditionnelles dans l'organisation et le fonctionnement de l'État. En effet, originellement considérée comme la structure politico-administrative africaine, la chefferie est un conglomérat de plusieurs valeurs des sociétés africaines. Or, depuis longtemps, si la chefferie traditionnelle au sein des États africains n'a jamais été sujette à controverse, son implication sur la scène politique a fait l'objet de plusieurs discours politiques, souvent contradictoires, sur la nécessité d'encadrer la chefferie traditionnelle par le droit. Malgré les opinions politiques dissidentes, les dirigeants africains ont tous en commun de considérer que la chefferie est aujourd'hui porteuse de

---

1124 KOUASSIGAN (Guy-Adjéké)., *L'homme et la terre. Droits fonciers coutumiers et droit de la propriété en Afrique occidentale*, Office de la recherche scientifique et technique outre-mer (ORSTOM), Nancy, 1966, *op.cit*, p. 73.

1125 KOKO (Adiki Tovenim)., *Les chefferies traditionnelles africaines face à la dynamique des réformes territoriales : contribution à l'étude des processus de décentralisation*, Thèse, Droit public, Université de Perpignan, 2017, *op. cit.*, p. 232.

1126 *Ibidem*, *op. cit.*, p. 232.

valeurs proprement africaines. Dès lors, il y a nécessité, d'une part, d'encadrer juridiquement le pouvoir traditionnel **(A)** et, d'autre part, de l'intégrer dans la structure politico-administrative de l'État **(B)**.

A - L'encadrement juridique du pouvoir traditionnel

Les réformes institutionnelles engagées dans la plupart des États africains depuis les indépendances expriment dans une mesure relative la volonté des dirigeants d'encadrer par le droit le pouvoir traditionnel. La décentralisation est alors incontestablement l'un des procédés les plus marquants ayant permis de « *faire émerger auprès de l'État un autre acteur public en charge du développement : les collectivités locales* » (H. Ouedraogo, 2006)[1127] au rang desquelles se trouvent les chefferies traditionnelles. Ces dernières, étant considérées comme les premières autorités localement légitimes, occupent une place importante dans le développement socio-économique de l'État[1128]. C'est donc au regard de cette importance que la nécessité politique a conduit à la légalisation du pouvoir traditionnel **(1)** et à la constitutionnalisation de la coutume en Afrique **(2)**.

1 - La constitutionnalisation de la coutume en Afrique

Au lendemain des indépendances des pays d'Afrique francophone, les dirigeants politiques ont, contre toute attente, décidé de pérenniser les systèmes juridiques du colon en adoptant un système institutionnel défavorable aux spécificités propres à leurs populations, notamment les chefferies et notabilités traditionnelles. Or, la toile de fond de toutes les institutions étatiques devrait épouser la composition de la société pour favoriser l'installation d'un État-nation. Pourtant, l'on déplore l'attitude des constituants africains francophones face à ce système hérité du colon, qui ignore les réalités traditionnelles des sociétés africaines, par rapport à la non-constitutionnalisation de la coutume, elle-même considérée comme un élément à la base du fondement des sociétés africaines précoloniales. Cependant, l'irruption du constitutionnalisme dans le débat démocratique des années 1990 en Afrique francophone est marquée par la volonté d'opérer des changements institutionnels par la révision ou l'adoption de nouveaux textes constitutionnels, afin de rompre avec le système politique ancien.

Dans ce contexte, conscients de l'importance des spécificités coutumières dans les sociétés africaines, les constituants africains des trois dernières décennies ont fait le pari de les constitutionnaliser afin de mettre un terme à

1127 OUEDRAOGO (Hubert)., « Décentralisation et pouvoirs traditionnels : le paradoxe des légitimités locales », *Mondes en développement* 2006/1, n° 133, pp. 9-29.

1128 KOKO (Adiki Tovenim)., *Les chefferies traditionnelles africaines face à la dynamique des réformes territoriales : contribution à l'étude des processus de décentralisation*, Thèse, Droit public, Université de Perpignan, 2017, *op. cit.*, p. 199.

la réticence des constituants des années d'après les indépendances. Ainsi, la coutume qui bénéficiait d'un statut légal ou réglementaire y trouve également une assise constitutionnelle. À titre d'illustration, les préambules des Constitutions gabonaise et burkinabé affirment, d'une part, l'attachement des peuples à leurs valeurs sociales et traditionnelles, et confèrent, d'autre part, aux autorités coutumières le statut d'autorités dépositaires des coutumes et des traditions dans la société[1129]. Il en est de même au Togo, où l'article 143 de la Constitution du 14 octobre 1992 reconnaît la chefferie traditionnelle comme une institution gardienne des us et coutumes[1130]. Cette constitutionnalisation des spécificités traditionnelles s'inscrit dans la logique de protection des droits de l'homme, conformément aux principes et aux exigences démocratiques, ainsi que de l'identité culturelle de chaque composante du pays. Tel est le cas au Cameroun, au Burkina Faso et Togo, où la Constitution reconnaît et protège les valeurs traditionnelles considérées comme intrinsèques aux droits des peuples. Alain Didier Olinga note lucidement, à propos de l'article 1er de la Constitution camerounaise de 1996, qu'il y a dans cet article « un droit pour ceux des citoyens qui y sont attachés à ce que les valeurs traditionnelles ne soient pas interdites sous les réserves énoncées par la Constitution »[1131]. De même, au Burkina Faso, le préambule de la Constitution du 2 juin 1991 reconnaît « la chefferie coutumière et traditionnelle en tant qu'autorité morale dépositaire des coutumes et des traditions »[1132]. Au Togo, le titre XII de la Constitution de 1992 intitulé « Des collectivités territoriales et de la chefferie traditionnelle » reconnaît le pouvoir coutumier. Ainsi, l'article 143 de cette Constitution précise que : « L'État togolais reconnaît la chefferie traditionnelle, gardienne des us et coutumes. La désignation et l'intronisation du chef traditionnel obéissent aux us et coutumes de la localité »[1133]. C'est ce qui ressort également de la Constitution de la RDC de 2006, qui reconnaît l'autorité coutumière pour autant que celle-ci s'exerce dans les limites fixées par la Constitution, c'est-à-dire qu'elle ne doit pas être contraire à l'ordre public et aux bonnes mœurs[1134]. Cette Constitution autorise, à titre indépendant, les chefs coutumiers à exercer un mandat public électif de député national ou provincial, sous réserve de ne pas adhérer à des formations politiques[1135]. On notera que ces textes garantissent à toutes les communautés ethniques, composantes de la nation, de jouir de la liberté d'utiliser leurs spécificités (langue, histoire) et de développer leur propre culture, dans le

---

1129 Voir le préambule de la Constitution gabonaise de 1991, *op. cit* ; le préambule de la Constitution du Burkina Faso de 1991, *op. cit.*

1130 Voir la Constitution togolaise du 14 octobre 1992, *op. cit.*, art. 143, al. 1er.

1131 OLINGA (Alain Didier)., « L'aménagement des droits et libertés dans la Constitution camerounaise révisée », *Revue universelle des droits de l'homme*, 1996, pp. 116-126.

1132 Voir le préambule de la Constitution du Burkina Faso du 2 juin 1991.

1133 Voir la Constitution togolaise du 14 octobre 1992, *op. cit.*, art. 143.

1134 Voir la Constitution de la RDC de 2006, *op. cit.*, art. 207.

1135 *Ibidem*, *op. cit.*, art. 207.

respect des lois et principes de la République. C'est donc par la reconnaissance et la protection constitutionnelles que la norme coutumière a trouvé une consolidation juridique en Afrique.

Par ailleurs, la constitutionnalisation de la coutume a pris une tournure singulière dans des pays tels que le Congo-Brazzaville, le Niger, le Rwanda et le Burundi. En effet, au-delà même de la constitutionnalisation de la coutume, ces pays ont chacun décidé de mettre en place des conseils consultatifs des sages et des notabilités ou conseils nationaux du dialogue, entendus comme des organes constitutionnels de l'État et dont la composition varie selon le pays. Ils sont souvent dirigés par un bureau composé des membres de droit (les rois, le président national des sages, les présidents des sages de chaque région du pays), d'une part, et des membres désignés par le président de la République en Conseil des ministres (les membres du bureau exécutif national des sages, les chefferies traditionnelles de chaque région, un représentant du ministère en charge de l'administration du territoire, un représentant du ministère en charge de la culture, etc.), d'autre part. En dehors de ces membres, le président de la République peut également désigner, pour siéger aux conseils, tout sage ou notable reconnu pour son esprit de modération et d'adhésion aux valeurs de cohésion et de solidarité nationales ou qualifié quant au problème de gouvernance démocratique, culturelle et sociale dont celui-ci est saisi[1136]. Il s'agit d'un organe de concertation et de recherche de consensus entre les différents protagonistes sur les grandes questions relatives à la vie politique nationale. Pour s'en convaincre, il suffit de se référer à l'article 230 de la Constitution congolaise du 25 octobre 2015, qui institue le Conseil consultatif des sages et des notabilités traditionnelles. Celui-ci est chargé d'émettre des avis sur la gouvernance du pays et de faire au gouvernement des suggestions sur la politique nationale, ainsi que d'œuvrer à la résolution des conflits[1137]. De même, au Niger, l'article de 167 de la Constitution du 25 novembre 2010 dispose que « *L'État reconnaît la chefferie traditionnelle comme dépositaire de l'autorité coutumière. À ce titre, elle participe à l'administration du territoire de la République dans les conditions déterminées par la loi* »[1138]. Au Burundi, la Constitution de 2005 consacre, dans son article 150, le Conseil des *Bashingantahe* comme organe consultatif de l'État chargé d'assurer l'unité et la réconciliation nationales, de mener des réflexions et de donner des avis sur toutes les questions essentielles

[1136] Voir la loi organique n°31-2017 du 7 août 2017 déterminant l'organisation, la composition et le fonctionnement du Conseil consultatif des sages et des notabilités traditionnelles au Congo-Brazzaville ; voir aussi le décret n° 2016 - 028/PR du 11/03/2016 portant modalités d'application de la loi n° 2007-002 du 8 janvier 2007 relative à la chefferie traditionnelle et au statut des chefs traditionnels au Togo.
[1137] Voir la Constitution congolaise du 25 octobre 2015, *op. cit.*, art. 230.
[1138] Voir la Constitution du Niger du 25 novembre 2010, *op.cit.*, art. 167.

de la nation[1139]. Il en va de même de la constitutionnalisation en 2003 des juridictions traditionnelles *Gacaca* au Rwanda, chargées de poursuivre et de juger les auteurs des crimes de génocide et des crimes contre l'humanité commis entre 1990 et 1990[1140].

Du reste, on peut admettre, à la suite de ces textes, que la consécration constitutionnelle de la spécificité de la norme coutumière n'entraîne pas sa création, en ce sens que la coutume préexiste et est ancrée dans la conscience collective d'une communauté donnée. Dès lors, le constituant ne peut que procéder à sa reconnaissance[1141]. Toutefois, la reconnaissance de la coutume, voire sa protection par la Constitution, ne suffit pas ; encore faut-il que la coutume fasse l'objet d'une constatation qui détermine à la fois sa valeur juridique et son contenu par rapport à la norme qui la consacre. C'est dire que « *la connaissance de la coutume est l'une des exigences juridiques de l'heure comme ailleurs la connaissance du Code civil est une exigence de droit* » (C. Sietchoua Djuitchoko, 2000)[1142]. Ainsi, pour avoir une valeur constitutionnelle, la coutume doit respecter certaines conditions : elle doit être conforme aux principes démocratiques, aux lois, aux bonnes mœurs et à l'ordre public, ainsi qu'aux droits de l'homme[1143]. Tout d'abord, la coutume doit se conformer aux principes démocratiques dans les pays où elle est constitutionnalisée, dans la mesure où elle est en phase avec la culture démocratique, notamment la nécessité de recourir à l'élection dans le cadre de la désignation du chef coutumier au sein d'une communauté déterminée. Ceci exclut l'hérédité comme mode de désignation du chef traditionnel. Au fond, on déduira qu'au-delà de ces principes, il s'agit en réalité d'une volonté des dirigeants politiques d'instaurer la suprématie de l'État par rapport aux collectivités traditionnelles, c'est-à-dire, de reconnaître par exemple que l'autorité du chef de l'État s'impose aux chefs coutumiers[1144]. Ensuite, la Constitution exige que la coutume soit conforme aux lois, aux bonnes mœurs et à l'ordre public, tant dans la dévolution du pouvoir coutumier que dans son exercice. Enfin, la coutume doit se conformer aux droits de l'homme. Le non-respect de cette exigence peut entraîner l'inapplication d'une règle coutumière devant le juge judiciaire. En témoigne la Cour suprême du Cameroun oriental (avant la réunification du Cameroun) qui a écarté, dans une décision du 11 juillet 1963, l'application d'une coutume qui établissait une discrimination

[1139] Voir la Constitution burundaise de 2005, *op. cit.*, art. 150.
[1140] Voir la Constitution rwandaise de 2015, *op. cit.*, art. 152.
[1141] SIETCHOUA DJUITCHOKO (Célestin)., « Du nouveau pour la coutume en droit positif camerounais : la constitutionnalisation de la coutume et ses conséquences », *Revue juridique Thémis*, 2000, *op. cit.*, pp. 130-157.
[1142] *Ibidem*, *op. cit.*, pp. 130-157.
[1143] *Ibidem*, *op. cit.*, pp. 130-157.
[1144] *Ibidem*, *op. cit.*, pp. 130-157.

fondée sur le sexe, en s'appuyant sur le principe de l'égalité des sexes prévu par la Constitution[1145].

En somme, on peut sans doute considérer que la constitutionnalisation de la coutume est le résultat de plusieurs raisons. On peut noter à ce titre les exigences de la nouvelle vague du constitutionnalisme dans les pays francophones d'Afrique dans les années 1990, marquée par des innovations institutionnelles. La constitutionnalisation des valeurs coutumières s'inscrit donc dans ce vaste mouvement qui consacre le respect des droits et des libertés. Aussi, ces innovations s'inscrivent dans la volonté de renouveler le contrat social, car la consécration constitutionnelle des chefferies traditionnelles au rang des institutions étatiques et locales permet d'associer les collectivités traditionnelles à la prise de décision dans la gestion des affaires publiques. Par ailleurs, on peut également souligner la pression de la doctrine qui postulait l'idée d'un droit public indigène[1146] dans le souci de mettre en place un droit proprement africain qui ne serait pas qu'un simple copier-coller des systèmes juridiques occidentaux, mais qui serait capable de prendre en compte les réalités des sociétés africaines. Quoi qu'il en soit, il est communément admis qu'en Afrique francophone, la chefferie traditionnelle joue un rôle incontestable sur la scène politique nationale. C'est donc dans cet élan que certains pays africains ont fait le pari non seulement de constitutionnaliser la chefferie traditionnelle, mais aussi de l'encadrer par un certain nombre de dispositions légales.

2 - La consécration juridique du pouvoir traditionnel

Dans certains pays d'Afrique francophone, « *le pouvoir traditionnel est à tout point de vue légal, c'est-à-dire conforme à la loi, reconnu, encadré par les lois* » (H. Mambi Tunga-Bau, 2010)[1147] et les textes réglementaires dans d'autres pays. En RDC par exemple, le pouvoir traditionnel ne s'exerce que dans le cadre de la loi. En témoigne la loi n°15/015 du 25 août 2015 fixant le statut des chefs coutumiers, qui reconnaît les valeurs traditionnelles immuables et saines dans une société fondée sur le droit écrit, la démocratie, la bonne gouvernance et le respect des droits de l'homme. Elle vise notamment à : « *affirmer le rôle protecteur du chef coutumier en ce qui concerne l'identité culturelle ainsi que les valeurs traditionnelles morales ;*

[1145] SIETCHOUA DJUITCHOKO (Célestin)., « Du nouveau pour la coutume en droit positif camerounais : la constitutionnalisation de la coutume et ses conséquences », *Revue juridique Thémis*, 2000, *op. cit.*, pp. 130-157.

[1146] *Ibidem*, *op. cit.*, pp. 130-157.

[1147] MAMBI TUNGA-BAU (Héritier)., *Pouvoir traditionnel et pouvoir d'État en République démocratique du Congo. Esquisse d'une théorie d'hybridation des pouvoirs politiques*, Kinshasa, Mediaspaul, 2010, *op.cit.*, p. 42.

réaffirmer l'implication du chef coutumier dans la sauvegarde de l'unité et de la cohésion nationales ; réserver aux seules structures reconnues par la coutume et par le droit le pouvoir de désigner le chef coutumier ; confirmer le droit des pouvoirs publics de reconnaître ou de prendre acte de la désignation du chef coutumier ; reconnaître à l'autorité coutumière le droit d'être consultée par les pouvoirs publics »[1148].

De même, au Cameroun, la nouvelle réglementation intervenue avec le décret n° 77/245 du 15 juillet 1977 portant l'organisation des chefferies traditionnelles, modifié et complété par le décret n° 2013/332 du 13 septembre 2013, réaffirme les arrêtés ci-dessus mentionnés en considérant que les collectivités traditionnelles sont organisées en chefferies et par degrés[1149]. En matière législative, c'est la loi n° 07-SC du 10 décembre 1960 sur la reconnaissance des chefs traditionnels qui a consacré la légalisation des chefferies traditionnelles au Cameroun. Ces textes considèrent le chef coutumier comme une autorité de la communauté dont il a la charge. Aussi, au Niger, l'ordonnance n° 93-28 du 30 mars 1993 relative au statut de la chefferie traditionnelle en République du Niger, modifiée et complétée par la loi n° 2008-22 du 23 juin 2008, après avoir constaté sur le territoire national l'existence des collectivités dont les structures ont été héritées des coutumes ancestrales, s'attelle à les encadrer et à les reconnaître sous la dénomination de communautés coutumières[1150]. Ce texte a été renforcé par la loi n° 2015-01 du 13 janvier 2015, qui est venue non seulement préciser les contours de l'organisation et de l'exercice du pouvoir coutumier, mais aussi définir le statut juridique du chef coutumier comme autorité de sa communauté[1151]. De même, au Togo, le décret n° 2016-028/PR du 11 mars 2016 portant modalités d'application de la loi n° 2007-002 du 8 janvier 2007 relative à la chefferie traditionnelle et au statut des chefs traditionnels a institué les conseils traditionnels et des sages. Aux termes de ce décret, les conseils des sages créés sur toute l'étendue du territoire national ont pour mission de donner leur avis sur toute question relative à la vie politique nationale, à la chefferie traditionnelle et d'apporter leur concours à la résolution des conflits sociopolitiques[1152]. Il en va de même au Congo-Brazzaville, où la loi reconnaît le pouvoir traditionnel et organise son exercice au sein du conseil des sages et

---

[1148] Voir la loi n°15/015 du 25 août 2015 fixant le statut des chefs coutumiers en RDC.

[1149] Voir le décret n°77/245 du 15 juillet 1977 portant l'organisation des chefferies traditionnelles, modifié et complété par le décret n°2013/332 du 13 septembre 2013.

[1150] Voir l'article 1er de l'ordonnance n°93-28 du 30 mars 1993 portant statut de la chefferie traditionnelle en République du Niger, modifiée et complétée par la loi n°2008-22 du 23 juin 2008.

[1151] Loi n°2015-01 du 13 janvier 2015 portant statut de la chefferie traditionnelle en République du Niger.

[1152] Décret n° 2016- 028/PR du 11/03/2016 portant modalités d'application de la loi n° 2007-002 du 8 janvier 2007 relative à la chefferie traditionnelle et au statut des chefs traditionnels au Togo.

des notabilités traditionnelles dont la mission principale est de donner des avis sur la gouvernance de l'État[1153]. En Côte d'Ivoire, le pouvoir coutumier appartient aux seuls rois, chefs de village, de tribu et de canton, dont les institutions sont reconnues par la loi[1154].

En substance, on retiendra de ce qui précède que reconnaître les chefferies traditionnelles dans l'organisation de l'État, c'est chercher à rapprocher toutes les couches de la société de la prise de décision dans la gestion des affaires publiques. Il s'agit là du principal objectif poursuivi par la quasi-totalité des pays d'Afrique noire francophone. Cette reconnaissance juridique des chefferies traditionnelles vise à faire participer les autorités coutumières, aux côtés des autres autorités nationales et locales, au développement du pays. Concrètement, cette nécessité vient par ailleurs du fait que ces chefferies jouent un rôle important dans la pacification des sociétés africaines. C'est le cas au Togo, au Congo-Brazzaville, en Côte d'Ivoire ou au Burkina Faso, où les chefs coutumiers ont pour mission à la fois de donner leur avis sur la vie politique de la nation et d'apporter leur expertise dans la résolution des conflits sociaux. D'où leur intégration dans la structure politico-administrative.

B - L'intégration du pouvoir traditionnel dans la structure politico-administrative

La structure politico-administrative de la plupart des pays d'Afrique francophone est aujourd'hui composée de deux entités, à savoir les entités modernes et les entités traditionnelles comme la chefferie, les villages...[1155] Ces entités forment l'agencement de la structure politique et administrative de ces pays. En termes plus clairs, Héritier Mambi Tunga-Bau (2010)[1156], en prenant l'exemple de la RDC, explique que « *le pays présente une structure administrative ambivalente qui repose à la fois sur les entités dites modernes et celles qui sont traditionnelles. Ces dernières se rencontrent à la base à travers tout le pays* », notamment à travers des entités de base comme les villages et les groupements. Ainsi, pour former une nouvelle architecture de l'État, la chefferie traditionnelle est érigée, dans certains pays, au rang des organes administratifs de l'État **(1)**. Par ailleurs, l'on notera aussi, dans

[1153] Loi organique n° 31-2017 du 7 août 2017 portant organisation, composition et fonctionnement du Conseil consultatif des sages et des notabilités traditionnelles.
[1154] Loi organique n° 2014-428 du 14 juillet 2014 portant statut des rois et chefs traditionnels.
[1155] MAMBI TUNGA-BAU (Héritier)., *Pouvoir traditionnel et pouvoir d'État en République démocratique du Congo. Esquisse d'une théorie d'hybridation des pouvoirs politiques*, Kinshasa, Mediaspaul, 2010, *op.cit.*, p. 58.
[1156] *Ibidem*, *op. cit.*, p. 59.

d'autres pays, le rôle du juge dans la protection des spécificités traditionnelles **(2)**.

1 - La chefferie traditionnelle comme organe administratif de l'État

En Afrique francophone, plusieurs textes juridiques non seulement reconnaissent l'existence des chefferies traditionnelles, mais aussi les intègrent au rang des structures administratives de l'État. Ces textes confèrent également au chef coutumier le statut d'auxiliaire de l'administration ou d'agent de l'État. L'intégration des chefferies traditionnelles dans les organes administratifs de l'État remonte à l'époque coloniale. Comme on a pu le lire, « *la chefferie comme structure politico-administrative est, depuis l'époque coloniale, reconnue comme une structure organisée selon la coutume. Si donc les chefs coutumiers, peut-on encore lire, étaient confirmés par le gouverneur général ou en son nom dans l'autorité qui leur est attribuée par la coutume* »[1157], le pouvoir colonial reconnaissait « *les chefferies indigènes comme telles* »[1158], donc faisant partie intégrante de la structure de l'État. Cette affirmation est d'autant plus vraie que l'intégration de ces chefferies dans la structure de l'État colonial visait à répondre aux besoins de la civilisation, notamment la modernisation du pouvoir coutumier afin de l'adapter à l'organisation administrative de l'État colonial.

En outre, au lendemain des indépendances, plus spécifiquement à la fin des années 1970 et 1980 ainsi qu'au début des années 1990, la chefferie traditionnelle est effectivement devenue une entité administrative, que certains qualifient d'« *entité ambivalente ou hybride* » (H. Mambi Tunga-Bau, 2010)[1159], parce qu'étant à la fois « *une entité administrative traditionnelle et une instance d'organisation du pouvoir d'État* »[1160] dans les villages, cantons, quartiers et secteurs. À cet effet, la légitimité de la chefferie traditionnelle en tant qu'organe administratif de l'État en Afrique francophone lui est reconnue par un ensemble de textes juridiques. En RDC, par exemple, la loi n° 82-006 du 25 février 1982 portant organisation territoriale, politique et administrative de la République a érigé la chefferie en circonscription administrative. Ce texte a été renforcé par la loi organique n° 08/016 du 7 octobre 2008 précitée, qui considère la chefferie comme une subdivision du territoire, administrée conformément à la loi. Mais, les groupements coutumiers qui la composent

---

[1157] Voir sur ce point : www.africmemoire.com/.../part.6-section-2-d...ondements-592.html, *op. cit.*, consulté en janvier 2018.

[1158] MAMBI TUNGA-BAU (Héritier)., *Pouvoir traditionnel et pouvoir d'État en République démocratique du Congo. Esquisse d'une théorie d'hybridation des pouvoirs politiques*, Kinshasa, Mediaspaul, 2010, *op.cit.*, p. 65.

[1159] *Ibidem*, *op. cit.*, p. 66.

[1160] *Ibidem*, *op. cit.*, p. 66.

conservent leur organisation dans les limites et conditions posées par la loi[1161]. Plus clairement encore, au niveau des provinces, l'article 3 de la loi organique n° 10/011 du 18 mai 2010 relative à la subdivision territoriale à l'intérieur des provinces prévoit que la chefferie est une entité territoriale décentralisée et dotée de la personnalité juridique[1162]. Cette loi institue par ailleurs l'irresponsabilité du chef de chefferie devant le conseil de chefferie, organe exécutif de la chefferie, car « *aucun de ses actes ne peut produire d'effet s'il n'est contresigné par un échevin qui, par cela, s'en rend seul responsable devant le conseil* » [1163]. Ainsi, l'hybridation des structures administratives coutumières a été une fois de plus couronnée par la réforme constitutionnelle de 2006, qui a accordé une place de choix aux autorités coutumières dans l'organisation politique, administrative et territoriale de la RDC, en tant que premier pouvoir politique et gestionnaire des entités territoriales de base[1164]. Comme l'a d'ailleurs relevé, en 2001, le mémorandum de l'Alliance nationale des autorités traditionnelles du Congo (ANATC) « *le pouvoir coutumier constitue le socle sur lequel l'administration dite moderne s'est appuyée de tous les temps pour asseoir son autorité* »[1165]. C'est dire que toutes les structures territoriales de base sont considérées comme des entités politico-administratives traditionnelles auxquelles se sont superposées les structures étatiques[1166].

La tendance est la même dans des pays tels que le Niger, la Côte d'Ivoire ou le Cameroun, où la chefferie traditionnelle bénéficie d'un statut d'organe administratif. À titre d'illustration, au Niger, la loi n° 2015-01 du 13 janvier 2015 relative au statut de la chefferie traditionnelle intègre dans l'organisation administrative du pays toutes les communautés coutumières. Elles participent, au même titre que les autres instances administratives et les collectivités territoriales, à l'organisation et au fonctionnement de la vie administrative de la République. Elles sont par ailleurs placées sous la tutelle des représentants

---

1161 Voir loi organique n° 08/016 du 7 octobre 2008 portant composition, organisation et fonctionnement des entités territoriales décentralisées et leurs rapports avec l'État et les provinces, *op. cit.*, art. 65 et *sq*.

1162 Voir la loi organique n° 10/011 du 18 mai 2010 portant fixation des subdivisions territoriales à l'intérieur des provinces, article 3.

1163 https://www.memoireonline.com/01/12/5114/De-la-decentralisation-territoriale-en-RDC-regard-sur-lautonomie-organique-et-financiere-des-E.html, consulté en janvier 2018 ; voir aussi la loi organique n° 10/011 du 18 mai 2010 portant fixation des subdivisions territoriales à l'intérieur des provinces, *op. cit.*, art. 82.

1164 Voir le mémorandum de l'Alliance nationale des autorités traditionnelles de la RDC, Kinshasa, 2001, p. 2.

1165 Voir A.N.A.T.C., « *Vade Mecum des autorités traditionnelles de la République Démocratique du Congo* », Kinshasa, 2001, p. 2.

1166 MAMBI TUNGA-BAU (Héritier)., *Pouvoir traditionnel et pouvoir d'État en République démocratique du Congo. Esquisse d'une théorie d'hybridation des pouvoirs politiques*, Kinshasa, Mediaspaul, 2010, *op.cit.*, p. 68.

de l'État dans les circonscriptions administratives où elles sont implantées[1167]. Dans le même sens, la Chambre nationale des rois et chefs traditionnels, instituée en Côte d'Ivoire par la loi n° 2014-428 du 11 juillet 2014 portant statut des rois et chefs traditionnels, a été érigée au rang des organes administratifs de l'État eu égard à sa fonction. Elle contribue notamment à la valorisation et à la promotion de la chefferie traditionnelle et de ses spécificités, ainsi que des idéaux de paix et de développement en relation avec les institutions étatiques[1168]. De même, au Cameroun, au-delà de la reconnaissance juridique des collectivités traditionnelles, le décret n° 2013/332 du 13 septembre 2013 modifiant et complétant certaines dispositions du décret n° 77/245 du 15 juillet 1977 portant organisation des chefferies traditionnelles prévoit que « les chefs traditionnels sont des auxiliaires de l'administration »[1169].

Partant de ces considérations, il y a lieu de déduire que l'intégration des chefferies traditionnelles dans l'organisation administrative est l'une des spécificités du processus des réformes territoriales entreprises par les pays africains au cours de ces dernières décennies. En réalité, plutôt que d'exclure les modes traditionnels de leurs sociétés dans l'organisation administrative du territoire, ces pays ont fait de la chefferie traditionnelle un atout pour la politique de décentralisation afin de rapprocher l'administration des citoyens. On comprend dès lors les mots d'Adiki Tovenim Koko (2017)[1170] lorsqu'il affirme que cette politique, « *au-delà d'un bilan sur le processus de décentralisation en Afrique, se veut aussi prospective en offrant une mise à jour des institutions locales en Afrique subsaharienne dans le cadre des réformes territoriales entreprises ces dernières années* ». C'est dire en substance que la chefferie traditionnelle est considérée historiquement comme la seule organisation administrative des sociétés africaines et reste par ailleurs l'un des symboles identitaires de ces sociétés. Elle n'est pas à détacher de la politique nationale. C'est donc à ce titre que, considérés comme des auxiliaires de l'administration, les chefs traditionnels disposent, d'une part, d'attributions en matière administrative, plus précisément de la mission de veiller à la conservation et à la protection du patrimoine coutumier, d'assister

[1167] Voir la loi n° 2015-01 du 13 janvier 2015 relative au statut de la chefferie au Niger, art. 4.
[1168] Voir loi n° 2014-428 du 11 juillet 2014 portant statut des rois et chefs traditionnels, *Journal officiel*, n° 11 spécial du mardi 15 juillet 2014, p. 241. Disponible sur : http://extwprlegs1.fao.org/docs/pdf/IVC166995.pdf.
[1169] Décret n° 2013/332 du 13 septembre 2013 modifiant et complétant certaines dispositions du décret n° 77/245 du 15 juillet 1977 portant organisation des chefferies traditionnelles, publié au *Journal officiel* du Cameroun, art. 20.
[1170] KOKO (Adiki Tovenim)., *Les chefferies traditionnelles africaines face à la dynamique des réformes territoriales : contribution à l'étude des processus de décentralisation*, Thèse, Droit public, Université de Perpignan, 2017, *op. cit.*, p. 5.

l'administration dans ses tâches ou d'œuvrer au maintien de l'ordre public[1171]. D'autre part, ils ont des attributions judiciaires, c'est-à-dire qu'ils collaborent à la recherche des auteurs de crimes et délits et les défèrent aux autorités administratives et judiciaires[1172]. Par ailleurs, la reconnaissance des spécificités traditionnelles s'impose ainsi à tous les niveaux des institutions de l'État, y compris au niveau des institutions judiciaires où le juge est tenu d'assurer la protection des valeurs traditionnelles.

2 - La protection des spécificités traditionnelles par le juge : l'exemple du Cameroun, du Togo et du Bénin

Depuis les indépendances, le décret n° 69/DF/544 du 19 décembre 1969, modifié en 1971, a réformé ce régime des appels en prévoyant en son article 28 : « *Les jugements des tribunaux de premier degré et des tribunaux coutumiers peuvent être frappés d'appel, cet appel étant porté devant la cour d'appel du ressort.* »[1173] Mais, dans la pratique, bien que les appels interjetés contre les jugements des tribunaux coutumiers soient portés devant la cour d'appel, aucun texte relatif à l'organisation judiciaire au Cameroun n'a prévu la présence des représentants des coutumes dans la composition de la cour d'appel siégeant en chambre coutumière[1174].

Rappelons également que le décret précité précise que les arrêts de la cour d'appel rendus sur appel des jugements des tribunaux coutumiers sont susceptibles d'un pourvoi devant la Cour suprême conformément au droit commun[1175]. Lorsqu'elle statue sur les affaires de droit coutumier, « *la Cour suprême ne subit aucune modification dans sa composition, mais s'adapte aux particularités du procès* » (S. Tepi, 2001)[1176]. C'est dire que, l'absence des représentants des coutumes dans les instances judiciaires supérieures ne peut en aucun cas laisser « penser que le procès perd son caractère traditionnel »[1177]. Ainsi, la Cour suprême du Cameroun s'est érigée en

---

1171 Voir sur ce point les actes de colloque « Parcours international de débat et de propositions sur la gouvernance. Perspectives d'Afrique centrale », Institut de recherche et débat sur la gouvernance (IRG), Yaoundé, Cameroun, 22-24 novembre 2010, pp. 26-27.

1172 *Ibidem*, pp. 26-27.

1173 Voir décret n°69/DF/544 du 19 décembre 1969 modifié par le décret de 1971 organisant les juridictions traditionnelles ; voir aussi KALIEU ELONGO (Yvette Rachel)., « Organisation judiciaire du Cameroun », p. 5.

1174 Voir sur ce point YOUEGO (Christine)., « Observations sous jugement n°1011 du 9 mai 1985 », *Revue de législation et de jurisprudence camerounaise*, n°4, octobre, novembre, décembre 1990.

1175 TEPI (Samuel)., « L'ineffectivité de la représentation des coutumes devant les juridictions de droit traditionnel au Cameroun », *Revue en ligne Afrilex (Revue d'étude et de recherche sur le droit et l'administration dans les pays d'Afrique)*, n°2, septembre 2001, *op. cit.*, consulté le 04 octobre 2017.

1176 *Ibidem, op. cit.*

1177 *Ibidem, op. cit.*

véritable protectrice des valeurs traditionnelles spécifiques à chaque communauté ethnique, notamment au regard des actes émanant des autorités publiques. En effet, dans l'affaire *Kouang Guillaume* du 31 mai 1979 relative à la désignation d'un chef traditionnel par un arrêté préfectoral, la Cour estime que « *l'acte de gouvernement est un acte pris soit dans le cadre des rapports du pouvoir exécutif avec le pouvoir législatif, soit dans le cadre des rapports de l'État camerounais avec les puissances étrangères. Dès lors, un arrêté préfectoral portant désignation d'un chef traditionnel ne peut être assimilé à un acte de gouvernement* »[1178]. Elle reconnaît de ce fait l'existence et l'autonomie du droit coutumier. Il en va de même dans deux affaires des 29 mai et 25 septembre 1980, où la Cour suprême du Cameroun reconnaît clairement l'autonomie du droit coutumier de chaque ethnie. Dans la première affaire (*Monkan Tientcheu David*)[1179], le juge a frappé de nullité un acte réglementaire (arrêté) portant nomination au poste de chef coutumier d'un enfant âgé de 11 ans, au motif que celui-ci était entaché de vice de procédure dans la mesure où les « *neuf notabilités coutumières compétentes n'avaient pas été consultées préalablement à cette désignation, conformément à la coutume de l'ethnie Bamiléké* » (R.-G. Nlep, 1999)[1180]. Dans la seconde affaire (*Collectivité Deïdo-Douala*), le juge a annulé un arrêté préfectoral portant nomination d'un chef de canton, au motif que l'acte avait été pris sans avoir au préalable consulté « les chefs coutumiers de la collectivité Deïdo-Douala, conformément à sa coutume »[1181]. Il ressort de ces décisions un principe selon lequel tous les actes émanant des autorités étatiques, relatifs à la désignation des chefs traditionnels, sont frappés de nullité dès lors que pareille désignation n'est pas conforme aux règles coutumières de l'ethnie concernée[1182]. Ce faisant, non seulement le juge administratif camerounais garantit le respect par les autorités administratives des valeurs traditionnelles propres à chaque communauté ethnique, mais il permet aussi d'éviter un éventuel conflit de règles, notamment entre la règle nationale et la règle

---

[1178] Cour suprême du Cameroun, *Jugement n° 66 ADD/CS/CA* du 31 mai 1979, KOUNAG Guillaume.

[1179] Cour suprême du Cameroun, *Jugement n° 40/CS/CA/79-80* du 29 mai 1980, MONKAM TIENTCHEU David, *Recueil MBOME*, p. 80 ; voir aussi SIETCHOUA DJUITCHOKO (Célestin)., « Aspects de l'évolution des coutumes ancestrales dans le droit public des chefferies traditionnelles au Cameroun », *Revue générale de droit*, Volume 32, numéro 2, 2002, *op. cit.*, pp. 359-381.

[1180] NLEP (Roger-Gabriel)., « Le juge de l'administration et les normes internes, constitutionnelles ou infraconstitutionnelles en matière de droits fondamentaux », *Solon (Revue africaine du parlementarisme et de la démocratie)*, Vol. 1, n° 1, 2nd semestre 1999, pp. 138-142.

[1181] *Ibidem*, pp. 138-142 ; voir aussi à ce propos, SIETCHOUA DJUITCHOKO (Célestin)., « Aspects de l'évolution des coutumes ancestrales dans le droit public des chefferies traditionnelles au Cameroun », *Revue générale de droit*, Volume 32, numéro 2, 2002, *op. cit.*, pp. 359-381.

[1182] *Ibidem*, pp. 138-142.

coutumière ou locale. On peut dès lors soutenir, à la suite de Rodrigue Ngando Sandjè (2013)[1183], que ce mécanisme introduit l'« *idée d'un droit administratif coutumier autonome, et même d'un droit administratif infranational* ». Ceci laisse entendre, à cet égard, que les notabilités sont considérées comme des organes administratifs.

En outre, la Cour suprême du Cameroun a encore fait entendre sa voix dans une décision *Front Social Démocratique c. État du Cameroun* rendue le 9 juin 2004. En effet, il était question de la nécessité de respecter « *l'obligation constitutionnelle de la prise en compte des composantes sociologiques de la circonscription dans la constitution des listes de candidats aux élections au Cameroun* » ((R. Ngando Sandjè, 2013)[1184]. Ainsi, la Cour a sanctionné le Front Social Démocratique en considérant que celui-ci avait « *méconnu à cette exigence constitutionnelle pour ne pas avoir pris en compte toutes les composantes de l'ethnie Bamiléké* »[1185]. Cette décision est lourde de valeur en ce qu'elle garantit la représentation des groupes ethniques dans les organes étatiques. Dans ses commentaires sur ladite décision, James Mouangué Kobila (2008)[1186] écrit qu'« *en sanctionnant la non-prise en compte des Bamiléké, l'une des trois grandes communautés sociologiques du Cameroun dans la liste du Front Social-Démocrate [...], le juge électoral permet, à la suite de l'administration, d'affirmer que l'exigence de prise en compte de la composante sociologique des circonscriptions électorales protège aussi la représentation politique des grandes communautés dans les zones où elles ne constituent pas la majorité* ». Ces mots témoignent sans doute de la volonté du juge administratif camerounais d'assurer la participation effective des groupes ethniques à la gestion du pouvoir. Cela permet de ce fait une meilleure gestion des conflits interethniques.

Par ailleurs, au Togo, dans l'affaire relative à *la succession du chef de la localité de Baga*[1187] du 26 juin 2014[1188], la Cour suprême togolaise a joué son rôle de protection des valeurs coutumières propres à chaque groupe ethnique.

1183 NGANDO SANDJE (Rodrigue)., *État et nation dans le constitutionnalisme africain. Étude thématique*, Thèse, Droit public, Université de Bourgogne, 2013, *op. cit.*, p. 446.

1184 *Ibidem, op. cit.*, p. 446.

1185 Cour suprême/Assemblée plénière, arrêt n° 96/A/2003-2004 du 9 juin 2004, *SDF c. Cameroun.*

1186 MOUANGUE KOBILA (James)., « Droit de la participation politique des minorités et des populations autochtones. L'application de l'exigence constitutionnelle de la prise en compte des composantes sociologiques de la circonscription dans la constitution des listes de candidats aux élections au Cameroun », *Revue française de droit constitutionnel*, 2008/ 3, n° 75, *op. cit.*, pp. 629-664.

1187 Il s'agit d'une localité regroupant six villages de la préfecture de Doufelgou, au nord-ouest du Togo.

1188 Voir à propos de cette affaire : http://lanouvelletribune.net/affaire-baga-la-grande-famille-agoda-saguintaah-hausse-le-ton/, consulté en juillet 2019.

En l'espèce, à la suite du décès du chef de Baga, en l'occurrence Monsieur Agoda Saguintaah, le conseil de famille a désigné Monsieur Magnétina Saguintaah comme successeur au trône, conformément aux us et coutumes de la localité et tel que l'exige aussi l'article 143, alinéa 2 de la Constitution, selon lequel « la désignation et l'intronisation du chef traditionnel obéissent aux us et coutumes de la localité »[1189]. Ainsi, contre toute attente, le préfet a organisé une consultation populaire qui a porté Monsieur Dalakéna Djadja au trône le 3 juillet 2012. Saisie de l'affaire, la chambre administrative de la Cour suprême togolaise, par un arrêt du 26 juin 2014, a annulé la décision de la consultation du préfet. En outre, en dépit de cette annulation, par un décret pris en Conseil des ministres, une nouvelle consultation populaire a été organisée. Monsieur Dalakéna Djadja, alors candidat unique, a été à nouveau désigné comme chef traditionnel de la localité. Or, dans cette dernière, la dévolution du pouvoir ne se fait que par voie coutumière. La Cour suprême a de nouveau procédé à l'annulation de cette seconde consultation, au motif que les droits fondamentaux contenus dans la Constitution togolaise devaient être respectés. Elle a estimé que la désignation des chefs coutumiers par voie élective constituait une violation des articles 143, alinéa 2 de la Constitution et 8 de la loi n° 2007-002 du 8 janvier 2007 relative à la chefferie traditionnelle et au statut des chefs traditionnels au Togo. Par conséquent, la Cour a confirmé la désignation par voie coutumière de Monsieur Magnétina Saguintaah comme successeur au trône. On comprend, concernant cette décision, que le juge tente de limiter toute immixtion des autorités administratives dans les affaires coutumières, afin d'éviter tout excès de pouvoir.

De son côté, le juge constitutionnel béninois, dans une décision du 11 octobre 2018, est également intervenu pour protéger l'identité de certains groupes ethniques du fait de la dénomination « Otamari » que l'administration, notamment l'Institut national de la statistique et de l'analyse économique (INSAE), employait pour désigner abusivement le groupe sociolinguistique de certaines ethnies situées au nord du Bénin[1190]. Ce recours tendait à faire constater la violation par l'administration de certains droits des groupes ethniques garantis par la Constitution, qu'elle avait fusionnés en une seule catégorie socioculturelle sous l'appellation « Otamari », et ce, en dépit des spécificités de chaque ethnie. La Cour constitutionnelle a estimé que ce regroupement des ethnies était à l'origine d'une confusion identitaire. En effet, « certains groupes sont classés en l'absence de toute cohérence et de toute objectivité scientifique »[1191], ce qui constitue, selon elle, une rupture d'égalité et « crée un trouble identitaire qui nuit à la cohésion nationale dont

---

[1189] Voir la Constitution togolaise, *op. cit.*, art. 143, al. 2.
[1190] Voir la Cour constitutionnelle du Bénin, décision DDC 18-200 du 11 octobre 2018.
[1191] *Ibidem*, cons. 7

l'État est garant »[1192]. En procédant ainsi, l'administration a violé l'article 35 de la Constitution qui précise que les agents de l'administration ont le devoir, dans l'intérêt et le respect du bien commun, d'accomplir avec objectivité, probité et loyauté leur mission[1193].

En résumé, l'on conclura que le rôle du juge dans la reconnaissance des spécificités traditionnelles vise à considérer la coutume comme une question non plus de fait mais de droit, et à admettre le pourvoi pour violation de la coutume au même titre que la violation de la loi. Dans cette optique, considérer la coutume au même titre que la loi permettrait donc de répondre aux exigences du développement culturel et de l'unité nationale. Cette démarche du juge dans la reconnaissance des spécificités traditionnelles incite les dirigeants politiques à constater les droits traditionnels existants et à les moderniser, d'une part, et à donner aux tribunaux les moyens nécessaires, notamment l'adoption de textes juridiques, pour faire évoluer progressivement ces droits vers un système juridique unifié, d'autre part. D'ailleurs, André Durieux (1969)[1194] affirmait à juste titre que cette démarche permettrait d'espérer une fusion des systèmes de droit modernes et des systèmes de droit traditionnels. Au demeurant, l'on pourrait également souligner que l'idée d'aller vers une modernisation des droits traditionnels peut prendre des formes très diverses, notamment la nécessité de codifier les règles existantes du droit coutumier pour simplifier le travail du juge. En clair, cette codification peut être nationale ou locale, c'est-à-dire qu'elle est nationale lorsque les règles coutumières à codifier sont relativement uniformes, et locale lorsque ces règles varient selon les communautés ethno-régionalistes. Toutefois, on peut admettre que, quelle que soit sa forme, la codification des règles coutumières pourrait dans une certaine mesure entraîner des modifications de celles-ci. En effet, elle peut générer deux risques : d'un côté, elle pourrait enlever à la règle coutumière toute sa souplesse, et donc contraindre le législateur à intervenir plus fréquemment ; et de l'autre côté, elle pourrait empêcher d'apporter des modifications au droit existant[1195]. Par ailleurs, si la reconnaissance et la protection des valeurs coutumières par les constituants africains francophones et par le juge sont jugées salutaires pour les sociétés africaines fortement diversifiées, *quid* alors des mécanismes endogènes d'une culture de paix en Afrique ?

[1192] *Ibidem*, cons. 7.

[1193] Voir la Cour constitutionnelle du Bénin, décision DDC 18-200 du 11 octobre 2018, *op. cit.*, cons. 7 ; Constitution béninoise du 11 décembre 1990, *op. cit.*, art. 35.

[1194] DURIEUX (André)., *Droit écrit et Droit coutumier en Afrique centrale*, Mémoire présenté à la séance du 17 novembre 1969, Académie royale des sciences d'outre-mer, Classe des sciences morales et politiques, n° 36-2, Bruxelles, 1970, p. 35.

[1195] *Ibidem*, p. 37.

Section 2 : La reconnaissance juridique des mécanismes traditionnels de règlement des conflits ethniques

> « *C'est quand l'intérieur de la termitière est refroidi qu'elle fait sortir les champignons.* »[1196] (Proverbe Gban, Côte d'Ivoire).

Ce proverbe signifie que l'instauration de « *la paix est la condition fondamentale du développement social, de l'épanouissement et du bien-être des populations* » (D.-G. Lezou, K.-A. Malanhoua, 2013)[1197] dans toute société en crise. Il est dès lors d'une nécessité impérieuse de prévoir des mécanismes de résolution et d'arbitrage des conflits opposant les différentes composantes sociales, car l'absence de tels mécanismes peut être la cause principale de la prolifération des conflits, voire de l'extermination des minorités. Ainsi, le contexte post-crise dans la plupart des pays africains est « *toujours un moment où les mécanismes endogènes de prévention et de gestion des conflits sont plus ou moins* » (A. Dakouo, 2016)[1198] mis en œuvre. Ces mécanismes endogènes sont des valeurs traditionnelles qui permettent de consolider les rapports entre les membres de la société et qui favorisent la mise en place d'une nation, donc du vivre ensemble après la période de crise. Dans ce contexte, les mécanismes traditionnels inhérents à la société africaine se révèlent très vite comme une alternative pour résoudre les conflits intercommunautaires nés de la crise. Certains parlent même de « justice ethnique » (E.-M. Mbonda, 2003)[1199]. D'ailleurs, Mwayila Tshiyembé (2005)[1200] explique, dans le même esprit, qu'analyser « *la prévention et la résolution des conflits en Afrique centrale et dans la région des Grands Lacs, c'est situer le dialogue interculturel et la culture de la paix dans son champ d'action historique et s'interroger sur comment construire un État de droit et une démocratie dans une société dominée par la diversité culturelle et la*

[1196] LEZOU (Dago-Gérard) et MALANHOUA (Kouassi-Aimé)., *Guide pratique des mécanismes endogènes de prévention, de gestion et de résolution des conflits en Afrique de l'Ouest*, Unesco, 2013, p. 8.

[1197] *Ibidem*, p. 8.

[1198] DAKOUO (Ambroise)., *Les pratiques du dialogue intercommunautaire pour la paix et la réconciliation au Mali. Expériences et analyses*, ORFED/GENOVICO, Bamako, Mali, 2016, p. 47.

[1199] MBONDA (Ernest-Marie)., « La justice ethnique comme fondement de la paix dans les sociétés pluriethniques. Le cas de l'Afrique », *in* Josiane BOULAD-AYOUB et Luc BONNEVILLE (sous dir.), *Souverainetés en crise*, Collection « Mercure du Nord », Québec, L'Harmattan et Les Presses de l'Université Laval, 2003, pp. 450-500.

[1200] TSHIYEMBE (Mwayila)., « Pouvoir traditionnel et pouvoir d'État : partenariat pour la nouvelle gouvernance, la prévention, la résolution des conflits et la paix civile en Afrique centrale et dans la région des Grands Lacs », *in Dialogue interculturel et culture de la paix en Afrique centrale et dans les Grands Lacs : Le rôle des chefs traditionnels et spirituels dans les mécanismes de prévention et de résolution des conflits*, Tome 2, Unesco, Libreville, 2005, pp. 16-45.

diversité ethnique ». De ce fait, les chefferies et les instances traditionnelles constituent, en situation de crise, une nécessité dans le processus de dialogue et de réconciliation pour rétablir la paix et l'unité nationale. Il convient alors d'aborder, d'une part, les mécanismes traditionnels de gestion des conflits ethniques **(§1)** et, d'autre part, les mécanismes traditionnels à caractère social de résolution de ces conflits **(§2)**.

§ 1 - Des mécanismes traditionnels de gestion des conflits ethniques

> « *Deux calebasses placées sur une même surface d'eau finissent par se cogner.* »[1201] (Proverbe togolais).

Cette pensée traduit le fait que dans une communauté, si les individus peuvent cohabiter les uns avec les autres, il y a toujours un risque de conflits dont il faut prévoir les mécanismes de résolution. Ainsi, s'il est communément admis, d'une part, qu'il n'y a pas de société sans conflit, il est également admis, d'autre part, qu'il existe dans toute société conflictuelle des mécanismes de résolution de conflits (N. Odoukpé, 2009)[1202]. Ainsi, la société africaine, comme toute autre société, connaît des conflits, en particulier des conflits interethniques face auxquels les dirigeants prévoient plusieurs mécanismes de règlement plus ou moins juridiques. À cet effet, il convient d'étudier successivement les autorités traditionnelles de résolution des conflits **(A)** et les instances traditionnelles de règlement des conflits interethniques **(B)**.

A - Les autorités traditionnelles de résolution des conflits ethniques

> « *Un seul bois de chauffe ne cuit pas la sauce.* »[1203] (Proverbe Gban, sud de la Côte d'Ivoire).

C'est dans le souci d'œuvrer pour la cohésion et l'unité de sa communauté que le chef du village Wawakro, en Côte d'Ivoire, cite ce proverbe pour exhorter sa population à se joindre à lui afin d'atteindre cet objectif (D.-G. Lezou, K.-A. Malanhoua, 2013)[1204]. Cette pensée signifie que dans une

---

[1201] KONDOMBO (Pouknif)., « La Palabre africaine peut-elle renforcer la démocratie en Afrique ? », *Afrique*, 7 décembre 2014, consulté en novembre 2018.

[1202] ODOUKPE (N'taho)., *Réflexion sur la justice traditionnelle*, Mémoire, Université Catholique de l'Afrique de l'Ouest, 2009, p. 12 et *sq*.

[1203] LEZOU (Dago-Gérard) et MALANHOUA (Kouassi-Aimé)., *Guide pratique des mécanismes endogènes de prévention, de gestion et de résolution des conflits en Afrique de l'Ouest*, Unesco, 2013, *op. cit.*, p. 9. Ces auteurs expliquent : « Un bois de chauffe symbolise une personne et la sauce le but à atteindre pour le bien de tous. »

[1204] *Ibidem*, *op. cit.*, p. 10.

communauté, c'est l'union qui fait la force, et que la participation de tous est indispensable à la réalisation de la paix et de la cohésion sociale. Ainsi, l'instruction du chef du village étant une obligation, celui-ci va alors jouer un rôle majeur dans la recherche de la paix, donc dans la gestion des conflits communautaires. D'ailleurs, André Patient Bokiba montre que les autorités traditionnelles sont un facteur de sociabilité, de négociation et de médiation, mais également une source de gestion et de stabilisation de la société[1205]. Dès lors, si l'on peut admettre que le chef traditionnel est une figure emblématique dans la résolution des conflits **(1)**, en Afrique, il n'est pas la seule autorité traditionnelle chargée de gérer ces conflits **(2)**.

1 - Le chef traditionnel : figure emblématique dans la résolution des conflits ethniques

Dans son ouvrage intitulé *Le royaume de Kongo du XVIe au XVIIIe siècle*, Georges Balandier (1965)[1206] explique que le chef traditionnel dans ce royaume était un « *dirigeant d'exception à double face : brutal et dominateur, en même temps justicier et conciliateur* ». Ce chef permettait, par la force, la sagesse et la justice qu'il incarnait, une meilleure gestion de la communauté, notamment le partage équitable des ressources de la société afin d'éviter les conflits. À cet égard, en Afrique francophone, l'autorité du chef traditionnel s'exerce historiquement dans les localités comme le village, le secteur ou le quartier, qui constituent aujourd'hui l'unité de base dans les communes au sein des pays africains francophones. Chacune de ces localités est dirigée par un chef, issu d'une famille dépositaire de l'autorité traditionnelle, comme l'affirme un proverbe congolais qui dit que « *le crapaud ne manque pas au village* » (A. Van Der Beken, 1993)[1207], c'est-à-dire qu'il n'y a pas de communauté sans dirigeant, sans chef. Ce chef représente, dans une communauté, « *toute personne qui est investie des pouvoirs ancestraux, qui est le guide, le responsable, le leader, le garant de l'autorité morale, politique, sécuritaire, judiciaire, administrative, économique et sociale, bref, l'âme de son peuple. Il est l'autorité suprême du peuple* » (P.-R. Douala Manga Bell, 2005)[1208]. C'est ainsi que dans certains pays tels que le Congo-Brazzaville, le

---

1205 BOKIBA (André-Patient)., « Pour un investissement de la chefferie traditionnelle dans le traitement des conflits », *in Dialogue interculturel et culture de la paix en Afrique centrale et dans les Grands Lacs : Le rôle des chefs traditionnels et spirituels dans les mécanismes de prévention et de résolution des conflits*, Tome 2, Unesco, Libreville, 2005, pp. 46-56.

1206 BALANDIER (Georges)., *Le royaume de Kongo du XVIe au XVIIIe siècle*, Paris, Hachette, 1965, p. 13 et *sq* ; voir aussi OKAMBA (Emmanuel)., « Fragmentation sociale et Performance du gouvernement de la Cité », Question(s) de Management, 2013, 2, pp. 80-94.

1207 VAN DER BEKEN (Alain)., *Proverbes Yaka du Zaïre*, Paris, Karthala, 1993, p. 51.

1208 DOUALA MANGA BELL (Prince René)., « Le système communautaire traditionnel comme moyen de prévention et de résolution des conflits : le rôle des chefs traditionnels et spirituels », *in Dialogue interculturel et culture de la paix en Afrique centrale et dans les*

Mali, le Burkina Faso, la RDC, la Côte d'Ivoire, le Rwanda ou encore le Niger, le rôle historiquement dominant du chef traditionnel a été renforcé par la légalisation et la consécration constitutionnelle de la chefferie traditionnelle. Plus encore, ces chefs traditionnels disposent du monopole de la connaissance des normes et valeurs coutumières, et les membres de la localité dans laquelle ils exercent leur autorité leur doivent soumission et obéissance. Ainsi, en période de crise politique ou de conflits ethniques, les chefs traditionnels jouent un rôle fondamental, en ce sens qu'ils sont considérés comme les dépositaires par excellence d'un certain nombre de valeurs de paix, plus précisément celles de « *tolérance, de sagesse, de modération, de compromis, de consensus, d'union et de solidarité, d'esprit d'ouverture et d'alternance pacifique* » (S. Souindoula, 2005)[1209]. À ce titre, le chef traditionnel peut jouer un rôle de médiateur ou de pacificateur dans la résolution des conflits interethniques.

Partant de ces considérations, les dirigeants africains francophones, conscients des conflits ethniques qui minent leurs sociétés et qui altèrent par ailleurs les rapports de bon voisinage, ont confié au chef traditionnel la charge de résoudre les différends intercommunautaires. Ceci fait de lui une figure emblématique en matière de résolution des conflits ethniques, donc « *la clé de voûte du système de sociabilité de la collectivité dont il assure la promotion ou la sauvegarde* » (A.-P. Bokiba, 2005)[1210]. Ainsi, l'expérience a montré au cours de ces dernières années, dans certains pays d'Afrique francophone, la large implication des chefs locaux dans le processus de règlement des conflits, ayant contribué à la pacification des sociétés, voire à la légitimation du pouvoir post-crise.

De ce point de vue, l'exemple du Mali mérite notre attention. En effet, on souligne l'importance des acteurs traditionnels dans le cadre des actions intercommunautaires pour la paix et la renonciation entreprises depuis 2012 en vue de résoudre le conflit dans le nord du pays. Considérés comme les seuls habilités à mobiliser les ressources locales nécessaires à la mise en place du processus de paix, les chefs traditionnels du Nord-Mali, notamment dans la région de Gao, ont joué un rôle majeur dans la facilitation du dialogue

---

Grands Lacs : Le rôle des chefs traditionnels et spirituels dans les mécanismes de prévention et de résolution des conflits, Tome 2, Unesco, Libreville, 2005, pp. 129-134.

1209 SOUINDOULA (Simao)., « Autorités traditionnelles, corpus oral et mécanismes bantu de prévention et de résolution des conflits », *in Dialogue interculturel et culture de la paix en Afrique centrale et dans les Grands Lacs : Le rôle des chefs traditionnels et spirituels dans les mécanismes de prévention et de résolution des conflits*, Tome 2, Unesco, Libreville, 2005, pp. 57-64.

1210 BOKIBA (André-Patient)., « Pour un investissement de la chefferie traditionnelle dans le traitement des conflits », *in Dialogue interculturel et culture de la paix en Afrique centrale et dans les Grands Lacs : Le rôle des chefs traditionnels et spirituels dans les mécanismes de prévention et de résolution des conflits*, Tome 2, Unesco, Libreville, 2005, *op. cit.*, pp. 46-56

intercommunautaire, comme en témoigne Ambroise Dakouo (A. Dakouo, 2016)[1211] : « *Pour assurer la prévention et la gestion pacifique des conflits après la crise de 2012, tous les acteurs qui ont pris part au processus s'accordent à accepter que le retour aux valeurs traditionnelles de gestion des conflits est le seul gage d'un développement harmonieux.* » À cet égard, l'implication des chefs traditionnels dans le règlement des différends ethniques et dans la promotion de la paix est incontestablement devenue une nécessité. On notera également la même implication des chefs traditionnels dans la résolution de la crise de 2002 en Côte d'Ivoire. En effet, les chefs traditionnels du sud-est du pays ont contribué au rétablissement de la paix non seulement dans leurs localités respectives, mais aussi au plan national, plus précisément dans le cadre de l'association des rois et des chefs traditionnels de Côte d'Ivoire (C.-H. Perrot, 2009)[1212]. Il en va de même au Tchad et au Niger, où les associations des chefs traditionnels disposent des attributions en matière de prévention et de résolution des conflits tant au niveau local qu'au niveau national[1213]. Ces chefs traditionnels ont toujours été considérés comme les seuls dotés d'un pouvoir de conciliation et les interlocuteurs privilégiés de l'État et des populations[1214]. Le chef traditionnel est ainsi le représentant du gouvernement auprès des populations et le porte-parole des populations auprès du gouvernement (A.-G. Sidikou, 2003)[1215]. En outre, en RDC, l'Alliance nationale des autorités traditionnelles du Congo (ANATC), institution traditionnelle sous l'autorité du ministère des Affaires coutumières, a toujours joué un rôle considérable dans la recherche des solutions de paix en période de crises sociopolitiques. Cette institution est chargée de faire la promotion de l'unité et de la cohésion nationales et de garantir la cohabitation pacifique entre les composantes ethniques du pays[1216]. Elle élabore des mémorandums, documents contenant des propositions de résolution des

---

[1211] DAKOUO (Ambroise)., *Les pratiques du dialogue intercommunautaire pour la paix et la réconciliation au Mali. Expériences et analyses*, ORFED/GENOVICO, Bamako, Mali, 2016, p. 47.

[1212] PERROT (Claude-Hélène)., « Les autorités traditionnelles et l'État moderne en Afrique subsaharienne au début du XXIe siècle », *Cadernos de Estudos Africanos*, 16/17 | 2009, pp. 15-33.

[1213] MAHAMAT MAHAMOUDI (Prince-Ali)., « Le rôle des autorités traditionnelles et coutumières du Tchad dans la promotion de la coexistence pacifique entre Éleveurs et Cultivateurs », *in Le dialogue entre les civilisations*, Actes de la conférence internationale sur le dialogue interculturel et la culture de la paix en Afrique centrale et dans la région des Grands Lacs, Libreville, Gabon, 18, 19 et 20 novembre 2003, pp. 104-114.

[1214] SIDIKOU (Amirou Garba)., « L'expérience contributive de l'Association des chefs traditionnels du Niger », *in Le dialogue entre les civilisations*, Actes de la conférence internationale sur le dialogue interculturel et la culture de la paix en Afrique centrale et dans la région des Grands Lacs, Libreville, Gabon, 18, 19 et 20 novembre 2003, pp. 115-124.

[1215] *Ibidem*, pp. 115-124.

[1216] Voir sur ce point : https://fr.allafrica.com/stories/201701230851.html, consulté en mai 2020.

conflits sociopolitiques que le pays connaît, qu'elle soumet ensuite à la connaissance des institutions étatiques afin de rétablir la paix.

Par ailleurs, dans d'autres pays africains, la résolution des conflits ethniques peut s'effectuer par les conseils des sages ou des anciens, entendus comme « *une institution coutumière regroupant les hommes (et femmes) les plus âgés du village* » (N. Bagayoko, F.-R. Koné, 2017)[1217], mais incarnée par un chef traditionnel. Ces sages interviennent dans la plupart des cas en matière de réconciliation, de médiation, plus particulièrement dans « les conflits relevant de la compétence des chefs traditionnels qu'ils appuient le plus souvent »[1218]. C'est le cas au Congo-Brazzaville, où les sages et les notabilités traditionnelles sont considérés comme des figures charismatiques[1219] en matière de résolution des conflits. Ce rôle a été renforcé par la Constitution de 2015 qui, en instituant le Conseil des sages et des notabilités, accorde une place de choix à l'autorité traditionnelle qui assure la promotion de la paix tant au plan local qu'au plan national.

En définitive, on peut admettre que dans le cadre de la mise en œuvre du processus de paix et de rétablissement de l'unité et de la cohésion de leurs sociétés, les dirigeants africains francophones ont vu la nécessité d'associer les chefs traditionnels à la résolution des conflits qui se posent entre les membres de leurs communautés. Une telle entreprise consiste à confier aux autorités traditionnelles une part importante de responsabilité dans la recherche de solutions pacifiques au sein des communautés dont elles ont la charge, et elles peuvent au besoin coopérer avec les autorités administratives et judiciaires du pays. C'est dans ce contexte que l'on peut soutenir, à la suite de Mwayila Tshiyembé (2005)[1220], que l'implication de tous les acteurs traditionnels dans les procédures de gestion des crises en Afrique est une forme de refondation de la vie politique qui permet de légitimer le pouvoir de l'État.

2 - Les autres acteurs traditionnels de résolution des conflits ethniques

Les conflits politiques et identitaires qui animent la plupart des sociétés africaines ont amené les responsables politiques à « *revisiter les sociétés*

1217 BAGAYOKO (Niagalé) et KONÉ (Fahiraman Rodrigue)., *Les mécanismes traditionnels de gestion des conflits en Afrique subsaharienne*, Rapport de recherche n° 2, juin 2017, p. 21.
1218 *Ibidem*. p. 21.
1219 *Ibidem*, p. 21.
1220 TSHIYEMBE (Mwayila)., « Pouvoir traditionnel et pouvoir d'État : partenariat pour la nouvelle gouvernance, la prévention, la résolution des conflits et la paix civile en Afrique centrale et dans la région des Grands Lacs », *in Dialogue interculturel et culture de la paix en Afrique centrale et dans les Grands Lacs : Le rôle des chefs traditionnels et spirituels dans les mécanismes de prévention et de résolution des conflits*, Tome 2, Unesco, Libreville, 2005, *op. cit.*, pp. 16-45.

précoloniales pour identifier les mécanismes culturels traditionnels qu'elles ont inventés et utilisés pour faire régner l'ordre social » (B. Muchukiwa Rukakiza, A. Bishweka Cimenesa, C. Kapapa Masonga, 2015)[1221]. On trouve, parmi eux, les mécanismes traditionnels socioprofessionnels, c'est-à-dire ceux qui sont mis en œuvre par des acteurs tels que les responsables religieux, les groupes de sorciers, les commerçants et les gestionnaires des ressources, en fonction de « leur probité, de leur esprit d'impartialité et de mentalité pour le règlement à l'amiable des conflits »[1222]. Ces derniers ont toujours, par leur influence dans la société, joué un rôle considérable dans la résolution des crises sociopolitiques. C'est dans cette conception que Daniel Gaxie (1978)[1223] écrit que « *certaines situations de crise sociale ou politique voient un nombre relativement considérable d'agents sociaux exercer une influence sur le fonctionnement du champ politique* ». On déduira de cette pensée que dans une société en crise, il peut y avoir plusieurs acteurs sociaux qui disposent des différents pouvoirs permettant de faire cesser les hostilités entre les membres de la société. Au-delà de son caractère symbolique incarné par les chefs traditionnels, la justice traditionnelle en Afrique repose également sur un ensemble de valeurs, notamment les valeurs religieuses. À titre d'illustration, on peut citer le rôle très actif des chefs religieux, spécialement les marabouts, les animistes, les chefs musulmans et catholiques dans l'apaisement des conflits en Afrique. Ils interviennent le plus souvent dans le cadre des conflits de chefferie, intercommunautaires ou dans les conflits de proximité. C'est le cas par exemple au Mali, au Niger et au Bénin, où l'on a noté une forte implication du chef musulman dans le règlement des crises dont ils ont été victimes. Pour le cas du Niger, Addo Mahamane (2010)[1224] relève que le *Cadi* (chef musulman) joue un rôle fondamental dans la résolution des litiges au sein de la communauté musulmane. De plus, dans des pays comme le Congo-Brazzaville et la RDC, les assises des conférences nationales souveraines, qui ont permis de résoudre les crises sociopolitiques et de favoriser l'instauration de la démocratie à partir des années 1990, ont été organisées sous l'autorité des responsables de l'Église catholique. Il est par ailleurs important de relever qu'au niveau de leur structure, particulièrement lors des séances cultuelles, les chefs religieux véhiculent très souvent les valeurs de paix à leurs adeptes.

1221 MUCHUKIWA RUKAKIZA (Bosco), BISHWEKA CIMENESA (Antoine) et KAPAPA MASONGA (Camille)., *L'État africain et les mécanismes culturels traditionnels de transformation des conflits*, Genève, Globethics.net, 2015, p. 18.

1222 *Ibidem*, p. 20.

1223 GAXIE (Daniel)., *Le cens caché : inégalités culturelles et ségrégation politique*, Paris, Le Seuil, 1978, p. 43.

1224 MAHAMANE (Addo)., « La justice traditionnelle au Niger », in *La réforme des systèmes de sécurité et de justice*, 2010, pp. 187-198.

En outre, on peut également noter l'implication des groupes de sorciers dans la gestion des conflits intercommunautaires. Entendue comme une réalité sociale bien ancrée dans la culture africaine, la sorcellerie, c'est-à-dire les envoûtements, les possessions des âmes et des esprits, les mauvais sorts, s'invite à tous les niveaux de la société urbaine et rurale[1225]. De ce fait, les sorciers interviennent sans cesse dans le processus de règlement des conflits. On le voit en pays Bamiléké au Cameroun, où la sorcellerie est considérée comme un des outils qui permet de résoudre les conflits en faisant l'économie des coups et blessures. Ainsi, « *les attaques à main armée ayant eu lieu à Bangoua (l'ouest du Cameroun), en une décennie, se comptent à peine sur les doigts de la main. Cette absence de la violence physique s'explique par le fait que les sorcelleries déplacent l'enjeu des différends occasionnés par la vie quotidienne sur une autre scène appelée "affaires de la nuit" ou "monde de derrière"* » (N. Bagayoko, F.-R. Koné, 2017)[1226]. À cela s'ajoutent les commerçants qui sont aussi considérés, en Afrique, comme des acteurs de la gestion des conflits intercommunautaires. Leur implication vient du fait qu'ils peuvent avoir des alliés dans plusieurs localités et parlent différentes langues, car la langue est un élément facilitateur dans la résolution des conflits intercommunautaires. Les commerçants apparaissent dès lors comme des agents privilégiés dans la résolution des différends, donc pour le rétablissement de la paix, en raison notamment de l'ampleur importante de leur réseau de relations[1227]. Dans la même perspective, on relèvera aussi que les gestionnaires des ressources interviennent dans la résolution des conflits communautaires ou intercommunautaires liés au foncier. À titre d'illustration, au Mali, plus précisément en pays peul, les *Jowro*, c'est-à-dire les maîtres des pâturages, sont considérés depuis longtemps comme des autorités en charge non seulement de déterminer les règles relatives à l'exploitation des ressources agricoles, pastorales et halieutiques, mais aussi de régler les éventuels conflits qui peuvent en découler (N. Bagayoko, F.-R. Koné, 2017)[1228]. À cette fin, la diversité des acteurs traditionnels de la gestion des conflits ethniques se révèle comme une nécessité sociale en Afrique. Cette diversité se justifie par le fait que chaque groupe ethnique a ses propres mécanismes ou instances de résolution des différends communautaires.

1225 SEDDAOUI (Lynda)., *Approche anthropologique sur les motivations de recours à la sorcellerie. (Cas des patients et praticiens de la wilaya de Bejaia)*, Mémoire de master, 2016, p. 1.

1226 BAGAYOKO (Niagalé) et KONÉ (Fahiraman Rodrigue)., *Les mécanismes traditionnels de gestion des conflits en Afrique subsaharienne*, Rapport de recherche n° 2, juin 2017, *op.cit.*, p. 21.

1227 *Ibidem*, *op. cit.*, p. 21.

1228 *Ibidem*, *op. cit.*, p. 21.

B - Les instances traditionnelles de règlement des conflits ethniques

« *Viens qu'on vive ensemble est égal à viens qu'on fasse palabre.* »[1229] (Proverbe Dioula, Côte d'Ivoire).

La référence à cette pensée laisse entendre, sans doute, que les conflits sont inévitables dans toute société humaine. Mais, la survenance de ces conflits ne doit en aucun cas être un facteur de division entre les membres de la société. Comme le dit un proverbe des Banen du Cameroun, « *éviter la guerre à tout prix, faire la guerre quand on n'a pas pu l'éviter, mais toujours rétablir la paix après la guerre* »[1230]. Partant, il est admis que la problématique des conflits ethniques constitue aujourd'hui une entrave sérieuse au développement des pays aux sociétés plurales et engendre leur fragilisation, plus spécialement la fragilisation de leurs institutions. De ce fait, la résolution de ces conflits par les instances traditionnelles, qu'elles aient ou non les attributions juridictionnelles, devient un enjeu majeur permettant le rétablissement de la paix sociale. Dès lors, on peut se poser la question de savoir comment les instances traditionnelles procèdent au règlement des conflits interethniques. Pour répondre à cette question, dans le contexte africain, il existe plusieurs instances de règlement des conflits interethniques. On distingue ainsi la palabre judiciaire africaine **(1)** des autres instances de gestion des conflits interethniques **(2)**.

1 - La palabre judiciaire africaine : « cadre privilégié de résolution des conflits »[1231] ethniques

Étymologiquement, le terme « palabre » vient de l'espagnol *palabra*[1232] qui signifie discussion. En Afrique, la palabre est une pratique ancestrale qui

---

1229 LEZOU (Dago-Gérard) et MALANHOUA (Kouassi-Aimé)., *Guide pratique des mécanismes endogènes de prévention, de gestion et de résolution des conflits en Afrique de l'Ouest*, Unesco, 2013, *op. cit.*, p. 5. Ces auteurs expliquent que ce proverbe a été cité par Koroba Fama, chef coutumier et originaire du nord de la Côte d'Ivoire, lors d'un conflit qui opposait les éleveurs nigériens et les autochtones. C'est dans son adresse à ses compatriotes qu'il a affirmé que « *Viens qu'on vive ensemble est égal à viens qu'on fasse palabre* », car les conflits sont inhérents à nos sociétés.

1230 https://www.oecd.org/fr/csao/evenements/38516109.pdf, consulté en novembre 2019 ; BAH (Thierno)., « Les mécanismes traditionnels de prévention et de résolution des conflits en Afrique noire », in *Les fondements endogènes d'une culture de la paix en Afrique*, Frédérico Mayor, Edouard Matoko, UNESCO, 1999, p. 18.

1231 Voir DIENG (Amadou)., *Les modes alternatifs de règlement des conflits (MARC) en Ohada*, 17 et 18 mars 2009, p. 6 ; voir également BAGAYOKO (Niagalé) et KONÉ (Fahiraman Rodrigue)., *Les mécanismes traditionnels de gestion des conflits en Afrique subsaharienne*, Rapport de recherche n° 2, juin 2017, *op. cit.*, p. 21.

1232 https://www.oecd.org/fr/csao/evenements/38516109.pdf, *op. cit.*, consulté en novembre ; TENDENG (Odile) et NDEYE (Amy-Ndiaye)., « Le dialogue national comme outil de

tire sa substance des mythes ou des contes qui forment le nœud de la sagesse africaine. Il s'agit d'une instance de concertation, de discussion et d'échange qui permet d'aboutir à une solution en cas de litige ou en période de crise, afin de garantir l'unité et la préservation de la cohésion sociale. Comme le relèvent les chefs Mossé[1233] du Burkina Faso, « *se rassembler pour discuter et échanger des idées ne laboure pas un champ mais permet de régler des problèmes de société* » (P. Kondombo, 2014)[1234]. Pour Thierno Bah (2012)[1235], la palabre est « *un cadre d'organisation de débats contradictoires, de conseils, d'expressions d'avis, de déploiement de mécanismes divers de discussion et d'arbitrage* ». À ce titre, elle représente le cadre idéal de règlement des conflits intercommunautaires en Afrique. Ainsi, il est important de rappeler que la palabre africaine se tient généralement dans des lieux symboliques ou dans des « endroits marqués du sceau de sacralité »[1236] comme, par exemple, « sous un hangar ou un grand arbre à feuillage comme le baobab (d'où le terme "arbre à palabre") »[1237]. Présidée par un chef traditionnel, assisté par ses conseillers, la palabre n'a lieu que lorsque la conciliation n'a pas abouti au sein de la famille ou du quartier. Elle peut être vue, à ce titre, comme une instance de « dernier ressort et de cassation » en matière coutumière.

De ce point de vue, on comprendra que l'un des enjeux principaux de la palabre africaine réside dans l'idée de garantir la cohésion de la communauté. La palabre apparaît donc comme un processus dont la finalité est le maintien ou le rétablissement de la paix et de l'unité au sein des sociétés africaines. Ainsi, dans certains pays comme la RDC, le Congo-Brazzaville, le Burkina Faso ou encore le Cameroun, la palabre est considérée comme une véritable « instance de communication » (P. Mabiala Mantuba Ngoma, 2002)[1238] chargée de régler les conflits interethniques au niveau local, au moyen « des proverbes, des contes, des paraboles, des symboles et des

---

prévention et de résolution des conflits en Afrique », *Partners West Africa*, n° SG-463-15, novembre 2015, p. 5.

1233 Les Mossé se situent au centre du Burkina Faso. C'est l'ethnie majoritaire, représentant 40% de la population nationale.

1234 KONDOMBO (Pouknif)., « La Palabre africaine peut-elle renforcer la démocratie en Afrique ? », *Afrique*, 7 décembre 2014, *op. cit.*, consulté en novembre 2018.

1235 BAH (Thierno)., « Les mécanismes traditionnels de prévention et de résolution des conflits en Afrique noire », *in Mécanismes traditionnels de prévention et de résolution des conflits en Afrique*, UNESCO, Département Afrique, mai 2012, *op. cit.*, pp. 1-26.

1236 BAH (Thierno)., « Les mécanismes traditionnels de prévention et de résolution des conflits en Afrique noire », *in Mécanismes traditionnels de prévention et de résolution des conflits en Afrique*, UNESCO, Département Afrique, mai 2012, *op. cit.*, pp. 1-26.

1237 KONDOMBO (Pouknif)., « La Palabre africaine peut-elle renforcer la démocratie en Afrique ? », *Afrique*, 7 décembre 2014, *op. cit.*, consulté en novembre 2018.

1238 MABIALA MANTUBA NGOMA (Pamphile)., « Nature et mécanismes de règlement des conflits dans les sociétés traditionnelles africaines », *Revue africaine des sciences sociales et humaines*, n° 2, novembre 2002, p. 67.

chansons » (G. Aundu Matsanza, 2004-2005)[1239]. À titre d'exemple, en RDC, cette institution trouve sa légitimité dans l'article 207 de la Constitution, aux termes duquel « l'autorité coutumière a le devoir de promouvoir l'unité et la cohésion nationales »[1240]. Cet organe assure la résolution des conflits ethniques au niveau des localités, veille à la cohésion de la diversité nationale sans se substituer aux juridictions ordinaires. De même, Guy Aundu Matsanza (2004-2005)[1241], après avoir relevé le caractère contradictoire du débat au sein de la palabre judiciaire africaine, affirme que « *sa présence se nécessite du fait qu'une société multiethnique et multipartite comme le Congo (RDC) ne peut éviter le conflit [...], il poursuit la réconciliation permanente comme son objectif* ». Elle permet en conséquence « *d'arrêter l'usage stérile ou négatif de la violence par la discussion et le symbolisme du sacré* » (J.-G. Bidima, 1997)[1242]. Dans le même esprit, au Cameroun, on observe aussi une forme de palabre qui consiste en l'échange de présents comme mécanismes traditionnels de règlement des conflits chez certains groupes ethniques. On peut citer le cas de la chefferie Bamiléké, qui utilise l'échange de présents pour prévenir ou résoudre des conflits de voisinage. Ainsi, comme le fait remarquer Thierno Bah (1999)[1243], l'échange mutuel de peaux d'animaux (panthère) et d'ivoire, conformément à la coutume, marque un signe d'allégeance entre les chefs ethniques. À en croire ses travaux, chez les Bamiléké, la *Magni*, c'est-à-dire la mère de jumeaux, en raison des pouvoirs mystiques qu'elle incarne, joue un rôle majeur lors du déroulement de la palabre. En effet, avec une branche appelée arbre de paix qu'elle tient dans sa main, la *Magni* parcourt le lieu de la palabre en agitant les feuilles de ladite branche qui symbolise la réparation des fautes commises, un gage de bonne moralité, de vérité et de paix (B. Thierno, 1999)[1244]. On ajoutera aussi que

---

1239 AUNDU MATSANZA (Guy)., « La nouvelle édification de l'État à l'épreuve de l'ethnicité : esquisse de solutions pour la République démocratique du Congo », *Fédéralisme Régionalisme* [en ligne], Volume 5, 2004-2005, La IIIe République démocratique du Congo, *op. cit.*, URL : http://popups.ulg.ac.be/1374-3864/index.php?id=207, consulté en janvier 2018 ; voir aussi BIDIMA (Jean-Godefroy)., *La palabre : une juridiction de la parole*, Paris, Michelon, 1997, p. 20.

1240 Voir la Constitution de la RDC du 18 février 2006, *op. cit.*, art. 207.

1241 AUNDU MATSANZA (Guy)., « La nouvelle édification de l'État à l'épreuve de l'ethnicité : esquisse de solutions pour la République démocratique du Congo », *Fédéralisme Régionalisme* [en ligne], Volume 5, 2004-2005, La IIIe République démocratique du Congo, *op. cit.*, URL : http://popups.ulg.ac.be/1374-3864/index.php?id=207, consulté en janvier 2018.

1242 BIDIMA (Jean-Godefroy)., *La palabre : une juridiction de la parole*, Paris, Michelon, 1997, *op. cit.*, p. 20.

1243 BAH (Thierno)., « Les mécanismes traditionnels de prévention et de résolution des conflits en Afrique noire », *in Les fondements endogènes d'une culture de la paix en Afrique*, Frédérico Mayor, Edouard Matoko, UNESCO, 1999, *op. cit.*, p. 8.

1244 *Ibidem*, *op. cit.*, p. 8.

chez les Bassa[1245] du Cameroun, c'est le palmier, dont les rameaux symbolisent la paix et la joie[1246], qui est utilisé lors de l'instance. De ce fait, à la fin de la palabre, les groupes de musique s'organisent pour célébrer le retour de la paix dans la communauté avec des danses. Le chant et la danse véhiculent les valeurs de la paix, comme le révèle un refrain célèbre chez les Bamum, à l'ouest du Cameroun, selon lequel « *la femme préfère un lâche vivant à un héros mort* » (B. Thierno, 1999)[1247]. Ce faisant, les chants et les danses qui viennent clore les assises de la palabre deviennent des moyens importants garantissant la culture de la vie en cohésion et en paix dans plusieurs sociétés traditionnelles africaines.

Chemin faisant, on notera en pays Mbosi, au nord du Congo-Brazzaville, l'existence d'une palabre appelée *Otwerè* (J. Itoua, 2006)[1248], institution traditionnelle de règlement des conflits sociaux au sein de la communauté Mbosi. Cette institution repose sur le *Twerè* (*Toueré*), c'est-à-dire l'autorité morale et physique chargée d'harmoniser les points de vue et de rendre la justice[1249]. À en croire Joseph Itoua (2006)[1250], le *Twerè* (juge) a « *le devoir d'instruire et de trancher les palabres. Il le fait dans un esprit non pas répressif mais de conciliation et de paix, car la paix est le fruit de la justice. La bonne justice (Otwerè) devient ainsi un facteur important de la résolution pacifique des conflits* ». *Otwerè* a souvent lieu sous un grand arbre du village ou un hangar, où se réunit toute la communauté en vue de la résolution des litiges, spécialement les litiges liés aux conflits des frontières entre villages, à la rupture des liens de parenté, à l'adultère, au divorce, aux mariages, aux palabres pour santé et décès, ainsi que tous les autres conflits entre les membres de la communauté Mbosi[1251]. À ce titre, *Otwerè* devient un moyen de résolution des conflits, de réconciliation, de maintien de l'ordre et de la cohésion sociale.

Au regard de ces considérations, force est de retenir que la palabre judiciaire africaine ne doit son existence qu'à son ultime rôle qui est la résolution des conflits interethniques à travers la sagesse qu'incarnent ses

---

1245 Les Bassa sont un groupe ethnique vivant au Cameroun, dans les régions du centre et du littoral. On les retrouve dans les départements du Nyong-et-Kéllé, de la Sanaga-Maritime, du Nkam, du Wouri et de la Méfou-et-Akono.

1246 BAH (Thierno)., « Les mécanismes traditionnels de prévention et de résolution des conflits en Afrique noire », *in Les fondements endogènes d'une culture de la paix en Afrique*, Frédérico Mayor, Edouard Matoko, UNESCO, 1999, *op. cit.*, p. 18.

1247 *Ibidem, op. cit.*, p. 18.

1248 ITOUA (Joseph)., *L'institution traditionnelle Otwere chez les Mbosi Olee au Congo-Brazzaville*, Thèse d'histoire, Université de Lille III, 6 juillet 2006, p. 68.

1249 *Ibidem*, p. 8.

1250 *Ibidem, op. cit.*, p. 185.

1251 *Ibidem, op. cit.*, p. 8.

membres. Comme le souligne Emmanuel Okamba (2014)[1252], cet organe « *doit être convoqué et placé sous l'autorité du pouvoir royal ou de ses représentants (juges assermentés), garants de la Sagesse et de la Justice* ». Dès lors, il est dépourvu de tout pouvoir de sanction au sens propre du mot, car sa mission n'est limitée qu'à la réhabilitation de l'unité nationale. La palabre judiciaire relève non seulement de la dimension symbolique, mais également de la dimension culturelle. C'est donc un des fondements du contrat social, en ce sens qu'elle permet la résolution pacifique des conflits au sein d'une communauté, afin de souder ou de refonder le lien social (E. Okamba, 2014)[1253]. De ce fait, s'établit une relation de confiance susceptible d'éviter, voire de résoudre les conflits interethniques. Aussi, il est important de souligner que la palabre est régie par le droit coutumier, c'est-à-dire un ensemble de règles non écrites qui sont transmises de génération en génération, soit par voie orale, soit par voie d'initiation aux fonctions de juge traditionnel pour préserver la paix au sein de la communauté (E. Okamba, 2014)[1254]. La paix et l'unité nationale sont alors des objectifs poursuivis par les instances traditionnelles de règlement des conflits dans les sociétés africaines.

2 - Les autres instances traditionnelles de gestion des conflits ethniques

En Afrique, on trouve, à côté de la palabre judiciaire, d'autres instances traditionnelles similaires permettant de restaurer l'unité et la stabilité sociale. En effet, au sortir d'un conflit sociopolitique ou d'une guerre civile, la justice classique n'a pas souvent été à la hauteur de la résolution des litiges issus de ces événements. D'ailleurs, il est souvent fait le constat selon lequel, au lendemain des conflits interethniques, les institutions chargées de faire respecter la loi, de rendre et d'appliquer les décisions de justice se trouvent généralement dans l'incapacité de faire face aux affaires qui leur sont soumises (N. Odoukpé, 2009)[1255].

Partant de ce constat, le recours à des mécanismes traditionnels de résolution des conflits ethniques se révèle nécessaire. On peut, à titre d'exemple, faire référence à l'instance *Gacaca*[1256] (se prononce « gatchatcha ») au Rwanda. Les *Gacaca* permettaient à l'origine de résoudre

[1252] OKAMBA (Emmanuel)., « Couverture du risque pays par l'aide publique au développement dans les pays francophones d'Afrique », *Business Management Review*, Vol. 4, n° 3, octobre-novembre-décembre 2014, pp. 90-103.

[1253] *Ibidem*, *op. cit.*, pp. 90-103.

[1254] *Ibidem*, *op. cit.*, pp. 90-103.

[1255] ODOUKPE (N'taho)., *Réflexion sur la justice traditionnelle*, Mémoire, Université Catholique de l'Afrique de l'Ouest, 2009, *op. cit.*, p. 12 et *sq*.

[1256] Les *Gacaca* (« gatchatcha ») sont les tribunaux communautaires villageois. L'expression désigne l'herbe (gazon) sur laquelle se tenaient les réunions pour résoudre les litiges.

les conflits familiaux ou de voisinage sur les collines (N. Odoukpé, 2009)[1257]. Ces juridictions traditionnelles étaient très éloignées des pratiques observées dans les juridictions modernes. Elles constituaient une espèce d'assemblée villageoise dirigée par des anciens, avec pour objet de donner la parole à tous. Traditionnellement, les *Gacaca* n'intervenaient qu'en cas de conflits en matière successorale, conjugale, foncière, d'atteintes aux biens, etc. En se référant au témoignage de l'anthropologue Philibert Kagabo, Valérie Rosoux et Aggée Shyaka Mugabe (2008)[1258] montrent que les *Gacaca* sont des juridictions basées sur la négociation. Ainsi, ce témoignage obéirait à la logique suivante :

> « *Prenons un exemple. Il y avait un délinquant dans ma famille. Mon fils s'était battu et avait blessé le tien. Pour régler ça, toi, tu amenais les chefs de ta famille. Moi, je faisais de même et entre eux, ils cherchaient une solution. En général, ils donnaient une punition, une amende. Mais il fallait que cette punition soit acceptée par les chefs de nos deux familles. Le coupable avouait et demandait alors publiquement pardon. Cela mettait ainsi fin à la spirale de la violence et ça permettait de maintenir la cohésion de la communauté.* »[1259]

Dans cette perspective, après le génocide des Tutsi de 1994, et face à l'échec des juridictions ordinaires à résoudre le conflit entre Hutu et Tutsi pour assurer la réconciliation nationale, les autorités rwandaises ont donc fait recours aux *Gacaca* afin de sortir le pays de l'impasse. Forte de cette nécessité, la Constitution de 2003 a donné une base constitutionnelle aux *Gacaca*, spécialement dans son chapitre V relatif au pouvoir judiciaire, qui distingue les juridictions ordinaires et les juridictions spécialisées. Ainsi, aux termes de l'article 143, alinéa 3 de cette Constitution, « *les juridictions spécialisées sont les juridictions Gacaca et les juridictions militaires* »[1260]. La mission principale des *Gacaca* est de réconcilier les Rwandais et de renforcer

---

1257 ODOUKPE (N'taho)., *Réflexion sur la justice traditionnelle*, Mémoire, Université Catholique de l'Afrique de l'Ouest, 2009, *op. cit.*, p. 11 ; voir également DUSINGIZEMI (Jean-Pierre)., « Le processus Gacaca, une voie intéressante de la reconstruction psycho-sociale au Rwanda », in *Le dialogue entre les civilisations*, Actes de la conférence internationale sur le dialogue interculturel et la culture de la paix en Afrique centrale et dans la région des Grands Lacs, Libreville, Gabon, 18, 19 et 20 novembre 2003, pp. 250-259 ; ou encore NDABATINYE (Pancrace)., « Présentation des Associations des Gacaca du Rwanda et des Bashigantahe du Burundi », in *Le dialogue entre les civilisations*, Actes de la conférence internationale sur le dialogue interculturel et la culture de la paix en Afrique centrale et dans la région des Grands Lacs, Libreville, Gabon, 18, 19 et 20 novembre 2003, pp. 78-88.

1258 ROSOUX (Valérie), SHYAKA MUGABE (Aggée)., « Le cas des Gacaca au Rwanda. Jusqu'où négocier la réconciliation ? », *Négociations*, 2008/1, n° 9, pp. 29-40.

1259 ROSOUX (Valérie), SHYAKA MUGABE (Aggée)., « Le cas des Gacaca au Rwanda. Jusqu'où négocier la réconciliation ? », *Négociations*, 2008/1, n° 9, *op.cit.*, pp. 29-40.

1260 Voir la Constitution rwandaise de 2003, *op. cit.*, art. 143, al. 3.

leur unité nationale[1261]. Il s'agit d'une justice « rétributive » dont l'organisation, la compétence et le fonctionnement sont déterminés par une loi organique[1262]. À en croire Filip Reyntjens (2014)[1263], « *même si la loi faisait explicitement référence à la tradition, le système n'avait rien de traditionnel, car le droit de l'État devait y être appliqué...* ». Contrairement à la palabre judiciaire africaine, les *Gacaca* disposaient d'un pouvoir de sanction. Toutefois, leur objet prioritaire n'était nullement la sanction mais la consolidation de l'unité nationale, en ce sens que les individus condamnés (génocidaires) « devraient, après avoir purgé leur peine, réintégrer la société par un rituel » (M. Rumping, 2017)[1264]. Ce faisant, les *Gacaca* « reposent sur l'aveu et le pardon »[1265]. Il résulte de ces analyses qu'elles ont joué un rôle déterminant dans le renforcement de la réconciliation entre victimes (Tutsi) et coupables (Hutu) du génocide rwandais, et ont en conséquence permis la résolution des conflits interethniques et le retour de la paix.

À côté des *Gacaca*, on trouve également dans la Constitution rwandaise de 2015, notamment dans ses articles 140 et 141, des mécanismes de règlement des conflits interethniques comme le Conseil national d'*Umushyikirano*[1266] et le Comité d'*Abunzi*[1267], deux organes étatiques chargés de régler les conflits entre les communautés ethniques afin de consolider la paix et la cohésion de toutes les couches nationales.

Par ailleurs, on remarquera, dans d'autres pays comme le Burundi, l'existence des mêmes mécanismes traditionnels. On peut se référer à cet égard à l'institution traditionnelle *Bashingantahe* (« celui qui plante la baguette du droit »)[1268], qui a pour mission principale d'assurer la médiation

---

[1261] REYNTJENS (Filip)., *Rwanda : gouverner après le génocide*, Paris, Les Belles Lettres, 2014, p. 259.

[1262] Loi organique n° 16/2004 portant organisation, compétence et fonctionnement des juridictions Gacaca chargées des poursuites et du jugement des infractions constitutives du crime de génocide et d'autres crimes contre l'humanité commis entre le 1er octobre 1990 et le 31 décembre 1994, publiée le 19 juin 2004.

[1263] REYNTJENS (Filip)., *Rwanda : gouverner après le génocide*, Paris, Les Belles Lettres, 2014, *op. cit.*, p. 60.

[1264] RUMPING (Merel)., « Le Rwanda post-génocide. Le rôle et le fonctionnement des Gacaca dans la reconstruction et la réconciliation du peuple rwandais », *Justice internationale*, Institut d'études politiques, Toulouse, p. 10. Disponible sur : https://docplayer.fr/32504997-Le-rwanda-post-genocide.html, consulté en mai 2019.

[1265] ROSOUX (Valérie), SHYAKA MUGABE (Aggée)., « Le cas des Gacaca au Rwanda. Jusqu'où négocier la réconciliation ? », *Négociations*, 2008/1, n° 9, *op. cit.*, pp. 29-40.

[1266] *Umushyikirano* est une expression rwandaise qui signifie dialogue national.

[1267] *Abunzi* désigne la médiation.

[1268] *Ibidem* ; voir pour plus de précisions, NDABATINYE (Pancrace)., « Présentation des Associations des Gacaca du Rwanda et des Bashigantahe du Burundi », *in Le dialogue entre les civilisations*, Actes de la conférence internationale sur le dialogue interculturel et la culture

entre les parties en conflit et la réconciliation nationale. Ernest-Marie Mbonda (2012)[1269] montre à ce propos que « *pendant les périodes les plus tragiques de l'histoire du Burundi, comme en 1993, les Bashingantahe ont contribué, dans certaines localités tout au moins, à atténuer les violences interethniques en protégeant des personnes vulnérables et même en jouant le rôle de médiation pour délivrer certaines personnes détenues par des assaillants* ». Dès lors, compte tenu de son rôle dans la gestion des litiges interethniques, cette institution a fait l'objet d'une reconnaissance tant par le Programme des Nations unies pour le développement (PNUD) que par la Constitution burundaise de 2005, dans son article 150, qui lui confie la mission de promouvoir l'unité et la réconciliation nationales[1270]. De même, le *Bashingantahe,* conformément à l'accord d'Arusha, « siège à l'échelon de la colline. Il rend la justice dans un esprit de conciliation »[1271]. De plus, au regard de la loi n° 1-016 du 20 avril 2005 portant organisation de l'administration communale, c'est « *sous la supervision du chef de colline ou de quartier que le conseil de colline ou de quartier a pour mission d'assurer, sur la colline ou au sein du quartier, avec les Bashingantahe de l'entité, l'arbitrage, la médiation, la conciliation ainsi que le règlement des conflits de voisinage* »[1272]. Il en résulte qu'il s'agit d'un organe qui dispose d'un pouvoir judiciaire et traditionnel très fort en matière de gestion des conflits interethniques et de maintien de la stabilité sociale. *In fine*, force est de constater que la sagesse africaine offre plusieurs exemples de mécanismes traditionnels de règlement des conflits ethniques, y compris ceux à caractère social, afin de parvenir à la consolidation de la paix et de l'unité nationale.

---

de la paix en Afrique centrale et dans la région des Grands Lacs, Libreville, Gabon, 18, 19 et 20 novembre 2003, *op. cit*., pp. 78-88.

[1269] MBONDA (Ernest-Marie)., « Justice ethnoculturelle, justice transitionnelle et dialogue intercommunautaire : Le cas du Burundi », *Réseau français des instituts d'études avancées*, 2 avril 2012, *op. cit.*, consulté en mai 2019.

[1270] Voir la Constitution burundaise de mars 2005, *op. cit.*, art. 150.

[1271] MBONDA (Ernest-Marie)., « Justice ethnoculturelle, justice transitionnelle et dialogue intercommunautaire : Le cas du Burundi », *Réseau français des instituts d'études avancées*, 2 avril 2012, *op. cit.*, consulté en mai 2019.

[1272] Voir sur ce point : https://www.idea.int/sites/default/files/publications/justice-traditionnelle-et-reconciliation-apres-un-conflit-violent.pdf, consulté en mai 2019 ; MBONDA (Ernest-Marie)., « Justice ethnoculturelle, justice transitionnelle et dialogue intercommunautaire : Le cas du Burundi », Réseau *français des instituts d'études avancées*, 2 avril 2012, *op. cit.*, consulté en mai 2019 ; voir aussi loi n° 1/016 du 20 avril 2005 portant organisation de l'administration communale au Burundi.

§2 - Les mécanismes traditionnels à caractère social de résolution des conflits ethniques

> « *Des querelles ne peuvent casser un village qui s'appelle village d'entente.* »[1273] (Proverbe Dioula, Côte d'Ivoire).

En Afrique francophone, lorsque naît un conflit, différents mécanismes de gestion des conflits sont mis en œuvre pour rétablir rapidement la paix. Depuis fort longtemps, tout se résume aux mécanismes traditionnels, notamment ceux à caractère social. À cet effet, il est vrai que l'histoire des sociétés africaines, à en croire certains chercheurs, « *est riche d'enseignements utiles à la compréhension des pratiques qui ont donné lieu à l'éclosion des sociétés vivant en paix et en harmonie* » (N. Bagayoko, F.-R. Koné, 2017)[1274]. Ainsi, « *la stabilité des sociétés traditionnelles africaines était garantie par des pratiques et rites qui garantissaient et assuraient le règlement pacifique des conflits* » (N. Bagayoko, F.-R. Koné, 2017)[1275]. Il en résulte que dans les sociétés traditionnelles africaines, on trouve, à partir de leur vécu culturel, un ensemble de mécanismes dont l'efficacité garantit la résolution des conflits, et donc la paix et la cohésion sociale[1276]. Ainsi, on trouve, dans cet ensemble, des mécanismes sociaux de résolution des conflits ethniques tels que les alliances interethniques et les pratiques festives **(A)**. On assiste aussi à l'émergence de nouveaux mécanismes endogènes de réconciliation et de paix **(B)**.

1273 LEZOU (Dago-Gérard) et MALANHOUA (Kouassi-Aimé)., *Guide pratique des mécanismes endogènes de prévention, de gestion et de résolution des conflits en Afrique de l'Ouest*, Unesco, 2013, *op. cit.*, p. 11. Ce proverbe, estime-t-on, « met l'accent sur la nécessité de maintenir l'entente dans une communauté d'individus. Il sied dans le cadre de prévention de crises. Même après une crise, il est opérationnel pour inviter les uns et les autres à aller dans le sens de la paix ».

1274 BAGAYOKO (Niagalé) et KONÉ (Fahiraman Rodrigue)., *Les mécanismes traditionnels de gestion des conflits en Afrique subsaharienne*, Rapport de recherche n° 2, juin 2017, *op. cit.*, p. 28.

1275 *Ibidem*, *op. cit.*, p. 28 et *sq.*

1276 *Ibidem*, *op. cit.*, p. 28 et *sq.*

A - Le recours aux alliances interethniques et aux cérémonies festives

> « *Si tu veux te passer de tous les bois fumants de ton feu, il s'éteindra.* »[1277] (Proverbe Dioula, Côte d'Ivoire).

Cette pensée signifie que pour mieux vivre ensemble dans une communauté, il faut apprendre à accepter les autres avec leurs défauts[1278]. Elle met l'accent sur la solidarité, le pardon et la cohésion au sein d'une communauté donnée. Dans un contexte de conflit, la recherche de la paix et de la réconciliation apparaît sans doute comme une exigence. Pour atteindre cet objectif, des mécanismes divers sont mis en œuvre pour gérer les conflits intercommunautaires. Il suffit, pour s'en convaincre, de se référer aux mécanismes traditionnels tels que les alliances à plaisanterie ou les parentés à plaisanterie **(1)** et les cérémonies festives **(2)**.

1 - Les alliances à plaisanterie, une pratique ancestrale de gestion des conflits

« *Le recours aux alliances interethniques et aux parentés à plaisanterie n'est pas loin d'être, comme l'écrit Aimé Césaire, une page du Cahier d'un retour au pays natal qui pourrait, à l'ère où l'Afrique est désemparée [...], être l'aurore d'un mouvement d'affirmation de soi : le mouvement du "Come-back to the native village".* » (U. Amoa, 2009)[1279] Par ces mots, le professeur Urbain Amoa souligne l'importance des alliances à plaisanterie, considérées comme une pratique ancestrale dans les sociétés traditionnelles africaines, le plus souvent en matière de prévention et de gestion des crises interethniques. Ces alliances sont très répandues en Afrique, plus spécialement en Afrique de l'Ouest, où elles sont vues comme un ensemble de mécanismes sociaux ayant pour finalité la prévention, la médiation, la conciliation et la gestion des conflits. Elles renvoient également à l'idée d'un pacte d'amitié et de non-agression entre différents groupes sociaux[1280]. Ainsi, l'alliance à plaisanterie ou encore la parenté à plaisanterie, selon les ethnies, se donne à lire comme une pratique qui établit, entre deux personnes, une relation dans laquelle « *l'une est autorisée par la coutume, et dans certains cas, obligée, de taquiner l'autre ou de s'en moquer et l'autre, de son côté, ne doit pas en prendre*

1277 LEZOU (Dago-Gérard) et MALANHOUA (Kouassi-Aimé)., *Guide pratique des mécanismes endogènes de prévention, de gestion et de résolution des conflits en Afrique de l'Ouest*, Unesco, 2013, *op. cit.*, p. 12.

1278 *Ibidem*, *op. cit.*, p. 12.

1279 AMOA (Urbain)., « Pactes de stabilité et construction de la confiance dans le processus de cohésion sociale », *Synergies Afrique centrale et de l'Ouest*, n° 3, 2009, pp. 85-99.

1280 BAGAYOKO (Niagalé) et KONÉ (Fahiraman Rodrigue)., *Les mécanismes traditionnels de gestion des conflits en Afrique subsaharienne*, Rapport de recherche n° 2, juin 2017, *op. cit.*, p. 28.

ombrage » (N. Bagayoko, F.-R. Koné, 2017)[1281]. C'est en cela que certains auteurs, à l'instar de Sory Camara (2000)[1282], Radcliffe Brown (1972)[1283], Niagalé Bagayoko ou Fahiraman Rodrigue Koné (2017)[1284] parlent d'une convention sociale qui institue un pacte de non-agression entre différents groupes ethniques dont l'objectif est de garantir l'harmonie, la paix entre ethnies et au sein des familles[1285]. Autrement dit, il s'agit d'une forme de « *relation d'amitié dans laquelle existe un antagonisme apparent, contrôlé par des règles conventionnelles* » (C. Canut, E. Smith, 2006)[1286]. On distingue alors, en se référant aux travaux de Radcliffe Brown (1972)[1287], deux variétés principales: « *Dans l'une, la relation est symétrique, chacune des deux personnes se moque de l'autre ; dans l'autre, la relation est asymétrique : A fait des plaisanteries aux dépens de B et B accepte la moquerie avec bonne humeur et sans y répondre ; ou bien A plaisante B autant qu'il lui plaît, tandis que B ne plaisante A que très discrètement.* » Il en résulte que la plaisanterie est un jeu de moquerie qui peut être à la fois verbal ou brutal en fonction des sociétés. Mais, quelle que soit la forme qu'elle peut prendre, la plaisanterie reste un moyen d'amusement qui apaise les esprits dans le respect de l'autre.

Partant de cette logique, les alliances à plaisanterie impliquent alors une entente entre plusieurs groupes ethniques, entre les membres d'une même famille, entre les générations, qui repose sur un certain nombre de principes tels que le respect de la « *dignité de l'être humain des points de vue moral, physique et social ; l'atténuation des différences sociales entre maître et esclave ; l'égalité entre les groupes sociaux et les groupes ethniques ; l'obligation de respect mutuel ; le devoir de fraternisation et d'assistance mutuelle ; le devoir d'humanisation des rapports sociaux ; l'observation de la paix perpétuelle entre les peuples concernés* » (N. Bagayoko, F.-R. Koné

[1281] *Ibidem*, *op. cit.*, p. 28.
BROWN (Radcliffe)., *Structure et fonction dans la société primitive*, Paris, Éditions de Minuit, 1972, p. 108 ; voir aussi https://maliactu.net/les-parentes-a-plaisanterie-au-mali-un-outil-de-cohesion-sociale/, consulté en février 2019.

[1282] CAMARA (Sory)., *Gens de la parole : Essai sur la condition et le rôle des griots dans la société malinké*, Paris, Karthala, Coll. « Homme et Société », 2000, p. 39.

[1283] BROWN (Radcliffe)., *Structure et fonction dans la société primitive*, Paris, Éditions de Minuit, 1972, pp. 108 et *sq*.

[1284] BAGAYOKO (Niagalé) et KONÉ (Fahiraman Rodrigue)., *Les mécanismes traditionnels de gestion des conflits en Afrique subsaharienne*, Rapport de recherche n° 2, juin 2017, *op. cit.*, pp. 28-29.

[1285] *Ibidem*, *op. cit.*, pp. 28-29.

[1286] CANUT (Cécile) et SMITH (Étienne)., « Pactes, alliances et plaisanteries », *Cahiers d'études africaines* [en ligne], 184 | 2006, mis en ligne le 8 décembre 2006, consulté le 10 mai 2020. URL : http://journals.openedition.org/etudesafricaines/6198.
FOUÉRÉ (Marie-Aude)., « Les métamorphoses des "relations à plaisanteries" », *Cahiers d'études africaines*, 2005, pp. 389-430.

[1287] BROWN (Radcliffe)., *Structure et fonction dans la société primitive*, Paris, Éditions de Minuit, 1972, *op. cit.*, p. 108 et *sq*.

(2017)[1288]. À ce titre, les alliances à plaisanterie se présentent comme un véritable outil de gestion des conflits au sein de la communauté, en ce sens qu'en tant qu'instrument traditionnel d'apaisement des tensions sociales, elles visent à garantir durablement la paix sociale. Ainsi, on trouve de nombreux cas en Afrique, où elles ont joué un rôle majeur dans la gestion des conflits. Au Burkina Faso, par exemple, ces alliances ont en partie contribué au retour de la paix après l'insurrection des 30 et 31 octobre 2014. D'ailleurs, « *la stabilité sociale est jusqu'ici une réalité unanimement constatée et reconnue au Burkina Faso comparativement à d'autres points de l'Afrique où les guerres ethniques emportent des milliers de vies humaines. On l'impute moins à l'action politique qu'à la force d'institutions traditionnelles comme l'alliance et la parenté à plaisanterie* » (S. Blégné, 2015)[1289]. En se référant à cette pensée, il n'est pas étonnant de relever que ces affrontements verbaux entre groupes ethniques sont en réalité des outils de résolution des différends intercommunautaires et de décrispation sociale. De ce fait, les alliances à plaisanterie deviennent aujourd'hui un facteur de maintien et d'amélioration des rapports de bon voisinage, de solidarité et de cohésion sociale. C'est donc un véritable moyen de régler les conflits ethniques par le rire. Tel est le cas du Mali, où ces alliances permettent la cohésion entre les différents groupes ethniques. Les plus célèbres d'entre elles sont celles qui lient l'ethnie Dogon à l'ethnie Bozo et les familles Traoré et Diarra. En effet, entre ces groupes ethniques et ces familles, s'établissent des relations de moqueries fondées sur leur mode de vie ou leurs habitudes alimentaires et qui leur permettent de se dire la vérité sans s'irriter[1290] ni s'offenser. Ces rapports sont incontestablement un moyen de désamorcer les conflits familiaux et interethniques[1291], comme en Côte d'Ivoire, dans la mesure où les alliances interethniques, grâce au pacte de non-agression et d'assistance mutuelle qu'elles impliquent, sont considérées comme un facteur de paix et d'apaisement des différends ethniques. Dès lors, les alliances à plaisanterie se présentent, en Côte d'Ivoire, comme un des outils qui permettent d'établir « *un filet de relations complexes à la fois au sein et entre les quatre grands groupes ethniques* » (N. Bagayoko, F.-R. Koné, 2017)[1292], à savoir « *Akan, Gour, Krou, Mandé. En tant que pacte de non-agression, les alliances recommandent aux membres de ces groupes ethniques de ne pas entrer en*

[1288] BAGAYOKO (Niagalé) et KONÉ (Fahiraman Rodrigue)., *Les mécanismes traditionnels de gestion des conflits en Afrique subsaharienne*, Rapport de recherche n° 2, juin 2017, *op. cit.*, p. 29.

[1289] BLÉGNÉ (Séma)., « La parenté à plaisanterie, un bon moyen de prévention et de gestion des conflits au Burkina Faso », *Bulletin Médiaterre international*, Francophonie, août 2015, consulté en février 2018.

[1290] *Ibidem, op. cit.*

[1291] *Ibidem, op. cit.*

[1292] BAGAYOKO (Niagalé) et KONÉ (Fahiraman Rodrigue)., *Les mécanismes traditionnels de gestion des conflits en Afrique subsaharienne*, Rapport de recherche n° 2, juin 2017, *op. cit.*, p. 28 et *sq.*

conflit » (N. Bagayoko, F.-R. Koné, 2017)[1293]. En Côte d'Ivoire, ce principe de non-agression s'applique également aux alliances entre les familles Traoré, Doumbia, Coulibaly, Konaté, Koné, Cissoko, etc.[1294].

En définitive, on peut admettre qu'en dehors des principes qui les régissent, les alliances à plaisanterie ne connaissent aucune limite dans leur pratique. Quoi qu'il en soit, elles contribuent à apaiser les tensions entre les alliés, c'est-à-dire entre les groupes ethniques et au sein des familles. Ainsi, lorsque le conflit éclate malgré tout, il « *doit prendre la forme d'une plaisanterie et s'estomper. Au pire des cas, lorsqu'on en arrive à des violences, par ignorance ou opiniâtreté des belligérants, nonobstant la forme ou l'intensité du conflit, l'interposition d'une tierce personne par la mobilisation de l'alliance met un terme aux hostilités. Il s'ensuit alors des rituels de réparation. Ces rituels peuvent varier d'une communauté à une autre et restent tributaires de la nature. Le plus souvent, une immolation de bêtes (coq, bélier, bouc, bœuf) et une libation rythmée par des paroles sacrées sont faites par les autorités coutumières pour implorer la clémence des divinités* » (N. Bagayoko, F.-R. Koné, 2017)[1295], et donc rétablir l'entente entre les différents acteurs en conflit. À partir de là, il sied de retenir que si le principal objectif des alliances à plaisanterie est de prévenir les conflits au sein de la communauté, elles visent également leur gestion, car la règle fondamentale des alliances implique que, quelle que soit l'ampleur de la situation suscitée par les moqueries, les parties en présence doivent sans condition faire recours aux moyens pacifiques. Par ailleurs, ces alliances à plaisanterie peuvent s'accompagner de pratiques festives.

2 - Les pratiques festives, un outil d'apaisement des conflits

Dans la plupart des sociétés africaines, les cérémonies festives sont source de paix, de joie et de cohésion sociale. Elles traduisent un ensemble de règles qui visent implicitement à résoudre les conflits au sein de la communauté. En effet, même si les cérémonies festives n'ont pas pour objet premier le règlement des conflits, il n'en demeure pas moins que leur célébration vise incontestablement à apaiser les tensions dans la communauté. Ainsi, on note plusieurs exemples de cérémonies festives dans certaines sociétés africaines. C'est le cas de la danse *Kébé-kébé* ou *Kiébé-kiébé* en pays Mbosi, au nord du Congo-Brazzaville. Il s'agit d'une danse qui s'apparente à un sport festif réunissant plusieurs danseurs des différentes communautés, plus spécialement lors d'un évènement, notamment la mort d'une autorité traditionnelle ou d'un initié, la célébration du Nouvel An, d'une bonne récolte et la réception d'une

---

[1293] *Ibidem*, *op. cit.*, p. 28 et *sq.*
[1294] *Ibidem*, *op. cit.*, p. 28 et *sq.*
[1295] *Ibidem*, *op. cit.*, p. 28 et *sq.*

autorité politique. Cette danse renferme des vertus de tolérance et des enseignements qui ont pour but d'éveiller la conscience des membres de la société sur la nécessité de prévenir ou de gérer les conflits. Militant pour la promotion du leadership dans la société traditionnelle Mbosi, Emmanuel Okamba (2012)[1296] montre par exemple que le *Kébé-kébé* véhicule, dans la société traditionnelle Mbosi, des principes (sagesse, force et justice) qui permettent au *Nganga*, c'est-à-dire l'initié ou l'homme éclairé, d'assurer l'équilibre harmonieux de la société pour éviter ou résoudre les conflits communautaires. Dans le même esprit, Daniel Isaac Itoua, après avoir montré que le *Kébé-kébé* représente un code de conduite de l'homme vertueux en pays Mbosi, affirme que cette danse repose sur un ensemble de règles ou de commandements autour desquels s'organise la vie en société (D.-I. Itoua, 2018)[1297]. Il s'agit en réalité de règles comme « *tu ne tueras pas, tu ne te laisseras pas corrompre, tu ne coucheras pas avec la femme d'autrui, tu ne feras pas de palabres contre la volonté du chef, tu ne voleras pas, tu ne tromperas pas, tu n'agresseras pas, etc.* » (D.-I. Itoua, 2018)[1298]. À cet égard, l'on déduira qu'au-delà du symbolisme traditionnel et mystérieux qu'elle incarne, la danse *Kébé-kébé* véhicule des valeurs de paix, de solidarité et de justice au sein de la communauté Mbosi.

Par ailleurs, on remarque la même tendance chez les Akan de Côte d'Ivoire, avec *la fête des ignames* qui est généralement célébrée à chaque Nouvel An et qui implique qu'avant sa célébration, tous les différends entre les membres de la famille survenus l'année précédente soient réglés[1299]. D'ailleurs, en pays Ébrié, un sous-groupe de l'ethnie Akan, un chef traditionnel souligne que : « *Si dans la famille deux personnes sont en palabre, elles doivent venir le dire au chef de famille. Il convoque tout le monde et on fait tout pour trouver une entente. À la fin, on tue un animal, le chef de famille fait des prières aux ancêtres de la famille et on organise un repas où tout le monde prend part pour marquer l'unité.* » (N. Bagayoko, F.-R. Koné, 2017)[1300] Cette entente, une fois trouvée, va permettre l'organisation d'une cérémonie au sein de la famille.[1301] En termes plus clairs, la fête des ignames est un moment où les membres de la communauté réparent leurs fautes et entretiennent de bonnes relations entre eux. C'est donc un moment

---

[1296] OKAMBA (Emmanuel)., *Éthique du Kébé-kébé et promotion du leadership chez les Mbosi du Congo : le réveil d'Odi*, Paris, L'Harmattan, 2012, p. 34.

[1297] ITOUA (Daniel-Isaac)., *Et si le Kiébé-kiébé vous était conté ? Tradition initiatique du Congo-Brazzaville*, Paris, L'Harmattan, 2018, p. 35.

[1298] *Ibidem*, *op.cit.*, p. 35.

[1299] BAGAYOKO (Niagalé) et KONÉ (Fahiraman Rodrigue)., *Les mécanismes traditionnels de gestion des conflits en Afrique subsaharienne*, Rapport de recherche n° 2, juin 2017, *op. cit.*, p. 28 et *sq.*

[1300] *Ibidem*, *op. cit.*, p. 28 et *sq.*

[1301] *Ibidem*, *op. cit.*, p. 28 et *sq.*

de joie, de paix et de cohésion sociale qui permet d'anticiper les conflits, car l'existence de tout conflit risque de compromettre la récolte. De plus, en dehors de la fête des ignames, on trouve également, chez les Akan du sud de la Côte d'Ivoire, d'autres cérémonies festives telles que *l'Abissa*. Celle-ci, comme la fête des ignames, nécessite avant tout la réconciliation entre les membres de la communauté, d'un côté, et avec les ancêtres, de l'autre côté[1302]. Cette fête symbolise que l'entrée de chaque année doit se faire sans le moindre conflit, sans rancœur, mais plutôt dans un esprit d'entente et de pureté entre les membres de la communauté[1303]. Dans une démarche plus démonstrative, Niagalé Bagayoko et Fahiraman Rodrigue Koné (2017)[1304] expliquent que la célébration des festivités *Abissa* passe par les trois étapes suivantes :

> « *La première consiste, avant même de lancer les festivités, à procéder à des rituels de réconciliation dans chaque grande famille, sous la houlette des chefs de ces familles, afin de préparer tout le lignage à communier avec tous les autres membres du village. La seconde phase, se déroulant lors de la fête elle-même qui est de deux semaines, tient lieu de tribunal populaire où la critique sociale, la repentance et l'accord du pardon donnent à cette fête tout son sens en tant que mécanisme de gestion de conflits et raffermissement du lien social. [...]. Enfin, la troisième phase marque la fin des festivités et est marquée par un acte collectif majeur. Pour s'assurer d'une meilleure année à venir, les danses sont terminées à la mer, dans laquelle sont jetés certains objets qui ont été utilisés pour la fête.[...].* »

À cette fin, on peut retenir que la célébration des cérémonies festives non seulement revêt un caractère sacré, mais permet également de gérer les conflits intercommunautaires pour assurer l'équilibre social. Ainsi, ces fêtes constituent sans doute de véritables moyens d'une culture de paix dans les sociétés où elles sont pratiquées, en ce sens qu'elles mobilisent toutes les ressources de la communauté, ainsi que tous les acteurs de la société. Il s'agit de ce fait d'un espace d'union et de communion entre les enfants d'un ancêtre commun, c'est-à-dire les membres d'un même groupe ethnique. Ces pratiques traduisent tout simplement l'idée selon laquelle le dialogue reste le seul outil traditionnel de résolution des conflits dans les sociétés africaines. En témoignent les nouveaux mécanismes endogènes de réconciliation et de paix en Afrique.

1302 *Ibidem*, *op. cit.*, p. 28 et *sq.*

1303 *Ibidem*, *op. cit.*, p. 28 et *sq.*

1304 BAGAYOKO (Niagalé) et KONÉ (Fahiraman Rodrigue)., *Les mécanismes traditionnels de gestion des conflits en Afrique subsaharienne*, Rapport de recherche n° 2, juin 2017, *op. cit.*, p. 34.

B - Les nouveaux mécanismes endogènes de réconciliation et de paix en Afrique

« *La justice et la réconciliation sont des antidotes à l'impunité, laquelle se produit lorsque des institutions et des individus puissants agissent selon leur désir sans crainte de représailles, de reproches ou de récriminations. L'impunité règne chaque fois qu'il existe un déficit des structures démocratiques de responsabilité, d'équité et d'impartialité.* »[1305] C'est dans le cadre d'une justice transitionnelle que peuvent s'établir la réconciliation et la paix, car la justice transitionnelle est un cadre stratégique permettant le renforcement de l'unité nationale. La réconciliation est alors un outil de règlement des conflits et des divergences, mais aussi une voie adoptée pour rétablir la paix et la cohésion entre les membres de la société. Dans le cadre de la mise en œuvre du processus de paix en Afrique noire francophone, les acteurs politiques « *ont vu la nécessité d'unir leurs efforts en harmonisant les différentes approches en termes de dialogue et réconciliation* »[1306]. À ce titre, certains pays fournissent des exemples intéressants en matière de réconciliation nationale, notamment à travers la mise en place de nouveaux mécanismes de règlement des conflits tels que les Commissions Vérité et Réconciliation **(1)**. À cela s'ajoute l'implication des femmes dans la résolution des conflits ethno-régionalistes **(2)**.

1 - Les Commissions Vérité et Réconciliation

« *Fends la fibre de raphia, les épluchures se retournent* », *c'est-à-dire* « *avoue et tout s'arrangera* »[1307]. (Proverbe Yaka, RDC).

Cet adage traduit l'esprit des Commissions Vérité et Réconciliation, qui sont considérées depuis quelques années comme un élément incontournable de la justice transitionnelle, puisqu'elles se présentent comme un idéal dans la plupart des pays qui connaissent des conflits sociopolitiques. D'après le rapport S/2004/616 du secrétaire général des Nations unies du 23 août 2004 sur le rétablissement de l'État de droit et l'administration de la justice pendant la période de transition dans les sociétés en proie à un conflit ou sortant d'un conflit, la justice transitionnelle constitue un ensemble de « *mécanismes mis*

1305 Voir sur ce point, le rapport du Groupe des sages de l'Union africaine, « Paix, justice et réconciliation en Afrique : opportunités et défis liés à la lutte contre l'impunité », *La collection Union africaine*, New York, International Peace Institute, décembre 2013, p. 1.

1306 http://base.afrique-gouvernance.net/docs/manuel_edit_orfed_vers_finale.pdf, *op. cit.*, consulté en janvier 2019.

1307 VAN DER BEKEN (Alain)., *Proverbes Yaka du Zaïre*, Paris, Karthala, 1993, *op. cit.*, p. 172.

en œuvre par une société pour tenter de faire face à des exactions massives commises dans le passé, en vue d'établir les responsabilités, de rendre la justice et de permettre la réconciliation »[1308]. Ainsi, se mettent en place, dans plusieurs pays, les Commissions Vérité et Réconciliation (CVR)[1309], entendues comme une justice transitionnelle basée sur l'aveu, le pardon, la réparation des fautes commises pour rétablir la paix, la cohésion et l'unité nationale[1310]. La CVR est donc un mécanisme par lequel « *les victimes sont invitées à participer publiquement à la refondation du lien sociétal. Il s'agit à chacune d'entre elles de s'exprimer devant un forum, afin de retrouver leur dignité. [...] les auteurs d'exactions sont quant à eux appelés à avouer publiquement leurs forfaits et à se repentir devant leurs victimes ou les familles concernées, en contrepartie d'une amnistie pleine et entière de leurs crimes* » (E. Okamba, 2014)[1311]. À ce titre, on peut souligner le cas de certains pays d'Amérique du Sud. Au Chili, par exemple, les CVR, mises en place en 1990, ont joué un rôle considérable dans l'établissement de la vérité sur les circonstances des répressions, des crimes et des violations des droits de l'homme intervenus après le coup d'État ayant renversé le président Salvador Allende en 1973. Ces CVR étaient créées dans l'idée que la morale de la nation exigeait que soit établie la vérité sur les violations des droits de l'homme, dans la mesure où ce n'était que sur la base de la vérité qu'il serait possible d'atteindre les objectifs de la réalisation d'une réconciliation nationale effective (J. Magasich, 2003)[1312]. La vérité est donc la voie qui permet de réhabiliter la dignité des victimes afin de leur garantir une réparation pour les dommages subis[1313]. On notera la même tendance des CVR en Argentine (1982) après la guerre des Malouines, au Salvador (1992), au

---

1308 Rapport du secrétaire général des Nations unies au Conseil de sécurité sur le « Rétablissement de l'état de droit et l'administration de la justice pendant la période de transition dans les sociétés en proie à un conflit ou sortant d'un conflit », S/2004/616, 23 août 2004, paragraphe 8, p. 7.

1309 Les CVR sont souvent composées des personnalités issues des Confessions religieuses, des chefs traditionnels des membres de la société civile, des associations savantes, des associations féminines et d'autres associations dont les activités ont un rapport avec l'objet de la Commission Vérité et Réconciliation, choisis d'une manière transparente et publique en tenant compte de composition régionale du pays. « Ces personnalités sont choisies en raison de leur expérience, de leur notoriété, de leur engagement en faveur de la paix et de leur intégrité morale ».

1310 Article 4 de la loi n°04/018 du 30 juillet 2004 portant organisation, attributions et fonctionnement de la Commission Vérité et Réconciliation, *Journal officiel de la République démocratique du Congo,* p. 2 ; voir aussi MWAMBA MATANZI (Godefroid)., « La justice transitionnelle en RDC. Quelle place pour la Commission Vérité et Réconciliation ? », Paris, L'Harmattan, 2016, p. 66.

1311 OKAMBA (Emmanuel)., « Couverture du risque pays par l'aide publique au développement dans les pays francophones d'Afrique », *Business Management Review*, Vol. 4 n° 3, Octobre-Novembre-Décembre 2014, pp. 90-103.

1312 MAGASICH (Jorge)., « La Commission de vérité et de réconciliation au Chili », *La revue nouvelle*, n°11, novembre 2003, pp. 62-67.

1313 *Ibidem*, pp. 62-67.

Brésil (2011)[1314]. Dans ces pays, la mise en place des CVR était le résultat des revendications portées par les associations des victimes et par l'ensemble de la société civile[1315].

Par ailleurs, sur le continent africain, l'Afrique du Sud reste le véritable exemple des CVR, qui ont été mises en place dans les années 1990, sous la présidence de Nelson Mandela et présidées par Monseigneur Desmond Tutu. Ces CVR ont permis de faire la lumière sur toutes les violations des droits de l'homme et des répressions auxquelles les Noirs étaient victimes, afin de réconcilier les victimes avec les auteurs des crimes, et donc de mettre un terme à l'apartheid et à la domination des Blancs. Dans une logique plus explicative, le journaliste Claude Wauthier (2005)[1316] montre que le principe des CVR en Afrique du Sud était le suivant : « *Bénéficieraient d'une amnistie tous ceux qui viendraient devant la commission "confesser" en quelque sorte leurs exactions – il s'agissait surtout des membres de la police qui avaient torturé, et parfois tué, des militants des mouvements de libération noirs, principalement le Congrès national africain (ANC) de Nelson Mandela. L'amnistie des requérants était soumise à deux conditions : d'abord de ne rien omettre de leurs crimes et délits dans leur déposition, ensuite d'avoir agi sur ordre de leur hiérarchie tout en croyant servir un "objectif politique" (une prétendue défense de la race blanche, par exemple).* » On comprend alors que l'objectif poursuivi était la cessation des hostilités par un jeu de repentance et de réparation pour permettre la réconciliation nationale.

Dans le même esprit, on peut noter, pour le cas de l'Afrique francophone, l'exemple de la RDC, où la mise en place des CVR en 2002, avec la signature des accords de Pretoria, a permis à la fois de rétablir la cohésion sociale et de lutter contre l'impunité (E.-P. Ngoma-Binda, 2008)[1317]. Elles ont été constitutionnalisées à l'article 154 de la Constitution de la transition du 4 avril 2003, qui les a érigées au rang des institutions d'appui à l'État de droit. La mission de ces CVR a été renforcée par la loi organique n° 4/018 du 30 juillet 2004, portant création, attributions et fonctionnement de la Commission Vérité et Réconciliation. Elle définit la mission de la CVR à travers le rétablissement de la vérité, la promotion de la paix, la réparation, le pardon,

---

1314 Voir à propos de ces pays, CERVELLO (Marella Villasante)., « La commission de la vérité et de la réconciliation du Pérou dans le contexte latino-américain, et la situation humanitaire de la Mauritanie », *Institut des Hautes Études sur la Justice*, 21 octobre 2016, p. 3 et *sq*.

1315 MAGASICH (Jorge)., « La Commission de vérité et de réconciliation au Chili », *La revue nouvelle*, n°11, novembre 2003, *op. cit.*, pp. 62-67.

1316 WAUTHIER (Claude)., « Vérité et réconciliation en Afrique du Sud », *Le Monde diplomatique*, janvier 2005, p. 31.

1317 NGOMA-BINDA (Elie Phambu)., *Justice transitionnelle en RD Congo. Une expérience de Commission Vérité et Réconciliation*, Paris, L'Harmattan, 2008, p.37.

la réconciliation et la justice, afin de consolider l'unité nationale[1318]. Il s'agissait en effet d'une justice transitionnelle chargée d'établir la vérité sur les délits et crimes issus des conflits interethniques et armés, afin de maintenir la paix et l'unité du pays[1319]. De même, en Côte d'Ivoire, cette commission a été créée par l'ordonnance n° 2011-167 du 13 juillet 2011 portant création, attribution, organisation et fonctionnement de la Commission Dialogue, Vérité et Réconciliation (CDVR). Cette ordonnance prévoit que la commission a pour mission de garantir, en toute indépendance, la réconciliation et le renforcement de l'harmonie entre toutes les composantes de la Côte d'Ivoire. Elle doit à cet effet faire la vérité et situer les responsabilités sur les violations des droits de l'homme intervenues lors de la crise postélectorale de 2011, d'une part, et obtenir de la part des auteurs de ces violations la reconnaissance des faits et proposer des moyens de réparation des dommages subis par les victimes, d'autre part[1320]. Aussi, au Mali, pour réparer les séquelles de la rébellion et l'occupation des régions du nord du pays par les groupes djihadistes, il a été mis sur pied une Commission Vérité, Justice et Réconciliation (CVJR) en 2014. Cette dernière avait pour mission d'œuvrer au rétablissement d'une paix durable, au renforcement de l'unité et de la réconciliation nationale à travers la recherche de la vérité.

En somme, on retiendra que la finalité principale des CVR réside non pas dans la volonté de sanctionner les auteurs des crimes ou des violences intervenus lors d'un conflit, mais plutôt de rétablir l'État de droit, la démocratie et le respect des droits de l'homme, donc de contribuer à la garantie d'une paix durable. À cet effet, les CVR sont « *une forme de justice extraconstitutionnelle qui apparaît lorsqu'une crise institutionnelle et organisationnelle de l'État ne peut être résolue par la justice ordinaire, celle rendue par les tribunaux classiques d'un pays* » (E. Okamba, 2014)[1321]. On comprend, à partir de ce constat, que les CVR ont pour fonction de pallier l'absence de la justice classique, mais aussi qu'il s'agit d'une justice « restauratrice »[1322], « réparatrice »[1323] sur un fond de réconciliation et de rétablissement de l'unité nationale. Il est donc vrai que la réconciliation

---

[1318] Voir l'article 5 de la loi organique n° 4/018 du 30 juillet 2004, portant création, attributions et fonctionnement de la Commission Vérité et Réconciliation ; voir aussi loi organique n° 1/018 du 27 décembre 2004 portant missions, composition, organisation et fonctionnement de la Commission nationale pour la vérité et la réconciliation.

[1319] NGOMA-BINDA (Elie Phambu)., *Justice transitionnelle en RD Congo. Une expérience de Commission Vérité et Réconciliation*, Paris, L'Harmattan, 2008, *op. cit.*, p. 37.

[1320] Voir le rapport final de la Commission Dialogue, Vérité et Réconciliation, décembre 2014.

[1321] OKAMBA (Emmanuel)., « Couverture du risque pays par l'aide publique au développement dans les pays francophones d'Afrique », *Business Management Review*, Vol. 4 n° 3, Octobre-Novembre-Décembre 2014, *op.cit.*, pp. 90-103.

[1322] LEFRANC (Sandrine)., « La justice transitionnelle n'est pas un concept », *Mouvements*, 2008/1, n° 53, pp. 61- 69.

[1323] *Ibidem*, pp. 61-69.

devient de ce fait un facteur de résolution des conflits sociopolitiques. Ces commissions constituent, avec les associations de femmes, de véritables outils de dialogue et de recherche de la paix dans plusieurs pays d'Afrique francophone.

2 - Le rôle des femmes dans la résolution des conflits ethno-régionalistes

> « *Si les hommes ne tombaient pas d'accord sur un problème quelconque à régler, ils le reportaient au lendemain, le temps d'aller consulter les femmes.* »[1324]

Au début des années 1990, l'Afrique francophone traverse une période de crise violente, accompagnée de conséquences délétères, occasionnant des répercussions sur le plan sociopolitique. Face à cette réalité, on voit apparaître plusieurs mécanismes et associations avec pour mot d'ordre le rétablissement de la paix et de la réconciliation nationale. C'est dans ce contexte que vont émerger, dans la plupart des pays d'Afrique, les mouvements de femmes sur la scène politique, afin d'interpeller les dirigeants politiques sur « *la nécessité de faire cause commune pour éviter au pays le pire et surtout de faire taire tout sentiment égocentrique de la part des acteurs politiques* » (M.-C. Itoua-Ondet, 2014)[1325]. C'est dire, en substance, que les femmes en Afrique ont toujours été d'une importance considérable et d'une capacité remarquable à sortir leurs pays des crises difficiles. Tel est le cas de l'Afrique des Grands Lacs, plus précisément au Congo-Brazzaville, en RDC, au Rwanda et au Burundi, où la femme a toujours joué un rôle dans la prévention et la gestion des conflits sociopolitiques[1326].

Dans cette perspective, l'Afrique en général et l'Afrique francophone en particulier regorgent de nombreux exemples d'organisations de femmes qui contribuent à la résolution des conflits, donc à la construction de la paix nationale. C'est dans le cadre de la Fédération des réseaux de femmes africaines pour la paix (FRFAP), organisation composée d'associations de femmes et créée à partir des conflits engendrés dans leurs pays respectifs, que s'exerce le rôle des femmes dans la prévention et la gestion des conflits en Afrique. Cette organisation est aujourd'hui une « *plate-forme régionale à travers laquelle les femmes affectées par les conflits exposent leurs préoccupations et leurs priorités aux décideurs politiques, établissent des liens de solidarité avec les groupes de femmes luttant pour la même*

1324 ITOUA ONDET (Maixent-Cyr)., *Genre et Paix ! : les femmes dans la résolution des conflits au Congo-Brazzaville*, Thèse de sociologie, Université de Grenoble, 2014, p. 240.
1325 *Ibidem*, p. 240.
1326 PURUSI SADIKI (Jean-Jacques)., *La femme dans la gestion des conflits en Afrique précoloniale*, Paris, L'Harmattan, 2008, p. 24.

cause »[1327]. Ces missions de rétablissement de la paix ont été effectuées dans plusieurs pays africains francophones ayant connu des crises sociopolitiques ou des guerres civiles. Au Congo-Brazzaville, par exemple, Jacqueline Mamoni s'est démarquée par son implication dans le conflit entre le gouvernement et le mouvement séparatiste de la région de la Bouenza au sud du pays, qui a occasionné une rébellion[1328] après la guerre de 1997. Son action a permis non seulement de dissuader les dignitaires de la Bouenza de concrétiser leurs idées divisionnistes, de mettre fin à la rébellion, mais aussi de lutter contre les sentiments ethno-régionalistes afin de sauvegarder l'unité et l'indivisibilité du pays[1329]. De plus, on peut également noter, après la Conférence nationale, les marches pacifiques des femmes catholiques congolaises organisées en 1991, 1993 et 1995, sous l'impulsion de Julienne Ondziel[1330], revendiquant le retour à la paix, l'arrêt des hostilités[1331] et la réconciliation nationale. À cela s'ajoute la participation des femmes congolaises à de nombreuses réunions sur la résolution des conflits et la consolidation de la paix, notamment à travers le Comité national des femmes pour la paix (CNFP), comme le Forum national pour la réconciliation, l'unité, la démocratie et la reconstruction du Congo en 1998, ou encore la Mission de consolidation de la paix du Congo (MICOPACO) également en 1998[1332].

De même, au Burundi et au Rwanda, plusieurs associations de femmes ayant survécu au génocide opposant les groupes ethniques Hutu et Tutsi, dans les années 1990, ont été créées pour construire une paix durable. Ndioro Ndiaye explique à ce propos que « cette volonté de participer au processus de paix et de développer et améliorer le statut de la femme a conduit à la création de plusieurs associations »[1333]. Le rôle de ces femmes dans le processus de paix dans ces pays fait suite aux élections organisées dans les années 1990, ayant permis aux femmes d'entrer pour la première fois au Parlement[1334], mais

---

1327 http://www.unhcr.org/fr/4bea76146.pdf, consulté en septembre 2019.

1328 ITOUA ONDET (Maixent-Cyr)., *Genre et Paix ! : les femmes dans la résolution des conflits au Congo-Brazzaville*, Thèse de sociologie, Université de Grenoble, 2014, *op. cit.*, p. 242.

1329 *Ibidem*, *op. cit.*, p. 242.

1330 NDIAYE (Ndioro)., « Le rôle de la femme dans les conflits en Afrique et la réponse de l'OIM », *in Forum Caritas Afrique sur le genre et le partenariat pour le développement*, Accra, Ghana, 1-8 septembre 2001, p. 13.

1331 ITOUA ONDET (Maixent-Cyr)., *Genre et Paix ! : les femmes dans la résolution des conflits au Congo-Brazzaville* », Thèse de sociologie, Université de Grenoble, 2014, *op. cit.*, p. 243.

1332 *Ibidem*, *op. cit.*, p. 243.

1333 ITOUA ONDET (Maixent-Cyr)., *Genre et Paix ! : les femmes dans la résolution des conflits au Congo-Brazzaville* », Thèse de sociologie, Université de Grenoble, 2014, *op. cit.*, p. 8.

1334 NDIAYE (Ndioro)., « Le rôle de la femme dans les conflits en Afrique et la réponse de l'OIM », *in Forum Caritas Afrique sur le genre et le partenariat pour le développement*, Accra, Ghana, 1- 8 septembre 2001, *op. cit.*, p. 8.

également à leur prise en compte dans la composition du gouvernement[1335]. On peut citer le Forum des femmes rwandaises parlementaires (FFRP), dont les travaux au sein du Parlement ont permis au Tribunal pénal international pour le Rwanda (TPIR) de reconnaître le viol des femmes comme crime contre l'humanité[1336]. En conséquence, l'implication de ces femmes a été un des points clés qui a permis d'apporter des solutions au conflit entre Hutu et Tutsi, et donc de sortir le pays de l'impasse.

Par ailleurs, le rôle des femmes de la RDC dans la résolution des conflits interethniques et la défense de la paix nationale mérite également une attention particulière. En effet, c'est par le biais des associations telles que la Fédération des femmes pour la paix et le développement (FEPADE)[1337], ainsi que des organisations non gouvernementales (ONG) féminines au Nord et au Sud-Kivu, dans l'est du pays, que le groupe ethnique Banyamulenge (Tutsi originaires du Rwanda et du Burundi) a été reconnu au même titre que les autres ethnies de la RDC. Le rôle de ces femmes dans « *l'intégration interethnique est de faire en sorte que des ethnies qui cohabitent dans un même espace ou dans des espaces contigus puissent harmoniser leurs rapports de sorte que les différences et/ou les divergences d'ordre socioculturel soient sensiblement dissipées* » (N. Ndiaye, 2001)[1338]. Ce faisant, les femmes de la RDC ont joué un rôle capital dans la consolidation de l'unité nationale. Elles sont tenues de promouvoir la paix et la réconciliation et la culture de la non-violence.

Chemin faisant, on remarque la même implication des femmes dans la prévention et la résolution des conflits en Afrique de l'Ouest. Au Sénégal, par exemple, le rôle des femmes dans la résolution du conflit sécessionniste casamançais, au sud du pays, a été salutaire. En effet, après la marche pour la paix en Casamance organisée en mars 2001 par le ministre du Genre et de la Solidarité nationale, toutes les femmes sénégalaises se sont mobilisées pour apporter leur soutien aux femmes de Casamance victimes des représailles occasionnées par la rébellion séparatiste[1339]. Ainsi, tous les comités de femmes ont été amenés à prendre part aux négociations initiées par le gouvernement pour mettre fin aux hostilités et rétablir la paix. Partant, l'implication de la

---

1335 Voir la Constitution burundaise du 18 mars 2005, *op. cit.*, art. 129 et 164 ; voir aussi la Constitution rwandaise de 2003, *op. cit.*, art. 76 et 116.

1336 NDIAYE (Ndioro)., « Le rôle de la femme dans les conflits en Afrique et la réponse de l'OIM », *in Forum Caritas Afrique sur le genre et le partenariat pour le développement*, Accra, Ghana, 1-8 septembre 2001, *op. cit.*, p. 15.

1337 http://3pour100-tiersmonde.org/documents/fepade.pdf, consulté en septembre 2019.

1338 NDIAYE (Ndioro)., « Le rôle de la femme dans les conflits en Afrique et la réponse de l'OIM », *in Forum Caritas Afrique sur le genre et le partenariat pour le développement*, Accra, Ghana, 1-8 septembre 2001, *op. cit.*, p. 12.

1339 *Ibidem*, *op. cit.*, p. 16.

femme casamançaise dans la gestion des conflits a toujours été indispensable. C'est d'ailleurs dans ce sens que Ndeye Marie Diedhiou (2012)[1340], coordinatrice de la plate-forme des femmes pour la paix en Casamance, affirme : les femmes ont « *pris conscience de la nécessité d'unir nos forces pour imposer la voix des femmes dans le processus de recherche de paix. Plusieurs groupes socioculturels de la Casamance confèrent traditionnellement à la femme le pouvoir de prévenir, de gérer et de résoudre les conflits. Elles ont le pouvoir et le devoir de s'interposer dans les conflits familiaux, mais également d'intervenir en cas de conflit armé entre communautés ou villages.* » On déduira de cette affirmation la nécessité d'associer les mouvements de femmes à la prévention et la gestion des conflits sociopolitiques. C'est d'ailleurs le cas au Mali, où le Mouvement national des femmes pour le maintien de la paix et de l'unité nationale a conduit, par l'organisation de diverses activités pour la paix, à la démobilisation des combattants dans les différents affrontements qu'a connus le pays dans les années 1990[1341], notamment lors du conflit dénommé « conflit du nord ». Ce mouvement a également participé à la signature d'un pacte national sur la cessation des affrontements et la non-prolifération des armes, afin de rechercher la cohésion entre les différents groupes ethniques du pays[1342]. La tendance est la même au Niger et en Côte d'Ivoire. Au Niger, on peut souligner le rôle de la Coalition des femmes nigériennes contre la guerre, qui a toujours, par son rôle de prévention et de résolution des conflits, contribué au renforcement de la paix et à la réconciliation nationale[1343].

Au demeurant, convaincus du rôle de la femme dans la société, de son implication dans la restauration de la paix, et conscients des effets occasionnés par les crises sociopolitiques, les dirigeants des pays d'Afrique francophone ont fait de celle-ci un véritable facteur de prévention et de résolution des conflits. L'implication des femmes dans le processus de recherche de la paix est le fruit de la résolution 1325 du Conseil de sécurité de l'ONU sur les femmes, la paix et la sécurité du 31 octobre 2000. Elle contraint les États membres à prendre en compte la participation active des femmes à la prévention et à la résolution des conflits ainsi qu'à l'établissement et au maintien de la paix[1344].

1340 Voir sur ce point : https://dakar.sites.unicnetwork.org/2012/12/13/les-femmes-de-casamance-sunissent-pour-la-paix/, consulté en mai 2020.

1341 NDIAYE (Ndioro)., « Le rôle de la femme dans les conflits en Afrique et la réponse de l'OIM », *in Forum Caritas Afrique sur le genre et le partenariat pour le développement*, Accra, Ghana, 1-8 septembre 2001, *op. cit.*, p. 11.

1342 *Ibidem*, *op. cit.*, p. 11.

1343 BEN WAHAB (Aichatou)., « Expérience au Niger », *in Femmes, Gouvernance endogène et Prévention des conflits en Afrique de l'Ouest*, Atelier du Club du Sahel et de l'Afrique de l'Ouest, Niamey, Niger, Tome 2, 26-28 avril 2006, pp. 28-30.

1344 Voir sur ce point : http://www.un.org/fr/peacekeeping/issues/women/wps.shtml, consulté en septembre 2019.

Conclusion générale

La dialectique fait ethnique, droit public et gouvernance de l'État en Afrique francophone est une approche nouvelle du constitutionnalisme et de la théorie générale de l'État qui vise, comme indiqué plus haut, dans un cadre étatique fortement ethnicisé, à mettre en évidence les moyens par lesquels le droit public en général et le droit constitutionnel en particulier encadrent le fait ethnique et déterminent les règles de partage du pouvoir politique pour une gouvernance plus optimale de l'État, en vue de prévenir ou résoudre les conflits.

En effet, l'analyse de la littérature sur la construction et la gestion de l'État africain postcolonial montre que l'Afrique est devenue, faute d'institutions adaptées aux réalités sociales (fait ethnique) et politiques, depuis plusieurs décennies, une zone de conflits et d'instabilité majeure (I. Ehueni Manzan, 2011)[1345]. Ce constat a conduit à s'interroger sur la manière de sortir de cette situation d'instabilité afin de parvenir à une stabilité sociale pérenne, notamment par l'institutionnalisation du fait ethnique. Ainsi, l'objectif de la présente étude consistait à répondre à cette question en analysant dans les détails le constitutionnalisme en Afrique, spécialement les normes juridiques telles que transposées et appliquées en Afrique francophone depuis les indépendances jusqu'à nos jours, afin de saisir les rapports entre le fait ethnique et les structures étatiques.

De cette analyse, l'on a observé, sans méconnaître l'importance du mimétisme juridique en Afrique francophone, que la méconnaissance juridique du fait ethnique résiderait « *dans la méthode d'approche qui a été privilégiée depuis les indépendances* » (P. Moudoudou, 2015)[1346], c'est-à-dire celle d'avoir calqué des principes juridiques et politiques occidentaux assortis de notions telles que « *l'État de droit, démocratie, droits de l'homme, bonne gouvernance, etc.* » (P. Moudoudou, 2015)[1347], sans parfois tenir compte des réalités proprement africaines. Le choix de cette méthode a conduit les gouvernants africains à occulter délibérément les réalités ethniques de leurs pays, et partant, le fait ethnique. Il s'agit donc d'une situation que nous avons qualifiée de mimétisme juridique absolu, qui a empêché la prise en compte des groupes ethniques dans la gestion de l'État. Dès lors, la méconnaissance

---

1345 EHUENI MANZAN (Innocent)., *Les accords politiques dans la résolution des conflits armés internes en Afrique*, Thèse, Droit public, Université de La Rochelle - Université de Cocody, 2011, p. 618.

1346 MOUDOUDOU (Placide)., « L'État africain : entre constitutionnalisme libéral et constitutionnalisme identitaire », *Revue CAMES/SJP*, n°002/2015, *op. cit.*, pp. 113-140.

1347 *Ibidem*, *op. cit.*, pp. 113-140.

des réalités sociales propres à l'Afrique dans la construction de l'État peut s'analyser en une crise du constitutionnalisme, d'un côté, et constitue sans doute la cause principale de l'instrumentalisation des ethnies à des fins politiques, de l'autre. Cette situation débouche *ipso facto* sur des conflits sociopolitiques. À cet égard, l'importation du modèle institutionnel de l'ancienne puissance colonisatrice au détriment des traditions et des valeurs endogènes s'est très vite révélée comme un échec[1348] ayant fait des pays d'Afrique francophone le théâtre d'affrontements ethnopolitiques.

Partant de cette situation, et pour prévenir et mettre fin aux crises sociopolitiques nées des considérations ethniques, la nouvelle tendance depuis les années 1990 tient à la nécessité, pour les dirigeants des pays d'Afrique francophone, d'élaborer une nouvelle architecture de l'État par l'adoption de normes juridiques et d'un modèle institutionnel susceptibles de prendre en compte le fait ethnique afin de concilier le modèle importé avec les réalités locales. Cette période des années 1990 que l'on pourrait qualifier de mimétisme relatif ou original, et qui marque la transition politique du parti unique vers le pluralisme politique ou libéral, a permis l'émergence d'une prise de conscience juridique du fait ethnique ayant engagé la plupart des pays dans des innovations juridique, avec l'adoption de nouveaux outils pour intégrer la dynamique du fait ethnique dans le corpus juridique. Ces outils ainsi adoptés par les dirigeants africains qui s'inspirent, comme nous l'avons indiqué, des conférences nationales souveraines, sortes d'assemblées constituantes, et de la justice transitionnelle, voire des mécanismes du droit coutumier, sont des innovations juridiques originales considérées comme gages de la prévention et de la résolution des conflits sociopolitiques afin de construire, voire de consolider l'unité nationale.

À cet effet, nous avons donc été conduits à analyser les raisons de la prise en compte du fait ethnique par le droit public dans les pays d'Afrique noire francophone, en ce sens que les communautés ethniques dans ces pays font désormais, et irrémédiablement, partie intégrante de la gestion des affaires publiques tant au niveau national qu'au niveau local. Leur valorisation, dans les structures étatiques, a quasiment redonné la stabilité et la paix sociale dans la plupart de ces pays. En substance, on peut dire que les constituants africains francophones ont institué, dans leurs Constitutions, ce que l'on pourrait qualifier de « constitutionnalisme adapté », qui s'accommode aux réalités politiques et socioculturelles de leurs pays. D'ailleurs, la

---

1348 FALL (Badara-Alioune)., « Échec du constitutionnalisme français en Afrique et autonomie du droit constitutionnel africain », *in La Costituzione francese, Atti del convegno biennale dell'Associazione di Diritto pubblico comparato eu europeo*, Bari, Università degli Studi, 22-23 maggio 2008, pp. 406- 436 ; CHANDA (Tirthankar)., « En Afrique, la Constitution française n'a pas été le modèle qu'on croit », *RFI Afrique*, 4 octobre 2018, consulté en novembre 2019.

constitutionnalisation des compromis politiques et du particularisme ethnique, à travers la consécration juridique du pouvoir coutumier et des mécanismes traditionnels de règlement des conflits sociaux, traduit incontestablement cette authenticité constitutionnelle. L'idée est, pour ces constituants, de créer une rupture avec le dispositif institutionnel ancien[1349], souvent taxé de « constitutionnalisme d'importation » (A. Ntumba Luaba, 2002)[1350].

À y voir de près, l'enjeu majeur de l'institutionnalisation du fait ethnique résulte, d'une part, comme souligné plus haut, de la volonté politique des dirigeants africains de prévenir et résoudre les conflits sociopolitiques, donc de consolider l'unité nationale à travers des principes constitutionnels d'égalité des citoyens, de non-discrimination, d'indivisibilité ou d'intégrité territoriale (S. Pierré-Caps, 1991)[1351]. D'autre part, cette institutionnalisation vise la construction d'un État-nation indispensable à la consolidation de la paix, et dont le modèle politique ne peut se réaliser que par l'intégration de toutes les communautés infranationales, sans pour autant heurter leurs spécificités[1352].

En substance, l'on retiendra que le mimétisme juridique, bien que décrié par une doctrine majoritaire, peut être vu comme une cause de l'ignorance du fait ethnique, certes, mais c'est surtout l'instrumentalisation de ce mimétisme, notamment sa déformation par les dirigeants politiques qui a accentué cette ignorance. Ainsi, comme indiqué plus haut, le mimétisme peut être en lui-même une cause de méconnaissance d'un fait social, mais son utilisation déformée ou instrumentalisée peut aussi conduire à l'échec (F. Dargent, 2017)[1353]. Enfin, en Afrique francophone, il y a une multiplicité de solutions pour traiter de la question ethnique. Il s'agit notamment des mécanismes du constitutionnalisme classique et les mécanismes traditionnels qui se complètent, voire se mélangent pour donner un cadre juridique et politique innovant, afin de résoudre l'équation de la diversité nationale.

[1349] KAHOMBO (Balingené)., « La protection des minorités ethniques en République démocratique du Congo. Entre rupture et continuité des ordres constitutionnels antérieurs », *in* Konrad Adenauer Stiftung, *Librairie africaine d'études juridiques*, vol. 2, 2010, *op. cit.*, pp. 1-22.

[1350] NTUMBA LUABA (Alphonse)., « Ethnicité et gouvernementalité dans le contexte du renouveau constitutionnaliste africain », *Revue africaine des sciences sociales et humaines*, n° 2, novembre 2002, *op. cit.*, pp. 43-60.

[1351] PIERRÉ-CAPS (Stéphane)., *Nation et peuples dans les constitutions modernes*, Thèse, Droit public, Presse universitaire de Nancy, 1991, *op. cit.*, p. 577 et *sq.*

[1352] *Ibidem, op. cit.*, p. 578.

[1353] DARGENT (Fleur)., « Les échecs du mimétisme constitutionnel en Afrique noire francophone », *Revue du droit public*, n°5, 2017, *op.cit.*, pp. 1347-1374.

Éléments de bibliographie

I – Ouvrages

A – Ouvrage généraux

AUGE (Marc), DOZON (Jean-Pierre), LALLEMAND (Suzanne), MICHEL-JONES (François), sous dir., *La construction du monde : religion, représentations, idéologie*, Paris, François Maspero, 1974, 141 p.

AVRIL (Pierre)., *Les conventions de la Constitution*, Paris, Puf, 1997, 208 p.

BADIE (Bertrand), BIRNBAUM (Pierre)., *Sociologie de l'État*, Paris, Hachette Littératures, Coll. Pluriel, 1983, 238 p.

BEAUD (Olivier)., *La puissance de l'État*, Paris, PUF, 1994, 512 p.

BEAUD (Olivier)., *La théorie de la fédération*, Paris, PUF, 2e édition, 2009, 448 p.

BRETON (Roland)., *Les ethnies*, Paris, PUF, Q.S.J ?, 1992, 127 p.

CAHEN (Michel)., *Ethnicité politique : pour une lecture réaliste de l'identité*, Paris, L'Harmattan, 1999, 169 p.

CARRE DE MALBERG (Raymond)., *Contribution à la théorie générale de l'État*, Paris, Dalloz, 2003, 638 p.

CHRETIEN (Jean-Pierre), PRUNIER (Gérard) sous dir., *Les ethnies ont une histoire*, Paris, Karthala, 2003, 438 p.

CLÉMENT (Franz)., *Consociativisme et dialogue social*, Éditions universitaires européennes, 2012, 412 p.

CONSTANTINESCO (Vlad), PIERRÉ-CAPS (Stéphane)., *Droit constitutionnel*, Paris, PUF, 2016, 560 p.

DUHAMEL (Olivier) et MENY (Yves)., *Dictionnaire constitutionnel*, Paris, PUF, 1er mars 1992, 1120 p.

DURKHEIM (Émile)., *Les règles de la méthode sociologique*, Paris, PUF, 2002, 149 p.

ESMEIN (Adhémar)., *Éléments de droit constitutionnel français et comparé*, Paris, éd,. Panthéon-Assas, Coll. Les introuvables, 2001, 1296 p.

FAVOREU (Louis), GAÏA (Patrick), MESTRE (Jean-Louis) *et al.*, *Droit constitutionnel*, Paris, Dalloz, 19e édition, 2017, 1928 p.

FOUCHER (Michel)., *L'obsession des frontières*, Paris, Perrin, 2012, 240 p.

KELSEN (Hans)., *Théorie pure du droit*, LGDJ, 1999, 367 p.

KELSEN (Hans)., *Théorie générale du droit et de l'État : suivi de la doctrine du droit naturel et le positivisme juridique*, Paris, LGDJ, 1997, 517 p.

KOUBI (Geneviève), FENET (Alain), SCHULTE-TENCKHOFF (Isabelle)., *Le droit et les minorités. Analyses et textes*, Bruxelles, Bruylant, 2000, 661 p.

LACABANNE (Julien), LIJPHART (Arend), CLÉMENT (Franz)., *Introduction à la démocratie consociative : les grands défis lancés par le multiculturalisme aux sociétés contemporaines*, Éditions universitaires européennes, 2016, 160 p.

LACABANNE (Julien)., *La démocratie consociative : forces et faiblesses du multiculturalisme*, Aix-en-Provence, Éditions Persée, 2016, 228 p.

LAVROFF (Dmitri-Georges)., *Les systèmes constitutionnels en Afrique noire : les États francophones*, Paris, Pedone, 1976, 438 p.

MÉNY (Yves) sous dir., *Les Politiques du mimétisme institutionnel. La greffe et le rejet*, Paris, L'Harmattan, 1993, 286 p.

MESURE (Sylvie), RENAUT (Alain)., *Alter égo : les paradoxes de l'identité démocratique*, Paris, Flammarion, 1999, 304 p.

MICHALON (Thierry)., « *Quel État pour l'Afrique ?* », Paris, L'Harmattan, 2003, 190 p.

DUVERGER (Maurice)., *Les constituions de la France*, Paris, PUF coll. « Que sais-je ? », 2004, 127 p.

MARTINIELLO (Marco)., *L'ethnicité dans les sciences sociales contemporaines*, Paris, PUF, 1995, 128 p.

POIRIER (Jean)., *Histoire de l'ethnologie*, Paris, PUF, Coll.''Q. S. J ?'', n° 1338, 2e édition, 1974, 128 p.

POUTIGNAT (PHILIPPE), STREIFF-FENART (Jocelyne)., *Théories de l'ethnicité, suivi de Les groupes ethniques et leurs frontières. Suivi de : les groupes ethniques et leurs frontières par Fredrik Barth*, Paris, PUF, 2008, 270 p.

PRELOT (Marcel) et BOULOUIS (Jean)., *Institutions politiques et droit constitutionnel*, Paris, Dalloz, 11e édition, 1990, 934 p.

RENAN (Ernest)., *Qu'est-ce qu'une Nation ? et autres écrits politiques* », Imprimerie nationale, 2005, 260 p.

STAJNOVIC (Nenad)., *Dialogue sur les quotas. Penser la représentation dans une démocratie multiculturelle*, Presses de la Fondation nationale des sciences politiques, 2013, 374 p.

STREIFF-FENART., *Théories de l'ethnicité*, Paris, PUF, 1995, pp. 203-249.

ROLAND (Norbert)., *L'Anthropologie juridique*, PUF, coll. Que sais-je ? 1990, 128 p.

ROUSSEAU (Dominique)., *Droit du contentieux constitutionnel*, Paris, Montchrestien, 2006, 592 p.

SIEYES (Emmanuel)., *Qu'est-ce que le tiers état* ?, Paris, PUF, 1982, 188 p.

TOURARD (Hélène)., *L'internationalisation des constitutions nationales*, Paris, LGDJ, 2000, 724 p.

TAYLOR (Charles)., *Multiculturalisme : différence démocratie,* Aubier, France, 1994, 142 p.

TOUZARD (Hubert)., *La médiation et la résolution des conflits, étude psychologique*, Paris, PUF, 1977, 420 p.

B – Ouvrage sur l'Afrique

AHIDJO (Ahmadou)., *Contribution à la construction nationale*, Paris, Présence Africaine, 1964, 136 p.

AMOUZOU (Essè)., *L'Afrique : 50 ans après les indépendances*, Paris, L'Harmattan, 2009, 271 p.

AMSELLE (Jean-Loup), M'BOKOLO (Elikia)., *Au cœur de l'ethnie, tribalisme et État en Afrique*, Paris, La Découverte, 2000, 238 p.

AUGÉ (Axel-Éric)., « *Le Recrutement des élites politiques en Afrique subsaharienne. Une sociologie du pouvoir au Gabon* », Paris, L'Harmattan, 2005, 300 p.

BADIE (Bertrand)., *L'État importé* : *l'occidentalisation de l'ordre politique*, Paris, Fayard, 1992, 334 p.

BALAAMO MOKELWA (Jean-Pacifique)., *Église et État en République démocratique du Congo. Histoire du droit congolais des religions (1885-2003)*, Paris, L'Harmattan, 2008, 294 p.

BALANDIER (Georges)., *La vie quotidienne au royaume de Kongo du XVIe au XVIII siècle*, Paris, Hachette, 1965, 284 p.

BALANDIER (Georges)., *Le royaume de Kongo du XVIe au XVIII siècle*, Paris, Hachette, 1965, 288 p.

BANOCK (Michel)., *Le processus de démocratisation en Afrique : le cas du Cameroun*, Paris, L'Harmattan, 1993, 252 p.

BAYART (Jean-François)., *L'État en Afrique. La politique du ventre*, Fayard, Paris, 2006, 514 p.

BENMESSAOUD (Tredano-Abdelmoughit)., *Intangibilité des frontières coloniales et espace étatique en Afrique*, Paris, Bibliothèque Africaine et Malgache, 1989, 255 p.

BERNUALT (Florence)., *Démocraties ambiguës en Afrique centrale : Congo et Gabon, 1945-1995*, Paris, Karthala, 1996, 423 p.

BIDIMA (Jean-Godefroy)., *La palabre : une juridiction de la parole*, Paris, Michelon, 1997, 128 p.

BOUQUET (Christian)., *Tchad, genèse d'un conflit*, Paris, L'Harmattan, 2000, 316 p.

CABANI (André) et MARTIN (Martin-Louis)., *Le constitutionnalisme de la troisième vague en Afrique francophone*, Bruylant-Academia, 2010, 227 p.

CAMARA (Sory)., *Gens de la parole : Essai sur la condition et le rôle des griots dans la société malinké*, Paris, Karthala, 1992, 376 p.

CHRETIEN (Jean-Pierre), KABANDA (Marcel)., *Rwanda : racisme et génocide. L'idéologie hamitique*, Berlin, 2013, 380 p.

CHRETIEN (Jean-Pierre)., *Le défi de l'ethnicisme. Rwanda et Burundi (1990-1996)*, Paris, Karthala, 466 p.

CHRETIEN (Jean-Pierre)., *Rwanda : les médias du génocide*, Paris, Karthala, 1995, 408 p.

CONAC (Gérard) sous dir., *L'Afrique en transition vers le pluralisme politique*, Paris, Economica, 1993, 517 p.

CONAC (Gérard)., *Les institutions constitutionnelles des États d'Afrique Francophone et de la République Malgache*, Paris, Economica, 1979, 359 p.

DAKOUO (Ambroise)., *Les pratiques du dialogue intercommunautaire pour la paix et la réconciliation au Mali. Expériences et analyses*, ORFED/GENOVICO, Bamako, Mali, 2016, 66 p.

DALOZ (Jean-Pascal), QUANTIN (Patrick)., *Transition démocratique en Afrique*, Paris, Karthala, 1997, 313 p.

DEBRE (Bernard)., *La véritable histoire des génocides rwandais. Rwanda : dix ans après*, Paris, Ed. Jean-Claude Gawsewitch, 2006, 206 p.

DIABATE (Henriette)., *Le Sanvi : un royaume Akan (1701-1901)*, Paris, Karthala, 2013, 624 p.

DIOP (Cheikh-Anta)., *L'Afrique noire précoloniale : Étude comparée des systèmes politiques et sociaux de l'Europe et de l'Afrique noire, de l'Antiquité à la formation des États modernes*, Paris, Présence Africaine, 2e éd., 2000, 278 p.

DIOUF (Makhtar)., *Sénégal : les ethnies et la nation*, Paris, L'harmattan, 1994, 205 p.

DU BOIS DE GAUDUSSON (Jean), DESSOUCHES (Christine)., *Les constitutions africaines*, Bruxelles, Bruylant, La documentation française, Coll. « Retour aux textes », 1997, 452 p.

EBOUSSI BOULAGA (Fabien)., *Les Conférences nationales en Afrique noire : une affaire à suivre*, Paris, Karthala, 2009, 240 p.

ELIOU (Marie)., *La formation de la conscience nationale en République populaire du Congo*, Paris, Éditions Anthropos, 1977, 415 p.

FONTRIER (Marc)., *Éthiopie. Le choix du fédéralisme ethnique : chronique du gouvernement de transition 1991-1995*, Paris, l'Harmattan, 2012, 482 p.

FRANCHE (Dominique)., *Rwanda. Généalogie d'un génocide*, Paris, Mille et Une Nuits, 1997, 95 p.

GONIDEC (François)., *L'État africain : évolution, fédéralisme, centralisation et décentralisation*, 2e édition, Tome 3, Paris, LGDJ, 1985, 362 p.

GONIDEC (Pierre-François), sous dir., *Les systèmes politiques africains*, 2e édition, tome 27, LGDJ, 1978, 428 p.

GUICHAOUA (André)., *Les crises politiques au Rwanda et au Burundi* (1993-1994), Paris, Karthala, 1995, 790 p.

GUICHAOUA (André)., *Rwanda : de la guerre au génocide. Les politiques criminelles au Rwanda* (1990-1994), Paris, La découverte, 2010, 624 p.

IRAKOZE (Liliane), BARUTWANAYO (Hervé)., *De la justice transitionnelle : cas des tribunaux gacaca*, Éditions Universitaires Européennes, 2012, 84 p.

ITOUA (Daniel-Isaac)., *Et si le Kiébé-kiébé vous était conté ? Tradition initiatique du Congo-Brazzaville*, Paris, L'Harmattan, 2018, 186 p.

JAGLIN (Sylvy), DUBRESSON (Alain)., *Pouvoir et cité d'Afrique noire : décentralisation en question*, Paris, Karthala, 1993, 312 p.

JAMFA CHIADJEU (Moïse-Léonard)., *Comment comprendre la « crise » de l'État postcolonial en Afrique ? Un essai d'explication structurelle à partir des cas de l'Angola, du Congo-Brazzaville, du Congo-Kinshasa, du Liberia et du Rwanda*, Peter Lang, 2005, 460 p.

KAMBA MUTU (Matadi)., *Proverbes Pelende*, Bandundu, Centre d'études ethnographiques de Bandundu, 1996, 204 p.

KAMBAYI (Bwatshia)., *Demain le Zaïre : choix idéologiques et barrières mentales*, Kinshasa Centre de Recherche Eugemonia, 1995, 96 p.

KAMTO (Maurice) Sous dir., *Pouvoir et droit en Afrique noire, Essai sur les fondements du constitutionnalisme dans les États d'Afrique noire francophone*, Paris. LGDJ, 1987, 544 p.

KINATA (Côme), *Les Ethnochefferies dans le Bas-Congo français : collaboration et résistance. 1896-1960*, Paris, L'Harmattan, 2001, 256 p.

KIRK-GREENE (Anthony), BACH (Daniel) Sous dir., *États et sociétés en Afrique francophone*, Paris, Economica, 1993, 314 p.

KONATE (Issoufou)., *Le discours de la Baule, 20 juin 1990 : une nouvelle thérapie pour l'Afrique*, Paris, L'Harmattan, 2015, 198 p.

KONATE (Moussa)., *L'Afrique noire est-elle maudite ?* Paris, Fayard, 2010, 238 p.

KONTCHOU-KOUOMEGNI (Augustin)., *Le système diplomatique africain. Bilan et tendance de la première décennie*, Paris, Pedone, 1977, 288 p.

KYMLICKA (Will)., *La citoyenneté multiculturelle, Une théorie libérale du droit des minorités*, Paris, La découverte, 2001, 358 p.

LOADA (Augustin), WHEATLEY (Jonathan)., *Transitions démocratiques en Afrique de l'Ouest Processus constitutionnels, société civile et institutions démocratiques*, Paris, L'Harmattan, 2015, 249 p.

LOUIS-VINCENT (Thomas), LUNEAU (René)., *La terre africaine et ses religions*, Paris, L'Harmattan, 1995, 334 p.

LUGAN (Bernard)., *Osons dire la vérité à l'Afrique*, Paris, Éditions du Rocher, 2015, 224 p.

LUGAN (Bernard)., *Rwanda : le génocide, l'Église et la démocratie*, Paris, Rocher, 2004, 234 p.

MAMBI TUNGA-BAU (Héritier)., *Pouvoir traditionnel et pouvoir d'État en République démocratique du Congo. Esquisse d'une théorie d'hybridation des pouvoirs politiques,* Kinshasa, Mediaspaul, 2010, 240 p.

MATOKO (Edouard), BAH (Thierno), KONATE (Doulaye) et *al.*, *Les fondements endogènes d'une culture de la paix en Afrique : Mécanismes traditionnels de prévention et de résolution des conflits*, Paris, Éditions Edouard Matoko, Unesco, octobre 1999, 98 p.

MBONDA (Ernest-Marie)., *Justice ethnique. Identités ethniques, reconnaissance et représentation politique*, Québec, Pul, 2009,126 p.

MBONIMPA (Melchior)., *Ethnicité et démocratie en Afrique : l'homme tribal contre l'homme citoyen ?*, Paris, L'Harmattan, 1994, 125 p.

MOUANGUE KOBILA (James)., *La protection des minorités et des peuples autochtones au Cameroun : entre reconnaissance interne contrastée et consécration universelle réaffirmée*, Ed. Dianoïa, 2009, 296 p.

MOUDOUDOU (Placide)., *La Constitution en Afrique : Morceaux choisis*, Paris, L'Harmattan, 2012, 266 p.

MUCHUKIWA RUKAKIZA (Bosco), BISHWEKA CIMENESA (Antoine), KAPAPA MASONGA (Camille)., *L'État africain et les mécanismes culturels traditionnels de transformation des conflits*, Genève, Globethics.net, 2015, 102 p.

MWAMBA MATANZI (Godefroid)., *La justice transitionnelle en RDC. Quelle place pour la Commission Vérité et Réconciliation*? Paris, L'Harmattan, 2016, 168 p.

NACH MBACK (Charles)., *Démocratisation et décentralisation. Genèse et dynamiques comparés des processus de décentralisation en Afrique Subsaharienne*, Paris, Karthala, 2003, 528 p.

NDAWEL (Isidore)., *Historique générale du Congo, de l'héritage ancien à la République Démocratique du Congo*, Paris, Duculot, 1998, 955 p.

NGOMA-BINDA (Elie-Phambu)., *Justice transitionnelle en RD Congo. Une expérience de Commission Vérité et Réconciliation*, Paris, L'Harmattan, 2008, 193 p.

NKOUTA (Daniel)., *Autour de l'État-nation en Afrique. Le cas du Congo-Brazzaville*, Paris, L'Harmattan, 2014, 92 p.

NSAKU (Kimbémbé)., *Congo-Brazzaville : chronique du génocide des Lari du Pool*, Paris, L'Harmattan, 163 p.

NTABONA (Adrien)., *Itinéraire de la sagesse, les Bashingantahe hier, aujourd'hui et demain au Burundi*, Ed. du CRID, Bujumbura, 1999, 303 p.

NYAMITWE (Alain-Aimé)., *Démocratie et ethnicité au Burundi. Essaie sur des mots et des acteurs autour d'un enjeu de justice et pouvoir (1962-2005)*, Parole et Silence, 2009, 219 p.

OBENGA (Théophile)., *L'État fédéral d'Afrique noire : la seule issue*, Paris, L'Harmattan, 2012, 74 p.

OKAMBA (Emmanuel)., *Éthique du Kébé-kébé et promotion du leadership chez les Mbosi du Congo : le réveil d'Odi*, Paris, L'Harmattan, 2012, 300 p.

OKAMBA (Emmanuel)., *Gouvernance de l'État et rebellions ethniques au Congo*, Paris, L'Harmattan, 2019, 237 p.

OKAMBA (Emmanuel)., *La gouvernance, une affaire de société. Analyse mythiumétrique de la performance*, Paris, L'Harmattan, 2010, 239 p.

PAMBOU TCHIVOUNDA (Guillaume), sous dir., *Essai sur l'État Africain postcolonial*, LBDJ, Paris, 1982, 165 p.

PANNIER (Guy)., *L'Église du Loango 1919-1947. Une étape difficile de l'évangélisation au Congo-Brazzaville*, Paris, Karthala, 2008, 335 p.

PAPE (Marc-Adoux)., *Les conflits identitaires en Afrique,* Paris, L'Harmattan, 2013, 216 p.

PRADELLES DE LATOUR (Charles-Henry)., *Ethnopsychanalyse en pays bamiléké*, Paris, EPEL,1991, 264 p.

PURUSI SADIKI (Jean-Jacques)., *La femme dans la gestion des conflits en Afrique précoloniale*, Paris, L'Harmattan, 2008, 210 p.

REYNTJENS (Filip)., *Rwanda : gouverner après le génocide*, Les Belles lettres, Paris, 2014, 333 p.

RUHIMBIKA (Manassé)., *Les Banyamulenge (Congo-Zaïre) entre deux guerres*, L'Harmattan, Paris,2001, 299 p.

SEMUJANGA (Josias)., *Récits fondateurs du drame rwandais : discours social, idéologies et stéréotypes*, Paris, L'Harmattan, 2000, 258 p.

SINDJOUN (Luc)., *L'État ailleurs. Entre noyau dur et case vide*, Paris, Economica, 2002, 332 p.

SORO (Guillaume)., *Pourquoi je suis devenu un rebelle : la Côte d'Ivoire au bord du gouffre*, Paris, Hachette Littératures, 2005, 173 p.

THIAM (Doudou)., *Le fédéralisme africain : ses principes et ses règles*, Paris, Éditions Présence Africaine, 1972, 167 p.

TSHIYEMBE (Mwayila)., *État multinational et démocratie africaine. Sociologie de la renaissance politique*, Paris, L'Harmattan, 2001, 269 p.

TSHIYEMBE (Mwayila)., *L'État postcolonial : facteur d'insécurité en Afrique*, Paris, Présence africaine, 1990, 157 p.

TSHIYEMBE (Mwayila)., *Quel est le meilleur système politique pour la République Démocratique du Congo : Fédéralisme, Régionalisme, Décentralisation* ? Paris, L'Harmattan, 2012, 122 p.

VAN DER BEKEN (Alain)., « *Proverbes Yaka du Zaïre* », Paris, Karthala, 1993, 352 p.

VUNDUAWE TE PEMAKO (Felix)., *À l'ombre du Léopard : vérité sur le régime Mobutu Sésé séko*, Bruxelles, zaïre libre, 2000, 484 p.

YAMEOGO (Hermann)., *Repenser l'État africain : ses dimensions et prérogatives*, Paris, L'Harmattan, 2013, 260 p.

YOUNG (Crawford)., *Introduction à la politique congolaise*, Kinshasa-Lubumbashi-Kisangani, Ed. Universitaires du Congo/IRES Bruxelles : CRISP, 1968, 391 p.

II - Thèses et Mémoires

A – Thèses

CASTAIGNEDE (Monique)., *La régulation du partage du pouvoir politique au Liban la logique communautaire dans le cadre des accords de Taëf*, Thèse, Science politique, Université Montesquieu Bordeaux IV, 2014, 273 p.

DAVAKAN (Brice-Armand)., *Citoyenneté et identités comme enjeux d'une « démocratisation ancrée » en Afrique noire : Illustration par les trois villes autonomes du bénin*, Thèse, Université du Québec à Montréal, 314 p.

DE SOUZA (Waldemar)., *La place des élites religieuses et traditionnelles au Bénin : l'impact de leurs relations avec les élites politiques sur le maintien de l'État démocratique*, Thèse, Science politique, Université de Bordeaux, 2014, 564 p.

EHUENI MANZAN (Innocent)., *Les accords politiques dans la résolution des conflits armes internes en Afrique*, Thèse, Droit public, Université de la Rochelle - Université de Cocody, 2011, 718 p.

ESSONO MEZUI (Hervé)., *L'Église catholique, vie politique et démocratisation au Gabon (1945-1995)*, Thèse, Université Lumière-Lyon 2, 2006, 650 p.

ETOUGHE MBA (Dominique)., *Constitutionnalisme et ethnie en Afrique noire francophone : enjeux et perspectives contribution à la théorie de l'État postcolonial*, Thèse, Droit public, Université Panthéon Sorbonne, Paris, 2002, 393 p.

ITOUA (Joseph)., *L'institution traditionnelle Otwere chez les mbosi Olee au Congo-Brazzaville*, Thèse d'histoire, Université de Lille III, 6 juillet 2006, 544 p.

ITOUA ONDET (Maixent-Cyr)., « *Genre et Paix ! : les femmes dans la résolution des conflits au Congo-Brazzaville* », Thèse de Sociologie, Université de Grenoble, 2014, 367 p.

KITSIMBOU (Xavier)., *La démocratie et les réalités ethniques au Congo*, Thèse, Science politique, Université Nancy II, 2006, 221 p.

KOKO (Adiki Tovenim)., *Les chefferies traditionnelles africaines face à la dynamique des réformes territoriales : contribution à l'étude des processus de décentralisation*, Thèse, Droit public, Université de Perpignan, 2017, 302 p.

KUAKUVI (Kodjo-Ahlin)., *Les secondes chambres du Parlement dans les États francophones : le cas du Burundi, de la France, du Gabon et du*

Sénégal, Thèse, Droit public, Université de Gand (Belgique)/Université de Lomé (Togo), 370 p.

LEKEUFACK (Charles)., *Les sources internationales du pouvoir constituant : contribution à la théorie du pouvoir constituant*, Thèse, droit public, Université Paris XIII, 2005, 423 p.

LISSOUCK (Félix François)., *Pluralisme politique et droit en Afrique noire francophone*, Thèse, Droit public, Université Jean Moulin de Lyon, 2000, 396 p.

NANAKO (Cossoba)., *La libre administration des collectivités territoriales au Bénin et au Niger*, Thèse, Droit public, Université d'Abomey-Calavi (Bénin), 2016, pp. 55-56.

NDJIMBA (Kévin-Ferdinand)., *L'internationalisation des constitutions des États en crise : Réflexions sur les rapports entre Droit international et Droit constitutionnel*, Thèse, Droit public, Université de Nancy II, 2011, 663 p.

NGANDO SANDJE (Rodrigue)., *État et nation dans le constitutionnalisme africain. Étude thématique*, Thèse, Droit public, Université de Bourgogne, 2013, 657 p.

PIERRÉ-CAPS (Stéphane)., *Nation et peuples dans les constitutions modernes*, Thèse, Droit public, Presse universitaire de Nancy, 1991, 948 p.

SANDOUNO (Moïse)., *Une histoire des frontières guinéennes (années 1880-2010) : héritage colonial, négociation et conflictualité*, Thèse d'histoire, Université Toulouse le Mirail - Toulouse II, 2014, 437 p.

TOUOYEM (Pascal)., *Dynamiques de l'ethnicité en Afrique : Éléments pour une théorie de l'État multinational*, Thèse, Tilburg University, 2014, 233 p.

TSHILOMBO SEND (Toussaint)., *Ethnicité, représentation et démocratie : fondements d'un État de droit démocratique en République démocratique du Congo (Ex-Zaïre)*, Thèse, Science politique, Université Panthéon-Assas (Paris II), 2000, 322 p.

B – Mémoires

AGBODJAN-PRINCE (Labité-Sodiné)., *L'ethnie dans le fonctionnement des partis politiques au Togo. Cas du CAR, de l'ex-RPT et de l'UFC*, Mémoire, Université de Lomé, 2012, 97 p.

BARRO (Sadio)., *Les racines coloniales des conflits communautaires dans la vallée du fleuve Sénégal : 1854-1933 : séparation des colonies, frontière, discours colonial et local* », Mémoire, Université Paris 1- Panthéon Sorbonne, 2002, 118 p.

DIAYE (Samba)., *Conflits ethniques et renforcement des acquis démocratiques en Afrique de l'Ouest : le cas du conflit casamançais au Sud du Sénégal*, Mémoire, Université Gaston Berger de Saint Louis, 1999, 96 p.

DIEMBY MALENGA (Olivier)., *La remise en cause des frontières africaines. Cas de la RDC*, Mémoire, Université technologique Bel Campus de Kinshasa, 2012, 56 p.

DIME LI NLEP (Zbigniew-Paul)., *La garantie des droits fondamentaux au Cameroun*, Mémoire de Maîtrise, Université Abomey-Calavi, 2004, 129 p.

KÀ₵ (Salif)., *La problématique des conflits en Afrique : le cas de la Somalie, de la Côte d'Ivoire et de la RDC*, Mémoire, Science politique, Université Gaston Berger de Saint-Louis, 2012, 61 p.

KOMLAN (Kokou)., *Les petites constitutions en Afrique : essai de réflexion à partir des exemples de la Côte d'Ivoire, de la RDC, de la Tunisie et du Togo*, Mémoire, Droit public, Université de Lomé, 2015, 94 p.

KOUROUMA (Oumar)., *Les transitions démocratiques en Afrique noire francophone. Réflexion sur le cas de la Guinée (Conakry)*, Mémoire, Université Hassan II, Maroc, 2010, 198 p.

ODOUKPE (N'taho)., *Réflexion sur la justice traditionnelle*, Mémoire, Université catholique de l'Afrique de l'Ouest unité, 2009, 124 p.

SAURIOL (Emmanuel)., *Comprendre les conflits dits « ethniques » : Le conflit sénégalo-mauritanien de 1989, mémoire de science politique*, Mémoire, Université du Québec à Montréal, 2007, 122 p.

SEDDAOUI (Lynda)., *Approche anthropologique sur les motivations de recours à la sorcellerie. (Cas des Patients et praticiens de la wilaya de Bejaia)*, Mémoire de Master, Université de Bejaïa, 2016, 105 p.

TAWA (Netton-Prince)., *Les anciennes puissances coloniales et la résolution des conflits en Afrique*, Mémoire Droit public, Université de Cocody, 2006, 94 p.

YODOU SIBEUDEU (Alain-Patrick)., *Justice politique et prévention des conflits dans les sociétés pluriethniques : cas de la politique de l'équilibre régional au Cameroun*, Mémoire en sciences sociales, Université catholique d'Afrique centrale, 2011, 68 p.

III - Articles et Revues

ABBA (Souleymane)., « La chefferie traditionnelle en question », *Politique Africaine*, n° 38, juin 1990, pp. 51-60.

ADAM (Michel)., « Guerres africaines. De la compétition ethnique à l'anomie sociale », *Études rurales* 2002/3-4, N° 163-164, pp. 167-186.

AGUDELO (Carlos)., « Dilemmes du multiculturalisme et populations noires en Colombie », *L'ordinaire latino-américain, IPEALT*, Université Toulouse Le Mirail, 2006, pp.119-138.

AHADZI-NONOU (Koffi)., « Les nouvelles tendances du constitutionnalisme africain, le cas des États d'Afrique noire francophone », *Afrique juridique et politique*, vol. I, n° 2, juillet-décembre, 2002, pp. 35-85.

AHADZI-NONOU (Koffi)., « Réflexions sur un tabou du constitutionnalisme négro-africain : le tribalisme », *in Mélanges en l'honneur de Dominique Breillat, Les voyages du droit,* Poitiers, LGDJ, 2011, pp. 19-25.

AIVO (Frédéric-Joël)., « La crise de normativité de la Constitution en Afrique », *Revue du droit public et de la science politique en France et à l'étranger*, n° 128/2012, pp.141-180.

AKONO EVANG (Serge-Paulin)., « Contribution à une science africaine de l'ethnie à partir de l'expérience camerounaise », *Droit et société* 2014/1 (n° 86), pp. 157-174.

AMOA (Urbain)., « Pactes de stabilité et construction de la confiance dans le processus de cohésion sociale », *Synergies Afrique Centrale et de l'Ouest* n° 3 – 2009, pp. 85-99.

AMSELLE (Jean-Loup)., « De la déconstruction de l'ethnie au branchement des cultures : un itinéraire intellectuel », *Actes de la recherche en sciences sociales* 2010/5 (n° 185), pp. 96-113.

AMSELLE (Jean-Loup)., « Retour sur "l'invention de la tradition" », *Revue française d'anthropologie*, 1 janvier 2008, pp. 185-186.

ANDRE (Géraldine), PONCELET (Marc)., « Héritage colonial et appropriation du pouvoir d'éduquer », *Cahiers de la recherche sur l'éducation et les savoirs*, 12 | 2013, pp. 271-295.

ASSIES (Willem)., « Les peuples autochtones et la réforme de l'État en Amérique latine. », *in Le défi de la diversité : les peuples autochtones et la réforme de l'État en Amérique latine*, Assies (Willem), Van der Harr (Gemma) et Hoekeman (Anne), Amsterdam : Thela, 2000, pp. 3-21.

ATANGANA AMOUGOU (Jean-Louis)., « Les accords de paix dans l'ordre juridique interne en Afrique », *Revue de la recherche juridique*, Vol. 33, n° 123, 2008, pp. 1723-1746.

AUNDU MATSANZA (Guy)., « La nouvelle édification de l'État à l'épreuve de l'ethnicité : esquisse de solutions pour la République Démocratique du Congo », *Fédéralisme Régionalisme* [En ligne], Volume 5 : 2004-2005 - La IIIe République Démocratique du Congo. URL : http://popups.ulg.ac.be/1374-3864/index.php?id=207 Consulté en janvier 2018.

AYMES (Marc) et PEQUIGNOT (Stéphane)., « Questions d'identité : l'apport de Fredrik Barth », *Labyrinthe*, 7 | 2000, pp. 43-47.

BABADZAN (Alain)., « L'invention des traditions et le nationalisme », *Journal de la Société des océanistes*, 109, 1999-2, pp. 13-35.

BABO (Alfred)., « L'étranger à travers le prisme de l'ivoirité en Côte d'Ivoire : retour sur des regards nouveaux », *Migrations Société* 2012/6 (N° 144), pp. 99-120.

BAH (Thierno)., « Les mécanismes traditionnels de prévention et de résolution des conflits en Afrique noire », *in Les fondements endogènes d'une culture de la paix en Afrique*, Frédérico Mayor, Edouard Matoko, *UNESCO*, 1999, pp. 1-26.

BAILLETTE (Frédéric)., « Figures du corps, ethnicité et génocide au Rwanda », *Quasimodo*, n° 6, Printemps 2000, pp. 7- 37.

BAKO-ARIFARI (Nassirou)., « Poutignat, Ph. et Streiff-Fenart, J. 1995, *Théories de l'ethnicité, suivi de Les groupes ethniques et leurs frontières* de F. Barth, Paris, PUF, 270 p. », *Bulletin de l'APAD* [En ligne], 12 | 1996, mis en ligne le 25 avril 2007, Consulté le 30 septembre 2016. URL : http:// apad.revues.org/610

BALANDIER (Georges), « La situation coloniale : approche théorique », *Cahiers internationaux de sociologie* 2001/1 (n° 110), pp. 9-29.

BALINGENE (Kahombo)., « La protection des minorités ethniques en République Démocratique du Congo. Entre rupture et continuité des ordres constitutionnels antérieurs », *in* KONRAD ADENAUER STIFTUNG, *Librairie africaine d'études juridiques*, vol. 2, 2010.

BALINGENE (Kahombo)., « L'expérience congolaise de l'État régional. Le contrôle politique du pouvoir central sur les provinces : vers une tutelle déguisée », *in* Jean-Michel Kumbu Ki Ngimbi (dir)., *La décentralisation territoriale en République Démocratique du Congo sous le régime de la constitution du 18 février 2006 : Bilan et perspectives,* Kinshasa, Éditions de la Campagne pour les droits de l'homme au Congo Kinshasa, 2014, pp. 109-134.

BANÉGAS (Richard), MARSHALL-FRATANI (Ruth)., « Côte d'Ivoire, un conflit régional ? », *Politique africaine* 2003/1 (N° 89), pp. 5-11.

BANÉGAS (Richard)., « Action collective et transition politique en Afrique. La conférence nationale du Bénin », *Cultures & Conflits* [En ligne], 17 | printemps 1995, mis en ligne le 04 mars 2005, consulté le 30 septembre 2016.

BANÉGAS (Richard)., « Mobilisations sociales, crises identitaires et citoyenneté en Afrique », *Alternatives Sud*, vol. 17, 2010, pp. 221-227.

BARTH (Fredrik)., « Les groupes ethniques et leurs frontières », *in* P. POUTIGNAT et J. STREIFF-FENART., *Théories de l'ethnicité*, Paris, PUF, 1995, pp. 203-249.

BURGESS (Michel)., « Le fédéralisme en Afrique. Un essai sur les effets de la diversité culturelle, du développement et de la démocratie », *in L'idée fédérale (Réseau québécois de réflexion sur le fédéralisme)*, Janvier 2012, 20 p.

BAYART (Jean-François) et *al.*, « Autochtonie, démocratie et citoyenneté en Afrique », *Critique internationale* 2001/1 (n° 10), pp. 177-194.

BAYART (Jean-François), GESCHIERE (Peter), NYAMNJOH (Francis)., « Autochtonie, démocratie et citoyenneté », *Critique internationale*, Presse de sciences po, n° 10, janvier 2001, pp. 177-194.

BAYART (Jean-François)., « La démocratie à l'épreuve de la tradition en Afrique subsaharienne », *Pouvoirs* 2009/2 (n° 129), pp. 27-44.

BAYART (Jean-François)., « L'historicité de l'État importé », *Cahiers du CERI*, 1996, pp.1-44.

BAZENGUISSA-GANGA (Rémy), YENGO (Patrice)., « La popularisation de la violence politique au Congo », *Politique africaine* 1999/1 (N° 73), pp. 186-192.

BEAUD (Olivier)., « La souveraineté dans la "contribution à la théorie générale de l'État" de Carré de Malberg », *RDP*, n° 1, 1994, p. 1267.

BEN WAHAB (Aichatou)., « Expérience au Niger », *in* « *Femmes, Gouvernance endogène et Prévention des conflits en Afrique de l'Ouest* », Atelier du Club du Sahel et de l'Afrique de l'Ouest, Niamey, Niger, Tome 2, 26 au 28 avril 2006, pp. 28-30.

BERNARD (Christian)., « Les touaregs : entre tentation d'intégration et tentation de révolte, une liaison dangereuse avec AQMI est-elle possible ? », *Institut géopolitique et culturel Jacques Cartier*, Poitiers, le 20 janvier 2011.

BERTHE (Rokya)., « Les parentés à plaisanterie au Mali : Un outil de cohésion sociale », *Journal Maliactu*, 6 septembre 2013, consulté en février 2019.

BESSE (Magalie)., « La Conférence nationale souveraine, un pouvoir constituant original », *Amitié entre les peuples*, 19 février 2017, consulté en mars 2018.

BIRFO-SOME (Magloire)., « La christianisation des Dagara du Burkina : flux et reflux des conversions (1932-1952) », *Revue française d'histoire d'outre-mer*, tome 85, n° 319, 2e trimestre 1998. pp. 33-57.

BLEGNE (Séma)., « La parenté à plaisanterie, un bon moyen de prévention et de gestion des conflits au Burkina Faso », *Bulletin Médiaterre international*, Francophonie, Août 2015, consulté en février 2018.

BOKIBA (André-Patient)., « Pour un investissement de la chefferie traditionnelle dans le traitement des conflits », *in* « *Dialogue interculturel et culture de la paix en Afrique centrale et dans les Grands lacs : Le rôle des chefs traditionnels et spirituels dans les mécanismes de prévention et de résolution des conflits* », Tome 2, Unesco, Libreville, 2005, pp. 46-56.

BOLLE (Stéphane)., « Des Constitutions « made in » Afrique », Communication au VI° Congrès Français de Droit Constitutionnel, Montpellier, 9, 10 et 11 juin 2005.

BORELLA (François)., « Réflexions sur la question constitutionnelle aujourd'hui », *Civitas Europa*, n° 5, Septembre 2000, pp. 7-20.

BOSSUROY (Thomas)., « Déterminants de l'identification ethnique en Afrique de l'Ouest », *Afrique contemporaine* 2006/4 (n° 220), pp. 119-136.

BOUMPOUTOU (Dan de Prince)., « L'instrumentalisation du principe d'appartenance ethnique en Afrique favorise pernicieusement le développement du vote ethnique », *alterinfo*, 2 juillet 2011.

BOUQUET (Christian)., « L'artificialité des frontières en Afrique subsaharienne », *Les Cahiers d'Outre-Mer*, 1 avril 2003, pp. 181-198.

BOURGI (Albert)., « L'évolution du constitutionnalisme en Afrique : du formalisme à l'effectivité », *Revue française de droit constitutionnel* 2002/4 (n° 52), pp. 721-748.

BOUTIN (Christophe)., Quelle influence constitutionnelle de la France en Afrique ?, *in Spicilegium Juris Politici. Mélanges offerts à Philippe Lauvaux*, Editions Panthéon-Assas, 2020, pp. 169-184.

BRETON (Jean-Marie)., « Trente ans de constitutionalisme d'importation dans les pays d'Afrique noire francophone entre mimétisme et réception critique : cohérences et incohérences (1960-1990) », *in constitutionnalisme : un produit d'exportation*, VIe Congrès français de Droit constitutionnel, Atelier 7, Montpellier, 9, 10, 11, juin 2005, 22 p.

BROOHM (Octave Nicoué)., « États-nations et citoyenneté : enjeux africains dans le contexte actuel de la mondialisation », *Éthiopiques (Revue négro-africaine de Littérature et philosophie)*, n° 79, 2ème semestre 2007, consulté en janvier 2018.

BUCAILLE (Laetitia)., « Vérité et réconciliation en Afrique du Sud : une mutation politique et sociale », *Institut français des relations internationales (IFRI)*, 2007/2, pp. 313-325.

BUGNICOURT (Jacques)., « Le mimétisme administratif en Afrique : obstacle majeur au développement », *Revue française de science politique*, 23e année, n° 6, 1973, pp. 1239-1267.

CABANIS (André), MARTIN (Michel-Louis)., « Le nouveau cycle constitutionnel ultra-méditerranéen francophone et la constitution d'octobre 1958 », *in* Y. MÉNY (sous dir.), *Les politiques du mimétisme institutionnel. La greffe et le rejet*, Paris, L'Harmattan, 2000, pp. 139-164.

CAYLA (Olivier)., « Le Conseil constitutionnel et la constitution de la science du droit », *in Le Conseil constitutionnel a 40 ans*, Paris, LGDJ, 1999, pp. 106 -141.

CERVELLO (Marella Villasante)., « La commission de la vérité et la réconciliation du Pérou dans le contexte latino-américain, et la situation humanitaire de la Mauritanie », *Institut des Hautes Études sur la Justice*, 21 octobre 2016.

CHANDA (Tirthankar)., « En Afrique, la Constitution française n'a pas été le modèle qu'on croit », *RFI Afrique*, 04 octobre 2018, consulté en novembre 2019.

CHANDA (Tirthankar)., « Démocratie en Afrique : des palabres aux conférences nationales », *RFI Afrique, Histoire et Société*, 15 septembre 2016, consulté en novembre 2019.

CHAUVEAU (Jean-Pierre), DOZON (Jean-Pierre)., « Ethnies et État en Côte d'Ivoire », *Revue française de science politique*, 38e année, n° 5, 1988, pp. 732-747.

CHETIMA (Melchisedek)., « Démocratisation et explosion des revendications ethno-régionales au Cameroun : Des relations complexes entre démocratie et ethnicité », *Academia*, 2013, pp. 81-90.

CHEVALLIER (Jacques)., « Pour une sociologie du droit constitutionnel » *in Mélanges en l'honneur de Michel Troper, L'architecture du droit*, Paris, Economica, 2006, p. 283.

CHEVALLIER (Jacques)., « L'État-Nation », *Revue du Droit Public*, n° 4, 1980, pp. 1271-1302.

CHRETIEN (Jean-Pierre)., « L'alibi ethnique dans la politique africaine », *Esprit*, juillet/août 1981, pp. 109-115.

CLÉMENT (Franz)., « La théorie consociative : caractéristiques générales et applications au Luxembourg », *CEPS/INSTEAD*, Luxembourg, 2011, 28 p.

CONAC (Gérard)., « État de droit et démocratie », *in* G. CONAC, (dir.), *L'Afrique en transition vers le pluralisme politique*, Paris, Economica, 1993, pp. 483-508.

CONAC (Gérard)., « Les Constitutions des États d'Afrique et leur effectivité », *in Dynamiques et finalités des droit africains*, Gérard CONAC (dir.), Paris, Economica, 1980, pp. 385-413.

CONAC (Gérard)., « Les processus de démocratisation en Afrique », *in L'Afrique en transition vers le pluralisme politique*, G. Conac, (dir.), Économica, 1993, p. 20.

CONAC (Gérard)., « Portrait du Chef d'État », *Pouvoirs*, n° 25 - Les pouvoirs africains - avril 1983, pp. 121-130.

CONAC (Gérard)., « Succès et échecs des transitions démocratiques en Afrique subsaharienne », *in* Jean WALINE, *Gouverner, administrer, juger – Liber amicorum*, Dalloz, Paris, 2002, pp. 29-47.

COPANS (Jean)., « Histoire, politique et nationalisme en Afrique noire », *Le Monde diplomatique*, septembre 1980, p. 11.

COPANS (Jean)., « Le Tribalisme », *in Encyclopedia Universalis*, 9e Publication, Avril 1978, p. 317.

COSTEY (Paul)., « Les catégories ethniques selon F. Barth », *Tracés. Revue de Sciences humaines* [En ligne], 10 | 2006, mis en ligne le 07 avril 2009, consulté le 17 septembre 2019. URL : http://journals.openedition.org/traces/155 ; DOI : 10.4000/traces.155

COULIBALY (Hawa) et LIMA (Stéphanie)., « Crise de l'État et territoires de la crise au Mali », *EchoGéo* [En ligne], Sur le Vif, mis en ligne le 27 mai 2013, consulté le 30 septembre 2016. URL : http:// echogeo.revues.org/13374 ; DOI : 10.4000/echogeo.13374

COUSSEAU (Cédric)., « Rwanda. "C'était devenu vraiment populaire de tuer les Tutsis" », *L'OBS*, 28 mars 2014, consulté en mai 2018.

CHRETIEN (Jean-Pierre)., « Les racines de la violence contemporaine en Afrique », *Politique africaine,* n° 42, 1991, pp. 15-27.

DARBON Dominique)., « À qui profite le mime? Le mimétisme institutionnel confronté à ses représentations en Afrique », *in* MENY (Yves)., *Les politiques du mimétisme institutionnel. La greffe et le rejet*, Paris, L'Harmattan, 1993, pp. 113-133.

DARGENT (Fleur)., « Les échecs du mimétisme constitutionnel en Afrique noire francophone », *Revue du droit public*, n° 5, 2017, pp. 1347-1374.

DE VISSCHER (Paul)., « Les tendances internationales des constitutions modernes », *R.C.A.D.I.*, 1952- I, vol. 80, pp. 511- 578.

DEBLOCK (Christian)., « L'indice d'intégration régionale en Afrique », *Transformations*, 2017, pp. 10-14.

DECAUX (Emmanuel)., « L'arrêt de la Chambre de la Cour internationale de Justice dans l'affaire du différend frontalier Burkina-Faso c. République du Mali, arrêt du 22 décembre 1986 », *Annuaire français de droit international*, volume 32, 1986, pp. 215- 238.

DECAUX (Emmanuel)., « L'arrêt de la Chambre de la Cour internationale de Justice dans l'affaire du différend frontalier Burkina Faso c. République du Mali, arrêt du 22 décembre 1986 », *Annuaire français de droit international*, volume 32, 1986. pp. 215- 238.

DELPÉRÉE (Francis)., « Le renouveau du droit constitutionnel », *RFDC*, 2008/2 (n° 74), pp. 227-237.

DELPERÉE (François)., « Le fédéralisme sauvera-t-il la nation belge ? », *in* J. Rupnik (dir.) : *Le déchirement des nations,* Paris Seuil, p. 135.

DEMBELE (Ousmane)., « Côte d'Ivoire : la facture communautaire », *Politique africaine*, 2003/1 (n° 89), pp. 34-48

DIONE (Maurice Soudieck)., « Constitutionnalisation du communautarisme sans communautarisation de la Constitution : les fortunes diverses de la juridicisation des phénomènes ethnique et confrérique au Sénégal, *Afrilex (Revue d'étude et de recherche sur le droit et l'administration dans les pays d'Afrique)*, décembre 2016, consulté en mars 2018.

DIOP (Amadou-Sarr)., « Afrique : Fracture ethnique ou manipulation politique des ethnicités ? », *Revue de l'IRSA*, n° 19, Décembre 2013, consulté en juin 2019.

DONFACK SOKENG (Léopold)., « Existe-t-il une identité démocratique camerounaise ? La spécificité camerounaise à l'épreuve de l'universalité des droits fondamentaux », *Polis*, numéro spécial, « Identité politique et démocratisation au Cameroun », vol. I, février 1996, pp. 25-44.

DOSSO (Karim)., « Les pratiques constitutionnelles dans les pays d'Afrique noire francophone : cohérences et incohérences », *Revue française de droit constitutionnel* 2012/2 (n° 90), pp. 57-85.

DOUALA MANGA BELL (Prince René)., « Le système communautaire traditionnel comme moyen de prévention et de résolution des conflits : le rôle des chefs traditionnels et spirituels », *in* « *Dialogue interculturel et culture de la paix en Afrique centrale et dans les Grands lacs : Le rôle des chefs traditionnels et spirituels dans les mécanismes de prévention et de résolution des conflits* », Tome 2, Unesco, Libreville, 2005, pp. 129-134.

DU BOIS DE GAUDUSSON (Jean)., « Constitution sans culture constitutionnelle n'est que ruine du constitutionnalisme », *in Mélanges en l'honneur de Slobodan Milacic*, Bruxelles, Bruylant, 2007, pp. 333-348.

DU BOIS DE GAUDUSSON (Jean)., « L'accord de Marcoussis, entre droit et politique », *Afrique contemporaine* 2003/2 (n° 206), pp. 41-55.

DU BOIS DE GAUDUSSON (Jean)., « Les constitutions africaines et le mimétisme », *in La création du droit en Afrique*, Paris, Karthala, 1997, pp. 309-316.

DU BOIS DE GAUDUSSON (Jean)., « Point d'actualité sur les modalités de production du droit constitutionnel dans les États africains francophones », *in Mélanges en l'honneur de Patrice Gélard*, Montchrestien, 1999, p. 341.

DU BOIS DE GAUDUSSON (Jean)., « Trente ans d'institutions constitutionnelles et politiques. Points de repères et interrogations », *Afrique contemporaine*, numéro spécial, 4e trimestre 1992, pp. 55-56.

DU BOIS DE GAUDUSSON (Jean)., « Le mimétisme postcolonial, et après », *Pouvoirs* 2009/2 (n° 129), pp. 45-55.

DU BOIS DE GAUDUSSON (Jean)., « Les solutions constitutionnelles des conflits politiques », *Afrique contemporaine*, 4eme trimestre 1996, pp. 250-256.

DU BOIS DE GAUDUSSON (Jean)., « Les tabous du constitutionnalisme en Afrique. Introduction thématique », *Afrique contemporaine*, 2012/2 (n° 242), pp. 53-58.

DU BOIS DE GAUDUSSON (Jean)., « Quel rôle pour l'ingénierie constitutionnelle et institutionnelle ? », *in* J.-P. VETTOVAGLIA., *Déterminants des conflits et nouvelles formes de prévention*, Bruxelles, Bruylant, 2013, pp. 944-960.

DUFOUR (Jean-Louis)., « La guerre survivra-t-elle au XXe siècle ? », *Politique étrangère*, n° 1, 1997, pp. 33-44.

DUMAS (Hélène), « Histoire, justice et réconciliation : les juridictions gacaca au Rwanda », *Mouvements* 2008/1 (n° 53), pp. 110-117.

EPAYE (Émilie-Béatrice)., « Les conflits centrafricains et leurs règlements : de 1996 à 2003 », *in « Dialogue interculturel et culture de la paix en Afrique centrale et dans les Grands lacs : Le rôle des chefs traditionnels et spirituels dans les mécanismes de prévention et de résolution des conflits* », Tome 2, Unesco, Libreville, 2005, pp. 144-155.

FAURÉ (Yves)., « Les constitutions et l'exercice du pouvoir en Afrique noire », *Politique Africaine*, 1981, pp. 34-52.

FENET (Alain)., « Essai sur la notion de minorité nationale », *Publications de la faculté de droit et des sciences politiques et sociales d'Amiens*, n° 7, 1977, pp. 95-113

FENET (Alain)., « Un regrettable pas en arrière : le concept de peuple minoritaire dans la Déclaration Universelle des Droits des Peuples », *in Peuple et États du Tiers-Monde face à l'ordre juridique international*, Paris, PUF, 1977, p. 114.

FICQUET (Eloi)., « Fonder un régime sur le recensement ethnique : le fédéralisme éthiopien », *Critique internationale* 2009/4 (n° 45), pp. 37-57.

FOUERE (Marie-Aude)., « Les métamorphoses des « relations à plaisanteries » », *Cahiers d'études africaines*, 2005, pp. 389-430.

FOULQUIER (Norbert)., « Maurice Hauriou, constitutionnaliste (1856-1929) », *Jus Politicum*, n° 2, 2009, pp. 1-33.

FRANCHE (Dominique)., « Afrique : guerres ethniques dans l'indifférence. A partir de l'exemple rwandais », *in Généalogie du génocide rwandais*, Éditions Tribord, 2004, pp. 90-100.

GAHAMA (Joseph)., « Les causes des violences ethniques contemporaines dans l'Afrique des Grands Lacs : une analyse historique et socio-politique », *Afrika Zamani*, Nos. 13 & 14, 2005-2006, pp. 101-115.

GAKUBA (Alexis)., « La décentralisation et le développement. Le cas du Rwanda », *la Nouvelle Relève*, n° 460, 28/02-15, 2003.

GARBA SIDIKOU (Amirou)., « L'expérience contributive de l'association des chefs traditionnels du Niger », *in* « *Dialogue interculturel et culture de la paix en Afrique centrale et dans les Grands lacs : Le rôle des chefs traditionnels et spirituels dans les mécanismes de prévention et de résolution des conflits* », Tome 2, Unesco, Libreville, 2005, pp. 164-174.

GERALD (Patrice)., « À quoi peut donc bien servir une seconde Chambre en démocratie ? », *in Le nouveau constitutionnalisme*, Mélanges en l'honneur de Gérard CONAC, Economica, Paris, 2001, pp. 139-148.

GIRAUD (Olivier)., « De la démocratie de négociation à la démocratie délibérative – débats théoriques et trajectoires nationales », *Négociations* 2009/2 (n° 12), pp. 215-227.

AHANHANZO GLELE (Maurice)., « La Constitution ou loi fondamentale », *in Encyclopédie juridique de l'Afrique*, tome I, Abidjan, Dakar, Lomé, 1982, pp. 33-34.

AHANHANZO GLELE (Maurice)., « Le renouveau constitutionnel du Bénin une énigme ? », *Un passeur entre les mondes, in Mélanges en l'honneur de M. Alliot*, publication de la Sorbonne, 2000, pp. 255-233.

GONIDEC (Pierre- François)., « À quoi servent les Constitutions africaines ? Réflexion sur le consti- tutionnalisme africain », *Revue Juridique et Politique Indépendance et Coopération*, octobre-décembre 1988, n° 4, p. 849.

GONIDEC (Pierre-François)., « Cameroun : Seize ans de stabilité politique. Un régime dominé par la stature du président Ahidjo », *Le Monde diplomatique*, Août 1976, p. 21.

GONIDEC (Pierre-François)., « Constitutionnalismes africains », *RJPIC*, 1996, n° 1, pp. 23-33.

GONIDEC (Pierre-François)., « Contribution au débat sur la recolonisation de l'Afrique », *Bulletin du CODESRIA*, 2008, n° 3 et 4, pp.104-105.

GONIDEC (Pierre-François)., « Démocratie et développement en Afrique : perspectives internationales et nationales », *Revue Africaine de Politique Internationale*, Juillet-Août-Septembre 1993, n° 14, pp. 51-59.

GONIDEC (Pierre-François)., « Cameroun : Seize ans de stabilité politique. Un régime dominé par la stature du président Ahidjo », *Le Monde diplomatique*, Août 1976, p. 21.

GROS (Christian)., « Attention ! Un Indien peut en cacher un autre : droits indigènes et nouvelle constitution en Colombie », *Caravelle, Cahiers du monde hispanique et luso-brésilien*, n°59, 1992, pp. 139-160.

GUEYE (Babacar)., « La démocratie en Afrique : succès et résistances », *Pouvoirs* 2009/2 (n° 129), pp. 5-26.

GUIMDO (Bertrand-Raymond)., « Les bases constitutionnelles de la décentralisation au Cameroun (Contribution à l'étude de l'émergence d'un droit constitutionnel des collectivités territoriales décentralisées) », *Revue générale de droit*, Vol. 29, n° 1, décembre 1998, pp. 79-100.

GUYER (Jane I), HIBOU (Béatrice)., « La tradition de l'invention en Afrique équatoriale », *Politique africaine* 2000/3 (N° 79), pp. 101-139.

HESSELING (Gerti)., « La réception du droit constitutionnel en Afrique trente ans après : quoi de neuf ? », *in* C.M ZOETHOUT, M.E PIERTERMAAT-KROS et P. W AKKERMANS (dir.), *Constitutionalism in Africa. A quest for autochtonous principles*, Rotterdam, Sanders Institut, 1996, pp. 33-47.

HOBSBAWM (Éric)., « Inventer des traditions », *Enquête*, 31 décembre 1995, pp. 171-189.

HOLO (Théodore)., « Démocratie revitalisée ou démocratie émasculée ? Les constitutions du renouveau démocratique dans les États de l'espace francophone : régimes juridiques et systèmes politiques », *Revue béninoise des sciences juridiques et administratives*, n° 16, 2006, pp. 17-41.

HOURQUEBIE (Fabrice)., « Néo-constitutionnalisme et contenu des constitutions de transition : quelle marge de manœuvre pour les constitutions de transition ? », *Annuaire international de justice constitutionnelle*, 30-2014, 2015, Juges constitutionnels et doctrine - Constitutions et transitions, pp. 587-602.

HUET (Véronique)., « L'autonomie constitutionnelle de l'État : déclin ou renouveau ? », *Revue française de droit constitutionnel* 2008/1 (n° 73), pp. 65-87.

IDRISSA (Kimba)., « La dynamique de la gouvernance : administration politique et ethnicité au Niger », *in Chefferie traditionnelle et l'État postcolonial en Afrique de l'Ouest*, Actes du colloque international, 19 au 22 mars 2000, Niamey (Niger), pp. 20-24.

JEWSIEWICKI (Bogumil)., « Nation, ethnie et classe : construction nationale en Afrique et communauté internationale. », *Études internationales* 121 (1981), pp. 201-206.

JOBART (Jean-Charles)., « Le droit international constitutionnel », *in* ROUSSILLON (Henry), BIOY (Xavier) et MOUTON (Stéphane), sous dir., *Les nouveaux objets du droit constitutionnel*, Toulouse, Presses de l'Université des sciences sociales de Toulouse, 2006, pp. 303-376.

JOLIVET (Elen)., « L'ivoirité. De la conceptualisation à la manipulation de l'identité ivoirienne », *Séminaire sur le fait national*, année 2002-2003, 71 p.

KABA (Martin)., « Les alliances et parentés à plaisanterie : une richesse culturelle en Afrique », *Regard sur le monde*, 14 décembre 2015.

KAGABO (Liboire)., « La crise burundaise et l'effondrement des valeurs », *Au Cœur de l'Afrique*, 199511, pp. 386-387.

KAHOMBO (Balingené)., « La protection des minorités ethniques en République démocratique du Congo. Entre rupture et continuité des ordres constitutionnels antérieurs », *in* KONRAD ADENAUER STIFTUNG., *Librairie africaine d'études juridiques,* Vol. 2, 2010, pp. 1-22.

KAMUKUNY MUKINAY (Ambroise) et CIHUNDA HENGELELA (Joseph)., « Régionalisation, décentralisation et naissance effective des vingt-cinq nouvelles provinces en RD Congo : défis et perspectives de prévention des conflits », *Congo-Afrique*, n° 434, avril 2009, pp. 295-310.

KAPLANIAN (Patrick)., « C.-H. Pradelles De Latour, Ethnopsychanalyse en pays bamiléké », *L'Homme*, 1992, tome 32 n° 121, Anthropologie du proche, pp. 181-183.

KASONGO (Makita-Kass)., « Fédéralismes africains : l'idée fédérale dans l'Afrique des turbulences politico-ethniques », *Revue internationale de politique comparée* 2003/1 (Vol. 10), pp. 19-40.

KAZADI KATUMBAY (Jean)., « Prévention rationnelle et gestion constructive des conflits : le rôle des responsables communautaires et des chefs religieux », *in UNESCO,* Libreville, 2005, pp. 112-128.

KAZADI KATUMBAY (Jean)., « Quel contexte global pour une prévention rationnelle et une gestion constructive des conflits par des leaders socio-communautaires et religieux », *in Dialogue entre les Civilisations*, Unesco, Libreville, Gabon 18, 19 et 20 novembre 2003, pp. 184-204.

KEUDJEU DE KEUDJEU (John-Richard)., « Citoyenneté et République dans le constitutionnalisme africain », *Revue CAMES/SJP*, n° 001/2016, pp. 101-122.

KEUTCHA TCHAPNGA (Célestin)., « Droit constitutionnel et conflits politiques dans les États francophones d'Afrique noire », *Revue française de droit constitutionnel* 2005/3 (n° 63), pp. 451-491.

KIANGUEBENI (Ulrich Kévin)., « Les initiatives françaises de protection du patrimoine culturel dans l'actuelle République du Congo avant l'indépendance », *La Revue des droits de l'homme* [En ligne],14 | 2018, mis en ligne le 11 juin 2018, consulté le 29 juin 2018.

KIBORA (Ludovic-Ouhonyioué), HALPOUGDOU (Martial)., « L'Église catholique au Burkina Faso », *Analyse sociétale africaine/African societal Analysis (ASA)*, 2017, 9 p.

KINATA (Côme)., « Les administrateurs et les missionnaires face aux coutumes au Congo français », *Cahiers d'études africaines* [En ligne], 175 | 2004, mis en ligne le 30 septembre 2007, consulté le 10 octobre 2017.

KINATA (Côme)., « Ta Moundongo, un chef de Kanda et de canton à la croisée des chemins 1880- 1952 », *Annales de 1 'Université Marien Ngouabi*, vol. 2, no 1, 200 1, pp. 79-90.

KINGUE (Edouard)., « De l'équilibre régional au gâteau national : ces parties du Cameroun exclues de la mangeoire », *in Cameroun-info.net*, 24 janvier 2012,, consulté en septembre 2018.

KIPRÉ (Pierre)., « Perrot, Claude-Hélène (dir.), —*Lignages et territoire en Afrique aux XVIIIe et XIXe siècles. Stratégies, compétition, intégration* », *Cahiers d'études africaines* [En ligne], 175 | 2004, mis en ligne le 13 mars 2007, consulté le 07 octobre 2017. URL : http://journals.openedition.org/etudesafricaines/4797

KIPRÉ (Pierre)., « La crise de l'État-nation en Afrique de l'Ouest », *Outre-Terre* 2005/2 (n° 11), pp. 19- 32.

KONATE (Doulaye)., « Les fondements endogènes d'une culture de paix au Mali : Les mécanismes traditionnels de prévention et de résolution des conflits », *in UNESCO*, octobre 1999, pp. 27-45.

KONDOMBO (Pouknif)., « La Palabre Africaine peut-elle renforcer la démocratie en Afrique ? », *Afrique*, 7 décembre, 2014, consulté en novembre 2018.

KONINGS (Jean-Pierre)., « Le problème anglophone au Cameroun dans les années 1990 », *Politique-africaine*, pp. 25-34.

KONTCHOU KOUOMEGNI (Augustin)., « Le droit public camerounais, instrument de construction de l'unité nationale », *Revue juridique et politique indépendance et coopération (R.J.P.I.C)*, Volume 33 (4), 1979, pp. 415-441.

KOUYATE (Brahima)., « Alliances interethniques et onomastique chez les Malinké », *Synergies Afrique Centrale et de l'Ouest,* n° 3 – 2009, pp. 101-107.

KPODAR (Adama)., « Bilan sur un demi-siècle de constitutionnalisme en Afrique noire francophone », *Revue en ligne Afrilex (Revue d'étude et de recherche sur le droit et l'administration dans les pays d'Afrique)*, Janvier 2013, consulté en mai 2018.

LACROIX (Laurent)., « État plurinational et redéfinition du multiculturalisme en Bolivie », *in* DUMOULIN KERVRAN (David), GROS (Christian)., *Un modèle latino-américain ? : Le multiculturalisme "au concret" en Amérique latine*, Presses de la Sorbonne Nouvelle, 2012, pp. 135-145.

LACROIX (Laurent)., « L'institutionnalisation des autonomies indigènes en Bolivie ». *AFEA. Autochtonie, libre-détermination et mouvements sociaux à l'ère de la globalisation*, 2011, France. pp.1-11.

LAURENT (Virginie)., « Dans, contre, avec l'État : Mouvement indien et politique(s) en Colombie, vingt ans après », *in* DUMOULIN KERVRAN (David), GROS (Christian)., *Un modèle latino-américain ? : Le multiculturalisme "au concret" en Amérique latine*, Presses de la Sorbonne Nouvelle, 2012, pp. 147-158.

LAVROFF (Dmitri Georges)., « Régime militaires et développement politique en Afrique Noire », *Revue française de science politique*, n° 5, octobre 1972, p. 979.

LE CAM (Morgane)., « Au Burkina Faso, avec les déplacés du conflit entre Peul et Lobi », *Le Monde Afrique*, Avril 2016.

LEFRANC (Sandrine)., « La justice transitionnelle n'est pas un concept », *Mouvements* 2008/1 (n° 53), pp. 61- 69.

LEFRANC (Sandrine)., « Les commissions de vérité : une alternative au droit ? », *Droit et cultures*, 56/2008, pp. 129-143.

LEMARCHAND (René)., « Ruhimbika, Manassé (Müller). – *Les Banyamulengé (Congo-Zaïre) entre deux guerres* (préface de B. Jewsiewicki) », *Cahiers d'études africaines*, pp. 683-685.

LIJPHART (Arend)., « La négociation dans les démocraties majoritaires et de consensus », *Négociations* 2014/1 (n° 21), pp. 13-19.

LIKAKA (Osumaka)., « Colonisation et construction d'identités : l'administration belge et l'identité Mbolo, 1910-1960 », *Revue française d'histoire d'outre-mer*, tome 85, n° 321, 4e trimestre 1998, pp. 27- 41.

LOCHAK (Danièle)., « La notion de discrimination », *Confluences Méditerranée*, n°48 Hiver 2003-2004, pp. 13-23.

LOCHAK (Danièle)., « L'appartenance saisie par le droit », *Éditions de la Maison des sciences de l'homme*, 2004, pp. 33-49.

LONDSALE (John)., « Ethnicité morale et tribalisme politique », *politique africaine*, n° 61, mars, pp. 98-116.

LOSURDO (Domenico)., « Fichte et la question nationale allemande », *Revue Française d'Histoire des Idées Politiques* 2001/2 (N° 14), pp. 297-319.

LUGAN (Bernard)., « Ethnies en Afrique : réalités pré-coloniales ou "fabrication" coloniales ? », *Revue en ligne Études coloniales*, février 2013, consulté en décembre 2018.

MABIALA MANTUNBA (Pamphile)., « Nature et mécanismes de règlement des conflits dans les sociétés traditionnelles africaines », *Revue africaine des sciences sociales et humaines*, n° 2, novembre 2002, p. 67.

MAGASICH (Jorge)., « La Commission de vérité et de réconciliation au Chili », *La revue nouvelle*, n° 11, novembre 2003, pp. 62-67.

MAHAMANE (Addo)., « La justice traditionnelle au Niger », *in La réforme des systèmes de sécurité et de justice*, pp. 187-198.

MAHAMAT MAHAMOUDI (Prince-Ali)., « Le rôle des autorités traditionnelles et coutumières du Tchad dans la promotion de la coexistence pacifique entre Éleveurs et Cultivateurs », *in* « *Le dialogue entre les civilisations* », Actes de la conférence internationale sur le dialogue interculturel et la culture de la paix en Afrique centrale et dans les la région des Grands Lacs, Libreville, Gabon, 18, 19 et 20 novembre 2003, pp. 104-114.

MAKOBERO (Déo)., « L'institution des Bashingantahe comme moyen de réconciliation », *Au Cœur de l'Afrique*, n° 1-2, 2003, pp. 31-44.

MAMDANI (Mahmood)., « Races et ethnicité dans le contexte africain », *in Actuel Marx*, 2005/2 (n° 38), pp. 65-73.

MANGA (Philippe)., « Réflexions sur la dynamique constitutionnelle en Afrique », *Revue juridique et politique, indépendance et coopération*, 1994, pp. 46-70.

MANGA BELL (Prince-René)., « Système Traditionnel et Communautaire comme moyen de prévention et de résolution des conflits : rôle des chefs traditionnels et spirituels », *in* « *Dialogue entre les Civilisations* », Unesco, Libreville, Gabon 18, 19 et 20 novembre 2003, pp. 89-94.

MANKOU (Brice-Arsène)., « Le tribalisme, », *Le Portique* [En ligne], 5-2007 | Recherches, mis en ligne le 14 décembre 2007, consulté le 30 septembre 2016. URL : http://leportique.revues.org/1404

MAUS (Didier)., « L'influence du droit international sur le pouvoir constituant », *in Le nouveau constitutionnalisme, Mélanges en l'honneur de Gérard Conac*, Paris, Économica, 2001, pp. 87-102.

MAVOUNGOU-BOUYOU (Monique)., « Les mécanismes culturels de prévention et la résolution des conflits dans les sociétés pré-coloniales au sud du Gabon : pratiques traditionnelles », *in Dialogue entre les Civilisations*, Unesco, Libreville, Gabon 18, 19 et 20 novembre 2003, pp. 134-143.

MAZIAU (Nicolas)., « L'internationalisation du pouvoir constituant. Essai de typologie : le point de vue hétérodoxe du constitutionnaliste », *Revue générale de droit international public*, 2002, pp. 548-579.

MBAYE (Assane)., « Pour une nouvelle ingénierie institutionnelle qui codifie la pluralité des légitimités. Des propositions pour refonder l'État », *ARGA*, Cahier n° 2010-04, pp. 13-85.

MBOM (Sixtus)., « Cameroun. La tentation de la sécession », *courrier-international*, Février 2017.

MBONDA (Ernest-Marie)., « Justice ethnoculturelle, justice transitionnelle et dialogue intercommunautaire : Le cas du Burundi », *Réseau Français des Instituts d'Études Avancées*, 02 avril 2012, consulté en mai 2019.

MBONDA (Ernest-Marie)., « La justice ethnique » comme fondement de la paix dans les sociétés pluriethniques. Le cas de l'Afrique », *in* Josiane BOULAD-AYOUB et Luc BONNEVILLE (sous dir)., *Souverainetés en crise*, Collection : Mercure du Nord. Québec : L'Harmattan et Les Presses de l'Université Laval, 2003, pp. 450-500.

MEDARD (Jean-François)., « Autoritarismes et démocraties en Afrique noire », *Politique africaine*, n° 43, octobre, pp. 92-104.

MEDARD (Jean-François)., « Le modèle unique d'"État en question" », *Revue internationale de politique comparée*, 2006, pp. 681-696.

MELEDJE DJEDJRO (Francisco)., « Le système politique ivoirien dans la géopolitique Ouest africaine », *RDP* 2006, n° 3, pp.701-713.

MELONE (Stanislas)., « Les juridictions mixtes de droit écrit et de droit coutumier dans les pays en voie de développement. Du bon usage du pluralisme judiciaire en Afrique : l'exemple du Cameroun », *Revue internationale de droit comparé*, Vol. 38 N° 2, Avril-juin 1986, Études de droit contemporain. Contributions françaises au 12e Congrès international de droit comparé (Sydney-Melbourne, 18-26 août 1986), pp. 327-346.

MENY (Yves)., « Les conventions de Constitution », *Pouvoirs*, n° 50 - 1789-1989, Histoire constitutionnelle - septembre 1989, pp. 53-68.

MERCIER (Paul)., « Remarque sur la signification du tribalisme actuel en Afrique Noire », *Cahiers internationaux de sociologie*, vol. 31, Juillet-Décembre 1961, pp. 61-80.

MESCHERIAKOFF (Alain-Serge)., « Le multipartisme en Afrique francophone, illusion ou solution ? », *in L'Afrique en transition vers le pluralisme politique* (sous dir.), Colloque, Paris, Economica, 12, 13 décembre 1990, pp. 69-77.

METHONG (Hélène-Laure)., « Vote et communautarisme au Cameroun : un vote de cœur, de sang et de raison », *Politique africaine*, pp. 40-52.

MFOULOU (Jean)., « Équilibre régional et désunion nationale au Cameroun : leçons du passé et perspectives d'avenir », *in* D. SIMO, *Constructions identitaires en Afrique*, Yaoundé, Éditions Clé, 2006, pp. 109-120.

MICHALON (Thierry)., « À la recherche de la légitimité de l'État », *Revue française de droit constitutionnel*, (1998) n° 34, pp. 289-313.

MICHALON (Thierry)., « L'Afrique au défis de l'État pluricommunautaire », *Le monde diplomatique*, décembre 2003, pp. 16-17.

MICHALON (Thierry)., « L'État africain : quête d'une nouvelle légitimité », *Terroirs*, Paris, 1994, pp. 5-17.

MICHAUD (Marie-Christine)., « Frontières ethniques et mutation identitaire. Le cas des Italiens aux États-Unis », *Migrations Société*, 2017/1 (n° 167), pp. 133-144.

MILHAT (Cédric)., « Le constitutionnalisme en Afrique francophone, variations hétérodoxes sur un requiem », *in Constitutionnalisme : un produit d'exportation*, VIe Congrès français de Droit constitutionnel, Atelier 7, Montpellier 9, 10, 11, juin 2005, consulté en octobre 2018.

MILONGO (Paterne)., Instaurer une démocratie dans un contexte de clivages ethniques en Afrique : l'exception namibienne, *Grotius international, Géopolitiques de l'humanitaire*, 7 décembre 2015.

MINNAERT (Stéfaan)., « Les Pères Blancs et la société rwandaise durant l'époque coloniale allemande (1900-1916). Une rencontre entre cultures et religions », *in Les Religions au Rwanda, défis, convergences et compétitions*, Actes du Colloque International du 18-19 septembre 2008 à Butare/Huye, Éditions de l'Université Nationale du Rwanda, Septembre 2009, pp. 53-101.

MINNAERT (Stéfaan)., « Un regard neuf sur la première fondation des Missionnaires d'Afrique au Rwanda en février 1900 », *Histoire et missions chrétiennes* 2008/4 (n° 8), pp. 39-66.

MIRKINE- GUETZVITCH (Boris)., « Droit international et droit constitutionnel », *R.C.A.D.I.* 1931-IV, vol. 38, pp. 367- 465.

MODJ (El Hadj)., « La constitution de transition et la résolution des conflits en Afrique. L'exemple de la République démocratique du Congo », *Revue du Droit Public et de la Science Politique en France et à l'Étranger*, n° 2, 2010, p. 441.

MONO NDJANA (Hubert)., « Le rôle des quotas dans la gestion d'une société multiethnique », *INPACT TRIBUNE*, n° 9, 2000, p. 16.

MOUANGUE KOBILA (James)., « Droit de la participation politique des minorités et des populations autochtones. L'application de l'exigence constitutionnelles de la prise en compte des composantes sociologiques de la circonscription dans la constitution des listes de candidats aux élections au Cameroun », *Revue française de droit constitutionnel*, 2008/ 3 (n° 75), pp. 629-664.

MOUDOUDOU (Placide)., « L'État africain : entre constitutionnalisme libéral et constitutionnalisme identitaire », *Revue CAMES/SJP*, n° 002/2015, pp. 113-140.

MOUICHE (Ibrahim)., « Ethnicité et multipartisme au Nord-Cameroun », *African Journal of Political Science*, Vol. 5, no 1, 2000, pp. 46-91.

MOUICHE (Ibrahim)., « La question nationale, l'ethnicité et de l'État en Afrique : le cas du Cameroun », *CIREPE*, n° 1, 2000, p. 17.

MOUICHE (Ibrahim)., « Les minorités ethniques et les défis de la représentation politique au Cameroun », *CODESRIA*, 13ème Assemblée générale, l'Afrique et les défis du XXIème siècle, Rabat Maroc, 5-9 décembre 2011.

MPAYIMANA (Emmanuel)., « Le génocide rwandais et ses conséquences », *in « Dialogue interculturel et culture de la paix en Afrique centrale et dans les Grands lacs : Le rôle des chefs traditionnels et spirituels dans les mécanismes de prévention et de résolution des conflits »*, Tome 2, Unesco, Libreville, 2005, pp. 98-102.

MULLER (Jean-Claude)., « Luc de Heusch, *Du pouvoir. Anthropologie politique des sociétés d'Afrique centrale* », *L'Homme* [En ligne], 165 | janvier-mars 2003, mis en ligne le 27 mars 2008, consulté le 06 janvier 2017. URL :http://lhomme.revues.org/15942

MWEYANG AAPENGNUO (Clément)., « La mauvaise interprétation des conflits ethniques en Afrique », *Bulletin de la sécurité africaine*, une publication du centre d'études stratégiques de l'Afrique, n° 4/Mai 2010.

N'DIMINA-MOUGALA (Antoine-Denis)., « Les Conflits africains au XXe siècle. Essai de typologie », *Guerres mondiales et conflits contemporains*, 2007/1 (n° 225), pp. 121-131.

N'SAKILA (Gilbert)., « Le choix d'appartenance au clan ou à la nation et les rapports de pouvoir en RDC », *Collection Géopolitique mondiale*, pp. 159-165.

NACH MBACK (Charles)., « La décentralisation en Afrique : enjeux et perspectives », *in L'État en Afrique : entre le global et le local*, *Afrique Contemporaine*, n° 199, 2001, pp. 95-114.

NACH MBACK (Charles)., « La chefferie traditionnelle au Cameroun : ambiguïtés juridiques et dérives politiques », *Africa Développement*, Vol. XXV, Nos. 3 & 4, 2000, pp. 77-118.

NAREY (Oumarou)., « Les droits des minorités en Afrique : jeu et enjeux », *Revue en ligne Afrilex (Revue d'étude et de recherche sur le droit et l'administration dans les pays d'Afrique)*, Avril 2013.

NDABATINYE (Pancrace)., « Présentation des associations des GACACA du Rwanda et des Bashigantahe du Burundi », *in « Le dialogue entre les civilisations »*, Actes de la conférence internationale sur le dialogue interculturel et la culture de la paix en Afrique centrale et dans la région des Grands Lacs, Libreville, Gabon, 18, 19 et 20 novembre 2003, pp. 78-88.

NDIAYE (Ndioro)., « Le rôle de la femme dans les conflits en Afrique et la réponse de l'OIM », *in Forum caritas Afrique sur le genre et le partenariat pour le développement*, Accra, Ghana, 1- 8 septembre 2001.

N'DIMINA-MOUGALA (Antoine-Denis)., « Les conflits africains au XXe siècle. Essai de typologie », *Guerres mondiales et conflits contemporains*, 2007/1 n° 225, pp. 121-131.

NGALASSO MWATHA (Musanji)., « De la plurielle unité socioculturelle du continent africain », *Nouvelles du Sud*, 3 (1986), pp. 81-94.

NGANDO SANDJE (Rodrigue)., « Le droit des minorités et des peuples autochtones au Cameroun : une lecture actuelle et éventuelle », *Droit et cultures*, 66/ 2013-2, pp. 148-178.

NICAYENZI (Zenon)., « Adaptation et réhabilitation de l'institution des Bashingantahe n, in *Au Cœur de l'Afrique*, n° 1-212002, pp. 26-27.

NICOLAS (Guy)., « Le Nigéria : dynamique agonistique d'une Nation à polarisation variable », *Cultures & Conflits,* n° 1 (1990), pp. 114-150.

NKUSI (Augustin)., « L'institution Gacaca », *in Le dialogue entre les civilisations*, Actes de la conférence internationale sur le dialogue interculturel et la culture de la paix en Afrique centrale et dans les la région des Grands Lacs, Libreville, Gabon, 18, 19 et 20 novembre 2003, pp. 575-581.

NLEP (Roger-Gabriel)., « Le juge de l'administration et les normes internes, constitutionnelles ou infra constitutionnelles en matière de droit fondamentaux », *Solon (Revue africaine du parlementarisme et de la démocratie),* Vol 1, n° 1, 1999, pp. 138-142.

NNANGA (Sylvestre-Honoré)., « La protection des minorités, principe constitutionnel de perfectionnement du principe d'égalité ou consécration de la dictature des minorités », *Revue de la Commission ADHP*, Tome 7, n° 2, p. 173.

NOUAZI KEMKENG (Carole Valérie)., « L'idéologie de l'unité nationale et le révisionnisme constitutionnel au Cameroun », *Jurisdoctoria*, n° 12, 2015, pp. 155-181.

NSENGUIYAREMYE (Dismas), GAKUSI (Albert)., « L'environnement politique pour la résolution des conflits : le cas des pays des grands lacs », *Revue africaine de politique internationale* n° 27/28, Avril- Octobre 1995.

NTABONA (Adrien)., « Heurs et malheurs de l'héritage culturel du Rwanda et du Burundi en matière de préservation de la paix », *Au Cœur de l'Afrique*, n° 2-3, 1995, pp. 345-386.

NTAHOMBAYE (Philippe), MANIRAKIZA (Zénon)., « La contribution des institutions et des techniques traditionnelles de résolution pacifique des conflits à la résolution pacifique de la crise burundaise », *UNESCO au Burundi*, Bujumbura, décembre 1997.

NTAHOMBAYE (Philippe)., « Le rôle des Bashingantahe dans la réhabilitation des sinistrés », *Au Cœur de l'Afrique*, no°1-2, 2003, pp. 45-63.

NTAHOMBAYE (Philippe)., « Ubushingantahe et la crise », *Au Cœur de l'Afrique*, 1995/11, pp. 49-68.

NTAHOMBAYE (Philippe)., « L'institution des Bashingantahe entant que mécanisme traditionnel de prévention et de résolution des conflits au Burundi », *UNESCO*, octobre 1999, pp. 73-95.

NTAHOMBAYE (Philippe)., « La réactualisation de l'institution des Bashingantahe : enjeux et problématique générale de l'étude », *in* P. NTAHOMBAYE, A. NTABONA, J. GAHAMA et L. KAGABO (dir.), *L'institution des Bashingantahe au Burundi. Étude pluridisciplinaire*, Bujumbura, octobre 1999, pp. 5-26.

NTUMBA LUABA (Alphonse)., « Ethnicité et gouvernementalité dans le contexte du renouveau constitutionnaliste africain », *Revue africaine des sciences sociales et humaines*, n° 2, novembre 2002, pp. 43-60.

NZABALIRWA (Wenceslas)., « Éducation et ethnicité au Rwanda : perspective historique », *Éducation et ethnicité, SA-eDUC JOURNAL,* Volume 6, N° 2, Novembre 2009, pp. 158-171.

OBUIBE BASSA (Komla)., « Les conseils des notables au Togo. Du mandat à la tutelle (1922-1958) : tribunes d'expression d'une future opposition », *Outre-mers*, tome 98, n° 370-371, 1er semestre 2011. Le contact colonial dans l'empire français : XIXe-XXe siècles, pp. 83-98.

OKAMBA (Emmanuel)., « Couverture du risque pays par l'aide publique au développement dans les pays francophones d'Afrique », *Business Management Review*, Vol. 4 n° 3, Octobre-Novembre-Décembre 2014, pp. 90-103.

OKAMBA (Emmanuel)., « Fragmentation sociale et Performance du gouvernement de la Cité », *Question(s) de Management*, 2013, 2, pp. 80-94.

OLINGA (Alain Didier)., « L'aménagement des droits et libertés dans la Constitution camerounaise révisée », *Revue universelle des droits de l'homme*, 1996, pp. 116-126.

OLINGA (Alain Didier)., « La question anglophone dans le Cameroun d'aujourd'hui », *Revue juridique et politique indépendance et coopération*, Volume 48, n° 3, 1994, p. 292.

OLINGA (Alain Didier)., « L'exigence de la prise en compte des "composantes sociologiques de la circonscription" en droit électoral camerounais », *Juridis Périodique*, 1996, n° 28, pp. 67-72.

OLINGA (Alain-Didier)., « La protection des minorités et des populations autochtones en droit public camerounais », *RADIC*, Tome 10, n° 2, juin 1998, p. 272.

OLIVIER DE SARDAN (Jean-Pierre)., « Chefs et Projets au Village (Niger) », *Bulletin de l'APAD* [En ligne], 15 | 1998, mis en ligne le 20 décembre 2006, consulté le 21 septembre 2018. URL : http://journals.openedition.org/apad/563

OLIVIER DE SARDAN (Jean-Pierre)., « L'espace public introuvable. Chefs et projets dans les villages nigériens », *Tiers-Monde*, tome 40, n° 157, 1999, Le libéralisme en questions, pp. 139-167.

ONANA ONOMO (Joseph-Patrice)., « Symétries hégémoniques béti-bamiléké et rivalités politiques au Cameroun », *CIREPE,* n° 1, pp. 16- 17.

ONDOUA (Alain)., « L'internationalisation des Constitutions en Afrique subsaharienne et la protection des droits fondamentaux », *Revue trimestrielle des droits de l'homme* (98/2014), pp. 437-457.

ONDOUA (Alain)., « La population en droit constitutionnel. Le cas des pays d'Afrique francophone », *Afrique contemporaine* 2012/2 (n° 242), pp. 87-97.

OTAYEK (René)., « Démocratie, culture politique, sociétés plurales. Une approche comparative à partir des situations africaines », *Revue française de science politique*, Vol. 47, n° 6, 1997, pp. 798-822.

OTAYEK (René)., « L'Afrique au prisme de l'ethnicité : perception française et actualité du débat », *Revue internationale et stratégique*, 2001/3 (n° 43), pp. 129-142.

OTAYEK (René)., « La démocratie entre mobilisations identitaires et besoin d'État : y a-t-il une « exception » africaine ? », *Autrepart*, 10 juin 1999, pp. 5-22.

OUATTARA (Ladji-Karamoko)., « Les frontières en Afrique : héritage du passé colonial, enjeu actuel », *Thinking Africa*, Note de recherche n°11-juillet 2014, pp. 2-16.

OUEDRAOGO (Hubert)., « Décentralisation et pouvoirs traditionnels : le paradoxe des légitimités locales », *Mondes en développement* 2006/1 (no 133), pp. 9-29.

OUEDRAOGO (Séni Mahamadou) et OUEDRAOGO (Djibrihina)., « Libres propos sur la transition politique au Burkina Faso : Du contexte au texte de la Charte de la transition », *Revue en ligne Afrilex (Revue d'étude et de recherche sur le droit et l'administration dans les pays d'Afrique)*, Février 2015, consulté en octobre 2018.

PAUPERT (Maeva)., « Conflits fonciers et compétition ethnique au Cameroun. L'autochtonie ou le mérite aux fondements de la justice spatiale », *in* B. BRET, P. GERVAIS-LAMBONY, C. HANCOCK et F. LANDY (Sous dir.), *Justice et injustices spatiales*, Paris, Presses universitaires de Paris Nanterre, 2010, pp. 281-300.

PEROUSE DE MONTCLOS (Marc-Antoine)., « Le fédéralisme au secours de l'Afrique ? Du Nigeria au Soudan, des expériences contrastées », *Afrique contemporaine* 2003/4 (n° 208), pp. 101-114.

PERROT (Claude-Hélène)., « Les autorités traditionnelles et l'État moderne en Afrique Subsaharienne au début du XXIe Siècle », *Cadernos de Estudos Africanos*, 16/17 | 2009, pp. 15-33.

PERROT (Sandrine), POMMEROLLE (Marie-Emmanuelle), WILLIS (Justin)., « La fabrique du vote : placer la matérialité au cœur de l'analyse », *Politique africaine* 2016/4 (n° 144), pp. 5-26.

PERSON (Yves)., « L'Afrique noire te ses frontières », *Le mois en Afrique*, n° 80, Août 1972, p. 21.

PERSON (Yves)., « L'État-Nation et l'Afrique », *Revue française d'histoire d'Outre-mer,* tome 68, 1981, pp. 274-282.

PIERRE- CAPS (Stéphane)., « La constitution démotique ou les mutations de la constitution au seuil du XXIè siècle », *in État, société et pouvoir à l'aube du XXIè siècle, Mélanges François Borella*, PUN, Nancy, 1999, pp. 403-422.

PIERRE- CAPS (Stéphane)., « Les mutations de la notion de constitution et le droit constitutionnel », *Cuestiones Constitucionales*, núm. 10, enero-junio, 2004, pp. 169-180.

PIERRE-CAPS (Stéphane)., « L'esprit des Constitutions », *in* : *L'esprit des institutions, l'équilibre des pouvoirs*, Mél. Pierre Pactet, Paris, Dalloz, 2003, p. 387.

PIERRÉ-CAPS (Stéphane)., « Le constitutionnalisme et la nation. Le nouveau constitutionnalisme », *in Mélanges offert à Gérard Conac*, Économica, 2001, p. 72.

PINEDA CAMACHO (Roberto)., « Jurisprudence constitutionnelle et dilemmes face à l'Indien acculturé. Le cas de la Colombie », *in* DUMOULIN KERVRAN (David), GROS (Christian)., *Un modèle latino-américain ? : Le multiculturalisme "au concret" en Amérique latine*, Presses de la Sorbonne Nouvelle, 2012, pp. 185-198.

POIRIER (Jean)., « Marcel Mauss et l'élaboration de la science ethnologique », *Journal de la Société des océanistes*, tome 6, 1950, pp. 212-219.

PONTZEELE (Sophie)., « Le schème de « guerre ethnique » dans la médiatisation des crises africaines : Burundi et Rwanda 1994 », *Cahiers du journalisme*, n° 18-Printemps 2008, pp. 166- 182.

POOLE (Ross)., « Autonomie gouvernementale et peuples autochtones : libération nationale ou citoyenneté ? », *in* Michel Seymour, *Nationalité, citoyenneté et solidarité*, Montréal, Liber, pp. 335-378.

POURTIER (Roland)., « Encadrement territorial et production de la nation (Quelques propositions illustrées par l'exemple du Gabon) », *in* E. Terray (dir.) : *L'État contemporain en Afrique*, Paris, L'Harmattan, coll. « Logiques sociales », 1987, p. 341.

PREZAS (Ioannis)., « L'internationalisation structurelle des systèmes constitutionnelles nationaux : les cas de la Bosnie-Herzégovine et du Kosovo », *in* P.-F. LAVAL et R. PROUVEZE (Sous dir.), *L'ONU, entre internationalisation et constitutionnalisation*, Paris, Pedone, 2015, pp. 33-34.

RANGER (Terence)., « L'invention de la tradition revisitée : le cas de l'Afrique coloniale », *in* Terence RANGER, Olufemi VAUGHAN, *Légitimité et État en Afrique du XXe siècle,* Essai en l'honneur de Kirk-Greene, Londres, Macmilan, 1993, pp. 62-111.

RAULIN (Arnaud)., « Le culte des chefs et la démocratie en Afrique », *RJPIC*, 2002, n° 1, pp. 83-87.

RAYNAL (Jean-Jacques)., « Les conférences nationales en Afrique : au-delà du mythe, la démocratie ? », *Penant : revue de droit des pays d'Afrique*, Vol.104, no. 816, 1994, pp. 310-321.

REYNTJENS (Filip)., « Le Gacaca ou justice du gazon au Rwanda », *politique africaine*, n° 40, 1990, pp. 31-41.

RIVERO (Jean)., « Les phénomènes d'imitation des modèles étrangers en droit administratif », in DE LAUBADERE (André), MATHIOT (André), RIVERO (Jean), VEDEL (Georges)., L'Administration et le droit, Regards sur la société internationale, Paris, 1981, t. 2, pp. 459-473.

ROCH (François)., « Réflexions sur l'évolution de la positivité du droit des peuples à disposer d'eux-mêmes en dehors des situations de décolonisation », Revue québécoise de droit international, n° 15.1-2002, pp. 33-100.

RODRIGUES (Daniel)., « Fédéralisme, conflit ethnique et sécessionnisme : Le fédéralisme comme instrument de sécession non-violente », Fédéralisme Régionalisme [En ligne], Varia, Volume 10 : 2010, URL : http://popups.ulg.ac.be/1374-3864/index.php?id=903. Consulté en juin 2018.

ROSOUX (Valérie), SHYAKA MUGABE (Aggée)., « Le cas des Gacaca au Rwanda. Jusqu'où négocier la réconciliation ? », *Négociations*, 2008/1 (n° 9), pp. 29-40.

ROSOUX (Valérie)., « Réconcilier : ambition et piège de la justice transitionnelle. Le cas du Rwanda », *Droit et société* 2009/3 (n° 73), pp. 613-633.

ROSSATANGA-RIGNAULT (Guy)., « Identités et démocratie en Afrique : entre hypocrisie et faits têtus », *Afrique contemporaine*, 2012, n° 242, pp. 59-71.

ROSSATANGA-RIGNAUT (Guy)., « A propos d'un transfert de technologie juridico-politique : réalités et risques de la démocratie en Afrique », *in* Placide MABAKA (Sous dir.), *Constitution et risque (s)*, Paris, L'Harmattan, Coll. « Droit, Société et Risque », 2010, pp. 317-320.

ROUSSEAU (Dominique)., « Le nouvel horizon du droit constitutionnel », *in Renouveau du droit constitutionnel, Mélanges en l'honneur de Louis Favoreu*, Dalloz, 2007, p. 887.

RUMPING (Merel)., « Le Rwanda post-génocide. Le rôle et le fonctionnement des Gacaca dans la reconstruction et la réconciliation du peuple rwandais », *Justice internationale*, *Institue d'études politiques*, Toulouse, p. 10.

RUSAMIRA (Etienne)., « La dynamique des conflits ethniques au Nord-Kivu : une réflexion prospective », *Afrique contemporaine*, 2003/ n° 207, pp. 147-163.

SAIBOU (Issa)., « Arithmétique ethnique et compétition politique entre Arabes Choa et Kotoko dans le contexte de l'ouverture démocratique au Cameroun », *Africa Spectrum,* vol. 40, no 2, 2005, pp. 197-220.

SANTAMARIA (Angela)., « Les peuples autochtones colombiens entre reconnaissance juridique et violence locale », *in* DUMOULIN KERVRAN (David), GROS (Christian)., *Un modèle latino-américain? : Le multiculturalisme "au concret" en Amérique latine*, Presses de la Sorbonne Nouvelle, 2012, pp. 241-253.

SAUR (Léon)., « Démocratie en Afrique subsaharienne : dépasser les certitudes occidentales », *justice et paix*, 2015, pp. 25-44.

SCELLE (Georges)., « Le droit constitutionnel international », *in Mélanges Carré de Malberg*, Paris, Librairie du Recueil Sirey, 1933, pp. 501- 515.

SEMUJANGA (Josias)., « De la construction du Hamite à la mise à mort du Tutsi », *Présence africaine*, 2003/1 (N° 167-168), pp. 161-182.

SIDIKOU (Amirou Garba)., « L'expérience contributive de l 'Association des Chefs traditionnels du Niger », *in « Le dialogue entre les civilisations »*, Actes de la conférence internationale sur le dialogue interculturel et la culture de la paix en Afrique centrale et dans les la région des Grands Lacs, Libreville, Gabon, 18, 19 et 20 novembre 2003, pp. 115-124.

SIETCHOUA DJUITCHOKO (Célestin)., « Aspects de l'évolution des coutumes ancestrales dans le Droit public des chefferies traditionnelles au Cameroun », *Revue générale de droit*, Volume 32, numéro 2, 2002, pp. 359-381.

SIETCHOUA DJUITCHOKO (Célestin)., « Du nouveau pour la coutume en droit positif camerounais : la constitutionnalisation de la coutume et ses conséquences », *Revue juridique Thémis*, 2000, pp. 130-157.

SINARDET (Dave)., « Le fédéralisme consociatif belge : vecteur d'instabilité ? », *Pouvoirs* 2011/1 (n° 136), pp. 21-35.

SINDJOUN (Luc)., « Identité nationale et " révision constitutionnelle" du 18 janvier 1996 : comment constitutionnalise-t-on le " Nous " au Cameroun dans l'État post-unitaire ? », *Polis / Revue camerounaise de science politique*, Vol.1, n° spécial février 1996, pp. 1-16.

SINDJOUN (Luc)., « Les nouvelles constitutions africaines et la politique internationale : contribution à une économie internationale des biens politico-constitutionnels », *Études internationales*, Vol. 26, n° 2, 1995, pp. 329-345.

SINDJOUN (Luc)., « Quelle forme d'État pour l'Afrique ? », *Afrique 2000 : revue trimestre*, 1996, pp. 37-55.

SMITH (Étienne)., « La nation « par le côté ». Le récit des cousinages au Sénégal », *Cahiers d'études africaines*, 184, 2006, pp. 907-965.

SMITH (Stephen)., « L'ivoirité, concept à double tranchant. Il permet de se débarrasser des opposants politiques et des immigrés », *Libération*, 2 décembre 1999.

SOCPA (Antoine)., « Les dons dans le jeu électoral au Cameroun », *Cahiers d'études africaines*, 1 janvier 2000, pp. 91-108.

SOM I (Joseph-Désiré)., « Le peuple contre l'ethnie en Afrique. Faire peuple à travers une politique des quotas d'accès à la fonction publique au Cameroun », *Revue en ligne Irénée*, Février 2015, consulté en mars 2018.

SOMA (Abdoulaye)., « Réflexion sur le changement insurrectionnel au Burkina Faso », *Revue CAMES/SJP*, Vol. 1, n° 1 (2015), pp. 1-14.

SOME (Gilbert)., « Un exemple de conflit frontalier : le différend entre la Haute Volta et le Mali », *Année Africaine*, pp. 339-370.

SOUINDOULA (Simao)., « Autorité traditionnelles, corpus oral et mécanismes bantu de prévention et de résolution des conflits », *in « Dialogue interculturel et culture de la paix en Afrique centrale et dans les Grands lacs : Le rôle des chefs traditionnels et spirituels dans les mécanismes de prévention et de résolution des conflits »*, Tome 2, Unesco, Libreville, 2005, pp. 57-64.

TCHAKOUNTE (Yves)., Accords de Foumban : aux origines du problème anglophone au Cameroun, *Matango Club*, 30 novembre 2016.

TENDENG (Odile) et NDEYE (Amy-Ndiaye)., « Le dialogue national comme outil de prévention et de résolution des conflits en Afrique », *Partners West Africa*, n° SG-463-15, novembre 2015, p. 5.

TEPI (Samuel)., « L'ineffectivité de la représentation des coutumes devant les juridictions de droit traditionnel au Cameroun », *Revue en ligne Afrilex (Revue d'étude et de recherche sur le droit et l'administration dans les pays d'Afrique)*, n° 2, septembre 2001, consulté le 04 octobre 2017.

TETE (Godwin)., « Togo : la conférence nationale souveraine (CNS) (juillet / août 1991) », *Collectif pour la Vérité des Urnes (CVU)*, Lomé, le 08 Juillet 2013, 55 p.

THIAM (Assane)., « Une Constitution, ça se révise ! ». Relativisme constitutionnel et État de droit au Sénégal », *Politique africaine*, 2007/4 (N° 108), pp. 145-153.

TIDJANI ALOU (Mahaman)., « La chefferie au Niger et ses transformations. De la chefferie coloniale à la chefferie post coloniale », *Laboratoire d'études et recherches sur les dynamiques sociales et le développement local (LASDEL)*, Études et travaux n° 76, mai 2009, 10 p.

TORCOL (Sylvie)., « L'internationalisation des Constitutions nationales », *Politeia*, n° 8, décembre 2005, pp. 317-343.

TRAORÉ (Bakary)., « De la genèse de la Nation et de l'État en Afrique noire », *Présence Africaine*, Nouvelle série, n° 127/128, Colloque sur « la problématique de l'État en Afrique noire » : Dakar : 29 novembre - 3 décembre 1982 (3e et 4e Trimestres 1983), pp. 149-160.

TRAORE (Kadari)., « L'État africain face aux enjeux du renouveau : changer ou être changé ! », *Communication, Gouvernance en Afrique*, Décembre 2010, pp. 1-18.

TRIMUA (Christian Eninam)., « L'idée Républicaine de la constitution en Afrique francophone », *Revue en ligne Afrilex (Revue d'étude et de recherche sur le droit et l'administration dans les pays d'Afrique)*, mai 2015, consulté en mars 2018.

TSHIYEMBE (Mwayila)., « Conflits ethniques ou lutte pour le pouvoir », *Le Monde diplomatique*, 2009, pp. 190-191.

TSHIYEMBE (Mwayila)., « L'État en Afrique : crise du modèle importé et retour aux réalités. Essai sur la théorie de l'État multinational », *in État, société et pouvoir à l'aube du XXIe siècle, Mél. François Borella*, PUN, 1999, pp. 485-518.

TSHIYEMBE (Mwayila)., « Pouvoir traditionnel et pouvoir d'État : quel partenariat pour la nouvelle gouvernance, la prévention, la résolution des conflits et la paix civile en Afrique centrale et dans la région des Grands lacs ? », *in « Dialogue interculturel et culture de la paix en Afrique centrale et dans les Grands lacs : Le rôle des chefs traditionnels et spirituels dans les mécanismes de prévention et de résolution des conflits* », Tome 2, Unesco, Libreville, 2005, pp. 16-45.

TSHIYEMBE (Mwayila)., « Conflits ethniques ou luttes pour le pouvoir ? », *Le monde diplomatique*, l'Afrique au tournant, 2009, pp. 190-191.

TSHIYEMBE (Mwayila)., « Constitutionnalisme et démocratie en Afrique centrale et dans les pays des Grands Lacs Problèmes et perspectives », *Démocratie. Francophonie*, pp. 409-416.

TUEKAM TATCHUM (Charles)., « Les chartes de transition dans l'ordre constitutionnel des états d'Afrique noire francophone : étude a partir des exemples du Burkina Faso et de la république centrafricaine », *Revue CAMES/SJP*, n° 001/2016, pp. 25-50.

TUNGUMALE BABA (Albert)., « De l'implication des chefs traditionnels et spirituels en faveur de la paix dans la société Centrafricaine », *in Dialogue entre les Civilisations*, Unesco, Libreville, Gabon 18, 19 et 20 novembre 2003, pp. 95-103.

TUNGUMALE BABA (Albert)., « Le rôle des chefs traditionnels et spirituels dans les mécanismes de prévention et de résolution des conflits dans les sociétés d'Afrique centrale et de la région des grands lacs », *in « Dialogue interculturel et culture de la paix en Afrique centrale et dans les Grands lacs : Le rôle des chefs traditionnels et spirituels dans les mécanismes de prévention et de résolution des conflits* », Tome 2, Unesco, Libreville, 2005, pp. 135-143.

TUQUOI (Jean-Pierre)., « En Afrique, la question ethnique a été manipulée », *Le Monde*, 29 mars 2008, consulté en janvier 2018.

VANDEGINSTE (Stef) et HUYSE (Luc)., « Approches consociatives dans le contexte du Rwanda », *in* F. Reyntjens, S. Marysse (Sous dir.), *L'Afrique des Grands Lacs. Annuaire 1998-1999*, Paris, L'Harmattan, 1999, pp. 101-123.

VANDEGINSTE (Stef)., « Théorie consociative et partage du pouvoir au Burundi », *in* F. REYNTJENS, S. MARYSSE (Sous dir.), *L'Afrique des grands lacs : dix ans de transitions conflictuelles (Annuaire 2005-2006)*, Paris, L'Harmattan, 2006, pp. 173-208.

VAUGHAN (Sarah), LE MARCIS (Frédéric)., « Identité ethnique et fédéralisme en Éthiopie du Sud », *Politique africaine* 2005/3 (N° 99), pp. 22-42.

VERDIER (Marie-France)., « La démocratie sans et contre le peuple », *in De ses dérives. Démocratie et liberté : tension, dialogue, confrontation, Mélanges en l'honneur de Slobodan Milacic*, Bruxelles, Bruylant, 2008, p. 1073.

VIRCOULON (Thierry)., « L'Ituri ou la guerre au pluriel », *Afrique contemporaine*, 2005/3 (n° 215), pp. 129-146.

WAUTHIER (Claude)., « Vérité et réconciliation en Afrique du Sud », *Le monde diplomatique*, Janvier 2005, p. 31.

XAVIER (Philippe)., « Les constitutions de transition entre universalisme et particularisme : rôle et limites de l'ingénierie constitutionnelle comparée et internationale. Table ronde », *Annuaire international de justice constitutionnelle*, 30-2014, 2015, Juges constitutionnels et doctrine - Constitutions et transitions, pp. 623-659.

ZERBO (Yacouba)., « La problématique de l'unité africaine (1958-1963) », *Guerres mondiales et conflits contemporains* 2003/4 (n° 212), pp. 113-127.

ZOGNONG (Dieudonné)., « La question Bamiléké pendant l'ouverture démocratique au Cameroun : retour d'un débat occulté », *Gestion des Transformations Sociales- MOST-Unesco*, n° 61, pp. 5-17.

IV- Textes juridiques

1-Textes constitutionnels, législatifs et réglementaires des pays d'Afrique noire francophone

Bénin

Constitution du 23 décembre 1990.

Loi n° 97-029 du 15 janvier 1999 portant organisation des communes en République du Bénin., *Journal officiel,* n° bis, numéro spécial du 1er février 1999.

Charte nationale sur la gouvernance locale en République du Bénin du 4 novembre 2011.

Burkina Faso

Constitutions du 2 juin 1991.

Charte constitutionnelle de transition du 13 novembre 2014 au Burkina Faso.

Loi n°055-2004/AN du 21 décembre 2004 portant code général des collectivités territoriales au Burkina Faso *Journal Officiel*, spécial n° 2 du 20/4/2005.

Décret N° 2007-032/PRES/PM/MATD du 22 janvier 2007 portant organisation et fonctionnements des Conseils Villageois et de

Développement au Burkina Faso (CVD), *Journal Officiel*, n° 7 du 15 février 2007.

Burundi

Constitution du 18 août 2000.
Constitution du 18 mars 2005, modifiée.
Constitution du 18 mai 2018.
Acte constitutionnel de Transition du 6 juin 1998.
Décret-Loi n° 1/002 du 9 février 1991 portant adoption de la Charte de l'Unité Nationale.
Accords d'Arusha pour la paix et la réconciliation au Burundi du 28 août 2000.

Cameroun

Constitution du 1er septembre 1961.
Constitution du 18 janvier 1996.
Code électoral camerounais de 1991.
Loi N° 91-20 du 16 décembre 1991 fixant les conditions d'élection des députés à l'Assemblée Nationale, modifiée et complétée par la loi N° 97-13 du 19 mars 1997 et par celle N° 2006/009 du 29 décembre 2006.
Loi N° 92-002 du 14 août 1992, fixant les conditions d'élection des conseillers municipaux, modifiée et complétée par la loi N° 20006/010 du 29 décembre 2006.
Décret du 31 juillet 1927 portant organisation de la justice indigène au Cameroun.
Décret n° 69/DF/544 du 19 décembre 1969 modifié par le Décret de 1971 organisant les juridictions traditionnelles.
Décret n°77/245 du 15 juillet 1977 portant l'organisation des chefferies traditionnelles, modifié et complété par le Décret n° 2013/332 du 13 septembre 2013.
Décret présidentiel n° 82/407 du 7 septembre 1982, modifiant le Décret 75/496 du 3 juillet 1975.
Décret n° 2013/332 du 13 septembre 2013 modifiant et complétant certaines dispositions du Décret n°77/245 du 15 juillet 1977 portant organisation des chefferies traditionnelles.
Arrêté colonial n° 244 du 4 février 1933 portant statut des chefs indigènes.
Arrêté d'application n° 0015/MNFORPRA/CAB du 20 aout 1992.

Congo

Constitution congolaise du 25 octobre 2015.
Acte fondamental du 24 octobre 1997.

La Loi organique n° 31-2017 du 7août 2017 déterminant l'organisation la composition et le fonctionnement du Conseil consultatif des sages et des notabilités traditionnelles au Congo Brazzaville.
Loi n° 5-2011 du 25 février 2011 portant promotion et protection des droits des populations autochtones, *Journal officiel*, 03 mars 2011, n° 9, pp. 315-318.

Côte d'Ivoire

Constitution du 3 novembre 1960.
Constitution du 1er août 2000.
Constitution ivoirienne du 28 novembre 2016.
Loi n° 2014-428 du 11 juillet 2014, Loi portant statut des Rois et Chefs traditionnels, *Journal Officiel*, n° 11 Spécial du mardi 15 juillet 2014, p. 241.

Gabon

Constitutions gabonaise du 26 mars 1991, révisée.
Constitution du 12 janvier 2011, révisée.

Guinée Conakry

Constitution du 23 décembre 1990.
Constitution du 7 mai 2010.

Mali

Constitution du 25 février 1992.
Loi 95-034 du 1er avril 1995 portant code des collectivités territoriales en République du Mali.
Loi 06-023 du 28 juin 2006 relative à la création et à l'administration des villages, fractions et quartiers, *Journal Officiel* du 31 août 2006.

Niger

Constitution du Niger du 25 décembre 2010.
Loi 2015-01 du 13 janvier 2015 portant statut de la chefferie traditionnelle en République du Niger.
L'Ordonnance n° 93-28 du 30 Mars 1993 portant statut de la Chefferie Traditionnelle en République du Niger modifiée et complétée par la loi 2008-22 du 23 juin 2008.
Décret 82-6/PCMS/MF/MI du 7 janvier 1982 portant institution d'un complément temporaire d'allocation en faveur des chefs traditionnels.
Décret n° 83-130/PCMS/MI du 13 octobre 1983, portant statut de la chefferie traditionnelle au Niger. JORN du 15 octobre 1983.

Décret n° 93-85/PCMS/MI du 15 avril 1993, portant modalités d'application de l'ordonnance n° 93-28 du 30 mars 1993 portant statut de la chefferie traditionnelle du Niger, *J.O*, spécial n° 13 du 1er juillet 1993.
Arrêté n° 173/MI/DAPJ du 2 septembre 1993 fixant les modalités d'organisation et de déroulement des élections des chefs traditionnels, JORN, spécial n° 13 du 1er juillet 1993.
Arrêté n° 35 du 14 janvier 1936 relatif à la réorganisation de l'administration indigène au Niger.
Circulaire sur la politique indigène du 22 septembre 1909, *JOAOF*, 1909.
Circulaire sur l'administration indigène du 28 septembre 1932, *JOAOF* du 22 octobre 1932.
Circulaire sur l'administration indigène du 27 septembre 1932, *JOAOF* du 15 octobre 1933.
Circulaire relative à la rémunération des chefs indigènes du 11 avril 1924.
Circulaire au sujet des chefs indigènes du 15 août 1917, JOAOF, 1917.

RCA

Constitution du 4 décembre 1976.
Constitution du 24 décembre 2004.
Charte constitutionnelle de transition du 18 juillet 2013.

RDC

Constitution de Luluabourg du 1er août 1964.
Constitution de la RDC du 24 juin 1967.
Constitution zaïroise du 15 août 1974.
Constitution de la République Fédérale du Congo 1992 (Projet).
Constitution de la transition du 4 avril 2003.
Constitution de la RDC du 18 février 2006, modifiée.
Acte constitutionnel de la transition du 4 avril 1994.
Loi fondamentale du 19 mai 1960.
Accord global et inclusif sur la transition en république démocratique du Congo, *Journal Officiel*, n° spécial du 5avril 2003, pp. 51-69.
Loi n° 04/018 du 30 juillet 2004 portant organisation, attributions et fonctionnement de la Commission Vérité et Réconciliation, *Journal Officiel*, p. 2.
Loi organique n° 08/016 du 07 octobre 2008 portant composition, organisation et fonctionnement des Entités Territoriales Décentralisées et leurs rapports avec l'État et les Provinces, *J.O* de la RDC, n° spécial du 10 octobre 2008.
Loi organique n° 10/011 du 18 mai 2010 portant fixation des subdivisions territoriales à l'intérieur des provinces, *J.O*, n° spécial du 7 juin 2010.
Loi n° 15/015 du 25 août 2015 fixant le statut des chefs coutumiers en RDC.

Proposition de loi portant promotion et protection des peuples autochtones de décembre 2012.
Ordonnance coloniale relative à l'occupation des terres du 1er juillet 1885.
Décret du 14 septembre 1886 sur le régime foncier - enregistrement des terres.
Décret royal du 30 avril 1889 portant récompense en médailles des chefs indigènes ayant rendu service à l'État.
Décret royal du 3 juin 1906 relatif aux chefs indigènes.
Décret royal du 6 octobre 1891 relatif aux chefs indigènes et leur investiture.
Décret royal du 2 mars 1910 relatif aux chefferies et sous-chefferies indigènes.
Décret du 5 décembre 1933 relatif aux circonscriptions indigènes.
Circulaire du Gouverneur général du 18 avril 1904 relative aux chefferies indigènes.
Arrêté du 8 novembre 1886 sur l'enregistrement et mesurage des propriétés privées.

Rwanda

Constitution rwandaise de 2003.
Constitution rwandaise de 2015.
Loi n° 47/2001 de décembre 2001 portant répression des crimes de discrimination et de la pratique du sectarisme.
Loi organique n° 16/2004 portant organisation, compétence et fonctionnement des juridictions gacaca chargées des poursuites et du jugement des infractions constitutives du crime de génocide et d'autres crimes contre l'humanité commis entre le 1er octobre 1990 et le 31 décembre 1994, publiée le 19 juin 2004.

Sénégal

Constitution du 7 mars 1963.
Constitution du 22 janvier 2001, modifiée.
Loi constitutionnelle n° 2016-10 du 5 avril 2016 portant révision de la Constitution du 22 janvier 2001.

Tchad

Constitution tchadienne du 31 mars 1996, modifiée.
Constitutions du 04 mai 2018.

Togo

Constitution togolaise du 14 octobre 1992.
Loi n° 2007-001 du 08 janvier 2007 portant organisation de l'administration territoriale déconcentrée au Togo.

Loi n° 2007-002 du 08 janvier 2007 relative à la chefferie traditionnelle et au statut des chefs traditionnels au Togo.
Loi n° 2007-011 du 13 mars 2007 relative à la décentralisation et aux libertés locales.
Décret n° 2016 - 028/PR du 11/03/2016 portant modalités d'application de la loi n° 2007-002 du 8 janvier 2007 relative à la chefferie traditionnelle et au statut des chefs traditionnels au Togo.

2- Autres références constitutionnelles, législatives et réglementaires

A - Afrique

Éthiopie

Constitution du 8 décembre 1994.

Ghana

Constitution de 1979.
Constitution du 28 avril 1992, révisée en 1996.

B - Amérique latine

Bolivie

Constitution de 1967, révisée en 1994 et en 2004
Constitution du 25 janvier 2009.

Colombie

Constitution 5 juillet 1991, consolidée en 2004.

Nicaragua

Constitution du 9 janvier 1987, modifiée.

Brésil

Constitution du 5 octobre 1988.

Équateur

Constitution du 28 septembre 2008.

C - Asie

Liban

Constitution du 23 mai 1926, révisée à la suite de l'Accord de Taëf signé le 23 octobre 1989.

Chine

Constitution du 04 décembre 1982, révisée.

D - Europe

Belgique

Constitution belge du 17 février 1994.
Charte coloniale du 18 octobre 1908.

Espagne

Constitution du 27 décembre 1978.

France

Constitution du 04 octobre 1958.
Déclaration des Droits de l'Homme et du Citoyen du 26 août 1789.
Code civil français, version de 1804.
Décret-loi n° 55-580 du 20 mai 1955 portant réorganisation foncière et domaniale en Afrique occidentale française et en Afrique équatoriale française, *J.O.R.F.* 21 mai 1955.
Projet de loi (n° 1345) relatif au statut des chefs coutumiers en Afrique occidentale française (AOF), en Afrique équatoriale française (AEF), au Cameroun et au Togo, Rapport de l'Assemblée nationale, n° 8577, deuxième législature, session du 2 juin 1954.
Décret du 24 juillet 1906 portant organisation du régime de la propriété foncière dans les colonies et territoires relevant du gouvernorat général de l'Afrique occidentale française, Bulletin officiel du ministère des colonies (1804), art. 1er, pp. 681-722.
Décret du 8 octobre 1925 instituant mode de constatation des droits fonciers des indigènes en Afrique occidentale française.

Kosovo

Constitution du 15 juin 2008.

Pays-Bas

Constitution du 17 février 1983.

Suisse

Constitution fédérale de la fédération Suisse du 18 avril 1999.

3- Textes internationaux et régionaux

Acte final de la conférence de Berlin du 26 février 1885
Charte africaine des droits de l'homme et des peuples du 27 juin 1981.
Convention des Nations-Unies du 9 décembre 1948 relative à la prévention et la répression du crime de génocide.
Convention des Nations-unies sur l'élimination de toutes les formes de discrimination raciale du 21 décembre 1965.
Convention internationale sur l'élimination de toutes les formes de discrimination raciale du 21 décembre 1965.
Déclaration des Nations-Unies sur les droits des personnes appartenant à des minorités du 18 décembre 1992.
Déclaration des Nations-Unies sur les droits des peuples autochtones du 13 septembre 2007.
Déclaration Universelle des Droits de l'Homme du 10 décembre 1948.
Déclaration universelle sur les droits des peuples, Alger, 4 juillet 1976.
La Convention de l'OIT relative aux peuples indigènes et tribaux, 1989 (n° 169).
Pacte des droits civils et politiques de l'Assemblée Générale des Nations Unies du 16 décembre 1966 (art. 27).
Pacte international relatif aux droits civils et politiques de 1966.
Résolution 47/80 de l'Assemblée Générale des Nations-Unies du 16 décembre 1992 sur le nettoyage ethnique et haine raciale.

V- Références jurisprudentielles

Benin, Cour constitutionnelle, *Décision DDC 18-200 du 11 octobre 2018.*
Cameroun, Cour suprême/Assemblée Plénière, *Arrêt n° 96/A/2003-2004 du 9 juin 2004 SDF c. Cameroun.*
Cameroun, Cour suprême, *Jugement n° 66 ADD/CS/CA du 31 mai 1979, KOUNAG Guillaume.*
Cameroun, Cour suprême, *Jugement n° 40/CS/CA/79-80 du 29 mai 1980, MONKAM TIENTCHEU David*, Recueil MBOME, p. 80.

Togo, Cour suprême, arrêt N 02/2014 du 26 juin 2014, *Affaire relative à la succession du chef de la localité de Baga.*

C.P.J.I., *Avis consultatif relatif à l'émigration des communautés gréco-bulgares*, 31 juillet 1930, Série B, n° 17, p. 21.

C.I.J., *Affaire du différend frontalier Burkina-Faso c. République du Mali, arrêt du 22 décembre 1986, pp. 215-224.*

CC., *Décision n° 91-290 DC du 9 mai 1991,* cons. 13.

Tables des matières

Structures éditoriales du groupe L'Harmattan

L'Harmattan Italie
Via degli Artisti, 15
10124 Torino
harmattan.italia@gmail.com

L'Harmattan Hongrie
Kossuth l. u. 14-16.
1053 Budapest
harmattan@harmattan.hu

L'Harmattan Sénégal
10 VDN en face Mermoz
BP 45034 Dakar-Fann
senharmattan@gmail.com

L'Harmattan Cameroun
TSINGA/FECAFOOT
BP 11486 Yaoundé
inkoukam@gmail.com

L'Harmattan Burkina Faso
Achille Somé – tengnule@hotmail.fr

L'Harmattan Guinée
Almamya, rue KA 028 OKB Agency
BP 3470 Conakry
harmattanguinee@yahoo.fr

L'Harmattan RDC
185, avenue Nyangwe
Commune de Lingwala – Kinshasa
matangilamusadila@yahoo.fr

L'Harmattan Congo
67, boulevard Denis-Sassou-N'Guesso
BP 2874 Brazzaville
harmattan.congo@yahoo.fr

L'Harmattan Mali
ACI 2000 - Immeuble Mgr Jean Marie Cisse
Bureau 10
BP 145 Bamako-Mali
mali@harmattan.fr

L'Harmattan Togo
Djidjole – Lomé
Maison Amela
face EPP BATOME
ddamela@aol.com

L'Harmattan Côte d'Ivoire
Résidence Karl – Cité des Arts
Abidjan-Cocody
03 BP 1588 Abidjan
espace_harmattan.ci@hotmail.fr

Nos librairies en France

Librairie internationale
16, rue des Écoles
75005 Paris
librairie.internationale@harmattan.fr
01 40 46 79 11
www.librairieharmattan.com

Librairie des savoirs
21, rue des Écoles
75005 Paris
librairie.sh@harmattan.fr
01 46 34 13 71
www.librairieharmattansh.com

Librairie Le Lucernaire
53, rue Notre-Dame-des-Champs
75006 Paris
librairie@lucernaire.fr
01 42 22 67 13

www.ingramcontent.com/pod-product-compliance
Lightning Source LLC
LaVergne TN
LVHW011437061026
849535LV00004BA/846